NO ENCALÇO DAS LÍDERES

Sobre o autor

Steven J. Spear, quatro vezes vencedor do Prêmio Shingo e ganhador do Prêmio McKinsey, é conferencista sênior do MIT e ex-professor-assistente da Harvard Business School. Como membro sênior do Institute for Healthcare Improvement, é autor de numerosos artigos publicados em revistas acadêmicas e na grande imprensa, como a *Harvard Business Review* e o *The New York Times*, respectivamente.

S741o Spear, Steven J.
No encalço das líderes : como as líderes de mercado batem a concorrência e como as empresas competentes podem reagir e vencer / Steven J. Spear ; tradução: Heloísa Fontoura ; revisão técnica: Paulo Antônio Zawislak. – Porto Alegre : Bookman, 2010.
316 p. ; 23 cm.

ISBN 978-85-7780-726-0

1. Administração. 2. Eficácia organizacional. I. Título.

CDU 658

Catalogação na publicação: Ana Paula M. Magnus – CRB-10/Prov-009/10

STEVEN J. SPEAR

NO ENCALÇO DAS LÍDERES

Como as líderes de mercado batem a concorrência e como as empresas competentes podem reagir e vencer

Tradução:
Heloisa Fontoura

Consultoria, supervisão e revisão técnica desta edição:
Paulo Antônio Zawislak
Doutor em Economia pela Universidade de Paris VII
Professor da Escola de Administração da UFRGS

bookman®

2010

Obra originalmente publicada sob o título
Chasing the rabbit

ISBN 0-07-149988-1

Capa: *Paola Manica*

Preparação de original: *Ronald Saraiva de Menezes*

Editora Sênior: *Arysinha Jacques Affonso*

Editora responsável por esta obra: *Júlia Angst Coelho*

Projeto e editoração: *Techbooks*

Av. Jerônimo de Ornelas, 670 – Santana
90040-340 – Porto Alegre – RS
Fone: (51) 3027-7000 Fax: (51) 3027-7070

Unidade São Paulo
Av. Embaixador Macedo Soares, 10.735 – Pavilhão 5 – Cond. Espace Center
Vila Anastácio – 05095-035 – São Paulo – SP
Fone: (11) 3665-1100 Fax: (11) 3667-1333

SAC 0800 703-3444

IMPRESSO NO BRASIL
PRINTED IN BRAZIL

Em memória de
Jacob Irgand (1930-1995),
veterano de guerra coreano, ganhador do Purple Heart,
extraordinário professor da Stuyvesant High School, 1963-1995.
Ele sabia que seus alunos eram capazes de fazer
muito mais do que até eles imaginavam.

Agradecimentos

Sendo a descoberta o tema de *No Encalço das Líderes*, é natural que eu agradeça àqueles que investiram tanto nas descobertas relatadas neste livro. O primeiro é o professor H. Kent Bowen, da Harvard Business School e, antes ainda, do MIT. Bowen abriu as portas para que eu realizasse meu doutorado, e seu envolvimento no que eu estava fazendo foi muito além do que alguém poderia esperar, ou merecer, baseando-se apenas em seus méritos.

Hajime Ohba, da Toyota, também foi meu professor desde o início desta pesquisa. A Toyota é uma das organizações mais intensamente estudadas desta era, com milhares de pesquisadores acadêmicos, jornalistas e especialistas que buscam ter acesso a empresa e dispor de seu tempo. A Toyota não precisava de mais ninguém a perturbando em busca desse acesso, mas apesar disso, Ohba me convidou. Durante minha permanência lá, ele se certificou de que eu estava aprendendo sem impedimentos. Sempre que estávamos juntos, e foram muitas vezes desde 1995, ele me permitia aprender com suas experiências e com as perspectivas que havia desenvolvido, ou me orientava em minhas próprias descobertas. Geralmente, fazia as duas coisas ao mesmo tempo.

Quando fui aluno e, mais tarde, membro do corpo docente da Harvard Business School, os professores Carliss Baldwin e Clayton Christensen sempre estiveram presentes com sua inspiração e apoio. Os que conhecem seus trabalhos irão identificar a influência de Carliss no meu tratamento de estrutura de sistemas complexos, e a influência de Clay quando escrevo sobre a dinâmica de concorrentes inovadores. Menos visível, mas igualmente vital, foi a generosidade de ambos em ajudar a expressar minhas ideias quando elas tomavam forma. Sinto-me honrado por Clay ter aceitado escrever a apresentação deste livro, contribuindo, mais uma vez, para o aperfeiçoamento de meu trabalho.

O aprendizado é fundamentalmente participativo, principalmente o aprendizado de como os grupos colaboram para obter o melhor resultado. Tenho dívidas com milhares de pessoas que me permitiram entrar em seus mundos e no trabalho diário que realizam. Entre outras, destaco Tosh Akioka, Jamie Bonini, Toshi Kitamura, Olivier LaReau, Lisa Nichols, Christine Parker, Bryant Sanders, Cindy Voss, e outros na Toyota e seus fornecedores. Keith Turnbull, na Alcoa, foi um colega e professor incansável. Devo agradecimentos a eles e a seus muito colegas, incluindo Arnaldo Cruz, Pat Love, John Marushin e Stan Vishnevsky.

Não sabíamos se as lições de grandes empresas como a Toyota e a Alcoa se aplicariam a um tema tão distante da automação e dos processos industriais quanto a assistência médica. A resposta não estava clara. Jim Reinertsen e John Dalton, do Beth Israel Deaconess Medical Center, permitiram que meus colegas e eu puséssemos as ideias em prática, e Paul O`Neill, ex-CEO da Alcoa, ainda tornou possível outras pesquisas com a Pittsburgh Regional Healthcare Initiative, onde trabalhamos com muitas pessoas, incluindo Vickie Pisowicz, Mark Schmidhofer e David Sharbaugh. O comprometimento inabalável de Paul com o bem-estar dos demais – na Alcoa, nos hospitais de Pittsburgh e em geral – é inspirador.

David Champion, meu editor na *Harvard Business Review* por 10 anos, ajudou-me a concentrar no que era de maior interesse e impacto. John Elder desenvolveu o conteúdo e a entrega de meu trabalho ao desempenhar o papel de leitor ponderado e editor por excelência dos documentos, casos, e especialmente deste livro. Jeanne Glasser, da McGraw-Hill, trabalhou incansavelmente neste projeto.

Agradeço a Lester Thurow, ex-reitor da MIT Sloan School, que fez dos problemas da competitividade, globalização e do progresso tecnológico uma prioridade para uma geração de alunos, e que acreditou que poderíamos ser parte da solução. Agradeço também ao professor Mike Cusumano por suas profundas observações sobre grandes empresas; ao professor David Hardt, que me ensinou tanto sobre sistemas complexos; e a Dick Samuels pelo Programa MIT-Japão.

Eu seria ingrato se não agradecesse a meus pais, avós e bisavós pelos exemplos que me deram e pelos padrões que estabeleceram. Embora todas as famílias passem por testes ao longo de diversas gerações, a minha sempre demonstrou a importância de reconhecer e retribuir os sucessos da vida por meio de gentileza e serviços. Espero que seu legado apareça em meu trabalho, assim como aparece nos esforços de meu irmão Jonathan para promover programas educacionais inovadores.

Por fim, preciso agradecer aos mais próximos. Escrever um livro é um luxo, uma rara oportunidade de explorar um assunto em suas diversas nuances. O tempo para fazer isso é uma dádiva. Por isso, tenho uma dívida inestimável com minha esposa, Miriam, e nossos filhos, Hannah, Eve e Jesse. Eles permitiram que eu passasse um tempo longe para aprender com outras pessoas e toleraram as noites em claro e madrugadas que passei escrevendo em casa.

Mas a dívida é muito maior que isso, pois minha pesquisa está inexoravelmente entrelaçada com acontecimentos pessoais – o encontro com Miriam na primeira semana de aulas, o namoro no meio da pesquisa e a comemoração do nascimento de nosso primeiro filho (quase) na formatura. Além disso, *No Encalço das Líderes* enfatiza que as grandes coisas vêm do minucioso exame dos detalhes. Miriam é um modelo disso como arquiteta, mãe e esposa, e é um exemplo seguido pelos nossos filhos. Eu estaria completamente perdido sem ela e as crianças.

Steve Spear
Brookline, MA

Apresentação à Edição Brasileira

Aqueles que acompanham a *Harvard Business Review* certamente já conhecem Steven Spear de outras leituras. Foi lá que ele publicou, em coautoria com Kent Bowen, um de seus mais importantes artigos, que está na gênese deste livro: "Decoding DNA of The Toyota Production System".

Agora Spear explicita os conceitos centrais que levaram a Toyota a se tornar a maior montadora do mundo. Um dos pontos centrais capazes de explicar o desempenho histórico da Toyota é retomado neste texto a partir de uma perspectiva mais ampla: o tema da busca da sustentabilidade obtida por meio de organizações projetadas para serem sustentáveis a partir da noção de "alta velocidade". Trata-se de uma visão ampliada e generalizada dos conceitos desenvolvidos na Toyota. A tese central é que as organizações devem desenvolver quatro capacitações básicas, necessárias para competir em um mundo cada vez mais caracterizado pela complexidade derivada da necessidade do atendimento de uma variedade de produtos e serviços muito maior e da necessidade de entregas aos clientes/usuários em prazos cada vez mais curtos.

A primeira capacitação trata da especificação de projetos visando valer-se dos conhecimentos já existentes na organização e incorporar testes no intuito de equacionar os problemas detectados. A segunda consiste em agrupar e resolver os problemas em busca de conhecimentos cada vez mais robustos e aplicáveis a várias situações distintas na organização. A terceira está relacionada com o compartilhamento amplo de todos os novos conhecimentos adquiridos. E, finalmente, a quarta capacitação é gerar uma liderança que tenha como intuito central desenvolver as três capacitações anteriores.

No intuito de esclarecer esta construção, o livro mescla os conceitos teóricos que fundamentam a abordagem proposta com um conjunto de casos práticos. Entre estes casos é possível incluir, além da Toyota (caso empírico básico da argumentação proposta no livro), a Alcoa, o Programa de Propulsão Nuclear Naval dos EUA, o caso da agência de publicidade na Internet Avenue A, a análise do setor de assistência médica, entre outros. Os casos são relevantes na medida em que deixam claro que, em uma análise mais profunda, os princípios gerais de gestão aplicados são semelhantes, bem como as principais regras de atuação nos negócios. Ainda, eles corroboram a necessidade que as empresas de alta velocidade têm de desenvolver, de forma sistêmica e sistemática, as quatro capacitações mencionadas anteriormente.

É importante salientar que o livro trata o tema da competição a partir de uma abordagem estratégica e, principalmente, passível de generalização em empresas que buscam a inovação contínua de seus produtos e processos. Assim, e isto é muito relevante, a abordagem proposta pode ser utilizada por organizações que atuam em diferentes tipos de indústria de manufatura e serviços.

De outro lado, é possível enfatizar que a maior parte das publicações ligadas ao Sistema Toyota de Produção (também chamada de produção enxuta) tendem a tratar o tema a partir de óticas parciais, predominantemente ligadas aos aspectos do sistema de produção em si. Já nesta obra, o autor desvenda o potencial da utilização dos conceitos apresentados do prisma da inovação ampla na estratégia de negócios das empresas.

Spear, quatro vezes vencedor do prêmio Shingo, é um autor que merece ser lido com atenção e profundidade pelo leitor brasileiro. Esta é uma oportunidade imperdível para os profissionais que atuam nas organizações brasileiras refletirem sobre o tema das organizações com alta velocidade. Desejo uma boa e profícua leitura a todos.

José Antonio Valle Antunes Júnior (Junico Antunes)
Diretor da Produttare Consultores Associados
Doutor em Administração de Empresas pela UFRGS
Professor do Mestrado e Doutorado em Administração de Empresas da Unisinos e do Mestrado em Engenharia de Produção da Unisinos

Apresentação

O termo *teoria* tem má reputação entre a maioria dos gestores porque eles são pessoas práticas e a teoria normalmente está associada à palavra *teórico*, que tem a conotação de algo impraticável. Entretanto, uma boa teoria é absolutamente útil, pois quando bem pesquisada é uma afirmação contingencial do que causa o que e por quê. Por exemplo, a lei da gravidade é, na verdade, uma teoria. É extremamente útil, pois nos permite prever, sem coletar dados experimentais, que cairemos se avançarmos à beira de um penhasco. As boas teorias nos permitem prever com exatidão o resultado de uma ação.

Embora os gestores, em sua maioria, não se considerem orientados pela teoria, eles são, na verdade, seus consumidores vorazes. Cada vez que um gestor faz um plano ou pratica uma ação, está se baseando inconscientemente em alguma teoria ou modelo mental, que o faz acreditar que essa ação o levará ao resultado desejado. O problema é que os gestores raramente sabem qual teoria estão usando e muitas vezes usam teorias erradas para as situações em que se encontram. A ausência de teorias de causa e efeito conscientes e confiáveis é que faz com que o sucesso na criação de negócios bem-sucedidos pareça aleatório.

Devido ao papel central que as boas teorias desempenham ao trazer previsibilidade à gestão e à inovação, passei boa parte de minha carreira acadêmica estudando o que são boas teorias: como posso distinguir as boas das más teorias? Tentei ajudar pesquisadores a aprender a construir teorias válidas, nas quais os gestores possam confiar, para que suas ações tenham os efeitos esperados. Infelizmente, como nosso entendimento do processo de construção de teorias ficou confuso, a avaliação recebida pela maioria dos que pesquisam e escrevem sobre gestão é péssima. A maior parte do que é escrito para os gestores sobre gestão é má teoria e não deveria ser confiável. Não sou o único a chegar à essa conclusão: os professores Jeffrey Pfeffer e Robert Sutton, de Stanford, e o falecido professor Sumantra Ghoshal, da London Business School, escreveram eloquentemente sobre este problema. O professor Phil Rosenzweig, do Institute for Management Development, em Lausanne, publicou recentemente *O Efeito Halo*, uma acusação mordaz, convincente e irrefutável da maioria das pesquisas em gestão.

Cerca de 12 anos atrás, um jovem alegre e humilde, chamado Steve Spear, mergulhou nessa escassez de teoria gerencial sensata, como aluno de doutorado na Harvard Business School. Ele teve a sorte de ter sido protegido pelo professor H. Kent Bowen, um dos principais cientistas de materiais do mundo, para quem o método científico de criar uma teoria era quase que instintivo e cujo desânimo com o estado da pesquisa em gestão se parecia com o meu. A charada que Bowen e Spear decidiram desvendar era intrigante. Apesar da abertura da Toyota e de tudo que fora escrito sobre os "segredos" de seu sucesso, nenhuma outra empresa fora capaz de reproduzir lucrativamente as conquistas da Toyota na produção de carros cada vez melhores e mais baratos (quando harmonizado com as melhorias de qualidade e desempenho). Seu pressentimento, que se revelou correto, era de que os que haviam estudado anteriormente os métodos da Toyota tinham observado ferramentas do sistema, como a produção enxuta (pouco estoque) e uma programação de produção *just in time*. Entretanto, esses pesquisadores estavam medindo *correlações* entre a posse desses atributos pela empresa e seu desempenho. Nenhum acadêmico havia descoberto o mecanismo *causal* que levou ao que Steve, no final das contas, denominou de um sistema de autoaperfeiçoamento.

Muitos pesquisadores da área de negócios preferem coletar dados da Internet ou de bancos de dados de fácil acesso para que possam analisá-los no conforto de seus escritórios; já Steve se empregou nas fábricas da Toyota e de seus fornecedores e concorrentes para aprender de dentro para fora e responder a pergunta: "Como essas pessoas *pensam* quando projetam e aprimoram um processo?" O interesse de Steve não era somente pelos processos de fabricação e de montagem. Estendia-se aos processos como treinamento de pessoas, desenvolvimento de produtos, criação de um corpo de gestão, assim como a manutenção de equipamentos. Todas as noites, Steve voltava à sua sala e registrava cuidadosamente o que havia observado.

Por meio deste extraordinário detalhamento, Steve decantava os modelos e as estruturas mentais que as pessoas da Toyota seguiam instintivamente quando projetavam, usavam e melhoravam um processo de qualquer tipo. Essas coisas não estavam escritas em nenhum lugar, e, ainda assim, as pessoas pareciam segui-las como se as regras estivessem tatuadas na palma de suas mãos. Ninguém –

nem mesmo o mais antigo gestor da Toyota – podia expressar esses instintos incorporados na cultura. Porém, quando Steve os descreveu, eles instantaneamente concordaram que esses instintos guiavam suas ações. Steve havia descoberto os mecanismos causais fundamentais que sustentam o sucesso do Sistema Toyota de Produção. Sinceramente, acho que a história irá julgar a tese de doutorado de Steve Spear como a melhor e mais impactante já escrita na Harvard Business School, e isso inclui meu próprio trabalho de doutorado sobre o fenômeno conhecido como "tecnologia disruptiva".

Tivemos sorte quando a Harvard Business School convidou Steve a fazer parte do corpo docente, pois assim, o professor Bowen e eu pudemos continuar a trabalhar com ele, como um colega.

Como o grande historiador de ciência Thomas Kuhn nos ensinou, a chave para desenvolver uma teoria que seja válida interna e externamente é procurar anomalias, procurar exemplos em que a atual explicação de casualidade *não* produza os resultados previstos. Em comparação com os pesquisadores que acreditam que uma teoria é reforçada pelo descobrimento de muitos exemplos nos quais ela *funciona*, conseguindo, assim, cada vez mais altos níveis de significado estatístico, o método científico exige pesquisadores que busquem exemplos nos quais a teoria *não* funcione. Foi isto que Steve fez em seguida.

Até então, aqueles que haviam estudado as ferramentas do sistema Toyota nos haviam convencido de que o sistema era útil apenas nos setores em que se fabricavam produtos fisicamente diferentes. De modo a buscar anomalias, o professor Bowen e Steve decidiram verificar se as estruturas que tinham descoberto, que acabaram sendo chamadas de "DNA do Sistema Toyota de Produção", podiam levar a resultados semelhantes em um setor com processo perigoso e complexo, altamente dependente de capital, como a produção de alumínio, que é totalmente diferente da montagem de transmissões. Neste estágio da pesquisa de Steve, não havia nada para estudar passivamente, pois nenhuma outra empresa, além da Toyota, seguia essas regras. Por isso, Spear e Bowen ensinaram as regras aos executivos da Alcoa e os ajudaram a ensiná-las e reensiná-las por toda a empresa. Em seguida, a gerência aplicou as regras para a redefinição de todos os tipos de processo na empresa, sob o nome de Sistema Alcoa de Negócio (*Alcoa Business System* – ABS). Os resultados foram surpreendentes. Num setor onde ninguém havia imaginado que os métodos Toyota seriam adequados, a empresa continua informando que seus ganhos anuais na aplicação do ABS superam US$1 bilhão. Como Steve havia ido além da observação da correlação estatística entre atributos e resultados, e tinha articulado a mecânica fundamental da causalidade, as regras funcionaram como mágica nesse setor tão diferente.

Para ajudar nos permanentes esforços de Steve de encontrar um setor muito diferente no qual o DNA Toyota provasse *não* ser útil, Bowen e eu o convidamos a ir para o outro lado do mundo com o seguinte desafio: "O mecanismo causal –

as regras – funcionam claramente na fabricação de carros, colchões e alumínio. Aposto que não funcionam na administração de um negócio de serviços terrivelmente complicado como um hospital". Assim, abrimos algumas portas para ele. Steve ensinou essas regras para alguns administradores de um pequeno hospital na região de Boston e, mais tarde, para administradores de hospitais maiores em Pittsburgh. Ele os ajudou a ensinar seus funcionários a projetar processos que seguem regras e como melhorá-las rapidamente quando o projeto inicial se mostra imperfeito. Mais uma vez, os resultados foram surpreendentes em termos de erros evitados, custos reduzidos e vidas salvas. De maneira extraordinária, Steve descobriu que os funcionários dessas instituições trabalhavam mais felizes com regras do que sem elas, já que as regras tornavam mais fácil corrigir os processos incompletos que tanto frustravam suas atividades profissionais.

Comparados com os problemas que a maioria das pessoas tem, os contextos nos quais Steve desenvolveu, refinou e testou suas teorias de processos de melhoria contínua eram desconcertantemente complexos. Os carros são feitos com 10 mil componentes, o que significa que centenas de milhares de coisas podem dar errado. O alumínio é feito com equipamentos gigantescos que custam dezenas de milhões de dólares e funcionam em temperaturas, pressões, voltagens e velocidades não apenas perigosas, mas que ocorrem no limite do que a química e a física definem como possível. Os hospitais tentam coordenar o trabalho de milhares de pessoas para salvar milhares de vidas de uma variedade quase infinita de doenças. Em vez de propor soluções complexas para esses sistemas complexos, Steve decompôs a complexidade. Todos esses sistemas, no nível "atômico", consistem em atividades, conexões e caminhos. Quando você os compreende, mesmo os sistemas incomensuravelmente complexos se tornam de alto desempenho e de autoaperfeiçoamento. Steve fez pesquisas ensinando as pessoas a agir, e a qualidade de suas teorias foi medida em lucros adicionais de bilhões de dólares, em acidentes que foram evitados e em vidas que foram salvas e que não teriam sido caso essas regras não tivessem sido seguidas.

Steve continua a melhorar sua compreensão procurando outras empresas e setores nos quais as regras não funcionam, mas até agora ele está "desapontado". As regras parecem ser princípios de gestão muito aplicáveis. São os mecanismos causais que, quando seguidos, fazem com que os processos de uma empresa sejam sempre melhores, quer sejam processos para entender os clientes, projetar produtos que atendam às necessidades deles ou fabricar produtos com níveis de qualidade cada vez mais altos e custos cada vez menores.

Este não é o tipo de livro divertido e fácil de ler, que você pode comprar no aeroporto de São Francisco e terminar quando aterrissar em Boston. Não há enrolação aqui, nenhuma poção mágica para todos os seus problemas. Mas este é provavelmente o livro mais criterioso sobre qualidade e processo jamais escrito. A pesquisa de Steve Spear passa em qualquer teste sobre boa teoria gerencial. Ela é válida internamente, significando que suas conclusões derivam de forma direta de suas premissas e que todas as outras explicações alternativas plausíveis foram rejeitadas. Ela é válida externamente, no sentido de que é aplicável a empresas em uma ampla variedade de setores, diferentes uns dos outros. O que realmente surpreende é que a validade dessas ideias não foi estabelecida por aplicação em conjuntos de dados definidos no passado. Em vez disso, foi verificada pela aplicação dessas regras causais em empresas que não estavam tendo um desempenho muito bom e, depois, pela comprovação de que a qualidade, o custo e a lucratividade dos produtos dessas empresas melhoraram continuamente quando elas aprenderam a seguir as regras. Assim, Steve pode nos ensinar não apenas o *que* fazer, mas *como* fazer.

Considero que uma das minhas mais importantes credenciais foi ter sido um dos colegas e conselheiro de Steve Spear. Espero que nas páginas deste livro você possa aprender com Steve pelo menos uma fração dos comentários valiosos que aprendi quando trabalhei com ele. Não há pessoa igual a ele em sua área.

Clayton M. Christensen
Professor de Gestão de Negócios
Harvard Business School
Boston, MA

Prefácio

Muitas organizações encontram uma acirrada concorrência no mercado. Ainda que elas tentem se diferenciar, qualquer diferença estática é efêmera e temporária. Identifique alguma necessidade não satisfeita de um cliente em um mercado inexplorado e os concorrentes logo irão aparecer. Encontre um bom fornecedor e, rapidamente, outros irão manifestar interesse. Utilize uma nova descoberta científica ou abordagem tecnológica e, imediatamente, o mundo irá adotá-la. O resultado de tamanho dinamismo de mercado é, com frequência, uma rivalidade intensa e implacável. Ainda assim, aqui e ali, vemos empresas e organizações, dentro e fora do setor privado, que conseguem ficar à frente do grupo durante anos, ou até décadas. Mostrando uma combinação de velocidade, agilidade, receptividade e resistência, elas encontram e aproveitam as oportunidades e, quando os rivais reagem, os líderes de mercado já estão em busca de novas oportunidades, deixando os concorrentes para trás.

Sobram exemplos dessas líderes, *organizações de alta velocidade*, que todo o mundo persegue, mas nunca alcança. A Toyota gera lucros extraordinários, ano após ano, década após década, baseada em sua capacidade de se distanciar e ficar à frente. Enquanto os concorrentes procuravam imitar o sucesso inicial da empresa, lançando carros pequenos, confiáveis e baratos, a Toyota continuou melhorando naquele nicho enquanto acrescentava caminhões, veículos utilitários esportivos (SUVs) e minivans ao seu portfólio, criando novas marcas como a Lexus e a Scion, introduzindo novas tecnologias, como o sistema híbrido do Prius, e a "localização global" – transformando-se de um simples exportador em uma empresa com operações de projeto e produção em todo o mundo.

A empresa aérea Southwest registrou lucros por mais de 30 anos, enquanto as concorrentes lutavam para se manter e empresas conhecidas simplesmente abandonavam o negócio. Foi pioneira em novas rotas enquanto pressionava com melhorias nos serviços, rapidez nas operações básicas e contínuo aumento de eficiência. A Alcoa teve muito sucesso econômico ao se tornar a maior e mais segura fabricante do país – reduzindo o risco de acidentes de trabalho em mais de 95% – enquanto outros fabricantes conseguiam apenas uma fração dessa melhoria.

Há outros exemplos, talvez menos conhecidos, mas também extremamente impressionantes. No mundo da alta tecnologia de fabricação de circuitos integrados, os *fabs** fornecem produtos similares para as mesmas empresas eletrônicas e compram equipamento dos mesmos fornecedores. Eles nivelam seu próprio campo de jogo participando de consórcios definidores de padrões industriais. Ainda assim, alguns *fabs* conseguem sustentar uma variedade de produtos muito maior, gerar menos rejeito e necessitam de menos tempo desde o início até o fim, e assim são capazes de reagir de maneira mais rápida e barata às mudanças nas necessidades do mercado. No caso de exemplos não comerciais, o Programa de Propulsão Nuclear da Marinha Norte-Americana tem registrado sucessivos marcos deste seu início em 1948. Apesar de tudo que foi exigido para o lançamento do primeiro submarino nuclear em 1954, o US Nautilus, e apesar das incalculáveis horas de operação do reator nuclear e das incontáveis milhas registradas por navios de guerra acionados por energia nuclear desde então, não houve qualquer acidente por falha do reator. A maior rival do programa, a Marinha Soviética, tem um histórico menos invejável, cheio de acidentes, perda de tripulações e navios, e danos ambientais, enquanto a NASA, também responsável por missões tripuladas em situações de extremo risco, perdeu as tripulações da Apollo 1, do Challenger e do Columbia. Em um campo totalmente diferente, o da assistência médica, há hospitais que prestam um atendimento muito melhor, para muito mais pessoas, a um custo muito menor do que o normal, apesar de estarem tratando das mesmas doenças, aplicando a mesma ciência médica, empregando pessoas treinadas nas mesmas instituições e sujeitas aos mesmos regulamentos e sistemas de pagamento.

* N. de R.T.: *Fabs* são como as instalações de produção deste setor são chamadas.

Como os exemplos que mencionei até agora (e os exemplos que irei mencionar mais adiante no livro) são muito diferentes em suas missões e circunstâncias, você pode pensar que é suficiente dizer que existem algumas organizações que são simplesmente melhores do que outras no que fazem. Na realidade, porém, as organizações que irei analisar em *No Encalço das Líderes* têm algo mais em comum. Elas enfrentam o mesmo problema e identificaram uma solução comum, que as mantêm com um desempenho muito à frente do grupo e que vai ficando cada vez melhor (os dois andam juntos). O problema é comum para outros além dos líderes. Se a solução tem sido usada com êxito por uma variedade tão grande de organizações, isso indica que a teoria geral que estou apresentando não depende de setor ou atividade, e que há um mundo de excelência esperando para ser alcançado em qualquer tipo de empreendimento. Espero que este livro contribua para isso.

O problema comum enfrentado por essas organizações é que elas produzem produtos complexos ou fornecem serviços complexos, exigindo formas variadas de habilidades e experiência. Suas operações, os "sistemas de trabalho" que envolvem muitas pessoas, de muitas disciplinas, utilizando equipamento de diversos tipos, são também complexos, necessitando que os esforços e as contribuições de muitos especialistas sejam integrados e coordenados de maneira harmoniosa. A dificuldade é que quanto mais variadas e numerosas as pessoas, as máquinas e os materiais envolvidos, mais formas de interação existem entre eles, geralmente com resultados imprevistos. Por vezes, tantas coisas estão conectadas com tantas outras que o sistema se torna "inextrincável". Não importa quanto esforço e capacidade mental sejam usados para projetar uma operação complexa, é impossível projetá-la com perfeição e prever como ela vai se comportar sempre. É no projeto e na operação de seu complexo trabalho – como eles lidam com o problema dos sistemas inextrincáveis e imprevisíveis – que as organizações líderes e de alta velocidade se diferenciam. Sua abordagem e seus resultados são os temas deste livro.

Muitas das organizações que analisei, e muitas outras que você conhece, acreditam administrar os sistemas de trabalho de maneira objetiva. Mas, na realidade, elas não fazem isso. Ao contrário, elas administram funções e especialidades individuais com essas peças se conectando com muito trabalho, boa vontade e improvisação. Um hospital típico, por exemplo, terá hierarquias definidas, planos de carreira e padrões profissionais nos departamentos – como medicina interna, farmácia e enfermagem –, mas não terá ninguém treinado internamente, ou responsável pelo processo desde o começo até o final, para prescrever, distribuir e administrar medicação, e que atenda todos esses três departamentos. Eles terão ótimos ortopedistas, anestesistas e terapeutas, mas ninguém será responsável pelo processo de prótese de quadril ou cirurgia de joelho do início ao fim. Trabalhei em uma fábrica de peças automotivas na qual a estampagem, a soldagem e o embarque funcionavam como silos individuais, não tendo responsável por transformar os pedidos dos clientes e as matérias-primas em encomendas bem-sucedidas. A aparência de sintonia dependia das reuniões diárias do controle de produção e, em grande parte, da distribuição. Estive em locais do projeto nos quais a engenharia, a garantia da qualidade, a instalação e o atendimento ao cliente funcionavam como se fossem totalmente independentes; na verdade, eles são bastante interdependentes.

Isso não é o que vamos encontrar nas organizações de alta velocidade. Quanto mais elas lutam para avançar suas competências, mais elas entendem que todo o trabalho que fazem deve facilitar os processos de transposição de limites, com os quais criam valor para seus clientes.

Também há uma diferença dinâmica, além da diferença estrutural que acabamos de ver. Qualquer sistema complexo será prejudicado por um fluxo de perturbações e dificuldades, que são a consequência inevitável de pessoas imperfeitas tentarem projetar com perfeição algo muito complexo. Na maioria das vezes, essas perturbações e inconveniências são apenas suportadas e administradas. A maioria das organizações supõe que mesmo as melhores operações que poderiam imaginar terão algum grau de ruído ou vibração inevitável, e que determinada quantidade de esforço sempre será necessária para apagar incêndios; a vida é assim mesmo.

As organizações de alta velocidade adotam uma atitude oposta, e isso faz toda a diferença. Tratam cada problema, cada situação em que algo não está funcionando da maneira esperada, como a própria voz da operação que diz: "Você pode ter me criado, mas você ainda não me conhece tão bem quanto deveria. Procure melhor, aprenda mais, e vamos nos entender melhor". Nessas organizações, as operações são projetadas não apenas para fazer o trabalho que precisa ser feito, mas também para deixar que a organização saiba, continuamente, que ela ainda não sabe tudo que precisa saber. Quando as operações falam, essas organizações escutam, aprendem, melhoram e mantém um olhar atento para a próxima lição.

Além do mais, garantem que a lição que aprenderam aqui e agora seja propagada por toda a organização. E elas se certificam de que seus gestores saibam como trabalhar e como treinar os outros a trabalhar dessa maneira.

Tudo isto será discutido em detalhe em *No Encalço das Líderes*, com muitos exemplos de coisas que dão certo e coisas que dão errado, lições aprendidas e lições ignoradas. Os fracassos podem ser dolorosos e irritantes, mas acredito que você considerará os sucessos animadores. Eles estão ao seu alcance, embora não sem algum esforço. Os sucessos das organizações de alta velocidade e de alto desempenho não dependem de reunir uma mão de obra onde todos possuem um talento extraordinário. Com centenas, milhares ou até centenas de milhares de funcionários, isso seria totalmente impossível. O que faz com que essas empresas sejam de alta velocidade é a maneira como elas, deliberada e consistentemente, fazem o melhor uso da distribuição comum do talento humano, enquanto seus concorrentes permitem que muito se perca em meio a recorrente frustração, "incêndios" e fracassos.

Sumário

CAPÍTULO 1

Chegando à Frente do Pelotão

Todos os anos, minha esposa Miriam e nossos filhos, Hannah, Eve e Jesse, assistimos à Maratona de Boston, que passa perto de nossa casa. Depois do barulho da escolta policial e dos jornalistas, há uma calma surreal quando o primeiro ou os dois primeiros corredores passam voando por nós. Após quase duas horas de corrida, faltando apenas cinco quilômetros, suas formas são impecáveis, sua respiração, tranquila, suas faces, calmas. Depois, o barulho recomeça.

Algumas dezenas de metros atrás dos líderes vêm um pelotão de atletas, todos de nível internacional, mas com aparência não tão boa. Seus ritmos estão um pouco incorretos, expressam um pouco de dor. Eles estão se acotovelando, mas, mesmo com todo o esforço, sua única esperança é serem perseguidores, sempre no encalço dos líderes, que determinam o ritmo e nunca são alcançados.

A Maratona de Boston acontece apenas uma vez por ano, mas todos os dias podemos ver o mesmo tipo de concorrência feroz entre empresas, brigando por um prêmio de consolação, enquanto uma ou duas empresas cruzam para uma vitória que parece fácil. Na fabricação de carros, aviação comercial, no processamento de metais, na fabricação de circuitos integrados, nos serviços financeiros e na assistência médica, para mencionar apenas alguns exemplos, podemos encontrar concorrências "justas" nas quais os competidores avançam cabeça a cabeça, nas mesmas categorias de produtos, têm os mesmos fornecedores, contratam nas mesmas redes de mão de obra e obedecem aos mesmos regulamentos. Os campos de atividades são muito equilibrados e há uma diferença tão pequena entre os rivais que se poderia esperar uma concorrência implacável, com unhas e dentes, onde um come o outro, com uma lucratividade efêmera e uma liderança insustentável. E é o que acontece em muitas empresas. Ainda assim, alguns estão muito à frente, perseguidos, mas nunca alcançados, gerando maior variedade e melhor qualidade de produtos e serviços, respondendo mais depressa ao mercado em transformação, com menos pessoas, menos recursos e menos contratempos e acidentes. Enquanto todo o mundo luta para se manter, essas *organizações de alta velocidade* correm, de sucesso em sucesso, com crescente participação no mercado, lucratividade e reputação. Na maratona, todos começam juntos e todos cruzam as marcas de metade ou três quartos da prova. A diferença principal, claro, é que os líderes chegam na frente em cada marco e, quando seus desafiantes chegam lá, elas já estão a caminho do próximo. Assim acontece com as organizações, como representado na Figura 1-1. Todos avançam ao longo do tempo, melhorando o desempenho em diversas métricas como qualidade, eficiência, produto ou variedade de serviço, segurança do local de trabalho e tempo de lançamento do produto no mercado. O problema para o pelotão é que o líder alcança um determinado nível antes dos demais e, quando os outros se aproximam de onde ele estava, ele já disparou, podendo ser perseguido, mas não capturado.

Líderes em abundância

Permita-me apresentar alguns exemplos, começando pela indústria automobilística. Todos os grandes fabricantes fazem carros, caminhões, veículos utilitários esportivos e minivans. Esses veículos vêm em versões econômicas, regulares e de luxo, em tamanhos pequenos, médios e grandes. O fabricante briga por clientes em todos os grandes mercados; suas concessionárias geralmente estão localizadas perto umas das outras. Ele tem instalações de projeto e produção em todas as regiões, contrata em todos esses lugares em mercados de trabalho sobrepostos, e está sujeito às mesmas regras e regulamentos regionais. Geralmente, compra dos mesmos fornecedores. Trabalhei numa fábrica onde os funcionários faziam peças para a Toyota e, ao mesmo tempo, utilizando o mesmo equipamento, também faziam peças para concorrentes diretos.

Nesse ambiente altamente competitivo, com a General Motors (GM) e a Ford padecendo ano após ano e a Daimler perdendo a Chrysler depois de torrar dezenas de bilhões de dólares em ações em uma fusão fracassada, a Toyota vibra de sucesso em sucesso. Ela superou a General Motors como líder mundial de produção, concorreu com a Ford para se tornar a segunda maior vendedora de automóveis na América do Norte e passou a Chrysler como a terceira maior fabricante de automóveis do continente. Enquanto a Ford reduzia suas marcas de luxo, a Toyota Lexus, uma participante relativamente nova, se distanciava e se

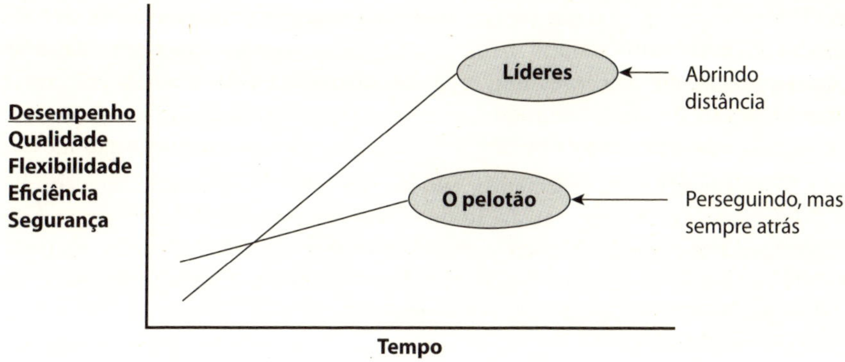

FIGURA 1-1 Alta *performance* por meio de excepcional melhoria, inovação e invenção.

tornava a marca de luxo mais vendida nos Estados Unidos. O Scion, uma novidade ainda mais recente, está conseguindo o que era difícil para outros fabricantes de carro: atrair jovens compradores para um fabricante estabelecido. Apesar das constantes reclamações dos concorrentes de que carros com alta quilometragem, alto desempenho e baixa emissão de poluentes não são possíveis no atual âmbito tecnológico e financeiro, a Toyota lançou o Prius, construiu uma participação de mercado e superou os concorrentes no estabelecimento de um padrão para tecnologia de carros híbridos, que agora é encontrado em toda sua linha de produção. Enquanto a maioria das empresas automobilísticas fechava fábricas e demitia funcionários, a Toyota se expandia, criando mais oportunidades para aumentar ainda mais o espaço.

Tudo isso levou a uma incrível lucratividade. Em 2003, a Toyota superou o limite de US$10 bilhões. No ano fiscal que terminou em março de 2007, seu lucro líquido era de US$13 bilhões, comparado com as perdas de US$2 bilhões da GM e de US$12,6 bilhões da Ford. A capitalização de mercado da Toyota, de US$187 bilhões, era maior do que a GM, Ford e DaimlerChrysler juntas. E tudo isso aconteceu apesar da Toyota haver entrado no mercado norte-americano décadas depois de seus concorrentes, com poucos produtos, pouco reconhecimento de marca e sem fábricas.

Ao se destacar em um mercado altamente competitivo, a Toyota não está sozinha. Na aviação comercial, as grandes companhias aéreas compram equipamentos dos mesmos fornecedores: Boeing e Airbus para os grandes aviões; Saab, Embraer e Bombardier para os jatos regionais; e General Electric, Rolls-Royce e Pratt & Whiney para os motores. O combustível para jatos é uma *commodity*. As companhias aéreas utilizam as mesmas redes de mão de obra para pilotos, comissários, funcionários dos terminais de embarque, carregadores de malas e mecânicos. E elas disputam exatamente os mesmos clientes que voam entre as mesmas cidades. Isso torna difícil que a maioria dos transportadores se destaque, com resultados previsíveis. Ano após ano, American, United, USAir e outras enfrentam dificuldades financeiras, exigindo concessões de seus trabalhadores e torcendo para que os clientes aceitem menos conforto, pior serviço e menos segurança.

Com a Southwest, entretanto, isso não acontece. Alcançando uma combinação de baixo custo e alta satisfação do cliente, esta companhia aérea gerou um lucro anual por mais de 30 anos seguidos, apesar dos picos nos preços do combustível, redução de viagens depois de 11 de Setembro, ocupação excessiva no setor e redução de preços por concorrentes estabelecidos que tentam se defender dos novatos. Enquanto na última década o setor, como um todo, teve uma perda de 50% no valor das ações de mercado, o valor da Southwest duplicou. Desde o 11 de Setembro, a Southwest teve mais sucesso que seus concorrentes, com uma queda de apenas 20% em valor, comparado com 70% para o segmento de motores.

Vejamos outra maneira de medir o sucesso desproporcional da Southwest em seu mercado: no ano fiscal de 2006, a receita combinada da American, Continental, Delta, JetBlue, United, US Airways e Southwest foi de US$95,2 bilhões, dos quais a Southwest representava 10%. Em novembro de 2007, a capitalização de mercado combinada dessas companhias era de US$33 bilhões, dos quais a Southwest representava 33%.

Como isso foi possível? De acordo com meu colega Jody Hoffer-Gittell e outros, algumas das respostas intuitivas mais óbvias estão erradas. A Southwest tem tantos trabalhadores sindicalizados quanto as outras companhias, tem concorrentes em todas as rotas e não tem as vantagens monopolísticas de precificação que os sistemas *hub and spoke* proporcionam aos grandes transportadores em algumas rotas. Seu êxito não se deve a vantagens estruturais. Em vez disso, a Southwest faz uma gestão melhor – dirige – com menos tempo em terra, menos esforço e com maior previsibilidade, e manutenção programada com maior segurança. Suas tripulações e equipamentos passam mais tempo em voo, com clientes pagantes, em lugar de permanecer no chão sem lucratividade e produtividade.

A fabricação de circuitos integrados – microprocessadores, *chips* de memória, circuitos integrados com aplicação específica – pode ser extraordinariamente competitiva. Todos os "*fabs*" compram equipamentos do mesmo fornecedor, fazem produtos que competem nas mesmas dimensões de "densidade" e velocidade, e os vendem para as mesmas empresas eletrônicas. Mesmo assim, também nesse negócio, algumas empresas derrotam seus rivais. De acordo com o Programa de Competitividade na Fabricação de Semicondutores, da Universidade da Califórnia, em Berkeley, há significativas disparidades entre os competidores em termos do desempenho que eles atingem na qualidade (a relação entre os *chips* aproveitáveis e os defeituosos), na velocidade (como tempo de processamento e tempo de ciclo) e na eficiência (como produtividade do trabalho), e também, de forma mais especial, na velocidade com que esses níveis são atingidos (como tempo de desenvolvimento de processo e aumento de produção). Christensen, Verlinden, King e Yang, em seu artigo "The New Economics of Semiconductor Manufacturing", dão um exemplo de como isso acontece. Eles detalham como um fabricante anônimo, por meio de um foco intenso na excelência do processo, reduz o tempo de fabricação de uma placa semicondutora em 2/3 e o custo por placa em 12%. A capacidade efetiva aumentou 10% e o número de produtos que a fábrica podia manter aumentou muito. Esta fábrica se tornou mais rápida para receber a maior variedade e volume de demanda a um custo mais baixo e sem investimento extra de capital.

A Alcoa está no negócio da mineração, refino, fundição, forjamento, laminação e extrusão – todos eles processos essencialmente perigosos. Todavia, durante o final dos anos 1980 e início dos anos 1990, um período de grande sucesso nos negócios para a Alcoa, ela se estabeleceu como a mais segura fábrica de grande porte nos Estados Unidos. De acordo com os recentes dados da Occupational Safety and Health Administration (OSHA), os acidentes de trabalho na Alcoa representam ¼ da média de todos os fabricantes, conforme um indicador, e 1/20 de acordo com outro. Isto não foi conseguido por qualquer manobra competitiva. Algo diferente permitiu que a Alcoa dissesse não aos acidentes de trabalho. No Capítulo 4 está explicado como isso foi alcançado.

Nem todas as empresas de alta velocidade correm por lucros. Algumas avaliam o desempenho de outras maneiras. Por exemplo, os melhores hospitais têm acesso à ciência de ponta, última tecnologia e funcionários inteligentes, bem treinados, esforçados e bem intencionados. Porém, há muitas variações na segurança. Em geral, os hospitais são lugares perigosos para os pacientes. O Institute of Medicine estima que cerca de 98 mil dos 33 milhões de norte-americanos que se hospitalizam a cada ano morrem por algo que deu errado na administração de seus cuidados. Outros estudos calculam que um número igual de pessoas morre como resultado de uma infecção contraída durante a hospitalização e que um número ainda maior tem alguma doença ou infecção não fatal durante o tratamento. Com isso, o risco de haver um dano durante a hospitalização chega a um em algumas centenas e o risco de óbito chega a um em alguns milhares. Alguns hospitais, porém, reduziram o risco dos pacientes serem acometidos por erros médicos e infecções em 90% ou mais, oferecendo um atendimento muito melhor para muito mais pessoas, a um custo menor e com menos esforço do que é normal. Assim como a Alcoa, esses hospitais têm um "algo a mais" especial.

Ser um membro da tripulação de um submarino nuclear pode parecer arriscado, envolvendo dividir espaço com ogivas nucleares, com o navio sujeito a pressões enquanto brinca de gato e rato com navios de guerra adversários, operando muitas vezes às cegas e sem comunicação. E todos nós temos nossas opiniões sobre a energia nuclear, devido aos acontecimentos em Chernobyl e em Three Mile Island. Entretanto, os navios de guerra da Marinha norte-americana que usam energia nuclear acumularam juntos mais de 134 milhões de milhas e mais de 5.700 reatores-anos de operações de reatores nucleares desde que o primeiro submarino acionado a energia nuclear, o USS Nautilus, foi lançado em 1954. Durante todo esse tempo, com todo o uso, não houve uma única morte relacionada aos reatores. Por outro lado, a marinha russa tende a se envolver muito mais em acidentes. A NASA, também encarregada de missões tripuladas em situações de risco, teve seu histórico maculado. No Capítulo 3, veremos com mais detalhes porque a NASA tem sido atormentada com problemas e, no Capítulo 5, vamos comparar isso com a abordagem da Marinha.

Concorrentes de alta velocidade

O que é o "algo a mais" especial que separa as organizações de alta velocidade de suas rivais? Há um rico histórico de tentativas de profissionais e acadêmicos para responder essa pergunta. Examinemos este histórico para melhor entender a contribuição do livro *No Encalço das Líderes*.

Nos anos 1980, a rivalidade política e militar pós-Segunda Guerra Mundial entre os Estados Unidos e seus aliados e a União Soviética e seus aliados, que havia exigido tanta atenção por muitas décadas, finalmente estava se acalmando. Porém, nem tudo eram águas tranquilas. Um grupo cada vez maior de indústrias e corporações norte-americanas muito fortes enfrentava uma grande ameaça competitiva. Empresas estrangeiras, muitas delas japonesas, estavam fornecendo produtos de melhor qualidade a custos mais baixos do que parecia possível. As implicações para o bem-estar econômico dos Estados Unidos eram incríveis.

Inicialmente, este fenômeno se explicava em termos de conflito econômico, talvez porque ainda prevalecesse a mentalidade da Guerra Fria. Livros como *MITI and the Japanese Miracle*, de Chalmers Johnson (1982), e *Trading Places: how we allowed Japan to take the lead*, de Clyde Prestowitz (1988), atribuíram o sucesso do Japão a uma inteligente estratégia de negócio, organizada por ministérios governamentais e coordenada por redes corporativas (*keiratsu*) que suplantaram os esforços desarticulados das empresas norte-americanas, agências federais e do Congresso. O Japão manipulava o jogo com estruturas financeiras vantajosas, livre das pressões do que era caracterizado como miopia dos mercados financeiros norte-americanos, e uma população complacente desejando retardar a satisfação e conter os interesses individuais na obtenção de vantagens corporativas e nacionais. Era uma cultura samurai contra uma cultura caubói, e com a competitividade definida como uma luta entre nações, a resposta adequada para tal "traição" era considerada em uma dimensão nacional: restrição voluntária de exportação, exigências de conteúdo doméstico e consórcios de pesquisa em toda a indústria.

Inspirado por esse tipo de explicação, escrevi meu trabalho de graduação em Princeton sobre os determinantes macroeconômicos das taxas de câmbio com a ideia de que, se entendêssemos por que o dólar era uma moeda forte e o iene uma moeda fraca, poderíamos ter ideias acerca de como reverter o fluxo de bens e serviços. Depois da faculdade, em meados dos anos 1980, meu trabalho em bancos de investimento reforçou a noção de concorrência econômica nacional. Sempre que acontecia um novo leilão de títulos da dívida pública meus colegas e eu nos direcionávamos a "o que os japoneses fariam". Mais tarde, quando trabalhava em Washington, D.C., para uma agência do Congresso, tive uma visão melhor dos debates sobre o restabelecimento da competitividade norte-americana, focados frequentemente em respostas dos poderes legislativo e executivo para infrações como subsídio e *dumping* comercial.

Chegar ao MIT, no final dos anos 1980, como um aluno de pós-graduação foi uma bela oportunidade para mim. A visão predominante da superioridade comercial japonesa estava mudando de uma competição nacional, estilo Guerra Fria, para as práticas de gestão das empresas individuais líderes de mercado. Livros como *Kaisha*, *Made in America*, *Dynamic Manufacturing* e *The Machine that Changed the World*, juntamente com grande quantidade de artigos, detalharam as diferenças nas práticas comerciais entre os novos vencedores japoneses e as empresas norte-americanas que estavam sendo desalojadas – especialmente em termos de desenvolvimento e produção. Esta mudança na ênfase revelou-se extraordinariamente produtiva.

Observou-se que nas fábricas japonesas vencedoras os produtos eram concluídos por meio de fluxos de processo mais simples do que nas fábricas norte-americanas. A produção era "puxada", despertada pela real necessidade do cliente, em vez de ser "empurrada" de acordo com uma programação preconcebida. Os locais de trabalho eram mais arrumados e organizados de acordo com a tarefa específica que seria desenvolvida em cada posição. O relacionamento com os funcionários e os fornecedores era de participação, muito diferente das relações industriais antagônicas nos Estados Unidos.

Também foi observado o rígido *kaizen*, processo de envolvimento dos que estão diretamente ligados às tarefas organizacionais na melhoria contínua do trabalho. Assim, não importava apenas a velocidade com que o material circulava através da empresa, mas a velocidade da melhoria e da solução de problemas – a rapidez com que essas empresas identificavam os problemas e os solucionavam.

Pesquisadores como David Garvin documentaram diferenças em produtividade entre fábricas semelhantes e encontraram discrepâncias dez vezes maiores, e até cem vezes maiores, em qualidade. John Krafcik registrou diferenças extraordinárias em produtividade entre os fabricantes em massa e os fabricantes enxutos no setor automobilístico. Michael Cusumano forneceu uma descrição histórica do crescimento da Toyota para a supremacia. James Womack, Dan Roos e Dan Jones, em seu memorável livro *The Machine that Changed the World*, ilustraram algumas das principais diferenças na gestão do chão de fábrica, em termos de *design* de produtos e nas relações do fornecedor entre o melhor da indústria automobilística e o resto. John Paul MacDuffie revelou alguns detalhes dos poderosos mecanismos solucionadores de problemas que esses fabricantes empregavam.

Bob Hayes e Steve Wheelwright, com a coautoria de Kim Clark, mantiveram seus focos nas decisões estratégicas como os recursos para *Restoring our Competitive Edge* e, mais tarde, escreveram brilhantemente sobre as vantagens de criar "o aprendizado organizacional" a fim de alcançar uma hegemônica *Dynamic Manufacturing*. Coletivamente, estes e outros autores expressaram o sentido de urgência concreta, encontrado por todas as organizações líderes de mercado, para identificar as necessidades do mercado, satisfazer essas necessidades e se tornar ainda melhores fazendo isso.

Essa nova perspectiva era empolgante. Significava que os gestores tinham importância. Mesmo se o ambiente externo da empresa fosse hostil, seu ambiente interno poderia ser modelado para um efeito positivo. Os gestores não necessitavam de comando para salvá-los, nem precisavam se esconder pelos mercados a procura de arenas sem concorrentes. Eles poderiam fazer o que os japoneses estavam fazendo e enfrentá-los em uma luta honesta.

Inspirados por essas descobertas, muitas pessoas, inclusive eu e meus colegas do Programa MIT – Japão, nos dedicamos a entender a gestão japonesa a fim de que pudéssemos fazer nossa parte para ajudar os Estados Unidos na recuperação de seu mal-estar competitivo. Muitos de nós ingressamos em empresas japonesas para ter uma visão interna. Para mim, no verão de 1990, isso significou mergulhar meus dedos nas águas do negócio japonês em um banco comercial, com o apoio da Japan Society of New York e da International House of Japan (Tóquio), e depois passar mais de um ano como parte de um consórcio internacional de fabricantes na Universidade de Tóquio, com o apoio do Ministério da Educação do Japão. Trabalhei com japoneses, alemães, franceses e canadenses de empresas de construção, fabricantes de equipamento industrial e empresas eletrônicas, todos eles querendo entender o que suas empresas tinham a fazer diante das inovações tecnológicas aceleradas e do intenso comércio e concorrência transnacionais.

Quando retornei aos Estados Unidos, em meados dos anos 1990, observei algo estranho. A pesquisa inovadora citada acima, que havia mostrado as grandes disparidades entre o melhores e os piores em um setor, não tinha sequer uma década de vida. Nesse intervalo, a Toyota, a empresa que exemplificava a abordagem japonesa (que a partir daquele momento passou a ser chamada de "produção enxuta"), havia sido estudada incessantemente. Centenas de milhares de visitantes haviam visitado a NUMMI, sua *joint venture* com a General Motors, em Fremont, Califórnia, e suas novas instalações em Georgetown, Kentucky. Inúmeras páginas tinham sido escritas especificamente sobre a Toyota e, em um sentido mais amplo, sobre a produção enxuta. Centenas de empresas fabricantes haviam feito *benchmark* da empresa e cada uma das Três Grandes da América, Ford, Chrysler e GM, havia criado sua própria versão do Sistema Toyota de Produção: o Sistema Ford de Produção, o Sistema Chrysler de Operação e o Sistema Global de Fabricação da GM. Por toda a parte, as pessoas estavam dominando as complicações do sistema puxado da padronização do trabalho e de coisas semelhantes, mas mesmo assim não havia surgido nenhuma Toyota Americana.

Este era o problema: embora os concorrentes da Toyota tivessem melhorado na qualidade inicial e na eficiência de fabricação, a Toyota não estava parada. Organizações de alta velocidade não param. Ela tinha melhorado, não apenas na qualidade e eficiência, mas tinha aumentado a gama da concorrência. Tinha produção local nos países de interesse, oferta de produtos ampliada, novas tecnologias e novas marcas. Isso me lembra o futebol: todo o mundo estava tentando aumentar a velocidade e então alguns times inventaram esquemas diferentes. Enquanto os outros times tentavam acrescentar tática aos seus livros de técnicas de jogo, os líderes colocavam os atacantes em movimento e acrescentavam opções de zagueiros e buscavam jogo no meio campo, complicando sempre o desafio ao aumentar a velocidade do jogo e as alternativas de jogadas.

Quando ingressei na Harvard Business School como aluno de doutorado, decidi aprender porque era tão difícil ultrapassar a Toyota, e nos quatro anos seguintes tive ótimas oportunidades para fazer só isso. A essência de meus estudos era aprender fazendo. Por seis meses, fiz parte de uma equipe da Toyota, trabalhando para desenvolver um fornecedor de primeira linha em Kentucky (o mesmo mencionado anteriormente que também fornecia para dois concorrentes da Toyota) e aprendendo o Sistema Toyota de Produção em primeira mão, ao solucionar problemas relacionados com produção, e trabalhando com outros para fazer isso. Para avaliar as diferenças entre o que estávamos fazendo no fornecedor e como os fabricantes mais tradicionais operavam, preparei-me para passar uma semana realizando um trabalho na linha de montagem em um dos concorrentes norte-americanos da Toyota. No Capítulo 3, examinaremos mais essa experiência. Para avaliar a gestão dos sistemas de trabalho em uma ampla linha de produtos, processos, mercados e regiões, viajei pelas três dúzias de fábricas na America do Norte e Japão para fazer observações, coletar dados e entrevistar pessoas, desde os trabalhadores da linha de frente até os gestores das fábricas e executivos corporativos.

O que descobri foi totalmente inesperado. Eu já havia estudado o que tinha sido escrito sobre a Toyota, produção enxuta, Seis Sigma e gestão da qualidade total. Tinha uma compreensão conceitual bastante boa da padronização do trabalho, da produção puxada *versus* produção empurrada, do desenvolvimento de experimentos, do controle estatístico do processo e muitas outras ferramentas analíticas e de controle que estavam se tornando populares. Eu achava que ainda deveria haver algumas ferramentas que eu não conhecia, mas estava completamente errado.

A diferença entre a Toyota e seus concorrentes não era de mais ferramentas, ou mesmo de uma aplicação mais cuidadosa das ferramentas que tinham uma ampla aceitação. Essa abordagem prometia ganhos potencialmente significativos, mas, no final, iria parar de crescer. Em 1996, Michael Porter provou isso em seu artigo "O que é estratégia?", no *Harvard Business Review*. Se todos copiam o líder, imitando como o trabalho é feito em determinado tempo e lugar, ninguém pode fazer melhor do que o líder e todos vão parecer e agir da mesma maneira, transformando em *commodities* seus setores e garantindo que ninguém usufrua de vantagens.

Mais precisamente, o que eu estava começando a avaliar era uma abordagem para administrar um trabalho excepcionalmente complexo que unia as mãos e mentes de centenas de pessoas para que a melhoria, inovação e adaptação fossem constantes. A fábrica não era apenas um lugar para fabricar produtos físicos, era também um lugar para aprender *como* fabricar esses produtos e – o mais importante de tudo – era um lugar para *continuar* a aprender como fabricar esses produtos. Na realidade, isto é exatamente o que muito da pesquisa inicial sobre a gestão japonesa havia revelado – que o aprendizado e a descoberta eram intrínsecos ao sucesso. Mas a ideia se perdeu quando as pessoas se concentraram nas ferramentas técnicas especiais usados no local de trabalho, à custa de entender os princípios de como esses sistemas eram administrados.

A ênfase no aprendizado e na descoberta foi diretamente ao âmago de um desafio gerencial fundamental. Produtos e serviços complexos exigem projetos, produção e operações de distribuição igualmente complexos. As organizações precisam dominar o sem-número de funções que precisam ser executadas, mas que nunca serão suficientes sozinhas. Elas também precisam dominar as incontáveis trocas com as quais as várias pessoas, partes e processos podem interagir dentro de produtos e operações tão complexos. Esse domínio nunca é completo – nunca pode ser concebido na operação desde o início.

Por exemplo, as fábricas da Toyota que visitei eram enormes, algumas com centenas de milhões de dólares em equipamentos; dezenas ou centenas de gestores; e centenas ou milhares de operários. Poderia se esperar que essas gigantescas operações tivessem uma inércia inevitável, mas minhas impressões básicas eram de movimento e mudança, a maioria delas urgentes e cheias de adrenalina. Isso era verdade tanto no trabalho de um indivíduo – como instalar o assento no carro, fixar o parachoques, ou fazer a instalação elétrica – como no trabalho complexo realizado por grandes grupos – tais como o lançamento de um novo modelo ou a construção de uma nova fábrica. Independente da tarefa, a Toyota sabia como fazer o trabalho de tal modo que os indivíduos e os grupos continuavam a aprender como fazer melhor seu trabalho. Boa sorte para quem quiser copiar tudo isso. Qualquer fotografia revelaria onde a Toyota estava hoje, mas não para onde se dirigia. Mais tarde, quando comecei a buscar e explorar outras organizações de alta velocidade em outros campos, eu encontraria diversas outras que, de forma independente, haviam chegado à mesma ideia, reforçando minha convicção de que a abordagem descrita em *No Encalço das Líderes* ajudará a melhorar o desempenho de qualquer organização envolvida em operações complexas.

Apesar de muitas empresas terem adotado diversas ferramentas associadas à produção enxuta e à gestão da qualidade total, e terem ganhado estabilidade e controle de seus locais de trabalho, até então caóticos e não confiáveis, ainda assim elas nunca chegaram lá. E agora eu podia ver a razão. Essas empresas haviam selecionado as ferramentas visíveis das organizações de alta velocidade – os mapas de fluxo de valor, sistemas puxados, células de produção, gráficos de controle estatístico do processo e projetos de experimentos –, mas não entenderam para que servem essas ferramentas: administrar o trabalho complexo para melhoria contínua daquele trabalho (e portanto dos produtos e serviços que resultavam do trabalho). Como Ken Bowen e eu destacamos em 1999, em nosso artigo para a *Harvard Business Review*, "decodificando o DNA do Sistema de Produção da Toyota", apenas copiar essas ferramentas não gerava a combinação paradoxal de estabilidade e flexibilidade que estava cada vez mais associada à Toyota. A maneira com que a Toyota planejava e melhorava os processos era o que gerava a estabilidade de curto prazo e a agilidade e rapidez de resposta mais a longo prazo.

Enquanto minha pesquisa na Toyota progredia, surgiu uma maravilhosa oportunidade para testar minhas descobertas. A Alcoa estava buscando o audacioso objetivo de criar um ambiente de trabalho totalmente seguro, apesar dos perigos que pareciam inerentes a seus processos de produção, e estava chegando bem perto. O segredo para a Alcoa, como veremos no Capítulo 4, era perceber que a segurança total não poderia ser planejada desde o início em seu trabalho. Nenhuma equipe inteligente jamais poderia imaginar antecipadamente todas as pequenas coisas que poderiam dar errado. Em vez disso, o segredo era fazer o trabalho, identificar imediatamente qualquer de seus riscos potenciais e fazer as alterações para que os mesmos riscos não se repetissem. E identificar um risco não era uma experiência isolada. Ao puxar o fio, se revelavam muitos outros defeitos do processo que não eram conhecidos. Na área de segurança, a Alcoa havia começado a desenvolver um sistema de gestão muito parecido com o da Toyota, no qual a criação de produtos e a operação de processos eram firmemente ligadas à criação de métodos melhores para seu êxito. Apesar do sistema de segurança perfeito não poder ser planejado, ele podia ser revelado pouco a pouco, caso fosse gerada uma velocidade regular e fosse mantida uma energia suficiente.

Seria possível, porém, aplicar essa abordagem tipo Toyota ao negócio da Alcoa como um todo, uma atividade tão diferente da desenvolvida pela Toyota? Em suma, será que minhas descobertas sobre a Toyota se aplicavam apenas à Toyota e setores similares, ou elas poderiam ser aplicadas mais amplamente? Em 1997, trabalhei com um grupo da Alcoa para desenvolver e implementar o Sistema Alcoa de Negócios, baseado no Sistema Toyota de Produção. Alguns dos resultados foram fantásticos, como veremos no Capítulo 4.

Contudo, novamente o círculo iria se alargar. No início de 2000, bateram à minha porta na Harvard Business School, onde eu agora fazia parte do corpo docente, e entrou um médico chamado John Kenagy. "Sou cirurgião vascular", disse ele, "e meus colegas e eu já tentamos de tudo para aumentar a qualidade e eficiência de nossas práticas e dos hospitais nos quais trabalhamos. Nada ajudou. Ouvi falar sobre essa pesquisa da Toyota que você está fazendo. Uma abordagem semelhante funcionaria na assistência médica?"

Nós não sabíamos. Este, na verdade, era outro tipo de serviço muito complexo sendo prestado por uma organização muito complexa, e, como eu iria descobrir, trabalhar em um hospital pode ser uma experiência estressante, com pequenas falhas inesperadas acontecendo o tempo todo, algumas delas podendo ser perigosas ou fatais para os pacientes. O trabalho geralmente frustrante das enfermeiras, auxiliares, médicos, administradores e da equipe poderia ser administrado de maneira dinâmica, adaptável, autoaperfeiçoável e autoinovadora? Fizemos uma tentativa, primeiro no Deaconess Glover Hospital, em Needham, Massachusetts, e, mais tarde, em diversos hospitais por meio dos auspícios da Pittsburgh Regional Healthcare Initiative. Os resultados, alguns dos quais serão analisados no Capítulo 11, foram maravilhosos.

O que todos esses exemplos significam para você, leitor? Eu e outros pesquisadores descobrimos – e em alguns casos eu mesmo ajudei a criar – organizações rápidas... ágeis... velozes... engajadas em uma ampla gama de missões. Essas organizações são muito diferentes em diversos aspectos, mas elas têm uma coisa em comum: são capazes de planejar, desenvolver e operar sistemas excepcionalmente complexos para alcançar um desempenho exemplar e cada vez melhor no projeto, produção ou distribuição de bens e serviços complexos. Isto é o "algo a mais" necessário, quando a vantagem de monopólio ou um nível mais baixo de desempenho não são opções viáveis. Assim é que as empresas de alta velocidade passam na frente e permanecem na frente do grupo.

Até aqui, observamos a classe dos líderes que estão, nitidamente, fazendo alguma coisa diferente de seus colegas e concorrentes, algo que os ajuda a estar à frente e depois continuar a aumentar sua liderança. Também expressamos que não é suficiente imitar as técnicas especiais dessas empresas líderes, confundir os meios com os fins. É necessário entender o objetivo dessas técnicas e dedicar os esforços da organização para esse objetivo – a gestão de operações complexas para o alto desempenho.

Assim, tendo dado exemplos de alto desempenho e tendo usado uma avaliação histórica para esclarecer o objetivo real, eu gostaria de dizer algo mais sobre os meios.

Estrutura e dinâmica das organizações de alta velocidade

Em um alto nível, podemos identificar duas características que distinguem as organizações de alta velocidade daquelas que vêm lutando atrás delas.

1. Estrutura: administrando as funções como partes do processo

Há uma diferença estrutural entre as empresas de alta velocidade e aqueles que as perseguem. Enquanto as organizações de alta velocidade empregam grande esforço no desenvolvimento de competências técnicas das várias funções, elas estão sempre, e igualmente, preocupadas com o modo como o trabalho dos indivíduos, das equipes e das tecnologias contribuem com (ou impedem) o processo do qual fazem parte. A orientação do processo das organizações de alta velocidade contrasta com os silos existentes em muitas organizações em que os departamentos falam de integração, mas tendem a operar quase como estados soberanos. Nas organizações de alta velocidade, a integração funcional não é só uma conversa bonita; ela é o feijão com arroz da administração em todos os níveis, todos os dias.

2. Dinâmica: melhoria contínua das peças e dos processos

Há uma diferença dinâmica que gera velocidade entre as empresas de alta velocidade e aqueles que as perseguem. As organizações de alta velocidade estão constantemente experimentando e aprendendo mais sobre todo o trabalho que fazem; é dessa maneira que lidam com êxito com a complexidade que todas elas enfrentam, de uma maneira ou de outra. Essas organizações não incentivam ou admiram subterfúgios, o contínuo apagar de incêndios e as medidas heróicas. Elas querem entender e resolver os problemas, e não aceitá-los.

Valorizar este ponto nunca é demais. Quanto tempo e esforço ganhamos quando nos livramos de um problema de uma vez por todas? Quanta confiança se ganha quando as pessoas veem que não precisam tolerar um problema após o outro e que a gerência tampouco quer que elas ajam assim? Quantos *outros* problemas serão resolvidos porque as pessoas sabem que podem resolvê-los? E depois, há o benefício paradoxal de que, ao se resolver um problema, aparece outro que estava escondido pelo primeiro. Sim, mais um problema, mas agora a organização o encara como outro problema *do qual se livrará.*

As organizações de baixa velocidade e baixo desempenho são completamente diferentes. Primeiro, elas tendem a ser *orientadas funcionalmente* e não administram de modo adequado os relacionamentos entre todos os elementos, como mencionado acima. Segundo, mesmo quando pensam em termos de processo, não são dinâmicas. Em vez de fazer o trabalho, procurar pelos problemas quando aparecem e modificar o modo como trabalham, elas se fecham em uma abordagem que no momento parece boa – mesmo quando se mostra inadequada – agarram-se a ela e seguem se debatendo.

Resumindo, as organizações de alta velocidade se diferenciam das organizações de baixa velocidade tanto em termos estruturais quanto dinâmicos. Estruturalmente, elas insistem que cada parte do trabalho seja feita com uma visão mais ampla do processo do qual fazem parte. Dinamicamente, elas insistem que cada parte do trabalho seja feita de tal modo que chame a atenção dos problemas para aqueles que melhor podem analisá-los e resolvê-los. As organizações de baixa velocidade, em contrapartida, se caracterizam pela existência de silos – "faça seu trabalho e eu faço o meu" – em vez de integração, e infindáveis subterfúgios e resoluções do mesmo problema – "agora farei isto" ou "não se preocupe, isso acontece sempre" – em lugar de melhorias, inovações e invenções contínuas.

As quatro capacitações das organizações de alta velocidade

A capacidade das organizações de alta velocidade em serem tão integradas funcionalmente e continuamente autoaperfeiçoadas, inovadoras e criativas está baseada em quatro capacitações complementares. Explicarei cada uma delas rapidamente. Elas irão aparecer outras vezes nos Capítulos 3 a 5 e serão analisadas em detalhe dos Capítulos 6 a 9. Observe que a capacitação 1 é a chave da integração funcional para o alto desempenho, enquanto as capacitações 2 a 4 são as chaves para a gestão de uma organização para o contínuo autoaperfeiçoamento.

Capacitação 1: especificar projetos para valer-se de conhecimentos existentes e incorporar testes para desvendar problemas

As organizações de alta velocidade não gostam que ninguém comece um trabalho, qualquer que seja seu tamanho ou complexidade, até que a organização tenha (1) explicitado o método reconhecido como mais eficaz naquele momento para alcançar o sucesso na tarefa e (2) criado naquele método a capacidade de detectar falhas quando e onde acontecerem.

As organizações de alta velocidade ficam desconfortáveis com a ambiguidade, quer o trabalho seja feito por um indivíduo ou um grupo, com ou sem equipamento. Elas definem antecipadamente os resultados esperados; quem é responsável por determinado trabalho e em que ordem; como os produtos, serviços e informações irão fluir da pessoa que está executando uma etapa para a pessoa que irá desempenhar a etapa seguinte; e que métodos serão usados para realizar cada etapa do trabalho.

Não que elas queiram ou precisem de garantias. Este tipo de especificação não é um caso de um obstinado taylorismo ou microgestão, com pessoas espertas dizendo para as pessoas menos inteligentes o que fazer. Na realidade, é um investimento. Antes do trabalho começar, a organização de alta velocidade investe tudo o que sabe até o momento nas especificações para maximizar a chance de que as pessoas terão êxito. Mas este é o tipo de investimento que tem um retorno positivo, independente do resultado imediato. A definição, com clareza e cuidado, das ações que se espera que levem a determinados resultados torna muito mais fácil reconhecer quando acontece algo inesperado. Isso destaca espaços no conhecimento coletivo da organização sobre como ter êxito. Com esses focos de ignorância identificados, as organizações de alta velocidade sabem onde devem investir para melhorar. Para aumentar sua capacidade de descobrir o que não sabem, elas inclusive saem de seus caminhos para fazer testes em suas operações a fim de identificar anomalias quando e onde elas acontecem. Em contrapartida, os que atuam no pelotão são menos comprometidos com as especificações de porte, já que se limitaram desde o início, pois não estão usando o melhor método possível. Assim, eles limitam sua capacidade de ver que o que estão fazendo não é tão bom. Como um atleta que usa equipamento antiquado e não presta atenção na concorrência, eles vão ficando cada vez mais distantes dos líderes.

Capacitação 2: agrupar e resolver os problemas para obter mais conhecimento

As organizações de alta velocidade são especialistas em perceber problemas em seus sistemas na hora e local que acontecem. Também são especialistas em (1) conter esses problemas antes que eles tenham a oportunidade de se disseminar e (2) diagnosticar e tratar suas causas para que não ocorram de novo. Ao fazer isso, elas desenvolvem um conhecimento cada vez mais profundo sobre como administrar os sistemas para fazer o trabalho, convertendo a ignorância inicial em conhecimento.

Tudo isto acontece da seguinte maneira: nas organizações líderes, os problemas são agrupados na hora e local que acontecem e pelas pessoas afetadas. A vantagem de solucionar o problema imediatamente é que ele pode ser resolvido antes que afete o trabalho de mais alguém. E quanto mais tempo o problema permanecer sem solução, mais difícil e mais caro será resolvê-lo. No Capítulo 3, veremos exemplos do que acontece quando os problemas permanecem sem solução.

Agrupar um problema não é apenas benéfico pelo que evita – uma disseminação contagiosa do impacto do problema. É benéfico pelo que permite – a reunião da informação contextual e essencial que, de outra maneira, se perderia na memória enfraquecida e em circunstâncias em constante transformação. Muitos problemas acontecem por interações idiossincráticas inesperadas de pessoas, processos, produtos, locais e circunstâncias. Com o passar do tempo, torna-se impossível reconstruir exatamente o que estava acontecendo quando o problema surgiu.

Uma vez agrupados e investigados, os problemas são resolvidos, mas não de maneira *ad hoc* e arbitrária. As organizações de alta velocidade insistem que "o método científico" seja usado de modo disciplinado. Isso não é um exercício de torre de marfim, esotérico; ele reflete a convicção de que quando algo muda, aqueles que fazem a mudança devem ter uma clara ideia de quais ações se espera que levem a quais resultados e deveriam então ser capazes de ver quando estão certos ou errados. Não é suficiente corrigir o problema; eles querem corrigi-lo enquanto obtêm um conhecimento maior de como funciona seu próprio processo.

Antes de seguir para a terceira e quarta capacitações, deixem-me destacar que só as duas primeiras mudam o jogo. Muitas pessoas decidem fazer o trabalho e elas tem êxito ou não. Se não têm sucesso, o esforço foi em vão. As organizações de alta velocidade transformam as situações ganha-perde em situações ganha-ganha. Se tiverem sucesso, elas ganham. Se não tiverem sucesso, elas aprendem como ter sucesso na próxima vez, e isto também é ganhar.

Capacitação 3: compartilhar novos conhecimentos com toda a organização

As organizações de alta velocidade multiplicam o poder de seu novo conhecimento ao torná-lo disponível, não apenas para aqueles que o descobriram, mas também para toda a organização. Elas fazem isso compartilhando não apenas as soluções que descobriram, mas os processos pelos quais elas foram descobertas – o que foi aprendido e como foi aprendido. Enquanto isso, seus concorrentes permitem que os problemas persistam e se propaguem no sistema maior, já que as soluções, caso encontradas, permanecem restritas aos locais onde foram encontradas. Os líderes de alta velocidade restringem seus problemas e propagam suas descobertas. Isto quer dizer que, quando as pessoas começam a fazer seu trabalho, elas o fazem com a experiência acumulada de qualquer pessoa da organização que, em algum momento, fez o mesmo trabalho. Veremos diversos exemplos desse efeito multiplicador.

Capacitação 4: liderar pelo desenvolvimento das capacitações 1, 2 e 3

Nas organizações de alta velocidade, os gestores garantem que boa parte do trabalho regular é a entrega dos produtos e serviços, bem como a melhoria contínua dos processos pelos quais esses produtos e serviços são entregues. Eles ensinam as pessoas a fazer com que a melhoria contínua faça parte de suas ocupações e fornecem a elas tempo e recursos suficientes para fazer isso. Assim, a capacidade da organização de ser confiável e altamente versátil se torna autorreforçada. Esta é uma diferença fundamental de seus concorrentes perdedores. Os gestores de alta velocidade não estão em posição de comandar, controlar, censurar, intimidar e avaliar por meio de um conjunto forçado de métricas, mas de assegurar que suas organizações se tornem mais autodiagnosticáveis e autoaperfeiçoáveis, hábeis em detectar problemas, solucioná-los e multiplicar os efeitos disponibilizando as soluções para toda a organização.

Certamente, a ideia de que o sucesso chega para aqueles que aprendem com mais rapidez e eficácia tem fundamento e, antes de continuarmos, vamos identificar alguns deles. Afinal de contas, o objetivo deste livro não é desmentir aquela pesquisa anterior, mas mostrar que muitas dessas ideias são, na verdade, parte de uma abordagem holística de administração de sistemas complexos para grandes resultados. Por exemplo, Nelson e Winter enfatizam em *An Evolutionary Theory of Economic Change* que os gestores não necessariamente planejam o rumo para a grandeza de suas organizações, mas as organizações bem-sucedidas desenvolvem rotinas, as testam na prática, identificam quais delas não funcionam e reforçam aquelas que funcionam. Eric Von Hippel e seus colaboradores demonstraram a importância do aprendizado no contexto. Como há tantos fatores circunstanciais que não podem ser ordenados, o aprendizado deve acontecer quando e onde os problemas são observados. Meu falecido colega Jai Jaikumar tinha como um de seus axiomas de informação a "deterioração da informação". A informação não é apenas contextual, ela se corrompe; por isso a solução dos problemas é tão importante. Diversos escritores enfatizaram que a experiência autorreflexiva é fundamental para o aperfeiçoamento. Este ponto é destacado no Capítulo 4, no exemplo da Alcoa e, mais tarde, nos capítulos que se concentram na Toyota.

Visão geral dos capítulos

No Encalço das Líderes tem o objetivo de ajudar os leitores a entender como os líderes de mercado deixam os concorrentes para trás e como as grandes empresas podem se aproximar e vencer. Isso acontece da seguinte maneira.

No Capítulo 1, introduzi uma categoria de "organizações de alta velocidade" cuja capacidade de superar sistematicamente seus concorrentes não pode ser bem explicada pela manipulação de seus ambientes externos – concorrentes, fornecedores, controladores, investidores, etc. Ela é bem explicada pelo domínio de seus ambientes internos – as operações complexas necessárias para produzir ou fornecer produtos e serviços complexos. Esse domínio se reduz às quatro capacitações que acabamos de descrever, todas elas contribuindo para as habilidades dessas organizações de descobrir mais rapidamente e aplicar as descobertas na execução da missão da organização.

O Capítulo 2 explora em mais detalhes o desafio básico das operações complexas que todas as organizações de alta velocidade enfrentam. O ponto principal é que as novas descobertas científicas que estimulam ou aperfeiçoam os produtos e serviços dos quais dependemos também aumentam a dificuldade na administração e distribuição de seu projeto. Examinaremos melhor como os sistemas se desenvolvem desde simples e lineares até complexos, altamente entrelaçados, e quais desafios apresentam. Apoiando a premissa de que os temas de *No Encalço das Líderes* são independentes de setores especiais, um exemplo é o projeto e a fabricação de um produto industrial, e o outro é a assistência médica.

O Capítulo 3 é a parte "pessimista" do livro, na qual examinamos abordagens para administrar um trabalho complexo que acarreta todos os tipos de frustração, desperdício e falhas, abrangendo o tempo que as enfermeiras perdem procurando suas luvas de borracha, a súbita morte de duas tripulações de ônibus espaciais e até a lenta falência de fabricantes de automóveis que já foram célebres. Os contextos são diferentes, mas as formas dos fracassos são quase idênticas.

A partir daí as coisas melhoram. O Capítulo 4 fornece um exemplo detalhado (o primeiro de muitos) de como pode ser administrado um trabalho excepcionalmente complexo para que se obtenha excelentes resultados. Veremos como a Alcoa se converteu na empregadora mais segura do país no setor industrial ao mudar de uma abordagem típica das organizações do Capítulo 3 para uma abordagem de descoberta dinâmica baseada na identificação dos problemas, em suas soluções e no subsequente compartilhamento do que aprendeu de forma rápida e ampla – tudo isto apoiado por lideranças de alto nível.

O Capítulo 5 mostra como o mesmo comprometimento em administrar sistemas com uma tendência para a descoberta levou diversas outras organizações bem diferentes da Alcoa, e entre si, a um grande sucesso. Essas organizações são o Programa de Propulsão Nuclear Naval dos Estados Unidos, o grupo de projetos de motores a jato da Pratt & Whitney e a Avenue A, uma agência de publicidade da Internet. Como destacado anteriormente, a variedade de exemplos é uma evidência de que estamos falando sobre princípios gerais, não específicos de qualquer setor ou ambiente.

Os Capítulos 1 a 5 fornecem uma visão geral da tese principal de *No Encalço dos Líderes*, de que algumas organizações alcançam uma velocidade excepcionalmente alta na autocorreção, no autoaperfeiçoamento e nas inovações e invenções geradas internamente, e utilizam essa velocidade para diferenciarem-se em situações que, de outra maneira, poderiam ser intensamente competitivas ou constrangedoras. Dos Capítulos 6 ao 10, veremos em profundidade como uma empresa, a Toyota, coloca em prática os princípios descritos acima.

O Capítulo 6, depois de definir a Toyota como um exemplo de organização de alta velocidade, se concentra na Capacitação 1 – o projeto e a operação dos sistemas de autodiagnóstico. Para a descrição de processos será apresentado um sistema de referência sólido e simples. Depois, acompanharemos diversos exemplos – desde os simples aos complicados e dos tangíveis aos menos tangíveis – mostrando como a especificação é usada para ajudar a começar o trabalho com força e como os testes incorporados aos sistemas ajudam a ver os problemas antes que eles se disseminem por metástase.

O Capítulo 7 foca na Capacitação 2 – agrupar os problemas para limitá-los e solucioná-los. Veremos como diversas equipes da Toyota aprenderam a solucionar problemas e a ajustar processos de trabalho para que eles melhorassem e, ao mesmo tempo, os trabalhadores individuais se tornassem mais hábeis e produtivos. Também veremos a solução de problemas praticada no nível das lideranças.

O Capítulo 8 trata da Capacitação 3 – como as descobertas pontuais se tornam úteis por toda a organização. Temas comuns surgirão de um exemplo de disseminação dos mais conhecidos métodos de "artesãos mestre", além de um exemplo de como adquirir conhecimento e usá-lo em diversos ciclos de projetos de produtos, e um exemplo de solução participativa de problemas e aperfeiçoamento de processos. O tema mais importante é que quando se descobre a solução de um problema, o próprio processo de descobrimento deve ser transmitido, junto com a solução.

No Capítulo 9, vamos dirigir nossa atenção ao papel fundamental dos líderes nas organizações de alta velocidade – a prática da Capacitação 4. Como outros líderes, eles são responsáveis pela determinação de objetivos e alocação de recursos, mas também são organizadores das outras três capacitações pelas quais a velocidade gerencial é gerada. Eles precisam distribuir essas capacitações para aqueles pelos quais são responsáveis.

O Capítulo 10 conclui nosso exame detalhado da Toyota mostrando como as quatro capacitações são empregadas em situações de recuperação de crise, como a perda repentina de um fornecedor importante ou o fechamento de um porto de entrada essencial. As pessoas que acreditam que a abordagem de alta velocidade se aplica apenas aos processos repetitivos e estimulam apenas aperfeiçoamentos graduais verão que ela pode produzir resultados a uma velocidade e em uma escala surpreendentes para a maioria.

Com o Capítulo 11, deixamos a Toyota e nos dedicamos à importante tarefa de criar organizações de alta velocidade no setor de saúde nos Estados Unidos. As pessoas que estão no campo da assistência médica verão que melhor atendimento não significa maior custo, nem a fixação de limites máximos de pagamento supõem necessariamente um atendimento pior. Outros leitores verão que as quatro competências podem fazer maravilhas não apenas nos setores de alta tecnologia e dependentes de grandes investimentos, mas em situações que não se repetem, dependentes de conhecimento, baseadas no serviço.

O Capítulo 12 irá interligar alguns pensamentos isolados como conclusão.

Antes do início do Capítulo 2, quero reiterar o privilégio que tive ao conhecer grandes organizações e pessoas representadas neste livro e muitas outras para quem não houve espaço. Aprendi muito com elas, desfrutando da experiência em todos os momentos. Espero que eu permita que você, leitor, também desfrute dessa jornada e de suas descobertas.

Notas

Pág. 29: ***Tudo isso levou a uma incrível lucratividade* [...] *A* capitalização de mercado da Toyota [...] era maior do que *a GM, Ford e DaimlerChrysler juntas.*** Thomas A. Steward and Anand P. Raman, "Lessons from Toyoya´s Long Drive", *Harvard Business Review* 85:7, 8, July-August 2007, page 74.

Pág. 30: ***Com a Southwest, entretanto, isso não acontece [...] esta companhia aérea gerou um lucro anual por mais de 30 anos seguidos.*** Southwest Airlines Annual Report, 2007.

Pág. 30: ***Como isso foi possível? De acordo com meu colega Jody Hoffer-Gittell*** ... Jody Hoffer-Gittell, The Southwest Airlines Way: Using the Power of Relationships to Achieve High-Performance, McGraw-Hill, 2003; Jody Hoffner-Gittell, "Paradox of Coordination and Control", *California Management Review, Spring 2000.*

Pág. 30-31: ***A fabricação de circuitos integrados [...] pode ser extraordinariamente competitiva. [...] De acordo com o Programa de Competitividade na Fabricação de Semicondutores [...] há significativas disparidades [...] de forma mais especial, na velocidade com que esses níveis são atingidos ([...] aumento de produção).*** Robert C. Leachman and David A. Hodges, "Competitive Semiconductor Manufacturing: Program Update", Engineering Systems Research Center, University of California, Berkeley, available online from http://microlab.berkeley.edu/csm/; Robert C. Leachman, "Competitive Semiconductor Manufacturing: Final Report on Findings from Benchmarking Eight-inch, sub-350mm Wafer Fabrication Lines", March 31, 2002; Jeffrey T. Macher and David C. Mowery, " 'Managing': Learning by Doing: An Empirical Study in Semiconductor Manufacturing", *The Journal of Product Innovation Management* 20, 2003, pages 391-410.

Págs. 30-31: ***A fabricação de circuitos integrados [...] Christensen, Verlinden, King e Yang, em seu artigo [...]*** Clayton M. Christensen. Matt Verlinden, Steven King, and Woodward Yang, "The New Economics of Semiconductor Manufacturing", IEEE *Spectrum* 45:5, May 2008, pages 24-29.

Pág. 31: ***Nem todas as empresas de alta velocidade correm por lucros [...] O Institute of Medicine estima que cerca de 98 mil dos 33 milhões de norte-americanos que se hospitalizam a cada ano morrem por algo que deu errado na administração de seus cuidados.*** Linda T. Kohn, Janet M. Corrigan, and Molla S. Donaldson. "To Err is Human: Building a Safer Health System", Committee on Quality Health Care in America, National Academy Press, 2000.

Pág. 31: [Topo] ***Outros estudos calculam que [...] um número ainda maior tem alguma doença ou infecção não fatal durante o tratamento.*** Steven. J. Spear, "Fixing Healthcare from the Inside, Today", *Harvard Business Review* 83:9, September, 2005.

Pág. 31: ***Outros estudos calculam que um número igual de pessoas morre como resultado de uma infecção.*** Richard Shannon, D. Frndek, N.Frunden, et al. "Using Real-Time Problem Solving to Eliminate Central Line Infections", *Joint Commission Journal on Quality and Patient Safety* 32:9, 2006, pages 479-487.

Pág. 32: ***Inicialmente, este fenômeno se explicava em termos de conflito econômico [...] Livros como* MITI and the Japanese Miracle *[...]*** Chalmers A. Johnson, *MITI and the Japanese Miracle: The Growth of Industrial Policy*, 1925-1975, Stanford University Press, 19821; Clyde V. Prestowitz, *Trading Places: How We Allowed Japan to Take the Lead*, Basic Books, 1988.

Pág. 33: ***Chegar ao MIT, no final dos anos 1980, como um aluno de pós-graduação foi uma bela oportunidade [...] Livros como* Kaisha *[...]*** James C. Abegglen and George Stalk, Jr., *Kaisha, the Japanese Corporation*, Basic Books, 1985; Michael L. Dertouzos, et al., *Made in American: Regaining the Productive Edge*, MIT Press, 1989.

Pág. 33: ***Pesquisadores como David Garvin documentaram diferenças em produtividade entre fábricas semelhantes e encontraram discrepâncias dez vezes maiores, e até cem vezes maiores, em qualidade.*** David A. Garvin, "Quality in the Line", *Harvard Business Review* 61:5, September-October 1983, pages 65f.

Págs. 33-34: ***Pesquisadores como [...] John Krafcik registrou diferenças extraordinárias em produtividade entre os fabricantes em massa e os fabricantes enxutos no setor automobilístico.*** John F. Krafcik, "Triumph of the Lean Production System", *Sloan Management Review, Fall 1988, pages 41-52.*

Págs. 33-34: ***Pesquisadores como [...] Michael Cusumano forneceu uma descrição histórica do crescimento da Toyota para a supremacia.*** Michael A. Cusumano, "Manufacturing Innovation: Lessons from the Japanese Automobile Industry", *Sloan Management Review*, Fall 1988, pages 29-39.

Págs. 33-34: ***Pesquisadores como [...] James Womack, Dan Roos e Dan Jones [...] em seu memorável livro* The Machine that Changed the World.** James P. Womack, Daniel T. Jones, and Daniel Roos, *The Machine That Changed the World*, Rawson Associates, 1990.

Pág. 33-34: ***Pesquisadores como [...] John Paul MacDuffie revelou alguns detalhes dos poderosos mecanismos solucionadores de problemas que esses fabricantes empregavam.*** John P.MacDuffie, "The Road to 'Root Cause': Shop-Floor Problem-Solving at Three Auto Assembly Plants", *Management Science*, 43:4, April 1997, pages 479-502.

Pág. 34: ***Bob Hayes e Steve Wheelwright [...] mantiveram seus focos nas decisões estratégicas como os recursos para* Restoring our Competitive Edge.** Robert H. Hayes and Steven C. Wheelwright, *Restoring our Competitive Edge*, John Wiley, 1984.

Pág. 34: ***Bob Hayes e Steve Wheelwright, com a coautoria de Kim Clark, mantiveram seus focos [...] a fim de alcançar uma hegemônica* Dynamic Manufacturing *[...]*** Robert H.Hayes, Steven C. Wheelwright, and Kim Clark *Dynamic Manufacturing: Creating the Learning Organization*, Free Press, 1988.

Pág. 36: ***A diferença entre a Toyota e seus concorrentes [...] Se todos copiam o líder, imitando como o trabalho é feito em determinado tempo e lugar, ninguém pode fazer melhor do que o líder e todos vão parecer e agir da mesma maneira, transformando em* commodities *seus setores e garantindo que ninguém usufrua de vantagens.*** Michael Porter, "What Is Strategy?" *Harvard Business Review* 74:6, November-December, 1996, pages 61f.

Pág. 37: [Linha 6] ***Como Ken Bowen e eu destacamos ...*** Steven J. Spear and H. Kent Bowen, "Decoding the DNA of the Toyota Production System", *Harvard Business Review* 77:5, September-October, 1999, pages 96f.

Pág. 41: ***Não que elas queiram [...] não é um caso de um obstinado taylorismo [...]*** Frederik Winslow Taylor, *The Principles of Scientific Management*, Harper & Row, 1911

Pág. 44: [Linha 8] ***Eric Von Hippel e seus colaboradores demonstraram a importância do aprendizado no contexto. Como há tantos fatores circunstanciais que não podem ser ordenados, o aprendizado deve acontecer quando e onde os problemas são observados*** Eric von Hippel, "'Sticky Information' and the Locus of Problem Solving: implications for Innovation", *Management Science* 40:4, April 1994, pages 429-439.; Eric von Hippel and Marcie J. Tyrie, "How Learning by Doing Is Done: Problem Identification in Novel Process Equipment", *Research Policy* 24:1, January 1995, Pages 1-12.

Pág. 44: ***Meu falecido colega Jai Jaikumar tinha como um de seus axiomas de informação a "deterioração da informação".*** Tamachandran Jaikumar and Roger Bohn, "A Dynamic Approach to Operations Management: An Alternative to Static Optimization", *International Journal of Propuction Economics* 27, 1992, pages 265-282.

CAPÍTULO 2

Complexidade: As Boas e as Más Notícias

Algumas vezes me pergunto como minhas avós, Anita e Gussie, mantiveram a cabeça no lugar ao longo de quase um século de avanços científicos. Não que elas tivessem começado com uma perspectiva da Terra plana. Mas, muitas vezes, suas premissas básicas sobre o funcionamento do mundo foram quebradas.

Elas viram o progresso nos transportes, desde as carruagens e os motores mais rudimentares de combustão interna até os automóveis mais avançados. Voar, que começou durante suas infâncias, é hoje algo rotineiro em jatos que viajam a velocidades inimagináveis em altitudes inexplicáveis e por distâncias incríveis. A lua, que antes era apenas um objeto interessante no céu, foi visitada pelos seus conterrâneos. Os robôs exploram outros planetas ou saem completamente do sistema solar enquanto telescópios espreitam até a época do surgimento do universo. TVs, rádios, computadores, telefones celulares e carros, cada uma deles provavelmente tem mais poder eletrônico do que havia em todo o planeta quando elas eram crianças. Raios X, tomógrafos computadorizados e aparelhos de ressonância magnética permitem que os médicos examinem dentro de seus corpos com incrível clareza e segurança. A riqueza dos avanços científicos e tecnológicos que elas tiveram que assimilar e as consequentes transformações do que é normal e possível, foram extraordinárias.

As perspectivas de minhas avós estão na minha mente tendo em vista a pergunta de porque algumas organizações vencem consistentemente sua concorrência e são muito melhores do que suas equivalentes na obtenção de extraordinários resultados de seu pessoal, seus produtos e seus processos.

Sistemas simples e sistemas complexos

Em muitas áreas, os avanços científicos têm uma dualidade peculiar de boas e más notícias. Para a maioria de nós, se formos os usuários finais, as conquistas tecnológicas são boas notícias, e até mesmo ótimas. Estamos acostumados com produtos comerciais, médicos e outros serviços, além de oportunidades de entretenimento e de viagens que eram não apenas luxos exorbitantes para as antigas gerações, eram inconcebíveis, exceto para os futurólogos mais criativos e os escritores de ficção científica. Será que Isaac Asimov ou Gene Roddenberry poderiam imaginar que um dia seria possível entrar nos *sites* de viagens Orbitz e Expedia a partir de um telefone celular e reservar um voo dos Estados Unidos para a Índia para "turismo médico"?

Porém, para aqueles responsáveis pela administração, geração e distribuição desses produtos e serviços, o progresso contínuo significa cada vez mais dores de cabeça. No passado, a ciência geralmente significava sistemas simples, quer esses sistemas fossem os produtos físicos que as pessoas usavam ou os sistemas de trabalho (as organizações ou os processos) que geravam esses produtos. Havia poucas peças, seus relacionamentos tendiam a ser lineares e previsíveis – uma coisa levava logicamente à outra. O desafio-chave era assegurar que todos tivessem um bom domínio de sua habilidade particular e que desempenhassem suas responsabilidades no tempo certo. Com apenas algumas especializações em qualquer sistema e com pouca interdependência entre elas, gerenciar a integração das diferentes peças em um todo que funcionasse bem era razoavelmente óbvio, feito de uma das seguintes maneiras. Para sistemas de pequena escala, as "peças" poderiam ser reunidas por meio de uma colaboração *ad hoc* e uma resolução informal de problemas. Para sistemas maiores, a coordenação burocrática servia para assegurar que as peças agissem em acordo umas com as outras. As duas abordagens dependiam de que alguém enxergasse o sistema como um todo, entendesse sua estrutura e tivesse uma razoável noção de como ele funcionaria no âmbito das limitadas circunstâncias que poderiam surgir.

Hoje, estamos em uma situação muito diferente. O progresso científico levou a produtos e serviços que têm melhor desempenho, mas são muito mais complexos, exigindo a integração de diversas especializações que são conectadas umas às outras de maneiras muito mais intrincadas. Isso, por sua vez, exige que as organizações responsáveis por seu projeto, geração, produção e distribuição sejam mais complicadas, com mais especialistas individuais conectados e dependentes uns dos outros, de maneiras ainda mais complicadas. Mesmo para os sistemas menores, é excepcionalmente difícil ver o todo pelas partes; e é inadequado descobri-lo durante o percurso. Para os sistemas maiores, não se espera que alguém compreenda completamente sua estrutura e comportamento. Mesmo os burocráticos "comando e controle" não bastarão; é muito difícil saber com certeza quem deveria fazer o que e quem na verdade está fazendo isso, para que se possa dirigi-los de cima para baixo adequadamente. Ainda assim, é mais importante do que nunca atingir integração, colaboração e coordenação efetivas.

Dessas observações gerais, passemos a dois exemplos ilustrando como o progresso científico e tecnológico oferece maiores benefícios, mas também complica o desafio gerencial e de liderança. O Capítulo 3 irá explorar como os sistemas complexos fracassam e os Capítulos 4 e 5 irão mostrar como eles podem ser administrados para obter mais sucesso.

Dois exemplos do dilema do progresso científico

Durante minha juventude, na cidade de Nova York, o filho de nosso vizinho, Eddie, trouxe para casa uma verdadeira lata-velha – um carro usado e dilapidado do final dos anos 1960 ou início dos anos 1970. Ao longo dos meses seguintes, ele e seus amigos martelaram, bateram, furaram, ralaram, lixaram, soldaram, rebitaram e estofaram o carro até que ele ficasse uma beleza. Apesar de ter chegado na traseira de um carro-guincho – amassado, enferrujado e quase destruído – saiu com um forte ronco e um brilho deslumbrante (para grande surpresa e alegria dos vizinhos, que não tinham acreditado muito no potencial desse projeto e não tinham gostado de todas as batidas, pancadas e rangidos).

Imagine, porém, um adolescente de hoje – digamos, o filho de Eddie – tentando reconstruir uma lata-velha com mais de 10 anos, neste caso do final nos anos de 1990. Seria impossível, não porque os adolescentes são menos habilidosos, inteligentes ou aplicados do que Eddie, mas porque nenhuma destreza seria suficiente para a tarefa.

O carro que Eddie restaurou era feito de ferro e aço, da traseira à dianteira, de cima a baixo. Assim, desde que ele e seus amigos soubessem trabalhar com metal, podiam fazer quase tudo que era necessário para recuperá-lo. Com habilidade e um pequeno jogo de ferramentas, podiam remodelar os painéis do seu chassi quebrado, soldar as peças, polir as saliências, fazer buracos e trabalhar no sistema de transmissão e direção.

Seria impossível que o filho de Eddie fizesse a mesma coisa. Sua lata-velha teria um chassi de aço, talvez com alguns painéis plásticos. Mas o motor poderia ser de alumínio, com múltiplas válvulas de precisão controladas por computador em cada cilindro. A mistura combustível/ar seria feita por injeção eletrônica controlada por computador, não por um carburador ajustável mecanicamente, e o circuito eletrônico estaria misturado com todo o resto, e todos seriam controlados por *software*. A quantidade de conhecimentos que ele e seus amigos deveriam ter seria enorme, o número de interações entre elas ainda maior. Restaurar o carro exigiria muito mais conhecimento do que eles jamais poderiam ter.

Se, impressionados pelo número de conhecimentos que teriam que utilizar no carro como um todo, o filho de Eddie e seus amigos fizessem uma corajosa tentativa apenas no volante, ainda assim ficariam frustrados. Ao olhar o interior, veriam que o *air bag* é feito de um material polímero avançado que pode ser dobrado e comprimido por anos a fio e sujeitos a ondas de calor e de frio sem nenhum efeito danoso. Quando necessário, o *air bag* infla e esvazia em menos de um segundo, apesar dos maus tratos que teve durante sua vida. Ele não infla sozinho, mas apenas quando uma carga explosiva detoná-lo, exatamente no momento certo, e com a força necessária. Esse momento certo é determinado por numerosos sensores entrelaçados por todo o carro e que estão constantemente monitorando inclinação, rotação, guinadas, aceleração e desaceleração. Obviamente que esses sinais só têm sentido para o explosivo depois de alimentados em circuitos integrados que, por meio de uma combinação de *hardware* e *software*, podem distinguir entre estar rodando em uma rua esburacada de Boston, ser abalroado por trás ou atingido lateralmente.

Para reconstruir o volante, o filho de Eddie e seus amigos necessitariam não apenas conhecimentos avançados em ciência de materiais, pirotecnia, engenharia de combustão, controles dinâmicos, engenharia elétrica e ciência da computação, mas também teriam que entender como essas áreas trabalham juntas – isso antes mesmo que eles pusessem as mãos nos controles de bordo, de navegação e de entretenimento, dos dois lados do *air bag*, que exigiriam especialização em um número ainda maior de disciplinas.

A dificuldade do filho de Eddie e seus amigos é típica do desafio encontrado no setor de fabricação de automóveis. Os carros de hoje oferecem funcionalidade, confiabilidade, durabilidade e segurança que há duas décadas seriam inimagináveis. Mas esses aperfeiçoamentos têm um preço. Aumentou o número de áreas do conhecimento a serem dominadas (indo da esquerda para a direita na Figura 2-1), aumentou a profundidade do conhecimento exigido para ser um perito em cada disciplina e diminuiu consideravelmente a percepção do conhecimento de cada disciplina – certamente relativa ao conteúdo completo de conhecimento do produto ou processo.

Uma grande atualização de um modelo de carro pode demandar centenas de homens-ano em esforços de engenharia, enquanto o projeto de um novo motor e a fábrica para construí-lo tem custos de engenharia de dezenas de milhões

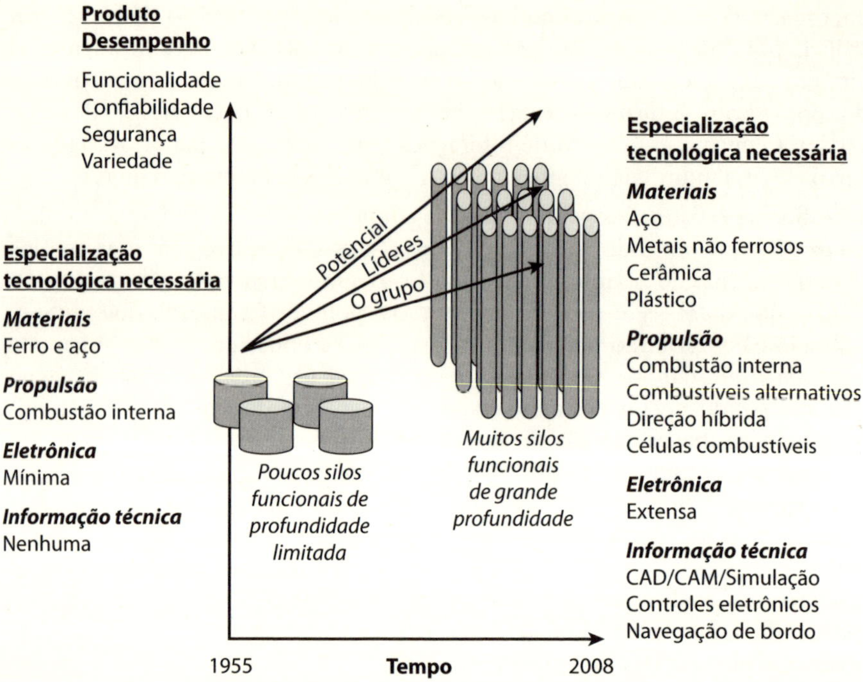

FIGURA 2-1 Desempenho avançado e crescente complexidade: fabricação de automóveis.

de dólares e custos totais de centenas de milhões. Não é mais possível focar no desenvolvimento de *expertise* e relegar a integração para colaboração informal. Hoje, juntar todas as peças em um todo coerente é uma área de conhecimento por si só. Quanto melhor você for nisso, mais perto do potencial de ciência e tecnologia estará o desempenho de sua organização. Quanto pior você for, mais longe da curva você estará. Mais tarde, veremos como as organizações podem fracassar se não dominarem esse conhecimento e como podem ter sucesso quando o dominam.

Claro que o desafio de administrar uma complexidade cada vez maior, a fim de atingir resultados muito melhores, não está limitado à fabricação ou até ao negócio. O mesmo paradoxo boas notícias/más notícias também é evidente na prestação de assistência médica. (ver Figura 2-2.) Considere os terríveis prognósticos para uma paciente diagnosticada com câncer de mama nos anos 1950. Se o câncer não fosse tratado cirurgicamente, e geralmente não era, a paciente recebia o que hoje seria considerado como um tratamento paliativo mínimo. Se

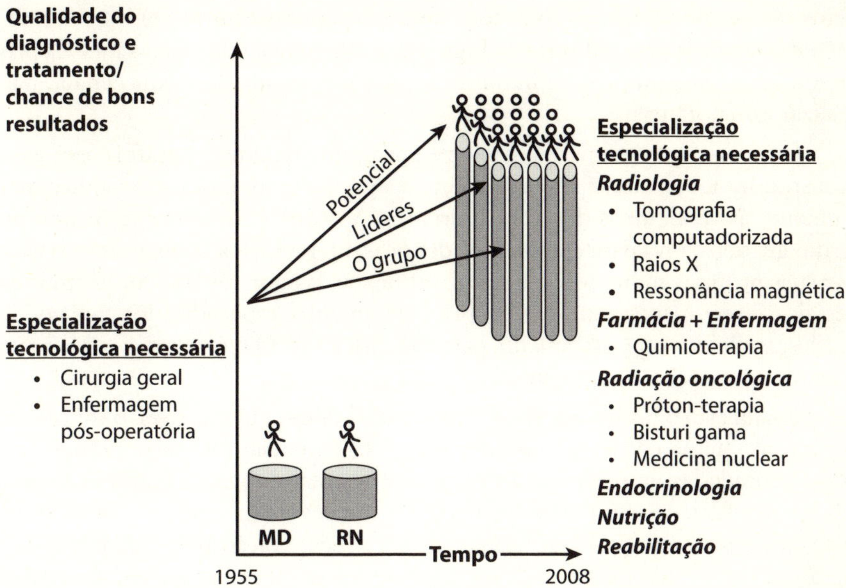

FIGURA 2-2 Desempenho avançado e crescente complexidade: atendimento médico.

o problema fosse operável – isto é, se não tivesse metástases, o que normalmente acontecia dado a condição deficiente do diagnóstico e as poucas chances de diagnosticar a doença cedo – ele seria removido por meio de uma mastectomia radical incapacitante, dolorosa e desfigurante. Mesmo assim, as taxas de sobrevivência eram baixas.

Hoje, as possibilidades de tratamentos bem-sucedidos aumentaram consideravelmente. Entre 1991 e 2002, o índice de mortalidade por todos os tipos de câncer caiu cerca de 10% nos Estados Unidos, aumentando ainda mais a melhoria das décadas precedentes, com tendências semelhantes em outras nações industrializadas. Quanto ao câncer de mama localizado, o índice de sobrevivência era de 72% em 1940, 80% nos anos 1950, 96% em 2000 e 98% em 2007, de acordo como a American Cancer Society. O decréscimo na mortalidade deveu-se à melhoria no diagnóstico e ao melhor tratamento – melhor ciência aplicada para melhores resultados.

Entretanto, não foi apenas um avanço científico que tornou isso possível. Foram os numerosos avanços individuais e a crescente capacidade de usá-los adequadamente. Houve "consideráveis avanços no tratamento de câncer de mama", por exemplo, "baseados em estudos médicos que mostravam os benefícios do uso de várias combinações de medicamentos junto com a cirurgia". Indo da esquerda para a direita na Figura 2-2, o potencial da ciência médica progrediu, mas também progrediu o que precisa ser dominado e coordenado para realizar esse potencial.

Com esses ganhos para o paciente surgiram crescentes desafios para a administração. Hoje, *câncer* ainda se refere a algo maligno, mas não se aplica mais a uma ou até a algumas doenças diferentes. Ao contrário, *câncer* se tornou um termo guarda-chuva para centenas de doenças diferentes, cada uma caracterizada por suas próprias mutações genéticas, influenciadas por gatilhos ambientais especiais e direcionados com seus próprios tratamentos especializados, que podem ser desenvolvidos especificamente para cada paciente. O que antes podia ser fatal para muitas pessoas, agora é muitas vezes curável.

E aqui está o problema. Apesar de ser uma doença tão terrível, o câncer não era um problema complexo do ponto de vista gerencial nos anos 1950. Como as oportunidades de intervenção eram relativamente raras, e como eram usadas apenas poucos métodos cirúrgicos, as funções eram poucas – uma equipe cirúrgica e uma equipe de enfermagem para recuperação pós-operatória. Isso significava que cada membro da equipe podia se concentrar em sua disciplina; a integração de um aspecto do tratamento com os outros podia ser resolvida informalmente e em conjunto com os colegas, mas bastante satisfatoriamente, por meio de familiaridade e de repetição de uma limitada gama de rotinas (ver Figura 2-3).

Hoje, aproveitar os ganhos científicos exige que os hospitais e as clínicas dominem um portfólio bastante extenso de técnicas e tecnologias, administrando-as o tempo todo em combinações e trocas idiossincráticas. Enquanto em 1950 um diagnóstico de câncer de mama podia se basear em um simples exame de raios X, hoje ele pode exigir exames de sangue, tomografias computadorizadas, ressonância magnética, biópsias e testes gerais. Quando o diagnóstico é de um tipo especial de câncer de mama, são necessários muitos especialistas para

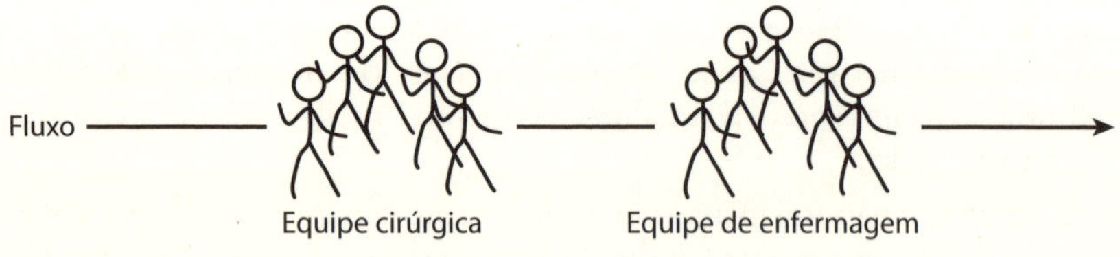

FIGURA 2-3 Fluxos de um tratamento simples, por volta de 1955.

definir um tratamento adequado. Pode haver diversas opções cirúrgicas, incluindo a mastectomia ou a remoção do tumor, com ou sem a remoção dos nódulos linfáticos circundantes.

A cirurgia pode ser seguida de diversos tipos de tratamentos de radioterapia, escolhidos para atender a condição particular de cada paciente. A quimioterapia pode ser introduzida antes ou depois da cirurgia e pode ou não ser simultânea com a radioterapia; mais uma vez, a composição, a intensidade e o cronograma das medicações serão feitas sob medida para o paciente. Podem ser necessários tratamentos com hormônios e terapias nutricionais. A recuperação e a reabilitação podem envolver um grupo adicional de terapeutas, assistentes sociais e visitas de enfermeiras. Ao todo, o tratamento moderno do câncer pode necessitar da combinação dos esforços de dezenas de especialistas a fim de fazer um tratamento específico para cada paciente (ver Figura 2-4). Isso, sem dúvida, é uma boa notícia para o paciente que lamentavelmente foi atingido pela doença. A resposta individualizada talvez vença a doença. Entretanto, exatamente como no exemplo de carros, a gama de disciplinas aumentou, a intensidade de cada uma se aprofundou, a distância de cada uma diminuiu, e explodiu o número de formas de reunir as várias disciplinas fragmentadas. Administre bem a integração e você pode garantir a seus pacientes o emprego da melhor ciência. Se você não fizer isso, os resultados serão desnecessariamente decepcionantes.

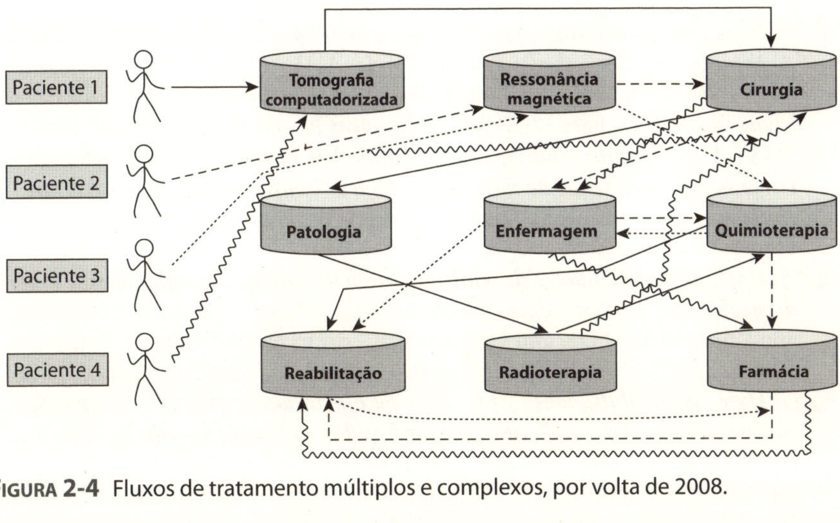

FIGURA 2-4 Fluxos de tratamento múltiplos e complexos, por volta de 2008.

Nas alas de oncologia de qualquer hospital, e nas garagens hipotéticas do filho de Eddie, vemos o mesmo problema básico que afeta as organizações por toda uma ampla variedade de setores. Para obter o rendimento total da promessa de sua ciência e do potencial de suas pessoas, elas têm que projetar, operacionalizar e melhorar continuamente os sistemas excepcionalmente complexos: não apenas os produtos e serviços que oferecem, mas também os sistemas de trabalho por meio dos quais elas projetam e entregam esses produtos e serviços. Se todos esses sistemas fossem mais simples, a organização poderia se concentrar formalmente na promoção das fronteiras do conhecimento funcional e deixar todo o processo para uma orientação informal. Isso não é suficiente. Organizações complexas entregando produtos e serviços complexos devem estar formalmente dedicadas à excelência do processo a fim de se tornarem vencedoras.

A partir do Capítulo 4, examinaremos como as organizações de alta velocidade conduzem com sucesso o desafio da complexidade do sistema de trabalho. Antes de fazer isso, porém, o Capítulo 3 irá explicar os típicos métodos de fracasso.

Notas

Pág. 51: ***Para sistemas maiores, a coordenação burocrática servia para assegurar que as peças agissem em acordo umas com as outras.*** Ver, por exemplo, Alfred DuPont Chandler Jr., *The Visible Hand*, Belknap Press, 1977.

Pág. 53: ***Uma grande atualização de um modelo de carro pode demandar centenas de homens-ano em esforços de engenharia.*** A. Ward, J.K.Liker, J.J.Cristiano, e D.K. Sobek. "The Second Toyota Paradox: How Delaying Decisions Can Make Better Cars Faster", *Sloan Management Review* 36:3, 1995, pages 43-61.

Págs. 53-54: ***Uma grande atualização de um modelo de carro [...] tem custos de engenharia de dezenas de milhões de dólares e custos totais de centenas de milhões.*** H. Kent Bowen, "Chrysler and BMW: Tritec Engine Joint Venture", Harvard Business School Case 600-004, 2003.

Pág. 55: ***Hoje, as possibilidades de tratamentos bem-sucedidos aumentaram consideravelmente.*** Richard Peto. Jillian Boreham, Mike Clarke, Cristina Davies, and Valerie Beral, "UK and USA Breast Cancer Deaths Down 25% in years 2000 at ages 25-69 Years", *The Lancet*, 355:9217, May 20, 2000, pages 1822f.

Pág. 55: ***Hoje, as possibilidades [...] o índice de mortalidade por todos os tipos de câncer caiu cerca de 10% nos Estados Unidos, aumentando ainda mais a melhoria das décadas precedentes, com tendências semelhantes em outras nações industrializadas.*** Elizabeth J. Thun, Lindsay M. Hannan, and Ahmedin Jemal. "Interpreting Cancer Trends", *Annals of the New York Academy of Sciences* 1076, 2006, pages 29-53.

Pág. 55: ***Quanto ao câncer de mama localizado, o índice de sobrevivência [...] de acordo como a American Cancer Society.*** American Cancer Society, *Cancer Facts and Figures*, 2000 e 2007.

Pág. 55: ***Quanto ao câncer de mama localizado [...] O decréscimo na mortalidade deveu-se à melhoria no diagnóstico e ao melhor tratamento.*** Kenneth C. Chu, Robert E. Tarone, Larry G. Kessler, Lynn A.G. Ries, Benjamin F. Hankey, Banj A. Miller, and Brenda K. Edwards. "Recent Trends in U.S. Breast Cancer Incidence, Survival, and mortality Rates", *Journal of the National Cancer Institute* 88, 1996, page 21.

Pág. 55: ***Entretanto, não foi apenas um avanço científico [...] Houve "consideráveis avanços no tratamento de câncer de mama"*** Ismael Jatoi and Anthony B. Miller, "Why is Breast Cancer Mortality Declining?" *The Lancet Oncology* 4, 2003, pages 251-254.

CAPÍTULO 3

Como os Sistemas Complexos Fracassam

As organizações de alta velocidade, as líderes de seus grupos, são encontradas em uma grande variedade de áreas. Claro que queremos saber como elas chegam na frente e como permanecem lá, mas vamos entender melhor a explicação se olharmos primeiro para o que mantém os outros atrás. Isto é importante porque o problema para eles geralmente não são os erros bobos, mas um comportamento bastante comum por parte de pessoas bem-intencionadas e trabalhadoras.

Uma dificuldade básica para os responsáveis pelos sistemas complexos, nos quais muitas pessoas têm que trabalhar em conjunto e em harmonia (geralmente utilizando máquinas grandes e complexas), é que quanto mais diferentes forem as disciplinas e especialidades envolvidas, mais difícil se torna determinar *a priori* exatamente quem deveria fazer o que, quando, dependendo de quem e sob a responsabilidade de quem. Com toda essa incerteza, também é difícil, senão absolutamente impossível, prever o comportamento do sistema sob a gama de circunstâncias na qual ele deve funcionar. Inúmeros imprevistos podem acontecer. A maneira como são administradas a incerteza, as expectativas e o inesperado é o que diferencia as organizações de alta velocidade de seus "perseguidores" e o que prova ser uma fonte de vantagem competitiva sustentável. A maioria das organizações despende muito esforço, energia, entusiasmo e criatividade no planejamento de suas operações. Mas, obviamente, depois que os sistemas começam a funcionar, mostram-se imperfeitos e as pessoas passam a discutir sobre as coisas que não acontecem como esperado, desejado ou pretendido. Em determinado momento, essas organizações decidem sujeitar-se a um certo nível de inconvenientes, um após o outro. A criatividade e o esforço que foram concentrados no desenvolvimento de um grande sistema são agora dedicados a resolver os subterfúgios das deficiências do sistema. As pessoas trabalham muito, mas nem sempre as coisas melhoram.

Logo veremos em mais detalhes como a maioria das organizações se esforça no planejamento e na operação dos sistemas complexos. Primeiro, examinaremos as situações nas quais a má gestão levou a dramáticos desastres – má administração na assistência médica que atingiu o paciente, e desconsideração pelas falhas técnicas levando a desastres no programa do ônibus espacial. Veremos também que os mesmos comportamentos podem resultar em lentas manifestações de catástrofes – a espiral decrescente de uma empresa que já foi importante e que se torna cada vez menos competitiva. Antes, porém, vejamos como os sistemas complexos fracassam.

Pessoas, processos e "acidentes normais"

Depois do acidente de Three Mile Island, que envolveu a fusão parcial do núcleo de um reator nuclear, levando semanas para se estabilizar, Charles Perrow, um professor de Yale, ficou impressionado com o que *não* havia dado errado. Nenhum componente importante havia falhado de forma significativa. Não tinha havido qualquer sabotagem ou negligência por parte dos operários. Na verdade, apenas coisas triviais tinham dado errado – uma válvula emperrada, uma bomba d´água defeituosa, um calibrador obscurecido, um sensor impróprio, a má interpretação de uma leitura – e isso eram coisas que davam errado todo o tempo, sem um efeito danoso aparente. Porém, desta vez elas tinham dado errado exatamente na combinação certa (ou errada) e justamente na hora certa (ou errada) para destruir a fábrica. Devido ao medo daí resultante, o setor de energia nuclear foi levado a uma prolongada paralisação.

Em vez de apenas um elo fraco, segundo Perrow, o problema real era a complexidade do sistema técnico *e* a complexidade da organização responsável por sua operação. Tantos subsistemas e componentes estavam ligados a tantos outros – ao que Perrow se referia como um alto grau de *interconectividade* – que era impossível para qualquer pessoa entender como o reator atuaria em todas as circunstâncias e como ele poderia falhar. Quando o reator começou a falhar, os operadores na sala de controle foram incapazes de interpretar as indicações e agir de acordo com elas porque apresentavam contradições. Além disso, o sistema estava *fortemente interligado*, significando que o problema em um componente seria difícil de isolar dos outros componentes aos quais estava ligado. Uma vez iniciado um problema, ele poderia facilmente seguir por caminhos de menor resistência rumo a consequências imprevisíveis. Depois de examinar este e outros exemplos de sistemas técnicos complexos interligados com sistemas organizacionais complexos, Perrow chegou à conclusão pessimista de que a sociedade começaria a ser exposta regularmente a *acidentes normais*, assim chamados devido à sua potencial prevalência e também porque eles pareciam surgir em situações que pareciam normais até o momento da falha.

Perrow não está sozinho em seu prognóstico. Jim Reason, outro influente escritor dedicado ao tema do erro humano e da falha de sistemas, enfatiza a ideia de que "acidentes organizacionais" não acontecem por um simples e surpreendente passo em falso. Ao contrário, um número de vulnerabilidades e erros se alinha exatamente da maneira errada, fazendo com que algo errado ocorra.

As análises de Perrow e Reason chamam a atenção para uma metáfora que usamos convencionalmente para descrever coisas que dão errado – a corrente com um elo fraco. Essa sugestiva imagem indica que (1) relacionamentos, interações e acontecimentos ocorrem linearmente, e (2) o sistema como um todo é seguro exceto pelo elemento inadequado. Isto leva à conclusão de que quando o sistema fracassa, os indivíduos podem ser responsabilizados. Nada disso acontece nos sistemas complexos. Uma imagem mais apropriada é a teia de aranha, um complexo entrelaçamento de fios. Um ou outro fio pode se desprender, e a teia pode se manter, mas se a falha acontece exatamente na combinação certa, a teia se rompe. Não é de se estranhar que as aranhas consertem os cortes e rasgos quando eles acontecem, e não esperam que se acumulem.

Outra pesquisa desperta uma preocupação além da interconectividade dos sistemas complexos e da forte união de seus componentes. Ela trata das pequenas coisas que dão errado todo o tempo. Porém, em vez de serem reconhecidas como indicadores de vulnerabilidade, essas pequenas perturbações geralmente são deixadas sem solução – como os fios rompidos de uma teia de aranha – até que elas se combinem exatamente da maneira certa para causar um estrago. Perrow se refere a apenas esta falha de comportamento em Three Mile Island, a contínua ocultação de sinais que poderiam ter sido oportunidades para aprender e melhorar. Na sua opinião, as coisas que deram errado em Three Mile Island já tinham dado errado antes, mas nunca numa combinação que causasse a grave falha do sistema. Alguma coisa tinha dado errado, mas não tinha ocorrido nenhum dano – que é o que sempre acontece.

Resumindo, uma característica das organizações com baixo desempenho é que elas dificultam as coisas impedindo sua capacidade de aprender com a experiência. São responsáveis por sistemas impossíveis de compreender, e ainda assim diminuem sua capacidade de aprender com a experiência. Quando algo dá errado – esses acontecimentos aparentemente banais que parecem não ter consequências imediatas – as pessoas descobrem como impedir o problema utilizando uma variedade de técnicas de subterfúgios e o contínuo apagar de incêndios, geralmente apresentando uma criatividade impressionante. O problema parece desaparecer, mas todos os fatores que o causaram permanecem no lugar podendo causar repetições. Mais cedo ou mais tarde, muitas coisas pequenas acontecem exatamente na combinação certa para causar um desastre. Enfim, as organizações de baixa velocidade, diferentemente das líderes de alta velocidade, aprendem devagar, são inovadoras lentas e, em última análise, competidoras preguiçosas. Examinemos no que redunda sua abordagem de baixa velocidade em diversas situações – uma falha na prestação de assistência médica, duas catástrofes da NASA e a estagnação de um dos concorrentes da Toyota.

A morte de um paciente: funções, mas nenhum processo

Nos Estados Unidos, há uma diferença enorme entre o atendimento que recebemos na área da saúde e o que deveríamos receber. Problemas que antes não podiam ser descritos e diagnosticados agora podem ser tratados e até mesmo curados, incluindo infertilidade, inúmeros tipos de câncer e um grande número de doenças genéticas. São possíveis reimplantes de membros e cirurgias reconstrutoras, juntamente com procedimentos ortopédicos minimamente invasivos e a conversão do HIV em uma doença crônica. Para encontrar um período anterior em que a vida podia ser melhorada e restaurada com tanta segurança, teríamos que voltar à época dos milagres bíblicos – a fertilidade sendo obtida por meio de preces fervorosas, os mortos voltando à vida, doenças como a cegueira sendo curadas pela sobreposição das mãos.

E, mesmo assim, a medicina moderna se tornou uma terrível decepção. Os custos são exorbitantes, e mesmo para aqueles que podem arcar com tratamentos, os riscos são consideráveis. Nos Estados Unidos, o Instituto de Medicina publicou estudos calculando o número de pacientes que perdem a vida por erros médicos – definidos como má gestão da assistência médica durante a hospitalização – na faixa de 98 mil pessoas a cada ano, do total de 33 milhões de hospitalizações registradas anualmente. Isso sem contar com um número igual que morre por infecções hospitalares. Isto faz com que o risco de dano seja de um em algumas centenas, e o risco de mortes evitáveis de um em alguns milhares. Como o dr. Lucien Leape, um pioneiro no movimento pela segurança do paciente, descreveu em uma palestra da qual participei, você teria que voar de ultraleve ou praticar *base jump* para enfrentar riscos semelhantes àqueles de ser um paciente hospitalizado. E isso somente para atendimentos graves. Existem aqueles que não sobrevivem às doenças devido a falhas no atendimento preventivo, geral e crônico, e também por doenças crônicas.

Não deveria ser assim. A ciência médica é notável e as pessoas que a praticam são inteligentes, bem-educadas, bem treinadas, trabalhadoras e altruístas. Elas trabalham, contudo, em sistemas que comprometem seus melhores esforços. Por exemplo, o *Annals of Internal Medicine* publicou uma série de artigos chamados "Quality Grand Rounds". Eram detalhados estudos de casos de falhas na prestação de atendimento que levavam ao sofrimento humano. A variedade de coisas que podiam dar errado era surpreendente e fascinante. Meu amigo e colega, Dr. Mark Schmidhofer, e eu começamos a analisar o que esses casos tinham em comum. Descobrimos que a resposta era "muita coisa".

Em todos os casos que examinamos havia características comuns que levavam a resultados dolorosos. As pessoas não tinham uma visão do sistema – uma compreensão completa de como o trabalho que faziam era afetado pelo trabalho dos outros ou como elas afetavam o trabalho dos outros. Sabendo disso, como Perrow destacou, era excepcionalmente difícil compreender todas as nuances de como um sistema tão complexo funcionava, mas as pessoas nesses casos não aprimoravam sua compreensão quando recebiam avisos de que deveriam fazê-lo. Em vez de buscar uma objetividade cada vez maior a respeito de como as coisas deveriam funcionar, elas eram excessivamente tolerantes com as ambiguidades relativas a quem devia fazer o que, como transmitir informações de uma pessoa para a outra, ou como desempenhar uma tarefa especial. E mesmo quando era óbvio que algo estava errado, elas contornavam o problema, confiando em atenção e esforço extra. Dessa maneira, elas se impunham os mesmos problemas, dia após dia, negando sistematicamente a chance de entender melhor as complexas interações entre pessoas, tecnologia, lugar e circunstâncias, e, dessa maneira, de melhorar o sistema quando suas falhas surgissem.

Vejamos o caso no qual habilidosos e dedicados trabalhadores de diferentes departamentos perderam a chance de assimilar avisos de que eles não compreendiam completamente como seu trabalho afetava os outros. Sua falha em observar isso matou uma paciente.

A Sra. Grant, uma mulher de 68 anos, estava se recuperando de uma cirurgia cardíaca eletiva bem-sucedida. Às 8h, a enfermeira que trabalhava durante o dia e que estava começando seu turno descobriu que a Sra. Grant sofrera uma parada cardiorrespiratória. A emergência foi acionada; uma amostra de sangue foi coletada e levada imediatamente ao laboratório. Rapidamente, a Sra. Grant foi encaminhada para a radiologia para um exame. Havia alguma massa não identificada, um coágulo, sangramento ou outra causa neurológica? Todos esses testes foram negativos. A Sra. Grant foi levada de volta para a CTI em uma cadeira de rodas. A equipe de emergência recebeu os resultados dos exames de sangue: um nível glicêmico imperceptivelmente baixo. A Sra. Grant praticamente não tinha açúcar no sangue. Seu cérebro estava falhando como um motor com o tanque de combustível vazio. Fracassaram as rápidas tentativas de intervenção intravenosa. A situação da Sra. Grant piorou e ela entrou em coma. Semanas mais tarde, sua família retirou os aparelhos que a mantinham viva. O que aconteceu?

Para identificar a responsabilidade, o hospital imediatamente começou uma investigação, com entrevistas, análises e uma reconstituição dos acontecimentos. Começaram conversando com a enfermeira do dia. O que ela sabia? Nada, como se constatou. Recém iniciava seu turno; sua primeira interação com a Sra. Grant acontecera quando ela observou as convulsões e alertou a equipe de emergência. O enfermeiro da noite tinha mais informações, mas nada que, a princípio, parecesse trazer algum esclarecimento. Aparentemente, ele estava no centro de enfermagem quando um alarme soou às 6h45min. O monitor informava que um cateter, ligado à veia da Sra. Grant para administração de medicamentos, estava com uma possível oclusão, um coágulo de sangue potencialmente perigoso. Compreendendo a gravidade da situação, ele correu para o quarto da Sra. Grant, encheu uma seringa com uma dose do anticoagulante heparina e o injetou na veia. Em seguida, verificou que a Sra. Grant estava descansando tranquilamente e voltou a atender seus outros pacientes. Somente quando o alarme de parada cardíaca disparou, cerca de uma hora e meia depois, é que ele voltou a vê-la.

A investigação não estava chegando a lugar algum até que alguém que estava inventariando o quarto da Sra. Grant perguntou onde estava o frasco vazio de heparina. Ele deveria estar no recipiente de resíduos, a caixa onde são descartados os frascos usados, agulhas e outros materiais perigosos, mas não estava. A enfermagem é um trabalho agitado, com o constante surgimento de tarefas de curta duração e cuidados com um paciente, inextricavelmente interligadas com os cuidados com os outros. O frasco poderia ter sido perdido na confusão do trabalho. Os investigadores imediatamente começaram a procurá-lo em outro lugar. Ele estava em uma bancada ou em um armário? Alguém o havia levado para o quarto de outro paciente? Não conseguiram encontrá-lo. Então, o membro da equipe que estava fazendo o inventário fez mais uma pergunta fatídica: por que havia um frasco de insulina na lixeira? Ninguém sabia responder, muito menos o enfermeiro da noite. Não havia nenhuma instrução para dar insulina à Sra. Grant. O frasco não parecia ter sido trazido do quarto de outro paciente. Só havia uma explicação, e as implicações eram terríveis.

O que havia começado como uma provável investigação se transformou em um interrogatório, com alguém exigindo do enfermeiro da noite: "Onde está o frasco vazio de heparina? Por que temos um frasco vazio de insulina?" "Eu não sei", ele deve ter protestado, alegando ignorância e inocência. Nisso, uma espantosa descoberta surgiu. Alguém percebeu que os frascos de insulina e heparina não podiam ser facilmente distinguidos. Se pareciam por ter o mesmo tamanho, formato, peso e textura. E também eram muito semelhantes. Um simples passar de olhos seria insuficiente para distinguir um do outro, pois os dois frascos eram de vidro transparente contendo um líquido transparente. Sim, eles tinham etiquetas diferentes, mas os frascos eram pequenos e as etiquetas eram ainda menores, com letras minúsculas. Claro que uma pessoa *poderia* distinguir um do outro – mas seria possível fazê-lo com pressa, reagindo a um alarme, em um quarto escuro no final de um turno de trabalho? Provavelmente não.

A equipe então percebeu o que poderia ter acontecido. O enfermeiro, na pressa de ajudar a Sra. Grant, tentou pegar um frasco de heparina, mas acabou apanhando um frasco de insulina. Os frascos estavam guardados no mesmo local, separados por apenas meio metro. Talvez ele tivesse procurado no lugar errado. Talvez um frasco de insulina tivesse ficado no estoque de heparina. Nunca saberemos. Uma vez que o frasco estava em suas mãos e, certamente, uma vez que o medicamento estava na seringa, ele não poderia saber que seus melhores esforços para proteger sua paciente dos maus efeitos de um coágulo iriam matá-la.

Quem você culparia pela morte da Sra. Grant? Poderíamos imediatamente culpar o enfermeiro. Afinal, foi ele quem aplicou a dose fatal. Embora emocionalmente satisfatório, isso deixa aberta a pergunta sobre o que, na verdade, ele fez de errado? Ele ouviu o alarme, interpretou-o corretamente, correu para fazer o que deveria fazer naquela situação e buscou algo que ele pensava ser heparina. Você pode argumentar que ele deveria ter conferido, reconferido e até mesmo confirmado uma terceira vez que estava com a medicação certa. Mas há uma clara evidência de que confiar no alerta, na monitoração e, de outra maneira, ser cuidadoso é uma fraca defesa contra o erro. As pessoas não são programadas para serem suficientemente cuidadosas. Por isso são feitos, por exemplo, investimentos tão grandes no projeto de cabines de pilotagem dos aviões, para que seja difícil fazer a coisa errada – um toque errado nos *flaps*, fazer uma curva ou descer bruscamente – e fácil fazer a coisa certa. Por isso, as tripulações dos aviões só podem trabalhar, no máximo, um determinado número de horas em sequência, apenas um determinado número de horas por dia, e apenas determinados dias por semana. Contudo, aqui estava o enfermeiro da Sra. Grant correndo para salvar uma vida, cedo da manhã e no final de seu turno, dificilmente o ponto ideal de seu relógio biológico. Devemos insistir que ele deveria ter interrompido sua rápida reação para examinar calma e friamente os frascos – com pouca luz? Como mencionei antes, não é para este tipo de cuidado que somos condicionados.

A verdade é que o enfermeiro foi levado – pela embalagem, apresentação, iluminação e pelo momento – a matar a Sra. Grant. Mas quem armou essa bomba-relógio? Foi a equipe farmacêutica? Afinal, era sua função preparar, embalar e apresentar a medicação para a equipe de enfermagem. Ainda assim, a equipe farmacêutica pode protestar que não fez nada errado. A Sra. Grant não morreu porque a medicação estava com a concentração errada ou contaminada ou mal rotulada.

O enfermeiro fez o que se espera que um enfermeiro fizesse. A equipe farmacêutica fez o que se espera de uma equipe farmacêutica. Ainda assim, a Sra. Grant morreu. O problema real é que as peças do sistema podem ter funcionado, mas sua interação falhou, assim como o trabalho da farmácia foi excessivamente falho do ponto de vista da enfermagem. Por quê?

Se este hospital fosse igual a muitos que conheço, ele deveria ter uma hierarquia na enfermagem – um enfermeiro responsável, o supervisor de enfermagem da unidade e um chefe de enfermagem – e uma hierarquia na farmácia. Mas o que provavelmente faltou foi alguém responsável por todo o processo de administração de medicamentos – desde os médicos que prescrevem os medicamentos até a farmácia, onde as receitas são checadas e aviadas para os enfermeiros que ministram os medicamentos a seus pacientes. Na ausência de um modo eficiente – ou talvez em qualquer situação – gerenciar as peças funcionais do serviço em todo o processo acabou sendo um desencontro fatal.

Mas se o processo tivesse sido sabotado, você poderia perguntar, pessoas como a Sra. Grant não morreriam todos os dias? E isso já não teria recebido uma atenção da administração? Isso nos leva a subterfúgios, a "enxugar gelo", a pretextos e a outras maneiras de aceitar as falhas como uma patologia básica de sistemas de trabalho complexos. David Bates, médico do Brigham and Women´s Hospital, de Boston, e autor do caso sobre a Sra. Grant, fez uma vasta pesquisa sobre a frequência de erros na administração de medicamentos. Ele e seus colegas descobriram que para cada paciente que morre devido a erro na administração de medicação, de 5 a 10 sofrem lesão. (Por exemplo, a Sra. Grant poderia ter sobrevivido, mas sofrido sequelas.) Para cada dano, existem de 5 a 10 iminências de acidentes. (O enfermeiro da Sra. Grant poderia ter reconhecido seu erro pouco antes de injetar a insulina.) Para cada iminência de acidente, existem de 5 a 10 deslizes e enganos. (O enfermeiro da Sra. Grant poderia ter pego o frasco de insulina, observado que era a medicação errada e, em seu lugar, pego a medicação certa.) Por trás do erro que matou a Sra. Grant, podemos imaginar de 5 a 10 lesões, de 25 a 100 iminências de acidentes, e de 125 a 1.000 deslizes e enganos – um total entre 155 a 1.110 chances de alguém no hospital dizer: "Atenção, esses frascos são muito fáceis de confundir! Vamos fazer algo antes que matemos alguém".

Isso é exatamente o que teria acontecido em uma organização de alta velocidade. Mas nas organizações de baixa velocidade, as pessoas não dão importância a essas indicações de que os processos de trabalho estão inadequados e precisam ser modificados. Quando enfrentam obstáculos, elas os tratam como um ruído normal do processo, perturbações inevitáveis, em torno dos quais precisam trabalhar. Fazem o trabalho, mas não aumentam as chances de que a próxima pessoa terá mais chances de ter sucesso e uma chance menor de falhar.

Por exemplo, minha colega, professora de Harvard, Anita Tucker, fez observações detalhadas de enfermeiros, minuto a minuto, e descobriu que a cada minuto eles enfrentavam algum tipo de falha operacional – uma pane, uma interrupção, um mal-entendido, a falta de algo necessário. Em 90% do tempo os enfermeiros encontravam uma maneira de resolver, terminar a tarefa e cumprir suas outras responsabilidades. O que você acha que eles faziam nos restantes 10% do tempo? Lembre-se de que se apenas 1 dos 10 deslizes, enganos e iminências de acidentes com insulina e heparina tivesse sido investigado, isso poderia ter salvo a vida da Sra. Grant. Infelizmente, pelo menos para os enfermeiros que Tucker acompanhou, nos restantes 10% do tempo eles não chamaram a atenção de ninguém para o problema, para que suas causas pudessem ser corrigidas e sua repetição evitada. Eles mostraram o problema para mais alguém, mas apenas para conseguir alguma ajuda no trabalho: um colega enfermeiro que poderia decifrar a letra ilegível de um médico ou alguém que descesse pelo corredor e que poderia pegar algumas luvas ou aventais.

Alguns dos impasses temporários eram criativos e expressavam a determinação dos enfermeiros em atender as necessidades de seus pacientes, mas tinham uma consequência involuntária de deixar no lugar os fatores que inicialmente haviam originado o problema. (Uma enfermeira com quem trabalhei, quando confrontada com esta realidade de resolver problemas, deixou escapar: "pensei que eu era uma grande solucionadora de problemas, mas acabo de perceber que há 20 anos resolvo o mesmo problema todos os dias!". Mais adiante iremos encontrá-la e veremos os resultados de sua mudança, abandonando o persistente trabalho de contornar os problemas e passando a identificá-los e solucioná-los.) Aplicando as descobertas de Bates e Tucker à situação do hospital da Sra. Grant, é possível que, apesar de centenas, senão milhares de avisos de que alguma coisa estava deficiente na maneira com que os medicamentos eram oferecidos aos enfermeiros, nada era feito em uma ambiente de subterfúgios e contínuo apagar de incêndios, deixando a Sra. Grant e seu enfermeiro entregues ao destino.

O que matou a Sra. Grant? O enfermeiro? O farmacêutico? Não. Sua ruína acabou sendo uma abordagem ineficiente na administração de um complexo trabalho interativo. Não estava claro para as pessoas como seus trabalhos se encaixavam em um sistema maior. Geralmente, era ambígua a natureza das situações em que se encontravam e, mesmo quando era óbvio que algo estava errado, elas continuavam insistindo, tratando de uma coisa depois da outra da melhor maneira. Diane Vaughn chama isto de normalização dos desvios, e veremos isto mais tarde quando tratarmos da NASA neste capítulo.

Há aqui uma triste ironia. A equipe do hospital foi capaz de determinar o que matou a Sra. Grant somente porque fez exatamente a coisa certa, resolvendo a situação catastrófica imediatamente após ela ter sido descoberta. Se tivesse esperado um dia, ou mesmo uma hora, as lembranças poderiam se alterar, os recipientes de resíduos poderiam ter sido esvaziados e as condições que permitiram que o problema ocorresse poderiam ter mudado suficientemente de modo a impedir que alguém pudesse descobrir o que havia acontecido. Se aquela equipe trabalhasse em uma organização que treinasse e esperasse que eles agrupassem pequenas discrepâncias com tal velocidade e determinação – os deslizes, enganos e iminentes acidentes – ela teria percebido antes as vulnerabilidades do sistema de administração de medicamentos e esse desastre poderia ter sido evitado.

POR QUE OS PROFISSIONAIS DE SAÚDE SÃO MAL PREPARADOS PARA ADMINISTRAR SISTEMAS

Quando a ciência médica era mais simples, sua coordenação também o era. Um pequeno grupo de pessoas que trabalhava junto podia estabelecer, frequentemente, padrões de comportamento confiáveis, e quando esses padrões falhavam, podia resolver os problemas informalmente, como analisado no Capítulo 2. Hoje, entretanto, um paciente pode ter diversos médicos, muitos enfermeiros e uma dúzia ou mais de medicamentos. É necessária uma abordagem mais científica, mais controlada para administrar esse trabalho complexo. Por que ela não é usada? Como vemos no exemplo seguinte, os profissionais de saúde não são treinados para isso.

Meu amigo cardiologista Mark Schmidhofer se admirou quando sua filha de 8 anos perguntou: "Papai, em que série você está?". Incluindo a escola primária e secundária, curso preparatório para medicina, escola de medicina, estágio, residência, um mestrado em física e bolsas de estudo, ele percebeu que havia passado por 27 séries. Sua filha, claro, não se surpreendeu e respondeu: "Bem, hoje eu estou começando a terceira série".

Apesar da condescendência de sua filha, meu amigo refletiu sobre o que havia acontecido durante essas 27 séries. Enquanto ele avançava, sua capacidade se aprofundava em uma área mais restrita, culminando com seu conhecimento de ponta sobre uma subespecialidade particular – não era cardiologia ou mesmo angioplastia, mas angioplastia a *laser*.

Como um mestre de sua especialidade, ele se deparou com uma charada. Quando completou sua bolsa de estudos e ingressou no nível de médicos mais experientes, algumas vezes ficava encarregado pelas unidades de pacientes internados, uma função na qual era responsável pelo atendimento de todos eles. Ele percebeu que, apesar de ser tremendamente competente, contribuindo com o trabalho no qual tinha se especializado, o atendimento aos pacientes dependia da contribuição de um sem-número de pessoas de um lado de uma fronteira ou do outro: aqueles das especialidades como pneumologia, endocrinologia, cirurgia e psiquiatria; aqueles que estavam em profissões como enfermagem e farmácia; e aqueles em sua própria profissão, mas em níveis diferentes, como os residentes e estudantes de medicina.

Quando comentava com seus colegas que tinha profundo conhecimento de sua especialidade, o elemento vertical de sua função, mas que tinha muito menos experiência na criação e administração de sistemas de atendimento com especialidades muito diferentes, ele era confortado com palavras como: "não se preocupe; assim como nós, você vai pegar o jeito".

A morte de duas tripulações: avisos ignorados

No Encalço das Líderes não é um livro sobre desastres. Os riscos em administrar a complexidade são geralmente mais baixos. Mas a análise de desastres põe a mente em foco, por isso vamos nos ater a dois deles que têm muito a nos ensinar e dos quais muitos se lembrarão.

Em 16 de janeiro de 2003, o ônibus espacial Columbia foi lançado de uma plataforma no Kennedy Space Center. O Columbia, que tinha o nome do primeiro navio norte-americano a circunavegar o globo, era histórico por si só. Tinha sido o primeiro ônibus espacial a voar e havia completado 27 missões bem-sucedidas. Sua vigésima oitava missão era a de número 113 de toda a frota. Durante duas semanas em órbita, a tripulação do Columbia conduziu uma série de experimentos, testes e observações em grande altitude. Com exceção de poucos inconvenientes durante a viagem, a nave espacial e seu equipamento tiveram um bom desempenho. O voo estava quase no fim, a tripulação preparada para uma emocionante, mas tranquila, aterrissagem. A missão para a qual haviam passado anos se preparando e que tinham realizado com sucesso estava no fim. Tragicamente, eles nunca festejaram a reunião com suas famílias, amigos e colegas.

Em 1º de fevereiro de 2003, cerca de duas semanas depois do lançamento, viajando a 28 mil km/h, o piloto disparou foguetes retropropulsores que fizeram com que o Columbia reduzisse a velocidade o suficiente para sair de órbita, perder altitude e começar a descida. No caminho para casa aconteceu o desastre.

Em vez de deslizar na atmosfera terrestre, perder altura e velocidade ruma a uma aterrissagem bem-sucedida, o Columbia se desintegrou. Espalhou seus pedaços pelos céus da Califórnia, Nevada e Novo México, deixando em seu rastro uma área de fragmentos que se estendia do oeste do Texas até a Louisiana. Os sete tripulantes morreram, mas não instantaneamente. Os registros de dados indicam que o piloto tentou em vão recuperar o controle de seu veículo desgovernado. Além disso, dois membros da tripulação de um helicóptero morreram no resgate dos destroços. Como uma missão aparentemente rotineira podia acabar com tal perda? Veremos que as mesmas falhas organizacionais que penalizaram a Sra. Grant – a incapacidade de ver o sistema pelas partes e o abafamento de evidências de que o sistema estava funcionando de maneira inesperada e indesejada – aconteceram na NASA.

De acordo com a comissão responsável pela investigação do acidente:

> A causa física da perda do Columbia e sua tripulação foi uma ruptura no sistema de proteção térmica na borda frontal da asa esquerda. A ruptura começou com uma peça da espuma térmica que se separou do bipé de acesso do tanque externo e bateu na asa nas proximidades da metade inferior do painel 8, de carbono-carbono reforçado, 81,9 segundos depois do lançamento. Durante a reentrada, essa ruptura no sistema de proteção térmica permitiu que ar superaquecido penetrasse no isolamento da borda frontal e progressivamente derretesse a estrutura de alumínio da asa esquerda, resultando em um enfraquecimento da estrutura até que crescentes forças aerodinâmicas causassem a perda de controle, falha da asa e a fragmentação da cabine.

Isto quer dizer: um ônibus espacial tem um enorme tanque de combustível externo, que na decolagem está cheio de oxigênio e hidrogênio líquidos (ver Figura 3-1). Esses combustíveis são tão frios que o tanque congelaria caso não tivesse sua distintiva cobertura laranja de espuma isolante. O congelamento seria perigoso, entre outras razões, por causa dos fragmentos durante o lançamento, o peso excessivo, a aerodinâmica comprometida, entre outros fatores.

De acordo com a comissão que investigou o acidente, o que aparentemente aconteceu foi que, durante o lançamento, uma peça de espuma isolante desprendeu-se e atingiu a borda frontal da asa esquerda, rachando um painel de "carbono-carbono reforçado" (RCC).

O painel RCC é um milagre tecnológico. No momento em que os ônibus espaciais começam sua reentrada, estão se movendo a aproximadamente 28 mil km/h. Com exceção de um pequeno foguete, acionado para fazer uma

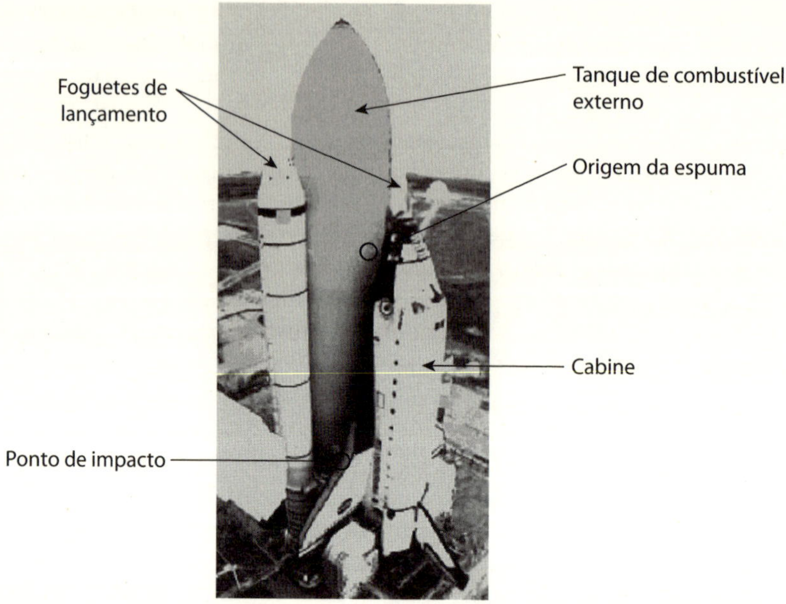

FIGURA 3-1 Ônibus espacial Columbia na Base de Lançamento 39-A. O círculo superior mostra o bipé de acesso esquerdo (-Y) no ponto de fixação dianteiro, enquanto o círculo inferior está em volta do painel 8 esquerdo, de carbono-carbono reforçado (RCC).

Fonte: NASA, Relatório de investigação do acidente do Columbia, *pág. 49.*

leve redução, eles perdem toda sua velocidade por meio do atrito com o ar. No momento em que as naves rompem a atmosfera, temperaturas de milhares de graus são geradas nas suas bordas frontais. Com tal violência, a maioria dos materiais se reduziria a cinzas, mas não os painéis RCC. Estes painéis, leves e fabricados especialmente de acordo com os melhores contornos aerodinâmicos necessários para os voos, são tão resistentes ao calor que um dos lados ficaria frio ao toque mesmo se um maçarico fosse aplicado no outro. Quando os painéis RCC estão intactos, eles desviam, sem nenhum esforço, os gases superaquecidos para cima e em torno das asas.

A ruptura no painel RCC a que o relatório se referiu, causado pelo impacto de fragmentos de espuma, não teve nenhum efeito na missão; no ambiente de vácuo e baixa gravidade da órbita terrestre, não havia necessidade de desviar o calor das asas. A reentrada era algo diferente. Gases superaquecidos, que deveriam ter sido desviados da nave espacial, penetraram na asa – uma estimativa calculou a ruptura no tamanho de 900 cm^2 – causando destruição quando incinerou componentes e derreteu estruturas de apoio, destruindo a integridade aerodinâmica da nave e prejudicando a capacidade do piloto de controlar o voo. Assim que a tripulação iniciou a reentrada, seu destino estava traçado.

Entretanto, a comissão não atribuiu toda a culpa do desastre a essa causa tecnológica. Na opinião da comissão, a cultura e estrutura organizacional da NASA tinha tanto ver com esse acidente quanto a espuma do tanque externo. A comissão descobriu que:

> Havia sido permitido o desenvolvimento de uma certa cultura e de práticas organizacionais prejudiciais à segurança, incluindo: a confiança no sucesso de voos anteriores como um substituto para as práticas seguras de engenharia (como os testes para verificar porque os sistemas não estavam funcionando de acordo com as exigências); barreiras organizacionais que impediam a comunicação eficiente das informações essenciais de segurança e reprimiam diferenças de opinião profissional; a falta de uma administração integrada dos elementos do programa; e a evolução de uma cadeia de comando informal e de processos de tomada de decisão que funcionavam fora das regras de organização.

A comissão continuou dizendo o seguinte:

> Mais preocupante, a pressão de manter a programação de voo criou uma atmosfera de controle que, cada vez mais, aceitava o desempenho de vários componentes e sistemas abaixo do especificado, sob o pretexto de que os desvios não haviam interferido no sucesso de voos anteriores.

Como no caso da Sra. Grant, havia uma falha técnica específica para a qual se poderia atribuir a culpa. Mas também havia os fatores organizacionais que permitiram que a falha técnica acontecesse. A bomba-relógio foi armada porque a NASA estava administrando uma operação extremamente complexa sem o devido respeito em relação ao que ainda precisava aprender sobre essa operação. A falha da NASA não foi ela não saber tudo sobre o problema de isolamento da espuma, mas ter parado de aprender, como veremos a seguir:

As especificações originais do projeto do ônibus espacial preveniam sobre a possibilidade de perda de espuma no tanque de combustível. Isso era considerado um problema muito sério, em grande parte porque não havia margem para erro nos painéis RCC. Suas especificações originais "exigiam que os componentes RCC não tivessem nenhum impacto de resistência". Mesmo assim, até em seu primeiro voo, o Columbia tinha significativos sinais de fragmentos, com cerca de 300 ladrilhos que necessitavam de substituição, e o problema do dano causado pela espuma não acabava ali. Depois de cada voo, havia registro de marcas de impacto nos ladrilhos de proteção térmica, com uma dezena deles com mais de três centímetros de profundidade.

Isso era uma prova evidente de que o sistema estava funcionando diferentemente do projeto e das expectativas. E ninguém sabia por quê. Seria o material, o método de aplicação, um problema de envelhecimento, contaminação? Ainda que a certeza de um problema e a incerteza de sua causa e de seus efeitos pudessem – e devessem – ter despertado uma atenção maior, isso, pelo contrário, se tornou uma fonte de confiança. Apesar de não estarem baseados em nenhuma análise de engenharia, os gestores do programa usaram o sucesso passado como uma justificativa para a confiança nos voos futuros e não fizeram nenhuma alteração nas configurações do tanque externo para as futuras missões. Os choques das espumas, que tinham sido causa de graves preocupações, passaram a ser "uma preocupação de manutenção e reabastecimento em vez de um tema de segurança de voo". Isso faz tanto sentido quanto lançar uma moeda duas vezes, tirar coroa em ambas e presumir, sem maior investigação, que em todas as outras vezes irá cair coroa.

Lembre-se que as organizações de alta velocidade reconhecem que os sistemas complexos que projetaram – técnicos ou organizacionais – são imperfeitos. É claro que essas organizações ficam satisfeitas quando suas operações funcionam como planejado, mas elas também são respeitadas quando os sistemas não funcionam como esperado. Elas interpretam esses desvios e fugas das verificações como sinais importantes – indicações de situações que no princípio foram pouco observadas, ou que passaram despercebidas, mas que poderiam proporcionar investigações, melhor percepção e soluções. Em contrapartida, os que estão perseguindo os líderes não veem nos recuos ou desvios sinais positivos, oportunidades para melhorias e inovações. Para essas organizações, os desvios são ruídos, um problema após o outro, uma vibração perturbadora com as quais eles precisam aprender a lidar de alguma maneira.

Os gestores da NASA estavam na última categoria, dando provas de que eles não entendiam bem o sistema pelo qual eram responsáveis. Isso permitia que fizessem sucessivos lançamentos sem resolver, ou até mesmo tratar, o problema dos fragmentos de espuma – sem ao menos admitir que isso fosse um problema.

Não eram apenas lições de lançamentos anteriores que não haviam sido aprendidas. A NASA reprimiu sua capacidade de aprender com a experiência do próprio lançamento e missão do Columbia, interrompendo a possibilidade de determinar como a situação era realmente difícil. No dia seguinte ao lançamento do Columbia, os gestores da NASA sabiam que havia acontecido outra ocorrência de choque de um pedaço de espuma com a asa. Se eles pelo menos tivessem levado esse aviso a sério, poderiam ganhar tempo e cancelar suas experiências e, dessa forma, economizar energia, água e ar. Isso poderia ter-lhes dado a oportunidade de fazer um conserto durante o voo, ou outro ônibus poderia ter sido lançado para um encontro em órbita. A nave Atlantis estava sendo preparada para o próximo voo, e seus pilotos, comandantes e os membros de sua tripulação, treinados para caminhadas espaciais, estavam disponíveis. Em termos tecnológicos, estas duas alternativas eram possibilidades, embora arriscadas. Resultou que, organizacionalmente, elas nem foram cogitadas.

E as razões foram as seguintes. Dentro da NASA, há um grupo responsável por analisar as imagens de vídeo imediatamente após seu lançamento. No dia seguinte, já se sabia que um considerável pedaço de material tinha atingido o Columbia. Na sexta-feira, o primeiro dia inteiro em órbita, imagens de alta resolução ajudaram a definir precisamente, em um décimo de segundo, o momento do choque do fragmento. Nos idos de 1988, quando as perdas ou choques das espumas eram considerados sérios, houve uma descoberta semelhante durante o voo do ônibus espacial Atlantis e, por isso, "a tripulação foi imediatamente instruída a inspecionar a nave". Foi encontrado um dano no ladrilho e por muita sorte as consequências não foram mais sérias. "Danos térmicos mais graves – talvez até uma destruição – poderiam ter ocorrido se não fosse a placa de alumínio no local do ladrilho danificado". Porém, 15 anos depois, quando surgiram preocupações sobre as consequências que um choque de fragmentos causaria no Columbia, elas foram desconsideradas. De acordo com a comissão de investigação, "a história das decisões sobre o problema da espuma mostra como a NASA começou, e continuou, a voar com essa perda de espuma, fazendo com que esse desvio das especificações do projeto fossem encarados como normais ou aceitáveis".

Durante a fatídica missão do Columbia, isso representou uma série de oportunidades perdidas para reconhecer como as coisas estavam mal, de modo que nenhuma ação corretiva foi considerada, muito menos tentada. A Comissão de Investigação do Acidente do Columbia descobriu que já na sexta-feira, o primeiro dia inteiro em órbita, os engenheiros que estavam preocupados com o que havia acontecido quiseram começar uma análise mais minuciosa. Mas os gestores, demonstrando menos preocupação, decidiram retardar qualquer análise adicional até a próxima segunda-feira. Um dos engenheiros começou a usar um programa para criar estimativas da extensão do possível dano. Porém, ele só havia usado o *software* duas vezes antes e não era um especialista. O *software* nunca havia sido usado para servir de modelo do impacto entre a nave e um objeto tão grande; na realidade, isso estava fora dos parâmetros do projeto. Assim, havia uma pessoa "fora de especificação" usando um *software* em uma aplicação "fora de especificação", tentando definir quão "fora de especificação" a nave poderia estar, em nome dos gestores que não estavam tendo uma visão global. No domingo, outro engenheiro enviou um *e-mail* a um gestor solicitando que a tripulação do Columbia fizesse uma inspeção visual da asa esquerda. Ele nunca recebeu uma resposta. Esta foi apenas a primeira oportunidade de confirmação da gravidade da situação.

A comissão também soube que no primeiro dia da missão, David Brown, membro da tripulação, havia enviado via satélite um vídeo de 35 segundos do afastamento externo dos tanques. Naquele segmento, o bipé de acesso estava fora de visão, mas a comissão chegou à conclusão de que Brown provavelmente poderia enviar um pedaço maior daquele mesmo vídeo, podendo incluir imagens do bipé de acesso do qual a espuma havia caído. Entretanto, ninguém pediu que ele revisasse seu vídeo ou enviasse um vídeo mais longo. Essa foi a segunda oportunidade perdida. A terceira aconteceu quando o choque da espuma foi relatado em uma reunião sem conexão com o evento e foi discutida a possibilidade de pedir ao Departamento de Defesa que explicasse as imagens feitas em terra e no espaço, mas isso não teve prosseguimento. De modo geral, a comissão de investigação encontrou três solicitações de imagens que não chegaram a lugar nenhum – uma no segundo dia e duas no sexto dia – e oito outras oportunidades perdidas para obtenção de mais dados nos quais seria possível basear uma decisão mais fundamentada. Sem dados convincentes de que algo estava definitivamente errado, e tendo desconsiderado a prova de que algo poderia estar errado, os gestores da NASA continuaram como se tivessem certeza de que nada estava errado. As consequências foram catastróficas. A Tabela 3-1 mostra um trecho do relatório da comissão.

O que torna o acidente do Columbia e a morte de sua tripulação ainda mais frustrante é o fato de que a NASA havia mostrado dinâmicas organizacionais quase idênticas às que causaram a explosão do Challenger momentos depois de decolar, em 1986. Naquele caso, labaredas queimaram os anéis de borracha de vedação das juntas entre as partes do foguete propulsor sólido, causando uma explosão. Mas o ex-secretário de Estado William Rogers e seus colegas, que tinham a macabra tarefa de investigar a perda daquele ônibus, chegaram a conclusão de que a NASA não percebera e/ou desconsiderara os avisos de perigo. "Quando as juntas começaram a se comportar de maneira inesperada (em voos anteriores), nem a NASA, nem Morton-Thiokol, fabricante do Solid Rocket Motor, as testaram adequadamente para determinar a fonte de desvios das especificações ou desenvolveram uma solução para elas, apesar dos problemas reaparecerem com frequência. Eles nem ao menos responderam aos avisos internos sobre uma vedação imperfeita. Em vez disso, a Morton-Thiokon e a gerência da NASA começaram a encarar os problemas como riscos aceitáveis de voo – uma transgressão das exigências do projeto que podia ser tolerada." As coisas pioraram tanto que a Rogers Commission concluiu que "um prestador de serviço [precisava] provar que seu lançamento não era seguro, em vez de provar sua segurança".

Quase 20 anos depois, a NASA ainda não havia aprendido a lição de que as especificações do projeto refletem as expectativas e potenciais premissas e que

TABELA 3-1 Resumo da tabela do relatório da Comissão Investigadora da Columbia

Oportunidades perdidas

1. 4° dia de voo. Rodney Rocha [chefe de engenharia designado pela NASA para o sistema de proteção térmico] pergunta se foi requisitado que a tripulação fizesse uma inspeção do dano. Nenhuma resposta.

2. 6° dia de voo. O controle da missão não pede a David Brown, membro da tripulação, para enviar via satélite o vídeo que ele fez da separação do tanque externo, e que poderia ter revelado a falta da espuma no bipé.

3. 6° dia de voo. O pessoal da NASA e da Agência Nacional de Imagens e Mapeamento discute uma possível solicitação de imagens. Nenhuma providência tomada.

4. 7° dia de voo. Wayne Hale [gestor de integração do lançamento para a subsequente missão do ônibus espacial] telefona para o representante do Departamento de Defesa, que começa a identificar recursos de imagens que somente foram interrompidos por ordem de Linda Ham [Ham era presidente da Equipe de Gestão da Missão].

5. 7° dia de voo. Mike Card, (um dos gestores do centro de operações da NASA, membro do Gabinete de Segurança e Garantia da Missão discute as solicitações de imagens com Mark Erminger, do Gabinete de Segurança e Garantia da Missão do Johnson Space Center. Nenhuma providência tomada.

6. 7° dia de voo. Mike Card discute as solicitações de imagens com Bryan O`Connor, Administrador Adjunto de Segurança e Garantia da Missão. Nenhuma providência tomada.

7. 8° dia de voo. Barbara Conte [representante da Diretoria Operacional de Missões], depois de discutir a solicitação de imagens com Rodney Rocha, chama LeRoy Cain, Diretor de Voo do STS-107. Cain verifica com Phil Engelauf [Chefe do Gabinete Diretor de Voo] e dá uma resposta negativa.

8. 14° dia de voo. Mike Card, do Gabinete de Segurança e Garantia da Missão da NASA, discute a solicitação de imagem com William Readdy, Administrador Adjunto de Voos Espaciais. Readdy determina que as imagens somente deveriam ser reunidas na condição de "não interferência". Nenhuma delas ficou disponível.

qualquer desvio das especificações desmente ou contradiz as premissas. Uma vez que as premissas dos sistemas são desmentidas, sua viabilidade deveria ser posta em dúvida. A ignorância deveria ser considerada perigosa; indicações de ignorância deveriam ser vistas como avisos providenciais de que perigos podem estar escondidos mais adiante.

A morte lenta de um fabricante de automóveis: perseverando, mas não se aprimorando

O argumento de *No Encalço das Líderes* é que a maneira como são administrados os complexos sistemas de trabalho tem impacto direto e previsível sobre o desempenho. Administre os sistemas complexos proporcionando uma visão prejudicada de como as peças trabalham juntas e insista (explicita ou implicitamente) para que as pessoas contornem os problemas quando eles aparecem e os resultados irão variar de decepcionantes a catastróficos. Acabamos de ver alguns desastres fatais, mas existem outros desastres não tão dramáticos, que se desenvolvem lentamente, como uma doença nociva, em vez de um acidente violento. No final, entretanto, a destruição pode ser igual.

A indústria automobilística nos Estados Unidos não explodiu em chamas, mas o desaparecimento de grandes corporações – a perda de empregos e o consequente impacto nas famílias, o número de vítimas nas comunidades bem consolidadas e a diminuição na riqueza dos acionistas e credores – é uma tragédia de proporções gigantescas. Vejamos o que significa estar em uma organização que está desaparecendo aos poucos.

Imagine acordar amanhã para trabalhar. Depois que o despertador toca e você sai da cama, alguma coisa o preocupa: hoje você vai cometer falhas. Não será de uma maneira importante, evidente, mas você irá cometer falhas. O produto ou serviço pelo qual você é responsável não é de classe mundial. Claro, parece haver uma demanda por ele, mas isso é principalmente porque sua empresa foi forçada a reduzir o preço para atrair os caçadores de pechinchas. Hoje você vai lutar com diversos aborrecimentos, mas não haverá remédio, nenhuma maneira de pedir ajuda, nenhuma maneira de evitar o problema, nenhuma maneira de repará-lo. Em vez disso, você terá que continuar trabalhando, contentando-se com o que tem até o final de seu turno. Claro que o alívio será apenas temporário. Este será seu problema no dia seguinte, e no próximo, e todos os dias até que você se aposente, ou seja demitido. Isto é o que significa trabalhar em um sistema esclerosado, estanque, indiferente e não autocorrigível ou autoaperfeiçoável. Examinemos melhor o que isto significa, na prática.

Orientação e instalação de assentos

Comecei minha pesquisa na Toyota aprendendo o que significava trabalhar em uma fábrica das Três Grandes (Ford, Chrysler e GM), não apenas observando ou entrevistando, mas praticando. Essa não foi uma decisão arbitrária. Ao longo deste livro, vemos como as organizações de alta velocidade saem de seu caminho para encontrar surpresas, reconhecendo rapidamente as lacunas entre o que era esperado e o que realmente aconteceu. O mesmo comprometimento na criação de uma oportunidade de se surpreender motivou a insistência da Toyota para que eu, primeiro, trabalhasse em um lugar diferente da Toyota. Se eu tivesse entrado na Toyota sem uma experiência para comparação, não teria ficado tão antenado quanto precisava para perceber o que era raro, diferente e único. Porém, mergulhando antes em um ambiente diferente, as diferenças seriam mais nítidas. Essa fábrica não foi escolhida como um exemplo de organização de baixo desempenho, semelhante ao papel de contraponto de baixo desempenho que a fábrica da GM em Framingham desempenhou no livro *The Machine that Changed the World*. Na realidade, foi escolhida por ser bem administrada de maneira tradicional. Trabalhei com pessoas muito esforçadas, que se frustravam em um ambiente em que havia uma abundância de subterfúgios, isso porque, como você vai ver, mesmo os problemas que aconteciam centenas de vezes ao dia não eram sinalizados, investigados e resolvidos.

Comecei a trabalhar na segunda-feira, junto com outros temporários. No princípio não estava claro, mas tínhamos uma saudável dose de discordância. Durante a orientação, nos disseram que nossos trabalhos, como operadores na linha de frente, era o de detectar os problemas e prestar atenção neles. Isso parecia muito claro, exceto por duas dificuldades: como se poderia ver o problema? E como se poderia prestar atenção nele? Resultou que geralmente não podíamos fazer nem uma coisa nem outra.

Minha primeira tarefa foi com Bill e Jim, na instalação de assentos. Os assentos chegavam na estação de serviço anterior por meio de um transportador, e um operário o retirava do transportador e o colocava no carro. Bill e Jim prendiam o assento com quatro parafusos utilizando uma chave inglesa (ver Figura 3-2).

Bill me ensinou como fazia o trabalho. Primeiro, tirou quatro parafusos de uma caixa de papelão que estava na bancada, a poucos centímetros da linha. Foi para o lado esquerdo, colocou dois parafusos no assoalho traseiro, e depois colocou os dois parafusos dianteiros através do carpete e na estrutura. Em seguida, escorregou o assento para a frente para deixar espaço e poder manejar a

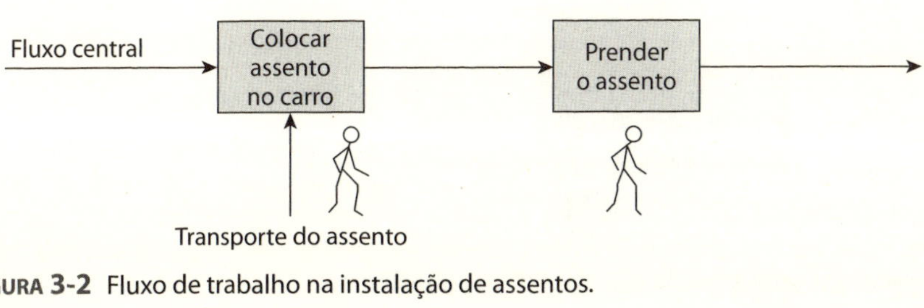

FIGURA 3-2 Fluxo de trabalho na instalação de assentos.

pistola de ar enquanto apertava os parafusos traseiros. Após prender os quatro parafusos, Bill colocou a chave inglesa de volta na bancada, digitou um código no computador indicando se havia ou não algum erro com esse carro em particular em sua estação, e esperou que o próximo carro chegasse.

Depois de observar essa sequência diversas vezes, tentei fazer a mesma coisa, mas logo descobri que era muito difícil fazer o que Bill fazia sem nenhum esforço. Eu me atrapalhava tentando agarrar a quantidade certa de parafusos, tinha dificuldade para colocar os parafusos na posição indicada e tinha problemas em alinhar a chave inglesa para que o parafuso enroscasse adequadamente na armação. Cada uma dessas microtarefas tinha suas próprias sutilezas, das quais eu não havia absorvido nenhuma. Na minha primeira tentativa, Bill teve que completar a sequência. E também na segunda tentativa. Depois de muitas tentativas, comecei gradualmente a sentir mais firmeza. Entretanto, enquanto me concentrava em colocar os parafusos nos furos corretos, durante o ciclo, frequentemente esquecia de registrar no painel do computador que o trabalho estava feito.

Mesmo depois de diversas horas, eu dificilmente conseguia fazer uma sequência completa. Para que o assento ficasse corretamente fixado, os dois parafusos dianteiros tinham que entrar em uma ranhura na moldura e prender a rosca de uma presilha no lado oposto. O problema era que a presilha ficava, às vezes, ligeiramente fora de alinhamento (ver Figuras 3-3 e 3-4). Assim, o parafuso não encontrava o centro da presilha, e a empurrava para o lado. Sem haver enroscado na presilha, o parafuso girava livremente e o assento não ficava preso à estrutura. Quando isso acontecia, Bill retirava manualmente o parafuso, pegava um furador de sua bancada de trabalho (ou recuperava o furador que Jim havia pego e que também usava ocasionalmente), usava-o para alinhar a presilha e recolocava o parafuso. Finalmente, ele me ensinou como executar esse macete para que não precisasse fazer isso. Isso quase sempre funcionava, mas muitas vezes eu precisava pedir para que Bill terminasse a sequência em meu lugar. Certa vez, nenhum de nós conseguiu alinhar o parafuso na presilha, por isso Bill digitou um código de problema no painel do computador.

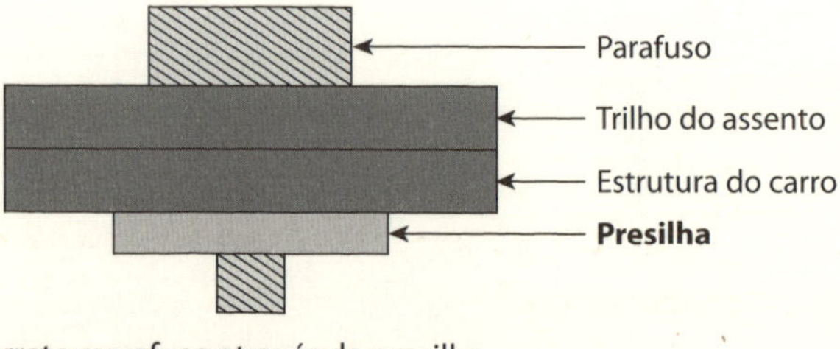

FIGURA 3-3 Correto: parafuso através da presilha.

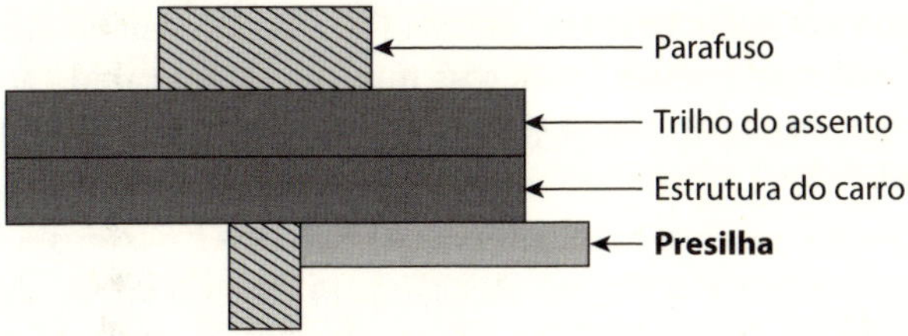

FIGURA 3-4 Incorreto: parafuso fora da presilha.

Este problema com a presilha era apenas um exemplo da falha geral das organizações na administração correta das complexidades. Aparentemente, as pessoas que desenharam a presilha e aqueles que a instalaram não quiseram complicar nosso trabalho. Contudo, sem medir as consequências de suas ações – como o farmacêutico no caso da Sra. Grant – colocaram armadilhas para nós. Controlar as peças – prendendo as presilhas aqui, prendendo os assentos dos carros ali – sem uma visão do processo completo – entregando um carro com defeito para o cliente – resultava em dificuldades repetidas. O mesmo acontecia com a confiança em contornar os problemas em vez de tratar deles com decisão.

Nem todos os carros tinham esse problema de presilhas desalinhadas, mas isso acontecia com tanta frequência que comecei a carregar o furador no bolso de trás para que eu não precisasse procurar por ele todas as vezes. Gradualmente, comecei a achar mais fácil usar o furador em cada carro, como uma garantia, antes de apertar os parafusos. Assim, o macete passou a ser parte de minha rotina diária, já que eu não podia correr o risco de colocar o parafuso em lugar errado e depois ter que recolocá-lo. (Entretanto, essa estratégia também tinha alguns problemas. Uma vez, trabalhei bem com o furador, mas quando terminei esqueci de tirá-lo do carro. Precisei, então, correr por toda a linha de montagem para encontrá-lo.)

Ao final do turno da manhã, eu conseguia instalar os quatro parafusos (mesmo que ocorresse um problema com a presilha) e digitar o código no computador do painel, tudo dentro do ciclo e antes que o próximo carro chegasse. Apesar de estar mais ou menos capacitado a fazer o que era preciso, certamente não era habilidoso, e com o esforço acabava molhado de suor. Todavia, nas minhas visitas posteriores às fábricas da Toyota, observei que um único operador fazia duas vezes o trabalho que eu havia feito com tanta dificuldade. Na nossa fábrica de uma das Três Grandes, uma pessoa colocava os assentos nos carros enquanto outra o fixava. Mas o trabalho dos operadores de linha da Toyota era tão bem coreografado que um único funcionário colocava o assento no carro, aparafusava fortemente e até fazia outros retoques em outras peças. Eis as diferenças dois-para-um na produtividade da atividade que Mike Cusumano e outros do International Motor Vehicle Program, do MIT, haviam documentado uma década antes. Aqui estava uma empresa poderosa que não estava caindo aos pedaços ou voando pelos ares, mas permitindo que fosse surpreendida e derrotada por uma presilha de cada vez.

Lembre-se de que eu e os outros novos operários havíamos sido recrutados para encontrar problemas e chamar atenção para eles. Eu estava encontrando os problemas, é verdade, mas para quem eu deveria encaminhá-los? Certamente, eu tinha Bill e Jim para me ajudar, mas não seria assim no caso de um operário de verdade. Nosso supervisor de área, uma pessoa incrível, demonstrou paciência e cordialidade comigo durante minha visita e expressou preocupação sobre sua equipe e todos o elogiavam quando ele estava fora do alcance de seus comentários. Porém, ele era responsável por 50 pessoas na montagem final. A faixa de terreno que ele tinha que abranger era enorme. Como ele ficava em contato? Com uma combinação de rádios e *pagers*, correndo de problema em problema em um carro de golfe. Assim, o único recurso era digitar um código de erro no painel do computador que ficava a alguns centímetros de minha estação de trabalho. É claro que, como todo o resto, ele tinha um *design* estranho, exigindo que o operador lembrasse um complicado conjunto de códigos para aquele carro, aquele lugar e qual o tipo de problema. Para dificultar as coisas, caso você tivesse um problema, você se atrasaria, pois o próximo carro já estaria chegando à estação. Sem a possibilidade de pedir ajuda, não havia condições de levar o problema para alguém com mais capacidade de fazer algo. A linha controlava o ritmo do trabalho das pessoas, e não o contrário. Se você tivesse pouco tempo, qual a primeira coisa que deixaria de fazer? Exatamente: digitar o código de erro no computador. Você só teria que esperar que alguém detectasse o problema na inspeção.

Esta era a instalação de assentos, mas em todo o resto que eu visitei, era um macete em cima do outro e, depois, arrematado com mais outro.

Setor de montagem da carroceria

Este problema das tarefas individuais não serem administradas como uma parte integral do todo – com macetes preenchendo as lacunas quando as coisas não se integram – dificilmente se limitavam à montagem final. No setor de montagem da carroceria, eu fixava as chapas traseiras e as chapas do teto quando os carros passavam entre as estações de solda. Aqui, mais uma vez, era preciso realizar trabalhos que não conduziam ao sucesso. Era preciso se esforçar mais, compensar os defeitos do sistema e seguir trabalhando sem uma chance de consertar o que estava errado.

Quanto ao painel traseiro, meu trabalho era remover as partes do transportador superior, colocá-las no carro, curvar algumas linguetas para mantê-las no lugar e liberá-las para a próxima etapa, na qual os robôs as soldariam no lugar. A Figura 3-5 mostra o fluxo básico de processo e a Figura 3-6 mostra a estação de conexão das peças.

Como na instalação dos assentos, o treinamento para esta atividade foi feito totalmente no local. A pessoa que normalmente fazia o trabalho me mostrou a sequência completa para diversos ciclos, me orientou através da sequência pelos próximos ciclos e depois me deixou sozinho até o intervalo (cerca de uma hora). Minha situação não era artificial. Enquanto eu estava trabalhando duro em um lado da linha, um dos rapazes que havia começado comigo na segunda-feira estava dando duro do outro lado. A Tabela 3-2 (p. 85) mostra os passos do processo.

No curto período que trabalhei na montagem de carroceria, o equipamento que eu usava para retirar a chapa do transportador superior falhou duas vezes, deixando a peça cair cerca de 25 centímetros, muito perto de meu rosto. Nas duas vezes, eu e a pessoa que trabalhava ao meu lado pudemos pegar a peça, verificar visualmente que não estava danificada (apesar de, analisando bem, compreender que eu não tinha conhecimento suficiente para distinguir peças boas de ruins) e colocá-la na carroceria do carro num ciclo de tempo de 100 segundos. Depois da segunda falha, o chefe de equipe local veio até nós e se ocupou do equipamento, explicando que esse era um problema recorrente.

O ajuste que ele fez resolveu o problema imediato, mas não o problema subjacente. O equipamento falharia outra vez – ele sempre falhava – e eu temia que, em algum momento, ele deixasse cair uma chapa na cabeça de alguém, talvez na minha. Mais tarde, outra coisa aconteceu comigo: eu não havia chamado o chefe de equipe do local. Ou alguém o chamara ou ele havia observado a dificuldade que eu estava tendo e veio para me ajudar – quero dizer, depois da *segunda* falha. Para ser preciso, eu não estava fazendo, nem tinha condições de fazer, a tarefa que tinha sido determinada durante minha orientação. Haviam dito que quando ocorressem problemas, deveríamos avisar o chefe de equipe do local ou o supervisor de área. Mas nunca nos disseram quem eram essas pessoas e nem como podíamos avisá-los.

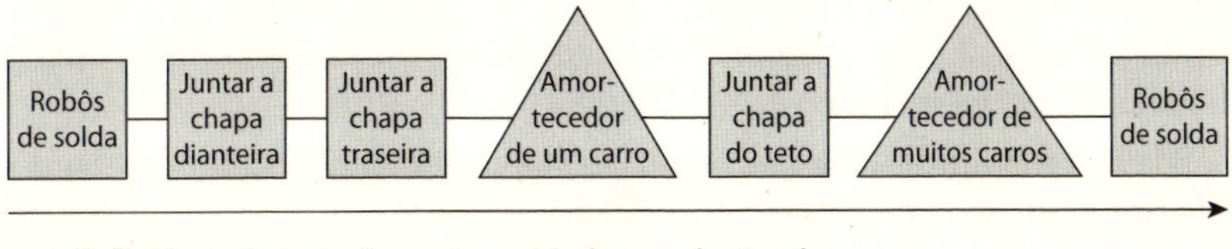

FIGURA 3-5 Fluxo de trabalho entre soldadores robotizados.

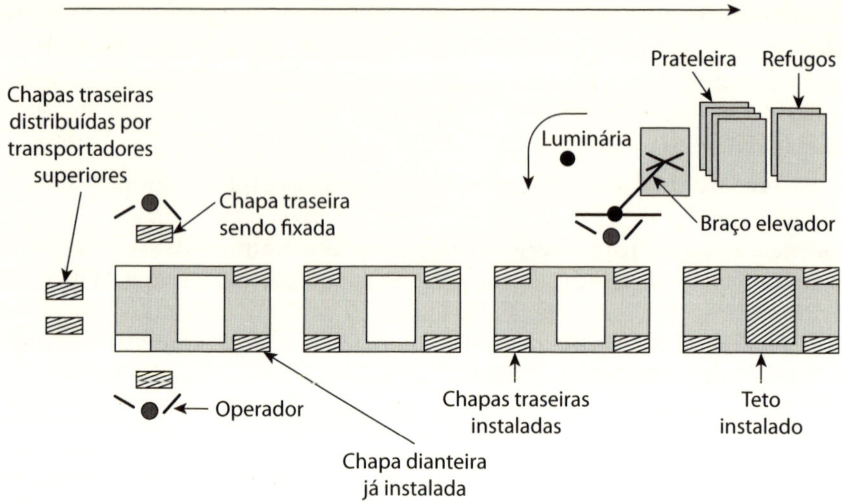

FIGURA 3-6 Estação de conexão das partes da carroceria.

Quanto à chapa do teto, aquele trabalho era um pouco diferente da instalação da chapa traseira. Primeiro, a chapa do teto vinha por meio de um transportador e não precisou ser baixada de um transportador em movimento. Segundo, com a chapa do teto, precisei executar menos etapas em menos tempo. Portanto, mesmo quando a linha estava andando sem parar, tive um razoável tempo de espera. Por outro lado, apesar de ser capaz de trabalhar em um ritmo confortável ao prender a chapa traseira, levei quase que o ciclo inteiro para completar o trabalho.

Apesar do trabalho de colocação do teto ser um dos menos apressados que realizei na fábrica, tive algumas frustrações. Mover o teto da prateleira de peças para a carroceria do carro significava desviar de uma luminária, como esquematizada na Figura 3-7. Mas eu não tinha como remover o obstáculo. Eu não sabia com quem devia falar sobre a dificuldade. Julgando pelas lentes batidas e rachadas dessa luz, era obvio que a peça batia nelas frequentemente, causando danos potenciais ao produto e à iluminação, e o operário não tinha autoridade ou responsabilidade para fazer algo. Por isso, era necessário que, em cada carro, além do seu trabalho, o operador fizesse um esforço extra para não danificar a luminária ou a peça do teto.

Havia outro problema que somente mais tarde eu identifiquei. Havia um local para colocar as chapas de teto defeituosas. Quando comecei a trabalhar nessa estação ele não estava vazio, o que indicava que ocasionalmente as chapas tinham defeitos. Porém, eu não sabia como identificar se uma chapa tinha de-

TABELA 3-2 Processos da montagem de carrocerias

Colocação da chapa traseira	*Colocação do teto*
Erga um pequeno transportador hidráulico até a peça (numa altura de aproximadamente 3,50m)	Utilizando um transportador mecânico de peças com conexões de ventosas, erga o teto, retirando-o de uma caixa de peças.
Pressione os botões para "pegar" a peça com ventosas e uma braçadeira.	Vire para a esquerda (sentido anti-horário), para olhar de frente a carroceria do carro e alinhe o teto (isto significa desviar de uma luminária mostrada na Figura 3-8).
Abaixe a peça até a altura da cintura.	Abaixe o painel do teto sobre a carroceria do carro.
Use uma pistola de ar para aplicar uma gota de selador.	Pressione um botão para liberar a peça do transportador.
Libere a braçadeira para que a peça fique presa apenas pelas ventosas.	Curve um flange de metal para manter o painel no local.
Empurre o painel para dentro do carro.	Gire no sentido horário para pegar a próxima peça da caixa.
Mantenha a peça no lugar com a mão esquerda e pressione os botões com a mão direita para liberar as ventosas.	Periodicamente, quando a caixa de peças estiver vazia, pressione um botão para remover a caixa vazia e a substitua por uma caixa cheia.
Empurre o transportador e certifique-se de que o painel está bem colocado.	Utilize uma caixa separada na qual possam colocados painéis de teto considerados defeituosos.
Curve dois flanges de metal com a mão para manter o painel no carro.	
Caminhe cinco passos até uma caixa com peças e pegue uma travessa horizontal de 90 centímetros.	
Prenda essa peça ao painel traseiro e à carroceria do carro pressionando um "rebite" de plástico com o polegar.	
Coloque uma gota do selador onde o painel do teto deve ficar.	
Peque o próximo painel do transportador superior.	
Pressione um botão "desativar" que libera o carro para a próxima estação.	

feito. E, mesmo que eu identificasse o defeito em uma chapa, não estava claro como a colocação de uma chapa na prateleira de chapas com defeito iria gerar informações úteis para a melhoria do processo.

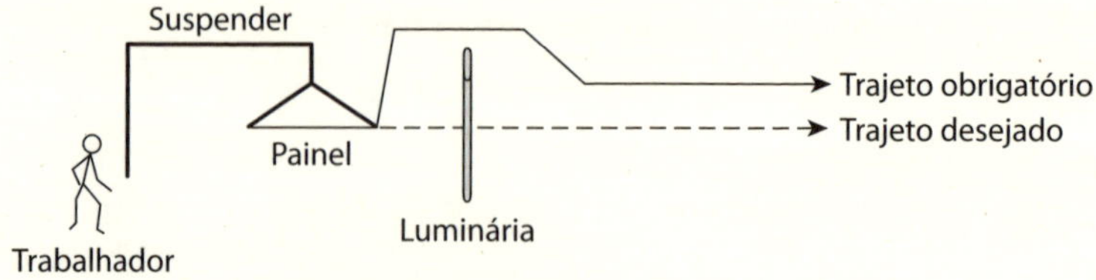

FIGURA 3-7 Evitando o obstáculo da luminária.

O carro com três rodas

Embora as organizações que vêm na traseira do pelotão possam ser ineficientes em identificar, restringir e resolver um sem-número de pequenos problemas, e criar um processo de conhecimento mais profundo, algumas vezes elas mostram uma incrível criatividade e empenho na tentativa de conter os grandes desafios.

Por exemplo, os veículos chegam na estação de instalação das rodas pendurados por dispositivo e saem da estação em suas novas rodas, sustentando pela primeira vez seu próprio peso. Era importante prender bem as rodas quando os carros estavam na estação de trabalho. Se um carro deixasse a estação sem condições de se sustentar, poderia tombar, fazendo com que a linha parasse e possivelmente causando danos ou avarias.

Enquanto eu conversava com um supervisor de área, alguém o chamou no rádio. Precisavam de sua ajuda imediatamente na instalação de rodas. Havia chegado um carro, mas o freio estava pendurado, o que impedia que a roda fosse colocada. Em uma organização de alta velocidade, este defeito teria sido identificado na estação onde os freios foram colocados e o problema não teria ido tão longe. Nesta fábrica, porém, muitos operários e dois supervisores de área foram chamados pelo rádio e imediatamente se dirigiram para lá. O carro permaneceria no local de instalação das rodas por poucos minutos. O relógio não parava. Enquanto os dois supervisores olhavam, alguns operários sugeriram uma improvisação inteligente. Na falta de uma roda, eles pegaram o macaco do porta-malas e o usaram para firmar o eixo dianteiro direito (ver Figura 3-8).

O suporte apoiava o carro enquanto ele era transferido automaticamente do dispositivo transportador para a esteira transportadora. Depois, enquanto o carro passava pelas demais estações (enchimento de líquidos e testes eletrônicos), outros operários continuavam com ele, tentando fixar uma roda provisória para que o carro pudesse sair rodando no fim da linha de montagem, 10 minutos mais tarde (ver Figura 3-9).

Neste caso, era necessária uma ajuda, mas de uma maneira *ad hoc*. O problema imediato estava resolvido, mas apenas por meio de uma resposta temporária

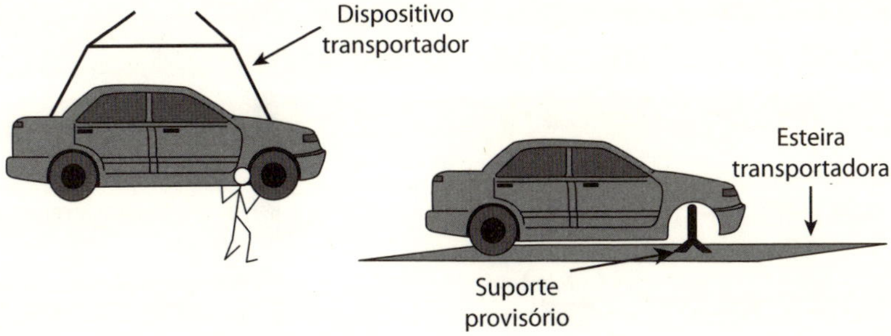

FIGURA 3-8 Suporte provisório.

improvisada. Além da maneira aleatória que uma grande quantidade de pessoas foi atraída para solucionar o problema imediato, havia algo mais no incidente, característico de organizações de baixa velocidade.

Naquele dia, passei horas com diversos supervisores de área, e ainda assim não vi nenhuma tentativa para alterar os métodos de trabalho, treinar os operários, adaptar o equipamento na instalação dos freios, ou, fosse como fosse, alterar o processo para evitar que o problema acontecesse outra vez.

Apesar dos operadores terem a autoridade e a responsabilidade de detectar problemas e prestar atenção neles, ou ainda ser parte de sua solução, a realidade era bem outra. Qual era o controle de qualidade real na fábrica? Voltamos ao que nos disseram durante a orientação. O controle de qualidade era feito internamente. Periodicamente, os carros eram examinados para ver se os diversos padrões tinham sido alcançados; por exemplo, se aqueles parafusos específicos tinham sido apertados no torque correto. Se um carro estivesse fora das especificações, como no "controle 3" na Figura 3-10, seria acionada uma varredura e seria feita uma imediata reinspeção nos carros que o antecederam, até o "controle 2", na busca do mesmo problema.

Se parássemos por aqui, talvez ficássemos deprimidos e desapontados com as pessoas e as organizações que tem esse grande potencial, mas que deixam de

FIGURA 3-9 Roda provisória.

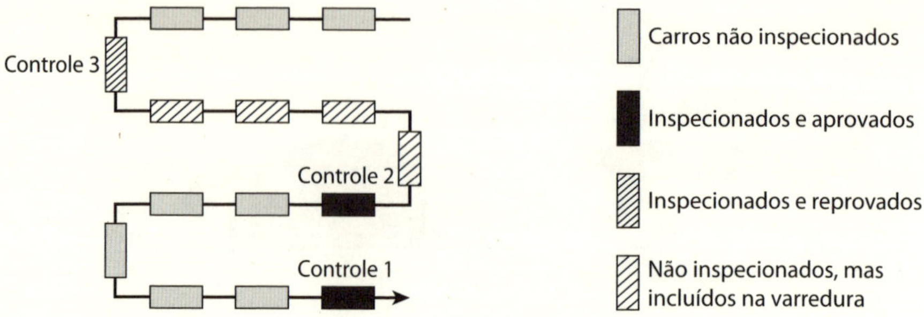

FIGURA 3-10 Controles de qualidade e varredura no sistema.

se beneficiar disso. Dentro delas, a sensação de estagnação pode ser evidente, especialmente quando percebemos que enquanto essas organizações andam lentamente, desperdiçando o tempo e o talento de incontáveis pessoas, as empresas líderes estão correndo na frente. Porém, como vamos ver, é possível realizar muito mais com muito menos aborrecimento. As pessoas não precisam acordar de manhã sabendo que irão cometer falhas. Em vez disso, elas podem passar todas as noites tranquilas, sabendo que no dia seguinte farão alguma coisa de valor para alguém e que, no final do dia, serão ainda melhores no que fazem.

Notas

Pág. 61: ***Depois do acidente de Three Mile Island [...] Charles Perrow, um professor de Yale, ficou impressionado com o que* não *havia dado errado.*** Charles Perrow, Normal Accidents: Living with High Risk Technologies, Basic Books, 1984. Princeton University Press, 1999.

Pág. 62: ***Perrow não está sozinho em seu prognóstico. Jim Reason [...] enfatiza a ideia de que "acidentes organizacionais" não acontecem por um simples e surpreendente passo em falso.*** James T. Reason, *Managing the Risks of Organizational Accidents*, Ashgate, UK, 1997.

Pág. 63: ***E, mesmo assim, a medicina moderna se tornou uma terrível decepção [...] Nos Estados Unidos, o Instituto de Medicina publicou estudos calculando o número de pacientes que perdem a vida por erros médicos.*** Linda T. Kohn, Janet M. Corrigan, and Molla S. Donaldson, *To Err is Human: Building a Safer Health System*, National Academy Press, 2000.

Pág. 64: ***A variedade de coisas que podiam dar errado era surpreendente e fascinante.*** Paul D. Clearly, "A Hospitalization from Hell: A Patient´s Perspective on Quality", *Annals of Internal Medicine*, 138, 2003, pages 33-39; Mark R. Chassin and Elise C. Becher, "The Wrong Patient", *Annals of Internal Medicine* 136, 2002, pages 826-833.

Pág. 64: ***A variedade de coisas que podiam dar errado [...] Meu amigo e colega, Dr. Mark Schmidhofer, e eu começamos a analisar o que esses casos tinham em comum. Descobrimos que a resposta era "muita coisa".*** Steven J. Spear and Mark Schmidhofer, "Ambiguity and Workarounds as Contributors to Medical Error". *Annals of Internal Medicine* 142:8, April 19, 2005, pages 627-630.

Pág. 64: ***Vejamos o caso no qual habilidosos e dedicados trabalhadores [...] Sua falha em observar isso matou uma paciente.*** David W. Bates, "Unexpected Hypoglycemia in a Critically Ill Patient", *Annals of Internal Medicine* 137, 2002, pages 110-116.

Pág. 65: ***A investigação não estava chegando a lugar algum até que [...] A enfermagem é um trabalho agitado, com o constante surgimento de tarefas de curta duração e cuidados com um paciente, inextricavelmente interligadas com os cuidados com os outros.*** Anita L. Tucker and Steven J. Spear, "Operational Failures and Interruptions in Hospital Nursing", *Health Service Research* 41:3, 2006, pages 643-662.

Pág. 66: ***Contudo, aqui estava o enfermeiro da Sra. Grant [...] não é para este tipo de cuidado que somos condicionados.*** James T. Reason, *Human Error*, Cambridge University Press, 1990.

Pág. 67: ***Mas se o processo tivesse sido sabotado [...] David Bates [...] fez uma vasta pesquisa sobre a frequência de erros na administração de medicamentos.*** D.W. Bates, D.L. Boyle, M.B.Vander Vliet, J. Schneider and L. Leape, "Relationship between Medication Errors and Adverse Drug Effects", *Journal of General Internal Medicine* 10, 1995, pages 199-205.

Pág. 68: ***Por exemplo, minha colega, professora de Harvard, Anita Tucker, fez observações detalhadas de enfermeiros, minuto a minuto, e descobriu que a cada minuto eles enfrentavam algum tipo de falha operacional.*** Anita Tucker and Amy Edmondson, "Why Hospitals Don´t Learn from Failures: Organizational and Psychological Dynamics that Inhibit System Change". *California Management Review* 45:2, Winter 2003, page 55.

Pág. 68: ***O que matou a Sra. Grant? [...] Diane Vaughn chama isto de normalização dos desvios.*** Diane Vaugh, *The Challenger Launch Decision*, University of Chicago Press, 1996.

Pág. 70: ***Em 16 de janeiro de 2003, o ônibus espacial Columbia ...*** Todas as citações nesta seção (páginas 69 a 78) são de Robert Godwin, ed. *Columbia Accident Investigation Board Report*, Vol 1, Apogee Books, 2003. A outra fonte de informação para o material desta seção é: William Langewiesche, "Columbia´s Last Flight: The Inside Story of the Investigation – and the Catastrophe it Laid Bare", *Atlantic Monthly*, November 2003.

Pág. 72: ***A ruptura no painel RCC [...] uma estimativa calculou a ruptura no tamanho de 900 cm²***. Dimensões extraídas do relatório da CAIB e William Harwood. "Timing of Fuel Tank Foam Loss Saved Discovery from Big Hit", *Spaceflight Now*, July 28, 2005, disponível *online* em http://216.92.110.5/shuttçe/sts114/050728hallock/.

CAPÍTULO 4

Como os Sistemas Complexos Têm Sucesso

Agora deixemos as falhas para trás e olhemos para os sucessos. Em uma grande variedade de setores existem organizações com uma abordagem muito mais produtiva na gestão de operações complexas. Ao contrário de suas concorrentes, que administram especialidades funcionais isoladamente, sem uma visão das peças em relação ao todo, as líderes de mercado investem continuamente na integração das especialidades em um processo. Ao contrário de seus pares que consideram a costumeira perturbação de processos (e produtos) imperfeitos como percalços inevitáveis, eles continuamente promovem sua especialização. Quando suas operações se manifestam – sob a forma de problemas ou resultados inesperados – essas organizações param, escutam, aprendem, melhoram e inovam, propagando o que aprenderam em uma situação para ter o máximo impacto em toda a organização.

Alcoa: segurança em situações inseguras

A fabricação de produtos de alumínio – latas de refrigerantes, molduras de janelas e portas, aros de rodas de automóveis e trens de pouso de aviões – exige que a Alcoa utilize processos que parecem extremamente perigosos. O trabalho começa nas minas de bauxita com enormes máquinas escavadoras. Depois, a bauxita precisa ser refinada em um produto intermediário, alumina. Esse composto de alumínio e oxigênio não é uma *commodity* aproveitável. Ele se torna valioso quando mergulhado em contêineres chamados cadinhos, que são do tamanho de um vagão ferroviário. Eletrodos do tamanho de postes telefônicos são mergulhados nos cadinhos, espalhando uma corrente que libera o oxigênio e resulta em alumínio fundido. Com uma grande quantidade de cadinhos em uma instalação, a eletricidade usada é suficiente para fornecer energia para uma pequena cidade. Mas ninguém busca alumínio líquido no mercado, por isso ele precisa ser drenado e colocado em matrizes. Depois, é reaquecido e então estampado, forjado, moldado, laminado ou extrusado sob grande pressão.

Esta combinação de volume, massa, velocidade, temperatura, pressão, voltagem e corrente, com alguns produtos químicos cáusticos jogados na mistura, parece perigosa. E seria, na maioria das companhias que atuam com essas linhas de trabalho. De alguma maneira, a Alcoa desafia essas condições. É a mais segura das grandes empregadoras do setor industrial nos Estados Unidos, com um risco de acidentes de trabalho que é 1/20 da taxa nacional.

A parte superior do gráfico na Figura 4-1 mostra o índice de dias de trabalho perdidos na Alcoa e na economia industrial norte-americana em geral. Esta é a medida da probabilidade de um operário sofrer um grave acidente de trabalho em determinado ano fazendo com que falte um ou mais dias de trabalho. Mesmo no final dos anos 1980, a Alcoa já tinha um histórico invejável de segurança comparado com o país como um todo. Mas o surpreendente é quanto ela tomou a dianteira do grupo nos 20 anos seguintes. Enquanto os Estados Unidos em geral tinham uma redução de risco de 60%, de 4,4% para 2%, a redução de risco na Alcoa era de mais de 95%, de 1,9% para menos de 0,1%.

Na medida mais abrangente de acidentes totais registrados, que incluem acontecimentos menos graves que não causam a perda de um dia de trabalho, a Alcoa reduziu o risco em mais de 80%, em comparação com uma redução de 50% de todo o setor industrial, como podemos ver na parte inferior da Figura 4-1. E há, ainda, outra coisa que temos que lembrar. O progresso da Alcoa durante este período não foi uma troca, otimizando a segurança do local de trabalho à custa de outras medidas. Durante o mesmo período, a Alcoa exibiu um desempenho bem superior ao índice Dow Jones, com uma valorização acionária de quase 700%, comparado com aproximadamente 470% para a Dow. (Sendo a Alcoa um membro computado no índice Dow Jones, tendo melhorado sua média, indica uma distância ainda maior entre ela e seus parceiros de mercado de capitalização.) A Alcoa também teve igual sucesso quando comparada com um índice de mercado maior, o Standard and Poor´s 500. Vejamos em maior detalhe como a Alcoa conseguiu combinar melhorias excepcionais na segurança de locais de trabalho com excelente desempenho econômico e grandes retornos de mercado.

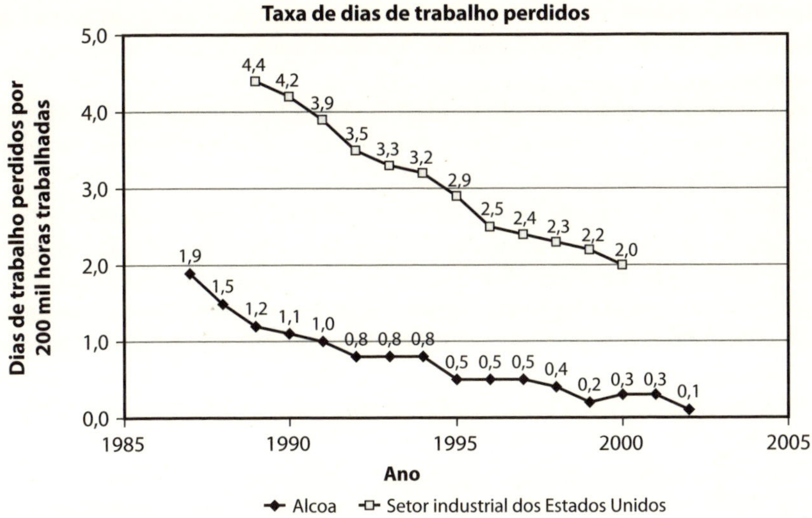

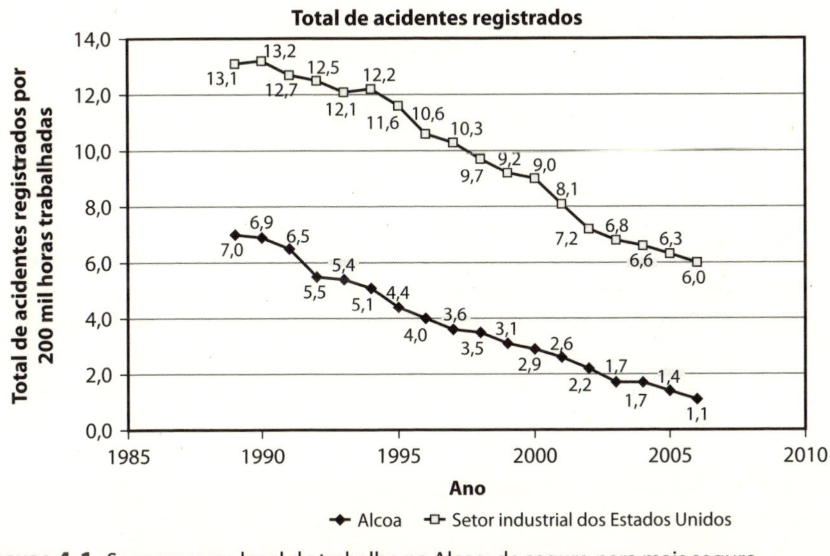

FIGURA 4-1 Segurança no local de trabalho na Alcoa: de seguro para mais seguro.

De volta a 1987, as chances de um funcionário da Alcoa sofrer um acidente sério o bastante para fazê-lo faltar ao trabalho eram de 2% ao ano. Isso era ruim? Significava que as chances de ele sofrer um acidente em uma década eram de quase 20% e, caso ele fizesse carreira na Alcoa, o risco de sofrer pelo menos um acidente teria sido de 40% ao longo de 25 anos. Naquela época, a Alcoa tinha 90 mil operários, ou seja, sete ou mais operários se acidentavam no trabalho todos os dias, aproximadamente um por unidade de trabalho. Era uma grande responsabilidade, especialmente em uma empresa em que não raro vizinhos e membros da família trabalhavam juntos.

Historicamente, havia uma opinião na empresa de que complexos processos químicos e físicos eram essencialmente instáveis e inevitavelmente perigosos. Você certamente já encontrou diferentes versões dessa posição em muitos outros setores, onde determinados produtos, processos, mercados e pessoas – incluindo funcionários, clientes e pacientes – são responsabilizados por fazer concessões em qualidade, segurança, eficiência, produtividade e receptividade, e que, na verdade, resultam de falha dos líderes na administração de sistemas de trabalho complexos de alto desempenho.

Apesar de tudo, havia um crescente desconforto no ritmo com que colegas, amigos, vizinhos e familiares estavam se acidentando. Os funcionários da Alcoa começaram a reexaminar suas premissas. Talvez o acidente não fosse inevitável. Mas, nesse caso, quais eram as causas?

Foi rejeitada a ideia de que os processos eram basicamente seguros e que os operários eram deliberadamente autodestrutivos, assim como a hipótese de que os operários não eram suficientemente inteligentes para trabalhar com segurança. O histórico sugeria que as pessoas se acidentavam não porque fossem burras, mas porque se colocavam em situações nas quais era fácil se acidentar e difícil ter segurança. (Lembra do enfermeiro da Sra. Grant no Capítulo 3?) Se os operários não eram os culpados, talvez fossem os pesquisadores científicos e os engenheiros de projeto. Eles poderiam ter projetado processos mais seguros? Ninguém acreditava, é claro, que eles tivessem cometido falhas deliberadamente. A única explicação que restava era que os processos e locais de trabalho da Alcoa apresentavam níveis de risco inaceitáveis porque os cientistas e engenheiros da empresa não sabiam como projetar corretamente processos e locais de trabalho, e seus supervisores e operadores não sabiam como operá-los adequadamente.

Esta foi uma enorme mudança de mentalidade. Como a AT&T com os Laboratórios Bell, a Xerox com seu Centro de Pesquisa de Palo Alto, e a IBM com seu centro de pesquisa, a Alcoa era uma gigante industrial com um profundo comprometimento com pesquisa e desenvolvimento de ponta. Por muitos anos, a Alcoa tinha contratado candidatos das melhores universidades, com doutorados em ciências dos materiais, engenharia e em engenharia industrial, e os tinha treinado no Centro Técnico da Alcoa. Se esses gênios não sabiam como projetar um sistema seguro, quem sabia?

A Alcoa estava agora prestes a compreender um dos fundamentos da administração de operações complexas para alto desempenho: nenhuma equipe pode *projetar* antecipadamente um sistema perfeito, planejando todas as contingências e nuances. Entretanto, como a Alcoa percebeu, as pessoas podem *descobrir* grandes sistemas e continuar a descobrir como torná-los melhores.

Quando uma pessoa da Alcoa se acidentava ou ficava na iminência de um acidente, saltando para esquivar-se dos respingos de metal fundido ou baixando a cabeça no último minuto para evitar ser atingido por um mastro oscilante, ela fazia isso porque se encontrava em situações que ninguém havia previsto durante o projeto que havia sido feito em uma hora e lugar muito afastadas do trabalho real. Confluências idiossincráticas e coincidências de pessoas, processos, produtos, lugares e situações podiam criar uma situação perigosa que ninguém conhecia. Este foi um *insight* seminal.

O problema não era motivos errados, incompetência ou qualquer coisa do gênero. Em vez disso, era falta de previsão, enraizada na impossibilidade intrínseca de antecipar as numerosas interações entre as partes dos sistemas de trabalho complexos. Apesar de todos os esforços colocados no projeto inicial, alguma coisa sempre passará despercebida. Como é impossível ser absolutamente bem-informado, o desconhecimento é inevitável. Porém, isso não é irreversível. Na Alcoa, as pessoas percebiam que por trás do desconhecimento está a oportunidade. Se o pessoal da Alcoa podia identificar situações não previstas quando e onde elas ocorressem, também podia aplicar o mesmo comportamento disciplinado de criação de conhecimento mostrado nos laboratórios de P&D e, como resultado, conseguir melhores processos. O segredo era identificar os problemas quando ocorriam – quanto mais, melhor – e solucioná-los quando apareciam. Se você precisasse apontar apenas uma explicação para o sucesso da Alcoa, seria que ela deixou acreditar em *projetar* processos perfeitos e, em vez disso, se comprometeu em *descobri-los.*

As quatro capacitações na Alcoa

Essa ideia de identificar os problemas e depois resolvê-los foi operacionalizada de inúmeras maneiras, mas nenhuma delas podia ser oferecida como um método universalmente correto ou abrangente. A partir do que já afirmei anteriormente neste livro, você sabe que critico aqueles que tentam alcançar grandes resultados copiando soluções específicas que outras pessoas desenvolveram para seus próprios problemas idiossincráticos. Em vez disso, examine as razões para essas soluções terem sido bem-sucedidas onde e quando foram utilizadas. Uma boa maneira de fazer isso é ver como as políticas e ações da Alcoa a ajudaram a se desenvolver e usar as quatro competências necessárias para a gestão de alta velocidade das organizações complexas.

Capacitação 1: identificar os problemas quando ocorrem

Em 1987, a Alcoa anunciou a contratação de um novo CEO, Paul O'Neill. Desde o início, sua abordagem foi inusitada. Pode-se esperar que um novo CEO estabeleça objetivos corporativos que envolvam preço da ação, participação no mercado, retorno dos ativos, ou retorno do investimento – medidas financeiras de sucesso. Mas não O'Neill. Como ele anunciou em sua primeira aparição pública para a mídia e Wall Street, sua principal preocupação na Alcoa seria com a segurança. Que meta de segurança seria razoável para uma empresa envolvida em tantos processos arriscados? Que tal reduzir os acidentes pela metade? Que tal levar a Alcoa até o melhor quartil, decil ou percentil em comparação com suas concorrentes? O'Neill ignorou essas medidas relativas. O objetivo era alcançar "zero acidentes" de funcionários, empreiteiros e visitantes. Por que zero? Zero acidentes significava processos perfeitos baseados no conhecimento perfeito de como realizar o trabalho. Qualquer coisa diferente de zero significava processos imperfeitos, e processos imperfeitos indicavam conhecimento imperfeito ou falta de conhecimento. Portanto, quando se descobria o desconhecimento, ele precisava ser corrigido.

O'Neill e seus colegas construíram sua estratégia baseados no reconhecimento fundamental de que as coisas dão errado porque não há um conhecimento suficiente de como fazê-las bem-feitas. Baseados nessa convicção, eles insistiram que em no máximo 24 horas após um acidente em um estabelecimento da Alcoa, algo que estava acontecendo até sete vezes por dia, O'Neill tinha que ser informado. (Ao longo do tempo, a entrada de relatórios se tornou menor, incluindo não apenas os acidentes, mas a iminência de acidentes ou quando alguém tivesse algum motivo que causasse a falta ao trabalho.) Porém, não se dava apenas porque O'Neill era um viciado em dados, ansioso por rastrear tendências e direções, ou um megalomaníaco compulsivo louco para vigiar a todos. Ele queria ter conhecimento dos acontecimentos em até 24 horas devido à dinâmica que seria estabelecida dentro da organização.

O problema era que os relatórios tinham que vir diretamente dos presidentes de cada unidades de serviço. Por quê? Afinal de contas, a Alcoa tinha operações em todo o mundo; O'Neill podia estar em qualquer lugar a qualquer momento. Era um esforço deliberado para criar urgência em torno da identificação e solução dos problemas. Para que o presidente de uma unidade de serviço informasse O'Neill dentro de 24 horas, ele teria que saber do problema bem antes daquele prazo final. Isso significava que o presidente tinha que saber por seu vice-presidente dentro de um prazo ainda menor e o vice-presidente tinha que saber sobre os acidentes por meio de seus informantes diretos, com rapidez suficiente para alcançar os presidentes das unidades. Considerando a quantidade de andares na hierarquia da Alcoa, isto quer dizer que os supervisores de primeiro escalão tinham que se dirigir aos funcionários da linha de frente e insistir, figurativamente, ou até literalmente: "Se a notícia de seu acidente tem que chegar a O'Neill dentro de um dia, é melhor você começar a gritar assim que se machucar, antes que comece a doer, até mesmo antes que você saiba que se machucou".

Do que se tratava isso? A política de 24 horas de O'Neill não transmitia apenas urgência, mas estimulava a precisão. Quanto mais cedo um problema é observado, mais informações deterioráveis podem ser recolhidas sobre ele. Lembre-se de nossa reflexão no Capítulo 3 de que se a equipe do hospital da Sra. Grant tivesse esperado para fazer um levantamento do que havia acontecido, os frascos vazios teriam sido descartados, as memórias teriam desaparecido, e talvez eles nunca tivessem conseguido reconstituir o que vitimou a paciente. Num processo industrial também existe a questão da destruição da informação. A temperatura pode mudar, a pressão pode oscilar, a voltagem ou corrente podem cair ou flutuar, e as velocidades podem aumentar ou diminuir. Muitos movimentos e mudanças, e a situação pode ser tão diferente no momento da investigação que é impossível recriar as condições associadas com a falha e, por isso, impossível determinar sua causa. Sem uma causa conhecida, os tratamentos, na melhor das hipóteses, serão arbitrários e as repetições, prováveis. Mesmo quando as condições da máquina permanecem inalteradas, a memória das pessoas é fraca e desaparece rapidamente. Em outras palavras, se você não identifica um problema quando e onde ele acontece e o agrupa para investigá-lo, muita da informação necessária para seu entendimento se extinguirá, se corromperá, enfraquecerá e se dissipará. Depois que isso acontece, torna-se impossível recriar o problema, definir o que o causou e tomar as medidas corretivas que impedirão sua recorrência.

Capacitação 2: agrupar e solucionar os problemas quando aparecem

Pelos motivos recém-mostrados, havia uma segunda regra: não apenas os presidentes das unidades de serviço precisavam informar o CEO de um acidente ou possibilidade de falta ao trabalho no prazo de um dia, mas dentro de apenas mais dois dias eles tinham que relatar o que a investigação inicial havia revelado sobre suas causas e o que estava sendo feito para evitar a repetição do problema. Quando uma equipe de emergência de um hospital corre para atender um paciente doente, ela rapidamente avalia os sintomas, imediatamente realiza um diagnóstico para determinar o que causou os sintomas, inicia um tratamento baseado no diagnóstico e começa a monitorar sua eficiência. Qualquer demora geraria o risco de compreender mal a situação e deixá-la sem correção por tempo demais. Os alcoanos aprenderam a passar por um ciclo semelhante, disciplinado, de reconhecimento de problemas em tempo real, de diagnose (*análise de causa raiz*, na linguagem industrial) e tratamento (*medidas corretivas*, no jargão de produção). Tratava-se da disciplina do ciclo de Shewhart – Ciclo PDCA – popularizada por Edwards Deming, mas acelerada 1 milhão de vezes.

Esta ênfase na identificação rápida e na investigação imediata dos problemas relacionados à segurança foi apoiada por um comprometimento de recursos qualificados. Mesmo com toda a experiência técnica que os alcoanos tinham nos processos que planejavam e operavam, muitos não tinham o conhecimento complementar de como desenvolver um ambiente de trabalho seguro e estimular comportamentos de trabalho seguros. Portanto, a Alcoa investiu no desenvolvimento de muitos níveis de especialização em meio ambiente, saúde e segurança que ficariam disponíveis onde e quando necessários. Se houvesse um acidente, ou a possível ausência em um departamento, os operários de chão de fábrica e os engenheiros de produção poderiam obter ajuda de especialistas locais. Se essa ajuda fosse insuficiente, haveria uma concentração de especialistas no departamento e nos níveis da unidade de negócios que poderiam ajudar. Se eles não pudessem decifrar o caso, a equipe corporativa da Alcoa enviaria uma ajuda adicional, e se isso ainda fosse insuficiente, seriam contratados especialistas externos para unirem-se à equipe, como vemos no diagrama da Figura 4-2. O segredo era manter a urgência na análise dos problemas, agrupá-los quando identificados, resolvê-los quando agrupados, e – como veremos na Capacitação 3 – divulgar rapidamente o novo conhecimento por toda a organização.

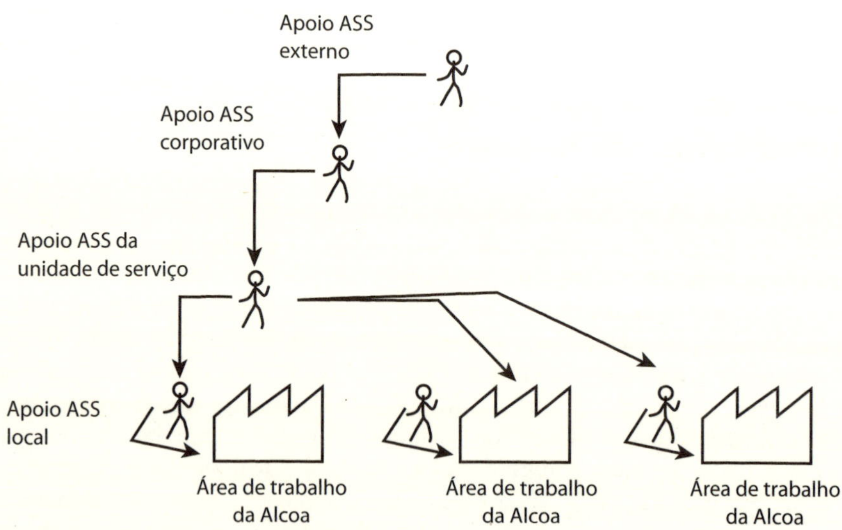

FIGURA 4-2 Especialização em ambiente, saúde e segurança apoiando o lema "identifique cada problema, solucione cada problema".

Capacitação 3: divulgar novos conhecimentos

Esta abordagem de alta velocidade de identificação e solução de problemas quando e onde eles acontecem revelou-se essencial para a Alcoa. Não estando sobrecarregados pela atitude de que as coisas inevitavelmente dão errado quando as pessoas trabalham com processos industriais de grande escala, os alcoanos gradualmente pararam de contornar as dificuldades, os problemas e os obstáculos pelo qual passavam. A tolerância, os subterfúgios e o contínuo apagar de incêndios foram gradualmente substituídos em toda a organização por uma dinâmica de identificação das oportunidades de melhoria de processos e produtos. Quando essas oportunidades eram identificadas e os problemas eram examinados, os bolsões de ignorância que eles refletiam eram convertidos em fatias de conhecimento. Esse conhecimento tinha uma qualidade especial de grande significado competitivo.

A Alcoa era pressionada a se distinguir de seus concorrentes ao se posicionar de modo singular com relação ao seu ambiente externo. Contratos exclusivos de bauxita não eram uma opção. A energia elétrica e os produtos químicos usados no refino e fundição não passavam de *commodities* e os processos básicos para se fazer o alumínio eram conhecidos há décadas. A Alcoa se submetia às mesmas ações que seus concorrentes. Certamente, os clientes não queriam se subordinar a uma dependência sem concorrência da Alcoa.

Entretanto, ao identificar os problemas e solucioná-los de modo acelerado, a Alcoa estava construindo um processo de conhecimento que não era apenas difícil de obter, mas era raro e reservado – inacessível para estranhos que não envidavam os mesmos esforços. Já que quanto mais a Alcoa pudesse fazer uso dessa descoberta, mais valiosa ela seria, a Alcoa garantia que o que era descoberto localmente fosse compartilhado por toda a organização.

Havia muitos mecanismos para fazer isso. Primeiro, claro, estavam as muitas "abelhas" de fertilização cruzada que a Alcoa criara ao enfatizar a rápida identificação, documentação, investigação e resolução de problemas relacionados com a segurança. Quando surgiam novos problemas nos postos gerenciais, elas serviam para conscientização das pessoas que poderiam ter visto algo semelhante em uma outra seção da empresa pela qual eram responsáveis. Por isso, podiam proporcionar ajuda, assistência e percepção, disseminando conhecimento de uma área para outra. Os especialistas em meio ambiente, saúde e segurança certamente ajudaram no processo de polinização, transportando as lições que aprenderam de uma área para outra.

E também havia as tentativas deliberadas de assegurar que o que era aprendido localmente traria benefícios sistêmicos. Exatamente como a Alcoa desprezou a convenção quando estabeleceu a segurança como sua maior prioridade, em vez de uma medida financeira mais tradicional, ela repetiu isso quando instituiu seu primeiro sistema de tecnologia da informação de toda a empresa. Ao contrário das empresas que podiam ter feito da contabilidade, da folha de pagamento, dos impostos, dos benefícios ou de outras funções financeiras o primeiro problema corporativo a ser solucionado com TI, a Alcoa se dedicou primeiro à segurança. A ideia era que não importava onde você estivesse na Alcoa, caso tivesse um incidente, você o revelaria para todos os outros da empresa, e se tivesse um problema, poderia investigar o que os outros haviam aprendido quando passaram por uma experiência semelhante. Ao fazerem seu trabalho na Alcoa, as pessoas estavam utilizando muito mais do que sua habilidade individual. O desempenho individual podia refletir a experiência coletiva da organização.

Capacitação 4: liderar pelo desenvolvimento das capacitações 1, 2 e 3

Na maioria das organizações, os gestores de segundo escalão desempenham um papel essencial, mas burocrático. Eles transmitem objetivos de alto nível que são definidos em níveis mais altos, reafirmando-os como objetivos relevantes para a divisão da empresa pela qual são responsáveis. Transmitem, também, informações dos níveis mais baixos para os mais altos, coletando dados específicos e refomulando-os para que possam ser usados pelos tomadores de decisão. Esses papéis da média gerência tornam possível que as organizações irregulares distribuam recursos e coordenem atividades, como foi documentado por Alfred Chandler e outros historiadores da área de negócios. Porém, a Alcoa não estava satisfeita em permitir que os gestores intermediários fossem condutores e coordenadores de informações, e nem estava contente com o modelo de administração científica defendido por Frederik Winslow Taylor, em que os "cérebros" da organização desenvolviam procedimentos otimizados a serem empregados pela ala "braçal" da empresa.

Em vez disso, a Alcoa esperava que seus líderes, em todos os níveis, desenvolvessem a capacidade da organização de administrar o trabalho de modo a identificar e solucionar os problemas onde eram vistos, a fim de criar um novo conhecimento, e disseminar esse conhecimento para que fosse útil em toda a organização. Os líderes precisavam ter não apenas um conhecimento detalhado do processo por conta própria a fim de entender o que estava ocorrendo e por que, mas eles também deveriam orientar e treinar outros para que pudessem ver as deficiências na maneira que o trabalho estava sendo conduzido e, depois, desenvolver e confirmar medidas corretivas. Nesta formulação, os gestores não só supervisionavam a produção de bens físicos com bens de capital, sem dúvida um papel essencial, mas também eram responsáveis por cultivar as habilidades de investigação e a capacidade de criação necessárias para a geração de ativos intangíveis – os processos de conhecimento que tornariam a Alcoa uma empresa diferente.

Essa abordagem não era simplesmente prescrita; era praticada. As carreiras surgiam e desapareciam de acordo com o modo que os mais altos gestores desenvolviam as competências de seus relatórios diretos e as aplicavam para aumentar a segurança e eficiência e reduzir os impactos ambientais. Em um determinada ocasião, o presidente de uma unidade de serviço foi demitido por questões relacionadas à segurança.

Essa unidade tinha sido muito bem-sucedida pelos mais diversos critérios. A receita tinha crescido extraordinariamente e os clientes estavam encantados. Este líder bem sucedido perdeu o emprego porque, durante sua supervisão, um dos operários de uma fábrica de montagem foi para casa mais cedo por se sentir nauseado. A causa da náusea não foi explicada e o homem retornou ao trabalho no dia seguinte, aparentemente sem nenhum sintoma. Duas semanas mais tarde, diversos outros operários também tiveram que ir para casa mais cedo sentindo náusea. A investigação que se seguiu revelou que um conjunto de circunstâncias idiossincráticas havia resultado em uma poluição do ar interno que, por sua vez, havia causado os problemas nos operários.

O presidente da unidade de trabalho perdeu seu emprego porque, como o primeiro incidente havia ficado sem explicação, ele não foi relatado, não foi suficientemente investigado e ficou sem solução. Não foi solicitada nenhuma ajuda para reforçar a investigação. Outras pessoas, no mesmo local, poderiam ter sido expostas ao mesmo risco desconhecido; e na verdade, isso havia ocorrido. O novo presidente da unidade foi escolhido precisamente por ser considerado capaz de revigorar a dinâmica "identifique o problema, solucione o problema e compartilhe o que você aprendeu". Como o esperado, quando a dinâmica recomeçou, as pessoas começaram a descobrir problemas latentes.

Mantendo e propagando os resultados

A Alcoa passou de uma abordagem na qual os problemas são aceitos como inevitáveis – "uma coisa depois da outra" que esperamos nas operações complexas – para uma abordagem na qual os problemas são sinais claros, avisos benéficos, em que o sistema diz "há alguma coisa importante que você não sabe sobre mim, mas se você escutar, eu lhe direi".

Ao longo de 20 anos, a Alcoa reduziu de 2% para 0,07% sua taxa de acidentes de trabalho que ocasionavam um dia de trabalho perdido. Enquanto a taxa de 2% significava que os altos gestores tinham conhecimento de que todos os dias alguém se feria, agora transcorriam dias e semanas entre os relatórios. Para o operário de chão de fábrica, um risco de 0,07% era traduzido como menos de 1% de chance de acidente em uma década e significava que, ao longo de uma carreira de 25 anos, a chance de se acidentar gravemente no trabalho era de menos de 2%. Em comparação, para um operário de outras empresas, o risco de uma perda de dia de trabalho caiu de 36% em uma década e 68% durante toda a carreira para 18% em uma década e 40% em uma carreira.

Poderia ser fácil atribuir o sucesso da Alcoa na melhoria da segurança do local de trabalho durante a direção de Paul O'Neill ao foco singular de um líder carismático. Entretanto, essa interpretação necessita que desconsideremos diversos fatores. Primeiro, a melhoria na segurança em termos do total de incidentes relatados e de incidentes que levavam a perda de dias de trabalho continuaram a diminuir depois da saída de O'Neill. Segundo, o intenso foco da Alcoa na segurança de locais de trabalho não significava que as melhorias organizacionais eram medidas exclusivamente pelas métricas de segurança. As melhorias na segurança não apareciam em detrimento de melhorias na qualidade, rendimento, eficiência e custo, todos eles contribuindo para melhor lucratividade e capitalização de mercado.

Essa capacidade de melhorar em todos os sentidos, em vez de melhorar a segurança por meio de algo mais importante, dependia do fato de que o foco na segurança do local de trabalho tinha motivações morais e práticas. A justificativa moral, como descrita acima, cresceu a partir de um desconforto básico em colocar as pessoas em situações de perigo. A justificativa prática era a de que se as pessoas não tinham suficiente conhecimento para projetar e operar os processos com perfeição, do ponto de vista de segurança, elas provavelmente não tinham o conhecimento para projetá-los e operá-los com perfeição em termos de qualidade, eficiência, rendimento e senso de oportunidade. Assim, a segurança (ou falta dela) abriu uma janela para todos os fatores subjacentes que comprometiam o desempenho da Alcoa em termos das medidas com que as grandes empresas industriais se preocupavam. Durante o período em que a Alcoa se concentrou na segurança, ela também aperfeiçoou outras dimensões de desempenho. Anteriormente, analisamos o retorno no mercado de ações. Agora vamos examinar mais detalhadamente exemplos específicos.

Sua fábrica de Cressona, Pensilvânia, de produtos de engenharia aumentou a produtividade de duas linhas em cerca de 87% ao redesenhar os fluxos de trabalho, aprimorar os equipamentos e desenvolver melhores métodos de trabalho. Os custos de embalagem foram reduzidos, o desempenho da distribuição aumentou e o risco de acidentes foi eliminado. Não era porque essa fábrica especificamente "administrasse a segurança", ou porque ela principalmente administrasse a qualidade, o desempenho pontual ou a eficiência. Ela administrava os processos que estava usando e, por isso, melhorava seu desempenho em diversos critérios.

De maneira semelhante, a fábrica da Alcoa de Davenport, Iowa, recebeu uma crescente demanda mediante um melhor desenho de processo. Assim como aconteceu com Cressona, a fábrica não fez uma troca entre uma coisa boa e outra; ao contrário, aprendeu a tirar um melhor rendimento a partir de todos seus esforços. Foram liberadas dez horas extras de produção por mês, no valor de US$500 mil; o estoque foi reduzido em US$1 milhão; e foram realizadas 19 melhorias no meio ambiente, saúde e segurança.

O contínuo foco da Alcoa na melhoria de seus processos, onde e quando a oportunidade surgia (isto é, sempre que acontecia um problema ou um resultado inesperado), fez com que ela tivesse um alto desempenho. As medidas de segurança continuaram a melhorar, mesmo a partir de 2005, que foi um ano marcado por níveis de rendimento recordes, melhorias em retorno de capital e pelo seu reconhecimento como uma das "líderes das melhores práticas na eliminação de emissões de gases de efeito estufa". O ano de 2006 trouxe resultados ainda melhores: receitas de mais 19% para um recorde de US$30,4 bilhões, rendimento de operações sucessivas de até 72% e retorno de capital de até 13,2%. Também era o vigésimo ano consecutivo de melhoria nas medidas de segurança, com uma redução de 96% na taxa de dias de trabalho perdidos desde 1987 e de uma redução de 88% em total de incidentes registrados.

Tudo isso resultou da decisão de que os problemas não eram uma praga inevitável que devia ser tolerada, mas um guia sem fim para o aperfeiçoamento. No próximo capítulo, veremos como uma abordagem semelhante à administração de alta velocidade levou a grandes resultados em uma situação militar perigosa e complexa.

REFLEXÕES SOBRE GESTÃO E LIDERANÇA

Quando conheci Paul O'Neill, eu possuía, como vim a descobrir, uma visão ingênua. Como CEO de uma enorme empresa, eu achava que O'Neill tinha um poder extraordinário e uma grande capacidade de conduzir os acontecimentos e dirigir as pessoas. Eram muitas as razões para essa expectativa. A celebração da mídia empresarial para o "capitão da indústria" ou "titã do mercado", o herói singular que apresenta produtos, ressuscita empresas e, normalmente, tem um impacto profundo. Sob este ângulo, a Chrysler foi "salva" por Lee Iacocca, Jack Welch levou sozinho a GE a novos níveis, e assim por diante. Podemos pensar que Bill Gates escreveu sozinho todo o código da Microsoft e projetou e executou todas suas manobras estratégicas. (Lembro de pessoas dizendo que ele, no mínimo, revisou cada linha do código.) Ou, talvez, que cada elemento, característica e nuance do iPhone e do iPod da Apple foram determinados por Steve

Jobs. Celebramos a fama e abastecemos o mito do líder como arquiteto, engenheiro e piloto supremos. Essas noções são reforçadas nos cursos das escolas de administração que estabelecem a gestão como um conjunto de transações estratégicas enxadrísticas e discutem sistemas complexos como sendo receptivos a modelagem e controles matemáticos sofisticados.

Não é assim, absolutamente, que a liderança funciona em uma organização de processos/sistemas intensos operando a longo prazo. Acabei por reconhecer que o líder de uma grande organização tem um poder extraordinário, mas muito desse poder é de natureza destrutiva. Ele pode demitir pessoas, fechar estabelecimentos, desfazer-se de linhas de produtos e abandonar clientes e fornecedores complicados. O poder construtivo, porém, é mais difícil de exibir, pois a criação é um esforço participativo e coordenado. A participação e a coordenação são difíceis porque exigem que aqueles que participam tenham pelo menos algum grau de compreensão sobre o que estão tentando alcançar, quais abordagens são aceitáveis e preferíveis e o que está fora de cogitação. Fora isso, como mostrou Howard Stevenson, você depende de despotismo para que as coisas sejam feitas. São necessárias definições claras dos resultados desejados e uma clareza nos papéis e métodos, mesmo nas organizações muito pequenas, como orquestras, companhias de dança e bandas. Quanto mais será necessário em organizações que tem centenas, ou até milhares, de pessoas contribuindo para a realização de um todo completo?

Para alguém na posição de Paul O'Neill, qualquer coisa que o líder diga será repetida, mas como uma cópia imperfeita. No momento em que o pronunciamento de um executivo é repetido e copiado, será distorcido e mal-formulado. Se o líder estiver tentando atingir alguma coisa significativa, a medida corretiva para a distorção é "divulgar" a mensagem-chave, consistente e repetidamente, para que o "sinal" encubra a estática e o ruído gerados com cada sucessivo ciclo de transmissão. No caso de Paul O'Neill, isso significava que sua mensagem consistente, que não iria competir com muitas outras, precisava afirmar que a preocupação principal era a segurança, o objetivo era zero acidentes, a identificação e adesão às práticas seguras tinham que ser excepcionalmente rigorosas, com imediata identificação e solução de ameaças à segurança como a maneira de alcançar melhores resultados.

Duas imagens vêm à mente. A primeira é a participação da reunião inicial do Pittsburgh Regional Healtcare Initiative, do qual O'Neill foi o fundador, na antiga sede corporativa da Alcoa. Antes de começar a reunião, O'Neill declarou que via muita gente na sala que ele não havia visto antes no prédio, e queria que todos se certificassem de sua segurança. Assim, para uma plateia de 40 a 50 pessoas, o presidente de uma das empresas mais importantes do mundo explicou onde se localizavam as saídas, o que fazer em caso de emergência e como sair com segurança da sala, do andar e do prédio.

A outra imagem é a do impacto da liderança na cultura. Eu estava em uma grande fábrica de extrusão da Alcoa no Brasil, na qual as vigas de alumínio são empurradas sob grande pressão através de uma série de matrizes para criar esquadrias de portas e janelas. Trata-se de materiais pesados, equipamento pesado e máquinas barulhentas. No meio de uma visita com alguns executivos de alto nível, eu não conseguia ouvir a explicação do guia. Me aproximei, mas como isso não ajudou, tirei meu protetor auricular para poder escutar melhor. Em poucos minutos, um dos operadores se aproximou e numa mistura de português, inglês e uma mímica criativa, indicou que eu tinha que usar a proteção auricular ou teria que sair da área de produção. Fiquei surpreso pela audácia cultural necessária para que isso ocorresse.

Se eu terminasse aqui a caracterização de liderança, poderia parecer que um líder efetivo é aquele que "administra por objetivos", com o acréscimo de poucas outras superficialidades. Porém, esta é uma visão excessivamente reducionista, fazendo parecer que o conjunto de objetivos corretos, repetido *ad nauseam*, levará a grandes resultados.

Ainda há outra peça para minha figura de liderança: atenção enérgica aos detalhes, fundamentada na crença de que os líderes precisam ter uma profunda compreensão de como as coisas funcionam se quiserem desenvolver pessoas, guiá-las e tomar decisões. Por exemplo, em uma palestra antes de sua aposentadoria, O'Neill analisou as ineficiências térmicas da produção de alumínio utilizando os processos atuais, o impacto no custo e a capacidade de vender alumínio para aplicações diferentes daquelas para as quais ele geralmente é usado. Havia uma ligação lógica entre a eficiência dos BTUs*, o custo de produção, a capacidade industrial e os efeitos de oferta e procura.

No próximo capítulo, veremos como esse comprometimento com a gestão baseada em poucos princípios simples, mas sólidos, associado à extrema atenção aos detalhes e ao desenvolvimento das pessoas, é representado em outras organizações de alto desempenho.

* N. de R.T.: British Thermal Unit, medida da energia necessária para elevar a temperatura da água.

Notas

Pág. 95: ***Quando uma pessoa da Alcoa se acidentava ou ficava na iminência de um acidente [...] Confluências idiossincráticas e coincidências de pessoas, processos, produtos, lugares e situações podiam criar uma situação perigosa que ninguém conhecia. Este foi um* insight *seminal.*** O conceito de que as descobertas devem ser feitas *in situ* porque a informação é "pegajosa", no sentido em que é impossível entender e representar condições afastadas de um local de trabalho, tem sido explorado por muitos pesquisadores, inclusive o professor do MIT, Eric van Hippel e seus colegas. Veja, por exemplo, Eric Von Hippel e Marcie Tyrie, "How Learning is Done: Problem Identification in Novel Process Equipment". *Research Policy* 24, 1995, pages 11-12. Dorothy A. Leonard explorou como a natureza implícita da informação exige que ela seja acessada em sua situação mais corriqueira, antes de ser transportada e usada produtivamente em outro lugar. Ver Dorothy A. Leonard e Jeffrey F. Rayport, "Spark Information through Empathic Design", *Harvard Business Review* 75:6, November 1997, pages 102-113; Dorothy Leonard-Barton e Walter C. Swapp, *Deep Smarts: How to Cultivate and Transfer Enduring Business Wisdom*, Harvard Business School Press, 2005.

Pág. 100: ***Na maioria das organizações, os gestores de segundo escalão desempenham um papel essencial, mas burocrático [...] Esses papéis da média gerência tornam possível [...] distribuam recursos e coordenem atividades, como foi documentado por Alfred Chandler e outros historiadores da área de negócios.*** Alfred DuPont Chandler, Jr., *The Visible Hand*, Belknap Press, 1977.

Pág. 100: ***Na maioria das organizações [...] a Alcoa não estava satisfeita em [...] o modelo de administração científica defendido por Frederik Winslow Taylor, em que os "cérebros" da organização desenvolviam procedimentos otimizados a serem empregados pela ala "braçal" da empresa.*** Este modelo anterior está descrito no artigo *The Principles of Scientific Management*, de Frederik Winslow Taylor, Harper & Row, 1911.

Pág. 102: ***Sua fábrica de Cressona, Pensilvânia, de produtos de engenharia aumentou a produtividade de duas linhas em cerca de 87% [...] Ela administrava os processos que estava usando e, por isso, melhorava seu desempenho em diversos critérios.*** Alcoa, *Annual Report*, 2003.

Pág. 103: ***De maneira semelhante, a fábrica da Alcoa de Davenport, Iowa, recebeu uma crescente demanda mediante um melhor desenho de processo [...] o estoque foi reduzido em US$1 milhão; e foram realizadas 19 melhorias no meio ambiente, saúde e segurança.*** Alcoa, *Annual Report*, 2005.

Pág. 103: ***O contínuo foco da Alcoa na melhoria de seus processos [...] reconhecimento como uma das "líderes das melhores práticas na eliminação de emissões de gases de efeito estufa".*** Adam Aston e Burt Helm, com Michael Arndt e Amy Barrett, "The Race Against Climate Change", *BusinessWeek*, December 12, 205. Pages 58-66.

Pág. 104: [Linha 10] ***Fora isso, como mostrou Howard Stevenson, você depende de despotismo para que as coisas sejam feitas.*** Ver, por exemplo, Howard H. Stevenson, Jeffrey L. Cruikshank, Mihnea C. Modoveanu, *Do Lunch or Be Lunch: The Power of Predictability in Creating Your Future*, Harvard Business School Press, 1997.

Pág. 105: ***Ainda há outra peça para minha figura [...] a eficiência dos BTUs, o custo de produção, a capacidade industrial e os efeitos de oferta e procura***, "Alcoa´s O´Neill Takes Long-Term, Free Market View", *Metals Week* 70, March 22, 1999, page 12.

CAPÍTULO 5

Alta Velocidade no Mar, no Ar e na *Web*

No Capítulo 4, vimos como uma empresa, a Alcoa, administrou seus complexos sistemas de trabalho para identificar problemas, solucioná-los e compartilhar o que fora aprendido, insistindo durante o tempo todo para que os líderes cultivassem essas capacidades. Dessa maneira, a Alcoa acelerou o ritmo com que aprendeu a planejar e operar seus processos técnicos e sistemas de trabalho, e, com isso, alcançou um desempenho excepcional. E, embora no início ela tenha se concentrado nos problemas relacionados com a segurança do local de trabalho, logo descobriu que os problemas de segurança refletiam desconhecimento do processo e que esse desconhecimento se manifestaria também em outros problemas, tais como qualidade, senso de oportunidade e rendimento *versus* refugo.

Neste capítulo, examinaremos outras três organizações que utilizaram a velocidade com que criaram e empregaram um conhecimento útil como base para alcançar um desempenho excepcional. O primeiro caso é o do Programa de Propulsão Nuclear da Marinha Norte-Americana, que inventou, apresentou e operou uma tecnologia excepcionalmente desafiadora, com maior velocidade e confiabilidade do que as organizações responsáveis por desafios semelhantes. No segundo caso, a Pratt & Whitney aperfeiçoou muito seu processo de levar novos projetos de motores a jato para o mercado. O terceiro caso se refere a uma empresa ponto-com pioneira que sobreviveu à crise do mercado em 2000, estabeleceu-se como um empreendimento lucrativo e terminou convertendo um pequeno investimento inicial em uma fortuna. Por mais que esses exemplos se diferenciem em suas missões e circunstâncias, eles ilustram como os complexos sistemas de trabalho podem ser administrados para se alcançar resultados extremos se aplicados os princípios descritos neste livro.

Programa de propulsão nuclear da marinha norte-americana

Desde o início do programa de propulsão nuclear, em 1948, a marinha norte-americana lançou mais de 200 embarcações nucleares – utilizando até 30 projetos diferentes de centrais elétricas e colocando em operação 500 núcleos de reatores. Em 2006, esses navios, coletivamente, tiveram mais de 5.700 reatores-anos de operação e "viajaram" mais de 134 milhões de milhas.

Essa é, por si só, uma maravilha tecnológica e gerencial levando-se em consideração o que aconteceu antes. Na Primeira e Segunda Guerras Mundiais, os submarinos eram uma ameaça estratégica, diminuindo substancialmente o tráfego da marinha mercante e forçando comboios militares e comerciais a ter extraordinárias precauções nas viagens em mar aberto devido ao medo que despertavam. Ao assistir as interpretações de Hollywood, pode-se concluir que esses submarinos eram letais, pois podiam permanecer escondidos por longos períodos, avançar sem serem detectados e atacar com uma força devastadora. Isso não acontecia; a imagem produzida por Hollywood exagera as capacidades dos submarinos e subestima sua vulnerabilidade.

Na verdade, a *performance* dos submarinos era limitada pelas baterias que os alimentavam enquanto permaneciam submersos. As baterias mantinham sua carga apenas por curtos períodos, assim o alcance debaixo d'água não era maior do que 30 milhas. Na maioria das vezes, os submarinos eram forçados a operar na superfície, onde tinham ar para fazer funcionar seus motores a dísel, mas ficavam expostos e podiam ser descobertos e destruídos pelos navios de guerra maiores e pelas aeronaves. Na vida real, o sucesso geralmente significava infiltrar-se sorrateiramente, permanecer submerso apenas por um breve período, e então compensar a ineficiência dos torpedos, ao disputar uma batalha de pouca distância, com pequenos morteiros e metralhadoras montados no convés.

Sob fogo ou não, a vida da tripulação dos submarinos era difícil, mesmo pelos padrões espartanos das embarcações militares, que são amplamente projetadas para transportar sistemas de armamento com a máxima eficácia, simplesmente acomodando a tripulação da melhor maneira possível. Como os submarinos são menores do que outras embarcações, e projetados para operações submersas, eles andam com dificuldade na superfície. Quando em movimento, a necessidade de conservação de força significava pouca ventilação e muitas vezes alimentos mofados. Sua autonomia de cruzeiro ficava limitada à quantidade de combustível que podiam transportar; e antes que acabasse, tinham que parar para reabastecer, no mar ou em um porto.

A propulsão por energia nuclear eliminou essas limitações. Os submarinos nucleares conquistaram algumas vantagens importantes: submergir no gelo polar, viajar do Pacífico até o Atlântico, encontrar com outros submarinos lá embaixo, deslocar-se pela superfície e fazer a circunavegação completa da Terra submerso. Quer fossem usados para reuniões secretas durante a Guerra Fria, para posicionamento estratégico de forças especiais, perseguição de navios de guerra do Pacto de Varsóvia, controle de pontos de obstrução do tráfego naval durante um conflito ou para carregar mísseis balísticos intercontinentais e, dessa maneira, garantir uma capacidade de retaliação, os submarinos nucleares mudaram os fundamentos da doutrina naval na era pós-Segunda Guerra Mundial graças à sua capacidade de permanecerem submersos quase que indefinidamente.

A energia nuclear também revolucionou os porta-aviões, os quais anteriormente haviam revolucionado as operações militares marítimas durante a Segunda Guerra Mundial. Os encouraçados de batalha de toda a esquadra caíram diante do ataque das forças aéreas lançadas do mar, que podiam atacar com força a uma distância maior e mais rapidamente. Na batalha de Midway, uma das batalhas navais decisivas do Pacífico, as frotas inimigas não chegaram a disparar diretamente umas contra as outras; mas as aeronaves de cada uma atacaram os navios da outra. Os porta-aviões também podiam fornecer proteção aérea para os soldados e fuzileiros navais que estavam invadindo a praia antes que se pudesse assegurar que os campos de pouso estivessem dentro do alcance da frente principal do conflito. Isso ajudou a compensar as vantagens que os defensores baseados em terra tinham com a artilharia e sua própria força militar aérea.

O emprego de energia nuclear a bordo dos porta-aviões foi outra grande alteração no equilíbrio estratégico. Isso proporcionou as vantagens adicionais de alcance, velocidade, tempo na estação e capacidade para conduzir ilimitados lançamentos e aterrissagens. A capacidade da marinha norte-americana de vigiar as rotas marítimas, mantendo-as abertas para o comércio, e de planejar o poder militar, quando e onde fossem necessários, foi melhorada consideravelmente.

Se parássemos por aqui, a introdução da propulsão nuclear confiável a bordo dos navios de guerra já seria, por si só, um feito extraordinário. Porém, há outras considerações que devem chamar nossa atenção. A primeira é a extraordinária velocidade com que essa tecnologia foi introduzida. O primeiro submarino nuclear, o Nautilus, entrou na frota em 1954, um piscar de olhos em termos tecnológicos quando consideramos que somente uma década antes se soube como controlar o átomo e que o programa de desenvolvimento da propulsão nuclear não tomou forma até 1949. É ainda mais extraordinário considerarmos que o lançamento dessa nova tecnologia exigiu a descoberta de uma nova ciência, a invenção de novos materiais para proteção e controle do recuo, a criação de novos sistemas de fabricação, o projeto de novos dispositivos e centrais elétricas e o treinamento de milhares de engenheiros, artesãos e operadores. As realizações tecnológicas e gerenciais foram fantásticas.

E ainda há uma peculiaridade adicional. Desde o lançamento do Nautilus, a marinha não tinha experimentado uma única morte relacionada ao reator ou ao escapamento de radiação – uma grande diferença em relação ao que alguns programas semelhantes haviam passado. Antes da dissolução da União Soviética, a sua frota sofreu diversos desastres nucleares em seus 50 anos de história, com danos importantes, mortes, poluição ambiental e destruição de equipamento (veja a Tabela 5-1, p. 113 com exemplos dos anos 1980). A NASA, empreendendo uma missão comparativamente difícil e perigosa, perdeu a tripulação da Apolo e duas tripulações de ônibus espaciais em pouco menos de 50 anos de voos tripulados. Como vimos no Capítulo 3, a indústria de energia nuclear não foi uma indústria livre de problemas.

Como essa extraordinária *performance* pode ser explicada? A atenção naturalmente se volta para o exigente e obcecado comprometimento do fundador e líder durante muitos anos do Programa de Propulsão Nuclear da Marinha Norte-Americana (geralmente chamado de "NR", ou seja, *Naval Reactor*). Hyman Rickover, um membro da Academia Naval da turma de 1922, aposentou-se da marinha apenas em 1982, tornando-se o oficial que permaneceu mais tempo na história da instituição. Ele criou para si uma posição de autonomia e poder excepcionais com duas indicações: uma civil na Atomic Energy Commission (AEC), onde era responsável pelo projeto, desenvolvimento e posicionamento estratégico de energia nuclear em geral; e uma militar, na marinha, onde era responsável pela contratação, projeto, construção e operação de navios de guerra. Na verdade, colocou-se em posição de fazer exigências da marinha, a partir de sua posição na AEC. Cultivava relacionamentos com membros do Congresso responsáveis pelas alocações e promoções, e tinha uma influência no processo orçamentário que, muitas vezes, superava a de seus superiores civis e militares. Tinha também influência sobre fornecedores privados do Departamento de Defesa, devido ao seu poder administrativo sobre as grandes pesquisas, projetos, construções e programas de manutenção.

Além disso, Rickover era intimidador. Seus encontros com potenciais membros do programa de reatores e futuros oficiais dos navios nucleares eram famosos. Uma história dizia que ele cortava alguns centímetros dos pés dianteiros da cadeira na qual sentavam seus interlocutores para que se sentissem desconfortáveis sem saber por que. Era conhecido por censurar e insultar os candidatos ao programa. Em suas memórias, Theodore Rockwell, que fazia parte do grupo que havia iniciado o programa de propulsão nuclear com Rickover, escreveu sobre uma ligação telefônica entre ambos, feita através do único cabo telefônico submarino. Rickover estava extremamente frustrado pela péssima qualidade de som, gritando com Rockwell até que o telefonista interrompeu: "Senhor, se você falasse com seu tom de voz normal....".

"Mas esta é minha voz normal, droga!", berrou Rickover. Ao que Rockwell acrescentou: "é verdade, telefonista, essa é a voz dele".

Finalmente, há muitos relatos (alguns dos quais vamos encontrar no final deste capítulo) da determinação de Rickover em saber cada detalhe da tecnologia pela qual era responsável, inclusive sobre qualquer contratempo que ocorresse. Ele certamente pode ser considerado o protótipo do chefe desagradável, arrogante e meticuloso.

Contudo, não importa quão rígido, mal-humorado ou brilhante Rickover pudesse ter sido, ele não pode ser a única explicação para o sucesso dos reatores navais, simplesmente porque ele não poderia ter solucionado todos os problemas sozinho – pelo menos todos os problemas técnicos. Além disso, nos 26 anos após sua aposentadoria, houve diversos sucessores, e incontáveis civis e marinheiros serviram no NR sem conhecê-lo pessoalmente – muitos nem eram nascidos quando ele se aposentou – e ainda assim a tradição de perfeição na segurança do programa foi mantida.

Não pode ser apenas Rickover; tem que ser alguma coisa no modo como o complexo trabalho do programa nuclear era, e ainda é, administrado. E assim é. Como resposta ao violento desafio que enfrentou, o NR desenvolveu o que um de seus historiadores, Francis Duncan, chamou de "a disciplina da engenharia". Essa disciplina era necessária porque, fosse qual fosse o conhecimento que o grupo possuía, ele era inadequado. Portanto, não era possível adivinhar; o aprendizado tinha que ser constante e rápido, não apenas baseado na experiência, mas em tentativas. Para isto, o NR tinha que tornar explícita sua melhor compreensão e expectativa de quais ações levariam a quais resultados. Assegurar que as pessoas começassem com o melhor conhecimento possível desenvolvido em sua abordagem aumentava a possibilidade delas serem bem-sucedidas. E também aumentava suas chances de aprender. Com expectativas bem definidas, ficaria óbvio quando acontecesse alguma coisa que não correspondesse a essas expectativas. Como resultado, mesmo que não tivesse sucesso, você criaria uma oportunidade de aprender a ter sucesso. Definir expectativas claras era uma premissa, sem exceções; isso é que as tornava parte da *disciplina* da engenharia.

Com as expectativas definidas, o NR tinha que identificar imediatamente quando sua melhor interpretação tinha falhas, ou seja, mais uma disciplina. E com igual disciplina, cada bolsão de ignorância claramente identificada deveria ser convertida em conhecimento utilizável. Finalmente, aquele conhecimento tinha que ser incorporado em projetos atualizados para máquinas e procedimentos por toda a frota; isto também tinha que ser feito com rigor e disciplina. Du-

TABELA 5-1 Lista parcial dos desastres na marinha nuclear soviética

Embarcação	*Data*	*Problema*	*Consequências*
K-8	13 Outubro de 1960	Aparecimento de um vazamento nos geradores de vapor e em uma tubulação. A tripulação iniciou o trabalho para interromper o vazamento.	Houve vazamento de grande quantidade de gases radiativos, contaminando toda a embarcação. Três membros da tripulação sofreram visíveis danos pela radiação.
K-19	4 Julho de 1961	Aparecimento de um vazamento no principal circuito de refrigeração, causando uma queda na pressão e detonando o sistema de emergência do reator.	A tripulação trabalhou por longos períodos nas áreas radiativas do compartimento do reator. Todos ficaram expostos a considerável radiação. Oito morreram.
K-11	Fevereiro de 1965	Enquanto o submarino permanecia na doca, o reator foi içado sem que as hastes de controle tivessem proteção. Houve nova ocorrência durante a investigação do problema.	Houve liberação de vapor, e começou um incêndio. O reator foi retirado e substituído.
K-27	24 Maio de 1968	Durante testes no mar, a energia caiu repentinamente.	Gases radioativos foram liberados, e aumentou a radiação a bordo. O reator foi fechado e aproximadamente 20% dos conjuntos de combustível foram danificados. Esta embarcação foi afundada em 1981.
K-140	Agosto de 1968	Má instalação e falha dos cabos das hastes de controle.	Arranque automático não planejado durante permanência no estaleiro.
K-429	1970	Arranque descontrolado do reator da embarcação durante a permanência do submarino no estaleiro.	Fogo e liberação de radioatividade.

Submarino Echo-I	21 Agosto de 1980	A embarcação sofreu um vazamento de radioatividade após um incêndio.	Nove membros da tripulação morreram e três ficaram feridos.
K-222	30 Setembro de 1980	Uma quebra de procedimento permitiu a passagem de energia pelo mecanismo da barra de segurança sem que os controles estivessem em uso. A falha no equipamento automático causou uma elevação das hastes de controle e um arranque descontrolado do reator.	O núcleo do reator foi danificado.
K-123	8 Agosto de 1982	Vazamento no gerador de vapor causou a liberação de resfriador de metal líquido para dentro do compartimento do reator.	O reator precisou ser substituído. Foram necessários nove anos para reparar o submarino.
K-314	10 Agosto de 1985	As hastes de controle foram removidas indevidamente enquanto a tampa do reator permanecia levantada. O reator correu riscos durante o reabastecimento.	A explosão liberou grande quantidade de radioatividade. Dez pessoas morreram.
K-431	Dezembro de 1985	O reator superaqueceu quando a embarcação estava retornando à base diante de Vladivostok.	Agora o submarino está na base naval de Pavlovsk.
K-192	25 Junho de 1989	Descoberto um vazamento no circuito principal; o submarino flutuou. Tentativas mal-feitas de consertar o vazamento e resfriar o reator levaram a uma sucessão de problemas.	Foram detectadas liberações de iodo radioativo nas áreas em torno do submarino e, mais tarde, em terra.

rante todo o tempo, essa disciplina de engenharia devia ser modelada, ensinada, estimulada e aproveitada, tanto pelos líderes de nível inferior quanto pelos mais graduados.

Quando tudo isto acontece sistematicamente, a dinâmica básica de uma organização se altera. Em vez de permitir que cada experiência seja um sucesso ou um fracasso – em nenhum dos casos não aumentando a chance de alguém ter sucesso na próxima tentativa (ver Figura 5-1) – cada experiência é *programada* para aumentar a possibilidade de sucesso na próxima tentativa, pois o conhecimento e a experiência ficam acumulados (ver Figura 5-2). Essa foi a abordagem da Alcoa, foi a abordagem do NR e, como veremos mais tarde, é a abordagem consistente das organizações de alta velocidade em geral.

No Capítulo 4, vimos como as práticas da Alcoa representaram as quatro capacitações inicialmente mencionadas no Capítulo 1. Veremos agora como também as práticas inspiradas por Rickover no Naval Reactor surtiram o mesmo efeito.

Capacitação 1: capturar o melhor conhecimento coletivo e tornar visíveis os problemas

O que os termos *incidente* e *relatório de incidente* nos lembram? Um acidente, um dano, uma fatalidade ou um dano à propriedade? Agora questione-se, por que uma organização insistiria em incidentes e relatórios de incidentes? Responsabilidade, repreensão, castigo? Se você escolheu uma das respostas acima, está longe da abordagem do programa do Naval Reactor. Ele tem um limite muito mais baixo do que se julga um "incidente" e um limite muito mais alto do que deve ser feito quando um deles acontece.

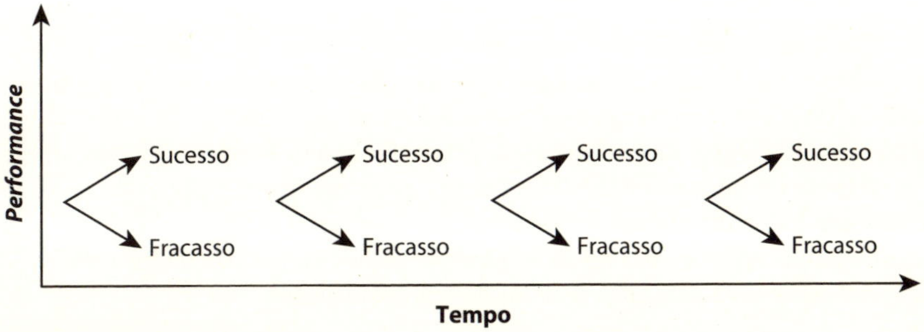

FIGURA 5-1 Sucesso ou fracasso.

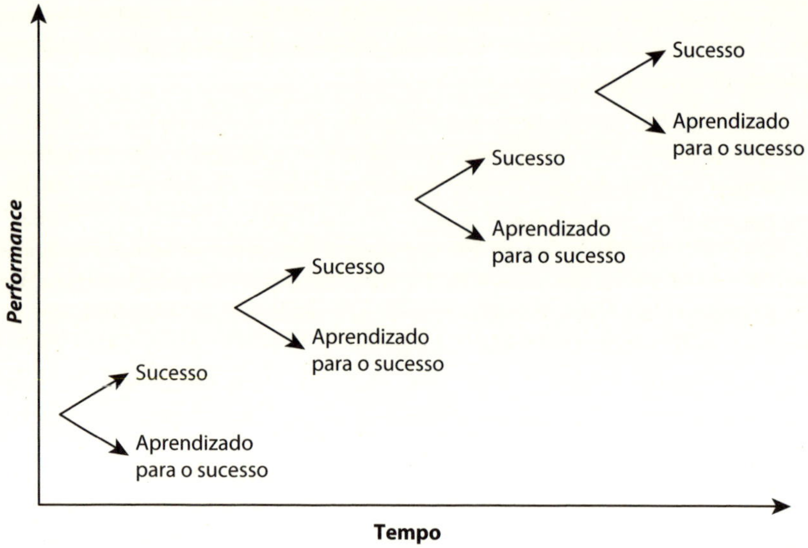

FIGURA 5-2 Sucesso ou aprendizado para o sucesso.

Vamos começar com um exemplo simples: pessoas trabalhando em um sistema que já tinha sido projetado e construído, e que agora estava ativo. Seria de se esperar que os que operavam os reatores a bordo de uma embarcação e aqueles que faziam a manutenção e o reabastecimento em terra seguissem as normas prescritas com rigorosa precisão. Havia expectativas claras do que cada pessoa e cada peça tecnológica deveria fazer, em que ordem e com que consequências sobre cada um dos outros. Os incidentes eram claramente definidos como desvios de procedimento. Caso ocorressem, teriam que ser relatados. Por exemplo, se alguém começasse o Passo 3 antes de receber o sinal combinado de que o Passo 2 estava terminado, isso seria um incidente. E não importava a irrelevância do resultado, um incidente tinha que ser relatado.

Isto não era apenas uma manutenção burocrática. Assim como a iminência de acidentes na Alcoa era uma indicação de que algo sobre o processo de fabricação não estava totalmente compreendido, um incidente na marinha nuclear significava que algo sobre o modo que um trabalho era feito não estava completa e corretamente compreendido. Esse desconhecimento não podia ser tolerado. Essa parte do sistema podia ser conectada a outras peças, de maneiras não totalmente compreendidas; um incidente que, sozinho, parecia inconsequente, podia ser um desastre em combinação com outros incidentes.

Essa disciplina de especificar as expectativas não servia apenas para o trabalho de frente das operações dos submarinos. Aplicava-se a tudo e o próprio Rickover estabeleceu esse estilo de vida.

Rockwell lembra de estar se preparando para uma reunião e ser desafiado por Rickover a descrever como a reunião terminaria – mesmo antes de ter começado. Rickover não queria humilhá-lo e não esperava que fosse um vidente. Ao contrário, ele queria que Rockwell previsse qual seria um bom resultado, e como ele esperava chegar lá, para que pudesse determinar se houvesse algo errado no decorrer da reunião. O que havia na situação, na discussão, no conteúdo técnico ou nos debatedores que ele havia entendido mal? Quais as consequências desse mal-entendido? O que precisaria ser feito para tratar desse mal-entendido? Todas essas eram preocupações importantes, e que poderiam ter sido evitadas se Rockwell não estivesse preparado para ser surpreendido por acontecimentos que se revelassem diferentes do que ele havia previsto.

Até mesmo – e principalmente – num planejamento e trabalho de desenvolvimento inicial onde, obviamente, havia grandes lacunas sobre o que se sabia a respeito de uma situação específica complexa, essa disciplina era necessária. Rockwell descreve o planejamento da blindagem de radiação para reatores (um assunto no qual se tornou um *expert* e sobre o qual escreveu diversos livros). Ninguém sabia como o bombardeio de nêutrons fatigaria o metal e como as soldas das tubulações, das juntas e das dobras afetariam os padrões de radiação. Por isso, quando estava na hora de testar a blindagem, uma rede foi colocada sobre a superfície, com sensores distribuídos por toda ela. Mas a avaliação não se baseou nisso.

Antes que qualquer medida fosse tomada, Rockwell insistiu para que fossem feitos prognósticos sobre quais seriam as medidas em cada ponto. Não era suficiente descobrir se as várias seções estavam aprovadas ou reprovadas em termos de emissão de radiação. Rockwell e seus colegas já sabiam que se enganariam em muitos pontos, pois a ciência e a tecnologia ainda estavam em estágios iniciais. Por isso, queriam ter certeza – o quanto antes possível – exatamente de onde e quando tinham errado e do que não haviam entendido. Os sensores não estavam lá apenas para sinalizar situações seguras ou inseguras. Estavam lá para identificar os bolsões de ignorância por parte dos projetistas da blindagem.

Foi por isso que, em vez de apenas registrar resultados e anotar onde a exposição estava alta demais, eles primeiro previram quais seriam os resultados e os compararam com os resultados verdadeiros para descobrir onde sua interpretação se confirmava e onde era contestada. Se a blindagem funcionasse com menos eficiência do que necessário, ou do que esperado, isso certamente justificaria uma investigação e engenharia adicional. Todos reconheceriam isso. Entretanto, se a blindagem funcionasse melhor do que necessário, ou do que esperado, isso também revelaria uma lacuna em seu conhecimento, que poderia se tornar muito cara ou perigosa e que teria que ser muito trabalhada. Não está claro se todos nós veríamos isso também como uma necessidade de aprendizado. A diferença? Muitos testes têm o propósito de distinguir o bom do mau. Neste caso, Rockwell organizou o teste para distinguir o que se *compreende* do que não *se compreende*.

Do mesmo modo, quando não estava claro se o preferível seria utilizar háfnio ou uma liga de prata-cádmio para controlar a incidência das reações da corrente, a escolha foi feita por testes comparativos. Esses testes, porém, não eram apenas para saber se um material era melhor do que o outro. Antes de começar as experiências, os engenheiros previam o desempenho de cada um e explicavam a razão. A questão não era apenas escolher entre um material ou o outro, mas identificar, ao longo do caminho, algumas coisas sobre ambos que ainda não eram entendidas. (No Capítulo 7, analisaremos o mesmo fato.)

Desde o início, o programa do Naval Reator (NR) estava comprometido em seguir o roteiro que havia criado, sem exceções, porque abrir uma exceção seria afastar-se intencionalmente da melhor compreensão adquirida até então e iria confundir, sem necessidade, qualquer análise de experiências futuras. Considere o que aconteceu em setembro de 1954, quando o *Nautilus* estava sendo testado apenas poucos meses antes da data de seu lançamento: um tubo de vapor explodiu. A investigação mostrou que havia sido instalado um tipo errado de tubo. O programa do NR retirou todos os tubos desse tipo e os substituiu pelo que foi especificado. Não se cogitou testar para ver se alguns dos tubos "errados" poderiam, de alguma maneira, ser aprovados em testes de desempenho arbitrários. Até que houvesse estudos mais corretos, o NR não podia confiar que o outro tubo seria adequado para as exigências pelas quais passariam. A reação do NR não parou com retenção – substituindo o tubo errado pelo tubo especificado. Isso teria sido um subterfúgio que não teria atingido os fatores subjacentes que estavam na raiz do problema. Como aconteceu esse problema? Como evitar que acontecesse outra vez? Como evitar que acontecesse com outro material ou componente? A progressão de "por quês" e "comos" retornou pelo fluxo de valor e da cadeia de suprimento. Até que o NR pudesse responder a todas essas perguntas, havia uma bomba-relógio em algum lugar de suas operações.

O NR não só exigiu um alto grau de especificação do que se esperava que levasse ao sucesso, mas queria ter certeza de que também ficasse claro quando algo estivesse inadequado. As organizações de alta velocidade não negam a imperfeição humana. O que desejam são operações que irão denunciar problemas ruidosamente – não apenas em voz alta, mas com precisão e rapidez.

Vemos isso em um relatório preparado pela NASA, cujo histórico tem uma dolorosa ironia. Em 1986, mais de 15 anos depois do desastre do Challenger, a NASA deu início a uma série de estudos comparativos para entender como outras organizações tinham alcançado níveis de segurança extraordinários apesar dos perigos de seu trabalho. Entre elas estavam a Alcoa e a Bath Iron Works, no que se referia à segurança do local de trabalho, e o programa de propulsão nuclear da Marinha, seu programa de integração de *software* e o programa Subsafe a que nos referiremos mais adiante neste capítulo. Entre os primeiros estudos e o último, há um intervalo de diversos anos, quando a tragédia do Columbia interrompeu o esforço do *benchmarking*. Precisamos nos questionar se esse desastre teria sido evitado caso a NASA tivesse iniciado seus estudos mais cedo.

Isto foi o que a NASA observou quando comparou o projeto de reatores nucleares da Marinha com a abordagem civil em Three Mile Island:

> No caso do reator comercial de Three Mile Island (TMI), mais de 50 alarmes ou avisos foram acionados antes do acidente. No início do evento de TMI, outros cem alarmes foram acionados (um total de 150 dos cerca de 800 alarmes ativos). Por outro lado, o número total de alarmes em um sistema de reator do NR é rigidamente limitado àqueles que necessitam de resposta de um operador. O comandante deve ser informado de alarmes imprevistos que não podem ser autorizados. As fábricas de energia nuclear rotineiramente não trabalham com alarmes ou avisos que não estão revisados.

Em Three Mile Island, o sistema se manifestou, mas a equipe havia aprendido a contornar problemas que não conseguiam compreender. A NASA descobriu que, dentro da marinha, os alarmes são simplificados, e por isso não tocam tão seguidamente. Mas quando soam, ou quando outras coisas dão errado, eles são levados a sério. A equipe de *benchmarking* da NASA observou a frequência absoluta com a qual o NR identificava e relatava os problemas do seguinte modo:

> Este sistema é completo, exigindo que sejam relatados os desvios das condições operacionais normais, inclusive qualquer desvio esperado dos sistemas de desempenho, equipamento ou pessoal. Mesmo os problemas administrativos ou de treinamento podem resultar em um relatório e proporcionar oportunidades de aprendizado para os membros do programa.

A NASA observou que o NR havia estabelecido um limite excepcionalmente baixo para o que deveria ser considerado um problema ou incidente, como mencionado anteriormente:

> Durante uma avaliação do General Accounting Office (GAO) no programa do NR em 1991, a equipe do GAO analisou 1.700 desses relatórios, de um total de 12 mil gerados desde o início da operação a partir dos nove protótipos de reatores com base terrestre que o NR tinha operado.

E os 12 mil não incluem os muitos outros reatores localizados no navio. O relatório da NASA continua:

> O GAO descobriu que *os acontecimentos eram geralmente insignificantes* (grifo do autor), cuidadosamente revisados e abalizados. Por exemplo, diversos relatórios ressaltaram fusíveis elétricos queimados, erros pessoais e conexões com fios soltos. Diversos relatórios consistiam em erros de procedimentos do pessoal ocorridos durante as atividades de treinamento...

Capacitação 2: criar conhecimento por meio do agrupamento e da solução de problemas

Nas organizações de alta velocidade, a reação aos problemas é frequente, séria e disciplinada.

Em muitas organizações, essa ênfase nos relatórios e documentos escritos, como descritos anteriormente, pode ser rejeitada como um comando e controle obsessivo-compulsivo e burocrático, especialmente se os relatórios exigidos são apenas arquivados e ignorados. Este não é o caso no programa do Naval Reator. A NASA observou não apenas a frequência, mas a seriedade desses relatórios.

O NR exige que mesmo os eventos de pouca importância sejam avaliados. Assim, são criticadas muitas ocorrências que não fazem jus a um relatório formal para o quartel-general e resultam numa identificação de ações corretivas. Posteriormente, essas críticas são analisadas pelo Conselho de Investigação de Propulsão Nuclear (Nuclear Propulsion Examining Board) e pelo NR durante análises e auditorias. Isto faz parte de um processo-chave para se determinar a saúde da capacidade de autoavaliação do programa.

Isto não foi apenas um trabalho administrativo e não foi entregue aos oficiais subalternos e ao pessoal inscrito para trabalhos inferiores; foi, isto sim, tratado como uma parte essencial da liderança de outros. Quando um navio estava sendo avaliado e se saia bem em algumas, mas não em todas as categorias, era responsabilidade do oficial de comando explicar a razão, em uma correspondência especial que relacionava as falhas e detalhava as ações corretivas. As promessas de fazer melhor e se esforçar mais nunca eram suficientes. A equipe de *benchmarking* da NASA chamava a atenção para que, durante a administração de Rickover e de alguns de seus sucessores, cada relatório "identificasse uma ação necessária para impedir a recorrência". Mas essas ações não podiam ser precipitadas. As soluções no NR tinham que ser encontradas por meio de um processo de descobertas disciplinadas para que pudessem ser confiáveis e propagadas com segurança por toda a organização.

(Imagine um enfermeiro no hospital onde morreu a Sra. Grant preenchendo um relatório informando que ele *quase* havia trocado um frasco de insulina por um de heparina – nenhum dano foi causado, apenas a iminência de acidente – e, depois, o chefe de enfermagem do hospital relatando esse incidente para o CEO do hospital, junto com sua explicação de como isso poderia acontecer, onde mais isso poderia acontecer e o que havia sido feito para garantir que essas coisas não acontecessem outra vez.)

Os líderes encarregados do programa de reator nuclear da marinha, como seus correspondentes na Alcoa, entendiam que a única maneira de entender e melhorar o que não era compreendido e que necessitava de aprimoramento era criar amplas experiências de aprendizado – quanto mais, melhor; quanto antes, melhor; quanto mais rápido, melhor; quanto mais barato, melhor; e quanto maior a clareza entre causa e efeito, melhor. Isto também era feito com grande disciplina. Um aspecto fundamental da abordagem não era aceitar cegamente o óbvio, mas tornar explícitas as potenciais hipóteses e depois testá-las. Na NASA, era usada a abordagem oposta: a suposição original de que a espuma que caiu do tanque de combustível externo havia ameaçado a proteção de calor foi substituída gradualmente por outra suposição de que isso não havia acontecido. A segunda suposição talvez tenha sido *sustentada* pelo fato de que nada terrível havia acontecido até então, mas ela nunca foi rigorosamente *testada*. Francis Duncan, o biógrafo de Rickover citado anteriormente, chamou a atenção para como a realidade, e não as suposições humanas, sempre tinham a palavra final quer fosse escutada ou não:

> A disciplina da tecnologia significa que a organização precisa se adaptar à tecnologia, e não a tecnologia à organização. Para desenvolvimentos modernos, os dados nunca estão completos, especialmente se o produto de uma tecnologia complexa deve operar em alto nível por anos. A disciplina da tecnologia exige exaustivos testes de materiais e componentes para *determinar as leis da natureza* [grifo do autor]. Se eles não forem absolutos na atmosfera isolada dos laboratórios científicos ou nos centros de pesquisa, não há razão para esperar que sejam mais conhecidos no chão de fábrica. A disciplina da tecnologia requer de uma atenção meticulosa e profunda da correspondência entre o produto e seu uso, e uma análise intensa das condições de operação presentes e previstas para o futuro.

Essa disciplina de testar e aprender mais cedo, mais rápido e com menos custo foi realizada de muitas maneiras. Eis um exemplo: para cada versão de um reator de embarcação, havia uma versão terrestre na qual as pessoas podiam treinar e onde os problemas de projeto podiam ser postos em prática em um ambiente mais seguro, mais barato e mais controlado. Para cada um desses modelos terrestres, havia maquetes de madeira e papelão, em escala natural, para visualizar como as pessoas e as máquinas iriam interagir na prática. Outro exemplo era o teste para ver como o equipamento iria responder aos choques de uso militar. Componentes proporcionalmente reduzidos eram montados em cascos reduzidos de submarinos com um arranjo de peças sofisticadas. Um desafio permanente era onde colocar a proteção para a radiação. Por exemplo, poderia ter sido fácil calcular a exposição em um lado de uma superfície lisa arredondada, mas como seria nas superfícies irregulares? Quando os cálculos fracassavam, a resposta era a experimentação; por exemplo, montar um protótipo dentro de um tanque d'água para ver o que aconteceria quando a radiação fosse emitida da parte de baixo da embarcação, mas fosse refletida de volta pela água. (Nos próximos capítulos veremos como a Toyota se compromete a utilizar pilotos e testes de alta velocidade e de baixo custo.)

A solução de problemas no NR não foi apenas disciplinada em termos de detalhes, mas disciplinada em termos de trazer para o problema todos os dados relevantes e as múltiplas perspectivas. Duncan observa que quando os representantes dos estaleiros apresentavam problemas com o quartel-general do NR, algumas vezes o problema era ilustrado com um diagrama ou uma maquete de um componente. Alguns dos engenheiros (de Rickover) assumiam o controle da sala de reuniões do lado de fora de seu escritório; e quando tudo estava pronto, ele entrava. Ao menor sinal de imprecisão ou ambiguidade, ele interrompia, exigindo clareza e fatos. A questão não era de que Rickover sempre sabia mais – pelo contrário. O motivo de se ter declarações, diagramas e modelos detalhados era assegurar que as opiniões conflitantes e complementares fossem bem representadas. O posto, a personalidade e a assertividade não determinavam uma decisão. Isso era feito pelos dados, conjugados com a melhor compreensão coletiva de uma situação. Os estudos de *benchmark* da NASA definiriam isso da seguinte maneira:

> As recomendações são preparadas independentemente pelos principais contratantes e são submetidas a abrangentes análises internas por especialistas de todas as disciplinas técnicas correspondentes. A administração e o pessoal, nos dois laboratórios do NR, precisam fornecer suas recomendações técnicas livremente, sem solicitar o consentimento antecipado do quartel-general. Isto garante que cada laboratório tenha responsabilidade no fornecimento de sua própria avaliação técnica. Quaisquer opiniões divergentes devem ser documentadas na recomendação com uma argumentação por sua não implementação.

O estudo da NASA também observou que o NR não queria apenas saber o que as pessoas julgavam ser a resposta correta. Ele queria ser muito claro onde existiam dúvidas. Portanto, os relatórios dos laboratórios precisavam incluir, juntamente com suas avaliações, uma discussão clara das avaliações alternativas ou divergentes. Como Rickover havia explicado muito anos antes:

> Devemos criar na nossa equipe a capacidade de gerar argumentos claros e contundentes, tanto para os pontos de vista antagônicos quanto para seus próprios. Devem ser estimulados debates abertos e diferenças, para que todos os aspectos de um assunto sejam totalmente explorados. Além disso, as questões importantes devem ser apresentadas por escrito. Nada aguça mais o processo do pensamento do que escrever os próprios argumentos. As fraquezas que não foram percebidas na discussão oral rapidamente se tornam dolorosamente óbvias em uma página escrita.

Capacitação 3: difundir por toda a organização as lições aprendidas

Nas organizações de alta velocidade, as pessoas não aprendem sozinhas. Elas também aprendem com seus colegas. A experiência de uma pessoa contribui para a especialização de muitos. Qualquer coisa que seja aprendida quando um problema é identificado, agrupado e resolvido imediatamente, onde e quando acontece, é incorporado aos roteiros e especificações a que se aplicam. Claro que isso só pode ser feito se todas as premissas, expectativas e procedimentos estiverem explícitos e disponíveis. Isso nunca funcionaria se o novo conhecimento tivesse que ser difundido verbalmente, por meio de um local de trabalho complexo, quanto mais em uma complexa constelação de locais de trabalho espalhados por diversos continentes e oceanos. Na marinha nuclear dos Estados Unidos, quando uma nova tripulação assume a responsabilidade por um novo navio, tudo que ela encontra – a concepção do navio, a concepção de seus procedimentos, a concepção das rotinas de identificação e solução dos problemas, o treinamento – é derivado de toda a experiência acumulada da marinha.

John Crawford, promovido a diretor adjunto do programa de propulsão nuclear, e Steven Krahn, que passou 10 anos no programa trabalhando na manutenção e reparo, descreveram como os benefícios se espalham por toda a organização quando uma descoberta local se transforma em uma descoberta sistêmica:

> Essa abordagem da engenharia formal e disciplinada é difundida em todas as fases de atividades no NR: o desenvolvimento de códigos e padrões onde eles não existem, a disponibilidade de manuais de projeto formais e procedimentos metodicamente testados... [A]o longo dos anos, foi desenvolvido um amplo conjunto de padrões e procedimentos que contribuiu de maneira significativa para a segurança e confiabilidade das fábricas de reatores construídas pelo NR. Esse conjunto de padrões e procedimentos permite que a inovação seja aplicada de maneira controlada, e permite que o foco seja colocado nas áreas que realmente importam, além de assegurar que o trabalho de rotina seja feito de maneira competente.

Da mesma forma, a equipe de *benchmarking* da NASA observou que, quando os relatórios são preenchidos, eles "também são fornecidos para outras organizações do programa para que elas também possam aprender e tomar medidas de prevenção. Essa ferramenta contribuiu para uma filosofia de programa que ressalta os problemas menores em um esforço de evitar os mais significativos".

A Figura 5-3, obtida do estudo de *benchmarking* da NASA, mostra essa constante formação de conhecimento a partir da experiência, levando a experiências melhores daí em diante.

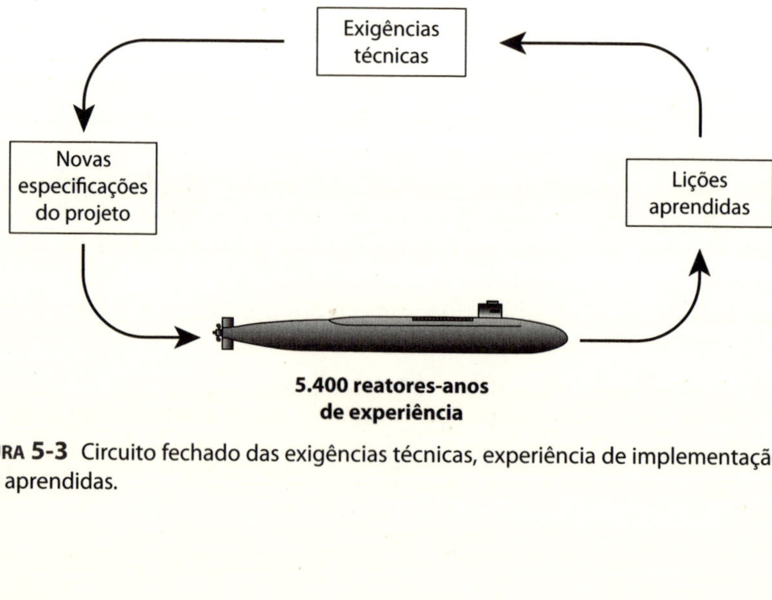

FIGURA 5-3 Circuito fechado das exigências técnicas, experiência de implementação e lições aprendidas.

Capacitação 4: liderar pelo desenvolvimento das capacitações 1, 2 e 3 em outros

Qual a função de um líder? Geralmente se diz que os líderes definem objetivos por meio de sua maior autoridade e perspectivas mais amplas, decidem como os recursos escassos serão alocados entre as prioridades conflitantes e estabelecem o tom emocional de uma situação especial. Rickover certamente tinha a posição e o temperamento para fazer tudo isso.

Nas organizações de alto desempenho, porém, o líder tem outros dois papéis importantes. Ele é responsável pela determinação não apenas do *que* é feito, definindo objetivos e alocando recursos, mas também de *como* as coisas são feitas, desenvolvendo os processos e os sistemas da empresa. Isso obviamente não é tarefa para apenas uma pessoa, e ninguém pode ser líder para sempre; por isso ele deve desenvolver nos outros as capacitações necessárias para liderar operações complexas.

Rickover serviu de modelo para os dois papéis. Em primeiro lugar, ele visivelmente serviu de modelo para o papel de líder como aluno-em-chefe. Ted Rockwell lembra de ter encontrado Rickover em Oak Ridge, Tennessee, logo após a Segunda Guerra Mundial, onde Rickover havia chegado para aprender sobre tecnologia nuclear em nome da Marinha. Naquela época, Rickover era capitão-de-mar-e-guerra, um oficial superior – equivalente a coronel nos outros serviços militares – mas Rockwell lembra-se dele como:

> .... aquele sujeito de cabelos grisalhos que fazia perguntas simples e básicas, fazendo com que aparentasse ser bastante bobo e sendo motivo de chacota dos sabichões. Esse curso era bastante difícil, até mesmo para mim, e quando um aluno perguntou timidamente: "Por favor, professor, você pode nos dizer em que nível este curso será ministrado?", o professor respondeu cordialmente, "Digamos, em um nível popular, pós-doutorado".
>
> Neste ponto, o capitão de cabelos grisalhos disse: "Eu não entendo. Você pode explicar mais uma vez?"... Os outros alunos estavam ficando um pouco inquietos e se perguntavam por que a marinha estaria enviando alguém que não era capaz de entender o material. Então, condescendentemente, o professor perguntou "Quem sabe você gostaria que um instrutor o ajudasse à noite?" Sem considerar isso como uma humilhação, o capitão apenas respondeu: "Eu gostaria muito, senhor."

Quando a sessão especial foi arranjada, ela foi assistida não apenas por Rickover e poucas outras pessoas da marinha, mas também pelos outros alunos, inclusive aqueles que haviam ridicularizado as perguntas de Rickover. Ao chegar, ele comentou: "Acho não sou o único idiota da classe".

Rickover estava comprometido não só com seu próprio aprendizado, mas com o aprendizado dos outros. No início de sua carreira, enquanto servia como um oficial engenheiro no encouraçado New Mexico, Rickover exigiu que seus oficiais demonstrassem um conhecimento detalhado do equipamento e das máquinas pelas quais eram responsáveis, "aceitando calmamente os erros e enganos quando honestamente reconhecidos e dando a cada um dos homens a maior responsabilidade possível". Três de seus marinheiros (o posto mais baixo de um oficial naval) continuaram na marinha até se tornarem almirantes.

O comprometimento de Rickover no desenvolvimento de seu pessoal ficou institucionalizado no programa do NR. Ele entrevistava pessoalmente cada oficial candidato a uma função na engenharia, construção ou manutenção, ou para um cargo a bordo de um navio. Por mais famosas que essas entrevistas fossem pelo estresse e tensão que causavam, o objetivo não era sadismo, humilhação ou assédio. O que Rickover queria era ver como as pessoas lidavam com a pressão, reagiam a situações desconhecidas e analisavam os problemas detalhadamente – tudo isso para determinar se o candidato poderia administrar as complexas operações do NR com ótimo desempenho. Ele não esperava necessariamente uma resposta "correta", mas certamente havia respostas "erradas". A resposta "sem desculpas, senhor" para más notas era pior do que um franco "fiquei com preguiça". Um candidato ficaria numa situação melhor se reconhecesse que havia alcançado uma posição falsa ou ilógica do que se tentasse demonstrar convicção ao "manter sua posição". A entrevista com um certo candidato consistiu em grande parte na acusação de que ele era gordo, com o desafio sobre o que iria fazer para resolver isso. Ele respondeu dando detalhes de mudanças no consumo de alimentos e nível de atividades, da declaração de como a alteração no ganho e na perda de calorias iria afetar seu peso. Ao longo das semanas seguintes, Rickover acompanhou o candidato, que emagreceu e foi aceito no programa.

A seleção no programa do NR desencadeou um processo de aprendizado intenso e amplo. Havia o treinamento prático inicial de 6 meses em Washington, com a designação de um oficial de projeto mais experiente, já que "os novos engenheiros não tinham os requisitos para contribuir com alguma coisa". Mas não era suficiente que o novo engenheiro aprendesse uma perspectiva, um papel e uma capacitação especial, definidas no escritório de projetos; ele também estava sendo apresentado ao sistema de propulsão nuclear completo, para que pudesse compreender como a peça com a qual ele estava se familiarizando se encaixava no todo. Isso era realizado com instruções em "fissão nuclear e a física do reator, operações da fábrica de reatores, materiais do núcleo do reator, projeto e construção do núcleo do reator, sistemas de energia elétrica e sistemas de instrumentação, sistemas primário e secundário de fluidos, controle químico d'água, controle radiológico e proteção e segurança do reator".

Seguiu-se um treinamento adicional, sendo o currículo dividido em intensos incrementos resumidos. Mais uma vez, havia a combinação de experiência prática – operando as versões terrestres dos reatores de bordo – e aulas adicionais sobre teoria e projeto de reatores, que forneciam detalhes não apenas de como esses dispositivos era construídos e operados, mas também os motivos. Depois de fazer funcionar um protótipo de reator, os oficiais e a tripulação eram reclassificados a bordo de seus navios, antes de começar dois ou três anos de trabalho no mar. Este método se repetia para cada avanço adicional nos níveis hierárquicos e na responsabilidade.

No final, Rickover estava pretendendo desenvolver um quadro de oficiais que entendessem "a disciplina de engenharia", a abordagem necessária para administrar o projeto, a operação e o aperfeiçoamento dos sistemas de grande complexidade, que eram de grande importância quando bem dirigidos e de grandes consequências quando fracassavam.

Rockwell refletiu sobre seu próprio relacionamento com Rickover, que se estendia além do serviço de Rockwell no programa do reator nuclear e de muitos anos de atividade privada como engenheiro. Ele escreveu:

> Ser considerado "íntimo" de Rickover é algo que precisa de uma explicação. Significava que ele continuaria me tratando como seu aluno, aquele que ainda merecia a dedicação de seu tempo e energia para que eu melhore profissionalmente. Este processo sem fim de educar e treinar possíveis líderes para a Marinha era uma paixão propulsora na vida de Rickover.

A liderança de Rickover, por mais despótica que fosse em alguns casos, era uma constante negação da concepção de que liderança significa "comandar – alguém mais tomaria conta do navio". Ao incorporar a Capacitação 4, desenvolver habilidades altamente disciplinadas de identificação e resolução de problemas por toda a organização, ele garantiu que o NR permanecesse uma organização de alta velocidade, mesmo sem ele.

PERDA DO THRESHER

O registro da marinha nuclear em segurança de submarinos não é perfeito. Por exemplo, em 10 de abril de 1963, o USS Thresher pereceu há 200 milhas da costa dos Estados Unidos, matando as 129 pessoas a bordo. Embora possivelmente nunca se venha a saber com exatidão o que aconteceu com o Thresher, a comunicação submarina, outros dados de detecção e o exame dos destroços levaram à conclusão de que houve uma inundação. Apesar dos detalhes técnicos serem diferentes dos casos da NASA, as mesmas falhas organizacionais que a atormentaram – tolerância na ambiguidade das expectativas e procedimentos, bem como a vontade de contornar problemas óbvios e aceitar anormalidades – incomodaram a divisão da marinha responsável pelo projeto, construção e manutenção das partes não nucleares de seus submarinos nucleares. Em outras palavras, a perda do US Thresher por motivos alheios aos reatores, contribuem para um contraste impressionante entre as organizações de alta e de baixa velocidade, e ilustram como as duas abordagens podem existir na mesma organização controladora se um grande cuidado não for exercido pelos líderes.

Examinemos o que aconteceu. Em um submarino, um vazamento em uma tubulação pode ser uma catástrofe. Devido à forte pressão nos cabos quando a embarcação está submersa, até mesmo um pequeno vazamento que, na superfície seria um irritante gotejamento, pode criar um borrifo ofuscante, incapacitando a tripulação e causando um curto circuito no equipamento elétrico. Um grande vazamento pode afundar uma embarcação, tornando impossível o retorno à tona. Por isso, quando se trata da tubulação dos submarinos, a qualidade da solda é primordial. No final dos anos 1950 e início dos anos 1960, havia duas maneiras de unir tubos: solda e solda de prata. Apesar de se considerar que a brasagem com solda de prata apresentava vantagens quando aplicada adequadamente, era tecnicamente mais difícil e a experiência mostrava que não era suficientemente confiável.

Por exemplo, em novembro de 1960, o submarino USS Barbel saiu de Norfolk para participar de um exercício com outras embarcações. Seu comandante iniciou uma série de testes de mergulho, estabilizando a cada 100 pés para verificar se nada estava errado. No teste de profundidade, houve um relatório de inundação na casa de máquinas. A tripulação lacrou o compartimento inundado, encheu o lastro e os motores foram ajustados a máxima velocidade enquanto o comandante levava o navio para a superfície com êxito. Um tubo de condução de água salgada cedeu em uma junta com brasagem de solda de prata. Mais tarde, outras juntas com brasagem de solda de prata se romperam no submarino USS Abraham Lincoln. E a inspeção em outro submarino revelou juntas deficientemente soldadas. Entretanto, a marinha continuou a construir e operar submarinos com esse tipo de juntas em linhas críticas. Em outro teste de mergulho, um pequeno cabo de água salgada falhou, e foram documentadas outras falhas nos tubos.

Quanto ao Thresher, ele tinha 3 mil juntas com brasa de solda de prata expostas à máxima pressão. Durante uma inspeção de manutenção, 145 delas foram vistoriadas e 14% apresentaram irregularidades. Considerando todas as juntas, essa taxa representaria mais de 400 juntas com possíveis defeitos, e mesmo assim a embarcação foi colocada na água. Isso não deveria ter sido feito. Baseados nas escutas de um navio escolta de superfície, por meio de dispositivos submersos, a tripulação do Thresher encontrou algumas dificuldades, tentou emergir, não conseguiu e afundou. Conforme os registros sonoros feitos naquela ocasião, o relatório de investigação do acidente especulou que um tubo havia explodido, a tripulação não foi capaz de interromper a inundação e um borrifo havia causado um curto circuito no equipamento, causando perda de força. Os tanques de lastro não funcionaram adequadamente, e o submarino continuou a afundar para, finalmente, ser esmagado pela pressão.

Despertado pela catástrofe, a Marinha criou seu programa Subsafe, um método para projetar, construir e manter as partes não nucleares do submarino (responsáveis pela submersão, prevenção de inundação, controle e recuperação) tão disciplinadas e rigorosas quanto a abordagem do NR.

Analisemos duas outras organizações que fizeram a transição para a alta velocidade. Uma delas, a Avenue A (mais tarde conhecida como aQuantive), foi uma pioneira na administração de campanhas de publicidade *on-line*. A outra, Pratt & Whitney, projeta e constrói motores a jato comerciais e militares. Essas duas organizações não poderiam ser mais diferentes em seus mercados, clientes, fornecedores e tecnologia, mas ambas oferecem produtos complexos, desenvolvidos em setores competitivos, que dependem das mais avançadas ciências e tecnologias. E as duas aumentaram drasticamente seu desempenho ao decidir administrar as partes funcionais de seus empreendimentos holisticamente, como partes de um todo bem-integrado, e ao reconhecer que para alcançar alta *performance* dependiam da criação de um sistema de conhecimento mais profundo que nunca poderia ser alcançado por meio de subterfúgios e contínuo apagar de incêndios.

Pratt & Whitney: desenvolvimento de novo produto de maior velocidade e menos custo

O motor a jato é uma maravilha tecnológica, um grande progresso sobre os motores a hélice impulsionados por pistão que dominaram a aviação até final dos anos 1940. Capazes de gerar muito mais força do que antes, os motores a jato revolucionaram as viagens aéreas e também foram utilizados em terra como centrais elétricas. Conceitualmente, a mecânica de um motor a jato é simples – uma aplicação básica de que para toda ação há uma reação igual e contrária. Atire uma bola medicinal em uma direção enquanto estiver calçando patins e você tenderá a deslizar no sentido contrário.

Isso é o que acontece com o motor a jato. Uma mistura de combustível e ar é queimada em uma câmara de combustão para gerar propulsão, como vemos na Figura 5-4. Parte da propulsão aciona o motor (e o avião ao qual ele está preso) para a frente e parte da propulsão é capturada pelas pás do ventilador da turbina, atrás do motor. Essas turbinas estão conectadas por um eixo motor e giram as pás do compressor na frente do motor, projetando mais ar, sob alta pressão, para dentro da câmara de combustão a fim de alimentar o processo. A variação turboélice neste sistema é ter dois conjuntos de turbinas na parte de trás do motor, como vemos na Figura 5-5. Um deles impulsiona as lâminas de alta pressão do compressor, bombeando ar para dentro da câmara de combustão. O outro está conectado a laminas do compressor de baixa pressão que movem grandes volumes de ar além da câmara de combustão e diretamente na parte de trás do motor para produzir propulsão. As vantagens deste sistema incluem maior eficiência no consumo de combustível e uma operação mais silenciosa.

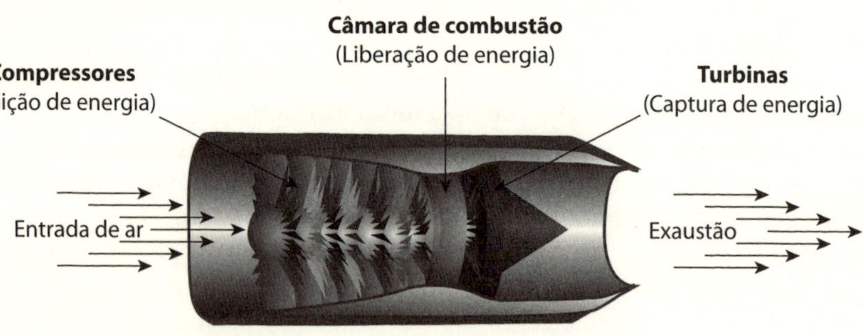

FIGURA 5-4 Base do motor a jato.

Fonte: Website da NASA, "Types of Gas Turbines, *Glenn Research Center*", http://www.grc.nasa.gov/WWW/K-12/airplane/trbtyp.html.

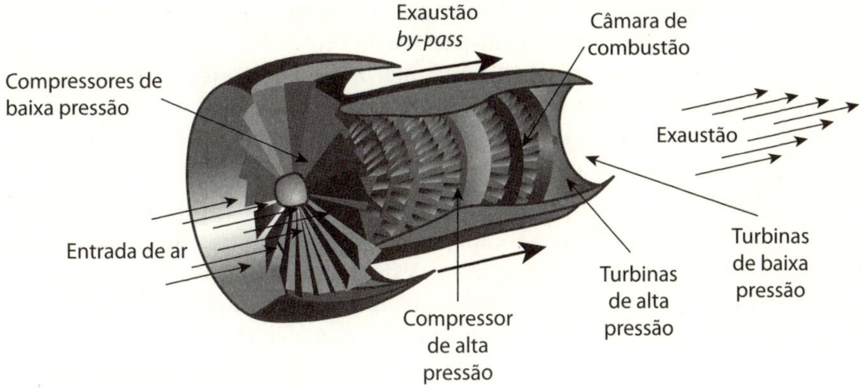

FIGURA 5-5 Motor a jato turboélice.

Fonte: Website da NASA, "Types of Gas Turbines, *Glenn Research Center*", http://www.grc.nasa.gov/WWW/K-12/airplane/trbtyp.html.

Tudo isso exigiu avanços extraordinários na ciência dos materiais, dinâmica de combustão, aerodinâmica e sistemas de controle. Cada uma delas é, por si só, uma área do conhecimento extremamente complexa; e não é fácil fazê-las trabalhar juntas. Como resultado, os compressores dos motores a jato, as câmaras de combustão, as turbinas e outros componentes – muitos dos quais precisam trabalhar com muita segurança em condições de extremo calor, pressão e tensão – são produtos que necessitam de intensos esforços de pesquisa e desenvolvimento. Para garantir que todos eles trabalhem em harmonia, houve avanços na aerodinâmica e na dinâmica de fluidos dentro das várias partes do motor, e avanços nos controles eletrônicos, engrenagem, mancais e praticamente em todas as outras partes do motor.

Nos primeiros anos, a Pratt tinha tempo e dinheiro suficientes para solucionar tudo isso ao longo do processo, adotando uma abordagem *think tank* para o desenvolvimento de tecnologia. Seus contratos com o Departamento de Defesa eram ricas fontes de receitas, e os contratos comerciais, uma vez ganhos, eram um fluxo garantido de rendimento. Depois que um fabricante de motores ganhasse o direito de fornecer o motor para um determinado modelo de avião comercial, todos os aviões daquele tipo seriam entregues com aquele motor. Isso, por sua vez, garantia ao fabricante do motor uma renda constante para peças de reposição e outros serviços de manutenção. Naquela época, um jovem engenheiro se uniu ao que era essencialmente um aprendizado. Um engenheiro explicou que, quando ele começou a trabalhar na Pratt, seu chefe lhe dava instruções e ele as punha em prática. Depois, o chefe verificava seu trabalho, fazia com que corrigisse os problemas e verificava o trabalho mais uma vez. Quando o trabalho fosse considerado aceitável, seguia para que o próximo chefe conferisse. A qualidade vinha do trabalho árduo, da inspeção e do retrabalho. Se um problema não pudesse ser resolvido no papel, os engenheiros podiam construir um protótipo e fazê-lo trabalhar até que quebrasse – um método que passou a ser conhecido como *build and bust* (construir e destruir) – e colocavam em uso na próxima iteração todo o conhecimento que tivessem aprendido.

Porém, como os tempos mudaram, esse sistema se tornou insustentável. Com o fim da Guerra Fria, não apenas os gastos militares diminuíram, mas também o mercado comercial mudou. A desregulamentação das companhias aéreas aumentou a sensibilidade das companhias com relação aos preços, e novos participantes no mercado aumentaram a concorrência. Os fabricantes de aviões começaram a certificar mais de um motor para cada modelo de aeronave. Um fabricante de motores agora tinha que cortejar não só a Boeing e a Airbus, mas todas as companhias aéreas. Obviamente, mais concorrência e menos vínculo dos clientes resultaram em uma pressão sem precedente nos custos de projetos e desenvolvimento, fabricação e suporte das peças de reposição dos motores a jato.

A Pratt não podia continuar arcando com essa abordagem *think-tank*. O desenvolvimento de um novo motor chegava ao custo de investimento de US$1 bilhão, exigindo quase quatro anos de trabalho, mas as novas dinâmicas do mercado convenceram a administração de que os custos de desenvolvimento tinham que ser reduzidos para US$300 milhões por plataforma, e o tempo de desenvolvimento teria que ser reduzido para 30 meses.

Para alcançar esses objetivos, a Pratt criou, no início dos anos 1990, equipes integradas de programa/administração. O argumento era de que criando equipes multifuncionais, com representantes de diversas disciplinas e diferentes componentes trabalhando juntos, o retrabalho e as despesas que surgiam do desenvolvimento individual de complexos componentes para os motores a jato seriam reduzidos. Isso representou uma melhoria, na medida em que se aplicava a uma deficiência estrutural básica das organizações de baixa velocidade – administrando as peças de seus sistemas sem uma visão de como elas precisavam se agrupar. Mas isso não era suficiente. A Pratt ainda não tinha o componente dinâmico da administração de alta velocidade – para gerar conhecimento útil e basear-se nele, em vez de precisar adquirir o mesmo conhecimento indefinidamente. Uma redução de 50% apenas tornou as coisas piores, pois a Pratt perdeu alguns de seus engenheiros e gestores mais experientes, que tinham não só o conhecimento técnico em seus próprios domínios, mas também haviam adquirido conhecimento sobre a maneira de navegar e coordenar o sistema de trabalho para obter bons resultados.

Agora, a Pratt precisava de uma melhor maneira de assegurar que (a) quando as pessoas começassem seus trabalhos, pudessem empregar a experiência acumulada de toda a organização, e (b) quando faltasse alguma coisa na experiência acumulada de toda a organização, *insights* de novas experiências pudessem rapidamente se tornar parte daquela experiência acumulada disponível. A tentativa da Pratt para fazer isso foi chamada de trabalho padrão de engenharia (TPE), transformando os esforços de engenharia em uma verdadeira disciplina, assim como ocorrera com o programa de reator nuclear da Marinha.

Primeiro, os engenheiros da Pratt expuseram tudo que já era conhecido sobre o processo do projeto. Detalhados *mapas de fluxo de trabalho* mostravam quais os passos do projeto normalmente aconteciam, em que sequência e com que interdependência. Compreendendo quais passos dependiam de quais outros passos, definia-se o cenário para o estabelecimento de *critérios de projeto* para esclarecer o que cada passo tinha que realizar a fim de atender as necessidades daqueles que dependiam dele. Para aumentar a chance de que cada estágio seria bem-sucedido para alcançar esses critérios, foram criadas *páginas de atividades*, representando o melhor método conhecido na época para alcançar o sucesso, com instruções de ferramentas e métodos que explicavam como, onde, e por que várias ferramentas analíticas e de outros projetos deviam ser utilizadas. A seguir, para determinar quem era capaz de se responsabilizar por cada estágio, com que nível de apoio e supervisão, a Pratt criou a *avaliação de proficiência do profissional* para determinar quanto suporte cada um precisava em uma função, e quanto cada um podia fornecer. Análises rápidas determinavam se uma nova tecnologia podia ser integrada em um programa ou se ele ainda estava em desenvolvimento.

Todos esses eram mecanismos para capturar e compartilhar conhecimento. Também existia um mecanismo para criar conhecimento. Quando alguém encontrava um problema durante a utilização de algum elemento do TPE – um fluxo de trabalho, critérios de projeto ou uma página de atividade – o proprietário desse elemento podia ser convidado a investigar. Quando a causa básica era descoberta, o TPE era modificado, aumentando a possibilidade de sucesso para a próxima pessoa que dependesse daquele elemento do TPE.

Paul Adams, um engenheiro da Pratt há muitos anos, explicou-me a consequência de garantir que o aprendizado local se tornasse um aprendizado organizacional:

> Primeiro, tínhamos que ter certeza das transferências de tarefas, controlando o seu trabalho em uma organização disseminada. Os mapas de fluxos de trabalho, os critérios de projeto e tudo aquilo que punha a coisa em funcionamento. Tínhamos também que entender como funcionavam as ferramentas de computação. Elas são muito úteis, mas apenas dentro de limites comprovados. Fora desses limites, você corre muitos riscos. Tínhamos que explicar às pessoas em quais situações essas ferramentas funcionavam e em quais não funcionavam.

(Por outro lado, a NASA não tinha feito um trabalho muito bom nisso, permitindo que um engenheiro inexperiente usasse um programa de *software* desconhecido, fora das especificações do projeto, para calcular a avaria do impacto na asa do Columbia.)

Outra preocupação que nos levava a um trabalho padrão era: com que rapidez uma pessoa podia ser eficiente? Os mapas de fluxos de trabalho, os critérios de projeto, os testes de proficiência são realizações do trabalho padrão. Se pudermos ensinar e testar habilidades, haverá uma diminuição significativa no tempo que as pessoas levam para adquirir proficiência.

A primeira coisa que as pessoas dizem, antes de ficarem efetivamente expostas ao TPE, é de que isso tira sua capacidade de inovar. Mas isso não está certo. Ele permite que você inove de maneira controlada, para que você não introduza um risco adicional ao produto. Com padrões, podemos distinguir onde você precisa e onde você não precisa inovar. Eles o ajudam a ver onde a inovação é necessária e o ajudam a determinar qual inovação é útil. Quando precisamos inovar mais rapidamente, o trabalho convencional ajuda a nossa disponibilidade tecnológica do processo, pois uma maior transparência sobre o que temos e como isso se encaixa na integridade do programa nos ajuda a entender onde temos uma maior ou menor tolerância ao risco.

Os resultados do uso do melhor método descoberto até então, de certificar-se de que as pessoas com responsabilidade sobre uma tarefa seriam realmente capazes de desempenhá-la e de certificar-se de que as melhorias locais se tornariam melhorias organizacionais foram bastante bons. Os projetos comerciais e militares para os quais o TPE foi orientado, entraram na hora e no orçamento certos – o que não é nem um pouco comum. Pedidos de alteração de engenharia, essas alterações de projeto de última hora, que são caros de implementar porque muito já está definido, foram reduzidos pela metade no primeiro ano e reduzidos outros 15% no segundo ano com a utilização do TPE. Só isso representou uma economia de cerca de US$50 milhões em trabalho de revisão. Ao todo, a Pratt estimou que cada dólar gasto no TPE teve um retorno financeiro de US$ 4.

Avenue A: de uma desordem caótica para insípido e medíocre

A Avenue A foi pioneira na criação do *marketing* baseado na *Web*. As vantagens que oferecia aos clientes eram imensas. Os anunciantes atingiam seu público com muito mais precisão do que era possível pela televisão, do rádio, do telefone ou da mala direta. Podiam receber um *feedback* imediato, descobrindo quem estava respondendo, de que maneira, a que anúncio, em que página e com que frequência, e podiam modificar sua propaganda a fim de obter o máximo impacto. Em 1999, depois de apenas três anos de operação, o negócio estava explodindo, com um crescimento de receita de 50% *por mês*, mas os fracos processos de trabalho da empresa estavam interferindo em seu sucesso. O número de funcionários continuou a crescer, mas sem apresentar um considerável crescimento em eficiência. Os funcionários estavam investindo cada vez mais esforço na programação, na coordenação, no esclarecimento e no trabalho de revisão, e menos esforço no planejamento, na implementação e na otimização das campanhas de *marketing*. Mais sucesso na verdade significava maiores perdas.

Depois de oito anos e da desastrosa explosão da bolha ponto-com, a Avenue A não apenas sobreviveu, mas cresceu. Conhecida agora como aQuantive, havia aumentado de três funcionários para mais de 2 mil. Em meados de 2007, a Microsoft comprou a aQuantive por US$6 bilhões, um enorme retorno do investimento inicial de US$20,5 milhões.

Como a Avenue A conseguiu esse sucesso? Não havia uma maneira de ela controlar um ambiente externo tão flexível como a *Web*, por isso, a fim de se diferenciar, teve que moldar a fluidez de seu ambiente interno com grande sofisticação, aperfeiçoando e inovando com mais rapidez, por mais tempo e com mais amplitude. Vejamos como isso foi realizado.

A Avenue A nasceu dos esforços de Nick Hanauer em fazer a publicidade do negócio de sua família, a Pacific Coast Feather Company. Para atingir uma base maior de clientes, ele montou um catálogo *on-line*, mas logo descobriu que se as pessoas não conhecessem o *site*, não o visitariam. Então, teve a ideia de comprar espaço publicitário em outros *sites*, pagando uma comissão para cada clique em seu *banner*. Quando sua experiência aumentou, Hanauer teve a ideia de intermediar o espaço extra que não precisava. Depois, com ainda mais experiência no projeto de campanhas de *marketing* que podiam ser controladas em tempo real para o Pacific Coast Feather, ele percebeu que podia fazer negócio se ajudasse os outros a fazer o mesmo. A Avenue A foi criada como uma empresa independente, oferecendo três serviços:

1. *Projeto*. Planejar uma campanha de mídia baseada na Internet e comprar espaço publicitário (o que incluía a negociação dos preços).
2. *Implementação*. Fornecer o suporte técnico para uma campanha publicitária: abrigando as propagandas nos próprios servidores da Avenue A e colocando-as de acordo com o plano da campanha.

3. *Otimização*. Reunir dados sobre quais propagandas e em que *sites* provocavam as visitas do leitor e usar esses dados para modificar a campanha publicitária.

Parecia simples, mas havia muitas etapas em cada estágio e, com o crescimento da Avenue A, cresceu o número de pessoas responsáveis por cada etapa. Por exemplo, na fase do projeto, um representante da Avenue A tinha que trabalhar com o cliente para desenvolver os temas e as abordagens da campanha. Alguém mais, com *expertise* em vários tipos de divulgadores, tinha que identificar quais os tipos de *Websites* teriam mais potencial para um determinado tipo de propaganda. Essas sugestões teriam que ser analisadas pelo cliente para aprovação antes que a Avenue A contatasse os divulgadores para negociar os preços. Isso ficou cada vez mais difícil, pois o número de divulgadores aumentava e se multiplicavam as opções de propaganda. O que começou como um sistema bastante simples – poucas pessoas fazendo poucas coisas – cresceu em complexidade, com muitas atividades dependendo umas das outras, e muitas vezes de maneiras surpreendentes. Os resultados eram previsíveis – atrasos, defeitos que tinham que ser identificados rapidamente, perdas nas transferências de tarefas e uma exigência geral e incessante para que as pessoas movessem mundos e fundos para ter sucesso.

Os esforços iniciais da Avenue A para compensar esses problemas eram compreensíveis, e até mesmo eficazes. Nos gargalos, o trabalho era transferido de um grupo de especialistas para outro. Se isso não resolvesse, mais pessoas se juntavam. Mas isso nunca resolveu o problema básico: as peças não se juntavam bem sem os esforços heróicos por parte de todos. Os projetos ricocheteavam em torno da organização, indo e vindo, repetidamente, entre alguém que precisava de alguma coisa e a pessoa que tinha trabalhado arduamente para conseguir aquilo, mas sem sucesso. Por exemplo, alguém poderia ter projetado uma campanha de *marketing* – quais propagandas seriam publicadas e em quais páginas. Essas especificações seriam passadas para mais alguém que descobriria que alguns desses divulgadores não podiam apoiar os tipos de propagandas que haviam sido especificados. Uma vez resolvido esse problema, depois de diversas trocas de *e-mails* e telefonemas, a instrução iria para o engenheiro responsável pela implementação da campanha, nos servidores da Avenue A. Ele descobriria que os códigos e protocolos que lhe deram não funcionavam. Mais uma vez, o trabalho andava de uma pessoa para outra para esclarecimentos, modificações e renovações.

Quando a falta de controle alcançou o ponto crucial, a Avenue A se dividiu em oito equipes, cada uma delas um microcosmo independente da organização maior, com o quadro de especialistas necessárias para levar a cabo uma campanha. Isso não eliminou os problemas, apenas os multiplicou.

Finalmente, a Avenue A desistiu da loucura e começou a desenvolver um sistema para criar conhecimento enquanto resolvia os problemas, em vez de contorná-los todos os dias. Primeiro, ela esboçou todo o trabalho que deveria ser feito para propor uma campanha, do início ao fim. Depois, determinou qual etapa teria que realizar em seu trabalho e que fosse de utilidade para a próxima etapa. Por exemplo, se recebia códigos de computador, o que significava para eles estarem corretos a partir da perspectiva do usuário? As maneiras improvisadas da Avenue A de converter um conceito em realidade eram padronizadas e automatizadas. Isso queria dizer que uma energia inovadora podia ser dirigida para conceber melhores métodos, e não para tolerar métodos imperfeitos. Por exemplo, o conhecimento coletivo da Avenue A sobre divulgadores era amplo, mas dividido entre compradores de mídia, cada um deles com sua especialização pessoal. O todo era muito menor do que a soma das partes, pois muito esforço tinha que ser despendido para se descobrir quem sabia o fato importante do momento. Um investimento era feito para coletar toda essa informação para que quando alguém soubesse algo novo sobre um divulgador em especial, isso rapidamente se tornasse parte do conhecimento de todos.

Com esse acúmulo de conhecimentos surgiu a lucrativa oportunidade de dividir o negócio em módulos distintos, em lugar de ter tudo ligado a todo o resto por meio de emaranhados de perguntas e respostas. Por exemplo, um grupo era exímio em trabalhar com os clientes em projetos de campanhas. Outro era especializado em relações com a mídia, criando uma base de conhecimento sobre quais *sites* eram mais apropriados para determinadas audiências-alvo, como os *sites* tinham atuado em campanhas anteriores, o que estava disponível e quais os custos. Um terceiro grupo criou conhecimento técnico para implementação e otimização de campanhas. Os serviços dos três módulos distintos podiam ser vendidos individualmente ou em combinação. Uma organização tecnicamente experiente podia pagar por consultoria de projeto. Uma empresa de *marketing* tradicional podia fazer seu próprio projeto e receber serviços de compra de mídia e suporte técnico. Todos os três serviços estavam agora em vigor e eram confiáveis, tanto individual quanto coletivamente. A Avenue A tornara-se uma empresa de alta velocidade, administrando suas operações complexas para entregar um serviço complexo com um nível de *performance* alto e sempre crescente.

E agora a Toyota...

Na próxima seção, veremos em mais detalhes as quatro capacitações que estamos analisando desde o início. Os Capítulos 6 a 10 se baseiam na oportunidade que tive de observar e sentir qual a forma assumida por essas quatro capacitações e como elas são administradas e imortalizadas em uma das melhores organizações líderes, a Toyota. O Capítulo 6 irá mostrar como os sistemas de trabalho da Toyota são projetados, não apenas para capturar os métodos atuais mais conhecidos para levar ao sucesso, como para revelar deficiências no projeto de sistemas, quando e onde elas acontecem. O Capítulo 7 irá mostrar como a solução de problemas é praticada pelas pessoas em diversos níveis de responsabilidade e como essas habilidades são implantadas. O Capítulo 8 irá mostrar como o aprendizado adquirido localmente pelos indivíduos e por pequenos grupos se converte em conhecimento para toda a organização. O Capítulo 9 irá revelar que tipo de liderança é necessária em uma organização de alta velocidade. O Capítulo 10 irá apresentar diversos casos demonstrando como a Toyota reúne essas quatro competências não só para trabalhos rotineiros, mas para recuperações isoladas de crises, em grande escala. Qualquer leitor que ainda acredite que os métodos descritos neste livro são apenas para mudanças graduais, ao chegar ao final do Capítulo 10 terá mudado de opinião. Então, antes da conclusão, o Capítulo 11 examinará organizações prestadoras de serviços de saúde que utilizaram as lições da Toyota para ajudar mais pessoas com menor dano, ao mesmo tempo trabalhando menos e com custos reduzidos.

Notas

Pág. 109: ***[...] a marinha norte-americana lançou mais de 200 embarcações nucleares [...] Em 2006, esses navios, coletivamente, tiveram mais de 5.700 reatores-anos de operação e "viajaram" mais de 134 milhões de milhas.*** Extraído do "Fact Sheet on U.S. Nuclear-Powered Warship Safety", Embaixada dos Estados Unidos, página da *Web* japonesa no http://tokyo.usembassy.gov/e/p/tp-20060417-72.html.

Pág. 110: ***Sob fogo ou não, a vida da tripulação dos submarinos era difícil [...] Sua autonomia de cruzeiro ficava limitada à quantidade de combustível que podiam transportar; e antes que acabasse, tinham que parar para reabastecer, no mar ou em um porto.*** Ronald O'Rourke, *Navy Nuclear-Powered Surface Ships: Background. Issues, and Options for Congress*, Congressional Research Service Report for Congress, June 13, 2007, page 3.

Págs. 111-112: ***Além disso, Rickover era intimidador [...] Theodore Rockwell [...] escreveu sobre uma ligação telefônica entre ambos, feita através do único cabo telefônico submarino.*** Opiniões extraídas de Theodore Rockwell, *The Rickover Effect: How One Man Made a Difference*. Naval Institute Press, 1992.

Pág. 112: ***Não pode ser apenas Rickover [...] o NR desenvolveu o que um de seus historiadores, Francis Duncan, chamou de "a disciplina da engenharia".*** Francis Duncan, *Rickover and the Nuclear Navy. The Discipline Technology, Naval Institute Press, 1990.*

Pág. 119: ***No caso do reator comercial de Three Mile Island (TMI) [...] Mesmo os problemas administrativos ou de treinamento podem resultar em um relatório e proporcionar oportunidades de aprendizado para os membros do programa.*** Equipe de Benchmark NNBE: NASA Office of Safety and Mission Assurance, NAVSEA 08 Naval Reactors, and NAVSEA 07Q Submarine Safety, and Quality Assurance Division, *NASA/Navy Benchmarking Exchange (NNBE) Volume II: Naval Nuclear Submarine Safety Assurance*, Progress Report, July 15, 2003, page 32. (nas notas subsequentes, nos referiremos a este relatório como NNBE-II).

Pág. 119: ***Durante uma avaliação do General Accounting Office (GAO) no programa do NR em 1991, a equipe do GAO analisou 1.700 desses relatórios, de um total de 12 mil gerados [...]*** NNBE-II, page 29.

Pág. 120: ***O NR exige que mesmo os eventos de pouca importância sejam avaliados [...] parte de um processo-chave para se determinar a saúde da capacidade de autoavaliação do programa.*** NNBE-II, page 29.

Pág. 120: ***Isto não foi apenas um trabalho administrativo [...] A equipe de* benchmarking *da NASA chamava a atenção para que, durante a administração de Rickover e de alguns de seus sucessores, cada relatório "identificasse uma ação necessária para impedir a recorrência".*** NNBE-II, page 29.

Pág. 121: ***A disciplina da tecnologia significa que a organização precisa se adaptar [...] da correspondência entre o produto e seu uso, e uma análise intensa das condições de operação presentes e previstas para o futuro.*** Francis Duncan, *Rickover and the Nuclear Navy: The Discipline of Technology*, Naval Institute Press, 1990.

Pág. 122: ***Os estudos de* benchmark *da NASA definiriam isso da seguinte maneira: "As recomendações são preparadas independentemente [...] ser documentadas na recomendação com uma argumentação por sua não implementação.*** NNBE-II, page 23.

Págs. 123-124: ***John Crawford [...] e Steven Krahn [...] descreveram como os benefícios se espalham por toda a organização quando uma descoberta local se transforma em uma descoberta sistêmica: "Essa abordagem da engenharia formal e disciplinada [...] permite que o foco seja colocado nas áreas que realmente importam, além de assegurar que o trabalho de rotina seja feito de maneira competente.*** John W. Crawford e Stevem L. Krahn, "The Nuclear Propulsion Program: A Brief Case Study in Institutional Constancy", *Public Administration Review* 58:2, March-April 1998.

Pág. 124: ***[...] a equipe de* benchmarking *da NASA observou que [...] Essa ferramenta contribuiu para uma filosofia de programa que ressalta os problemas menores em um esforço de evitar os mais significativos.*** NNBE-II, page 29.

Pág. 125: ***Rickover certamente tinha a posição e o temperamento para fazer tudo isso.*** Theodore Rockwell, *The Rickover Effect: How One Man Made a Difference*, Naval Institute Press, 1992.

Págs. 125-126: ***[...]. aquele sujeito de cabelos grisalhos que fazia perguntas simples e básicas [...] "Acho não sou o único idiota da classe".*** Theodore Rockwell, *The Rickover Effect*, page 18.

Pág. 126: ***Rickover estava comprometido não só com seu próprio aprendizado, mas com o aprendizado dos outros [...] "aceitando calmamente os erros e enganos quando honestamente reconhecidos e dando a cada um dos homens a maior responsabilidade possível".*** Francis Duncan, *Rickover and The Nuclear Navy*, page 10.

Pág. 126: ***Ao longo das semanas seguintes, Rickover acompanhou o candidato, que emagreceu e foi aceito no programa.*** Francis Duncan, *Rickover and The Nuclear Navy*, page 247.

Págs. 126-127: ***A seleção no programa do NR [...] "controle químico d'água, controle radiológico e proteção e segurança do reator".*** Francis Duncan, *Rickover and The Nuclear Navy*, page 239.

Pág. 127: ***Seguiu-se um treinamento adicional [...] Este método se repetia para cada avanço adicional nos níveis hierárquicos e na responsabilidade.*** Francis Duncan, *Rickover and The Nuclear Navy*, page 253.

Pág. 127: ***Ser considerado "íntimo" de Rickover é algo que precisa de uma explicação [...] uma paixão propulsora na vida de Rickover.*** Theodore Rockwell, *The Rickover Effect*, page xiii.

Pág. 127: ***A liderança de Rickover [...] "comandar – alguém mais tomaria conta do navio".*** Francis Duncan, *Rickover and The Nuclear Navy*, page 261.

Pág. 129: ***Despertado pela catástrofe [...] as partes não nucleares do submarino (responsáveis pela submersão, prevenção de inundação, controle e recuperação) tão disciplinadas e rigorosas quanto a abordagem do NR.*** Declaração do contra-almirante Paul E. Sullivan, U.S. Navy Deputy Commander for Ship Design, Integration, and Engineering Naval Sea Systems Command perante a House Science Committee no Programa SUBSAFE, October 29, 2003.

Pág. 130: ***Pratt & Whitney.*** Esta análise histórica da gestão de novos produtos da Pratt & Whitney está baseada em H. Kent Bowen e Courtney Purrington, Harvard Business School Case 604-013, July 2003, além de entrevistas mais recentes com funcionários da Pratt & Whitney e da United Technology.

Pág. 130: [Linha 4] **[...]** ***As vantagens deste sistema incluem maior eficiência no consumo de combustível e uma operação mais silenciosa.*** Ver Jack D. Mattingly, *Elements of Propulsion: Gas Turbines and Rocketts*, AIAA, 2006, Capítulo 1; também o documento da NASA Glenn Research Center disponível em http://www.gvc.nasa.gov/WWW/K-12/airplane/bgp.html; e Rolls-Royce, *The Jet Engine – A Complete Overview of the Modern Gas Turbine*, Kay Publishing, n.d.

Págs. 131-132: ***Nos primeiros anos, a Pratt tinha tempo e dinheiro [...] Um engenheiro explicou [...] o chefe verificava seu trabalho, fazia com que corrigisse os problemas e verificava o trabalho mais uma vez. Quando o trabalho fosse considerado aceitável, seguia para que o próximo chefe conferisse.*** Declarações de H.Kent Bowen e Courtney Purrington, "Pratt and Whitney: Engineering Standard Work", Harvard Business School Case 604-013, July 2003.

Pág. 132: ***Porém, como os tempos mudaram [...] Com o fim da Guerra Fria, não apenas os gastos militares diminuíram [...]*** Ver, por exemplo, Gene Koretz, "Toting Upt the Peace Dividend: Has Military Spending Hit Bottom?", *BusinessWeek*, December 14, 1998, page 26; e Malcolm Knight, Norman Loyazo, e Delano Villanueva, "The Peace Dividend: Military Spending Cuts and Economic Growth", *World Bank Policy Research*, February 1996, Working Paper No. 1577.

Pág. 133: ***Paul Adams, [...] explicou-me [...]: "Primeiro, tínhamos que ter certeza das transferências de tarefas [...] explicar às pessoas em quais situações essas ferramentas funcionavam e em quais não funcionavam".*** Baseado em conversações telefônicas entre o autor e Paul Adams.

CAPÍTULO **6**

Capacitação 1: Desenvolvimento e Operação de Sistemas

Como a Toyota saiu atrás para chegar na frente

Já examinamos exemplos nos quais diversas organizações fazem um trabalho igual, ou muito semelhante, sob condições externas iguais, ou muito semelhantes, mas que, de alguma maneira, conseguem ficar à frente do grupo. A Southwest supera as outras companhias aéreas. A Marinha dos Estados Unidos opera um programa de reatores nucleares com um histórico seguro que nem a NASA nem a Marinha soviética podem igualar. A Alcoa gera grandes retornos econômicos ao criar um ambiente de trabalho extraordinariamente seguro. Além disso, existem as empresas que conseguem apressar a solução de seus problemas, como a Pratt & Whitney e a Avenue A.

A Toyota é inegavelmente uma dessas organizações de alta velocidade, que, ao entrar no mercado dos Estados Unidos, estava bem atrás das Três Grandes norte-americanas, e disparou para a dianteira tornando-se a fabricante de automóveis mais bem-sucedida do mundo, com "os lucros mais saudáveis do setor". Quando a *Fortune* colocou a Toyota na sua lista de empresas mais admiradas de 2007, ela escreveu:

> Você deve lembrar que há 25 anos ela era apenas uma empresa dentre uma horda de intrometidos asiáticos que vendiam carros compactos e econômicos, e que Detroit desdenhou da ideia de que os norte-

> -americanos fossem querer comprar muitos deles. Agora, como todos sabem, aquela bola de cristal estava embaçada: o Camry, da Toyota, é o carro mais vendido nos Estados Unidos desde 2002, e o Lexus LS 430 é a marca líder de carros de luxo nos últimos sete anos. A estratégia de longo prazo da empresa é que mais respeita o meio ambiente. Em 2006, as vendas do Prius, que funciona com um motor híbrido gasolina/eletricidade, ultrapassaram as 100 mil unidades. O Prius é atualmente tão obrigatório em Hollywood quanto o politicamente incorreto Hummer costumava ser.

E não há dúvida de que o sucesso da Toyota é amplamente atribuído à sua "velocidade de descoberta" – a velocidade com que a empresa melhora, inova e inventa. Marvin Lieberman e seus colaboradores compararam as mudanças na produtividade nos grandes fabricantes de automóveis de 1950 a 1987. Eles perceberam que a Toyota superou seus concorrentes na melhoria de produtividade de mão de obra. Não se tratava, porém, da velha ideia de investir mais pesadamente em fábricas e equipamentos – substituindo o trabalho braçal pelo trabalho mecânico. Em vez disso, a produtividade de capital da Toyota também ultrapassou o setor. Resumindo, a Toyota estava descobrindo como trabalhar mais, com mais rapidez e mais segurança, sem usar mais mão de obra e mais máquinas – e esse processo de descoberta continuou avançando, década após década. Em um estudo separado, Lieberman e Dhawan chamaram a atenção para a estabilidade da vantagem competitiva enraizada na maneira com que uma organização conduz seu trabalho, mesmo que o trabalho que ela decide fazer seja semelhante ao de outros no mercado. Esses autores descobriram que as fontes tradicionais da vantagem competitiva – diferenciação e nichos de mercado protegidos – não são eficazes na indústria automobilística. Além disso, quando Lieberman e Dhawan compararam os melhores fabricantes de carro dos Estados Unidos e do Japão, descobriram que, em termos de eficiência operacional, "as empresas lentas concentraram as melhores práticas do setor, enquanto as empresas mais fortes, como a Toyota, fizeram avanços contínuos, mantendo e aumentando, portanto, sua liderança".

Os avanços da Toyota, que Lieberman avaliou em um nível coletivo, vieram de um sem-número de melhorias específicas espalhadas por diversas áreas. Por exemplo, nos anos 1940, Taichi Ohno, um dos contribuintes embrionários para o desenvolvimento do Sistema Toyota de Produção, ficou frustrado por ver que os operadores da prensa de estampagem levavam de duas a três horas para a instalação; isto é, alterar a produção de um tipo de peça por outro tipo. Por volta dos anos 1950, as instalações geralmente levavam menos de uma hora; e nos anos 1960, o tempo estava reduzido para três minutos. Os operários não estavam apenas fazendo a mesma coisa mais rapidamente, como escravos nas galeras respondendo a uma batida de tambor acelerada; estavam, isto sim, descobrindo melhores maneiras de fazer a instalação.

Charles Fishman, escrevendo na revista *Fast Company*, relata um processo de contínuas descobertas nas oficinas de pintura da Toyota. Desde os tempos de Henry Ford, a pintura de carros tinha sido um desafio bem estudado, e ainda assim a Toyota se esforçou para descobrir novas maneiras de reduzir custos, melhorar a qualidade, responder às necessidades dos clientes com mais rapidez e reduzir o risco para seus funcionários e os danos ao ambiente. Na iniciativa sobre a qual Fishman escreve, as oficinas trocaram o abastecimento da tinta por meio de mangueiras, que requeria a descarga de todas as cores, pelo uso de cartuchos recarregáveis que podiam ser alternados de um carro para o próximo. Obviamente, trocar um cartucho era mais rápido do que lavar uma mangueira, mas não era tudo. Quando uma mangueira era lavada, ainda restava muito tinta nela; na verdade, cerca de 30% da tinta comprada pelo setor era desperdiçada. Além disso, os setores não precisavam mais do solvente, usado para limpar as linhas; isso não apenas economizava dinheiro, mas eliminava os riscos de segurança e ambiental. Como a fábrica podia pintar qualquer cor, em qualquer pedido, não havia necessidade de fazer lotes de carros para reduzir o desperdício de tinta; isto permitia um fluxo de produção mais suave desde a oficina e soldagem, passando pela oficina de pintura, até a montagem final. As cabines de tintas que anteriormente pintavam 33 carros por hora, agora podiam pintar 50. Uma das três cabines foi fechada e desmanchada porque não era mais necessária, o que, por sua vez, liberou espaço na oficina.

Já vimos que nem todas as organizações de alta velocidade estão envolvidas em fabricação. Mas mesmo em uma empresa industrial, a prática de descobertas contínuas, disciplinadas e aceleradas se aplica a tudo que a empresa faz, não só em suas operações de produção. Na Toyota, por exemplo, podemos ver alta velocidade na criação de novas marcas bem como na produção. Nos anos 1980, a Toyota já estava olhando além do sucesso de seus carros pequenos e médios, preparando o terreno para uma marca de luxo. Apresentado como modelo do ano de 1989, em 1990 o Lexus foi eleito "o carro importado do ano" pela Monitoring Press Association. Em 1991, o Lexus estava apresentando novos modelos para refinar suas ofertas e, em 1992, já estava vendendo mais do que a Mercedes e a BMW nos Estados Unidos. Na outra ponta do espectro da marca, a Toyota, como muitos fabricantes de carros, tinha problemas nos segmentos de mercados mais novos. Mas a empresa superou esse obstáculo inventando a bem-sucedida marca Scion, com seu estilo moderno e avançadas opções de customização.

Apesar de muitos fabricantes terem reclamado da impossibilidade de melhorar muito o consumo de combustível, prometendo soluções "milagrosas", como células combustíveis e propulsão eletrônica que sempre pareciam estar poucos anos mais distante, a Toyota lançou o Prius, com seu sistema de propulsão híbrido, estabelecendo a empresa como líder em consumo eficiente, sem comprometer seu desempenho e confiabilidade. A tecnologia de propulsão híbrida, inicialmente usada no Prius, está agora disponível em quase toda a linha de produtos da Toyota e já vendeu mais de 1 milhão de unidades.

Gerando alta velocidade: os legados de Taiichi Ohno e Sakichi Toyoda

A longa história de sucesso da Toyota se baseia em um compromisso de ver cada tarefa como parte de um processo total e, em um comprometimento semelhante, de descobrir melhores maneiras de fazer o trabalho, em vez de submeter-se à aceitação do insatisfatório ou a complacência com o bem-sucedido. Isto é exatamente o que as empresas de alta velocidade fazem e o que as empresas que as perseguem não fazem. No caso da Toyota, esses dois compromissos têm suas raízes em dois luminares corporativos, Taiichi Ohno e Sakichi Toyoda.

Ohno é bastante famoso por haver desenvolvido e disseminado a produção "puxada" *just in time*. Ao criar esse sistema, que foi rodeado (e muitas vezes obscurecido) por um fascínio em determinadas ferramentas de controle do chão de fábrica, Ohno estava enfrentando um problema básico nos empreendimentos modernos: assegurar que as peças de um todo fossem harmoniosamente sincronizadas, em vez de discordantes.

Depois da Segunda Guerra Mundial, os fabricantes de carro norte-americanos estavam ávidos por voltar ao mercado japonês. Um leve esforço de sua enorme capacidade produtiva já teria sido esmagador. Os fabricantes japoneses não estavam em posição de defender-se de tal concorrência. Naquele Japão pós-guerra, eles tinham pouco estoque de tudo que precisavam – mão de obra, equipamento e materiais. Ohno estava administrando uma fábrica de motores da Toyota, tentando alcançar bons resultados, mas estava frustrado. Quando ele passeava pela fábrica, via um operário produzindo algumas peças diligentemente, as quais ficavam lá até serem usadas. E havia outro operário e sua máquina, sem fazer nada porque não tinha as peças que necessitava. Finalmente, quase que inesperadamente, as peças de que ele precisava apareceriam e ele voltava ao trabalho. Enquanto isso, o primeiro operário, depois de fazer uma grande pilha de peças, não tinha nada para fazer.

Como uma operação com homens, máquinas e materiais tão ineficientes poderia vir a se defender da Ford ou da GM algum dia? Ohno desenvolveu uma regra simples para certificar-se de que as peças funcionassem juntas, em uma sincronização autorregulada: se alguém – o "cliente" – precisasse de alguma coisa, teria que pedir, e o "fornecedor" não podia produzir e entregar nada antes de solicitado. O objetivo era assegurar que esses suprimentos fizessem o que essas distribuições necessitavam e *apenas* o que essas distribuições necessitavam – nenhum estoque de um lado e nenhuma espera do outro.

Claro que a adesão a esta regra, em sua forma mais absoluta, seria demais. Para ajustar os tempos de processo, as pessoas poderiam manter um pequeno estoque de material que seria reabastecido ou produzido em lotes de alguns e não de apenas um. Para ajustar a distância entre o cliente e o fornecedor, os pedidos poderiam ser transmitidos por cartões ou eletronicamente, em invés de pessoalmente. Um intermediário poderia ter o trabalho de levar os pedidos dos clientes e conduzir as respostas dos fornecedores. *Ainda assim, a ideia inicial se sustenta*. O ritmo das atividades à jusante funciona no ritmo à montante, de modo que o trabalho individual esteja *a serviço do processo maior e, no final das contas, tudo esteja conectado a serviço do cliente final, nada funcionando de forma isolada.*

Sakichi Toyoda, fundador da Toyoda Automatic Loom Works, de onde surgiu a Toyota Motor Company, começou sua carreira depois que o Japão se abriu para os negócios e o comércio com o Ocidente, após séculos de isolamento. Conforme ouvi muitas vezes dentro da Toyota, as mulheres de sua aldeia, inclusive sua própria mãe e avó, faziam tecidos para roupas em teares manuais, um trabalho muito árduo. Toyoda observou que elas enfrentavam uma terrível situação. Se apenas um das centenas de fios escapasse do tear, o material teria uma falha. Na maioria das vezes, a tecelã não percebia e continuava a tecer, criando inadvertidamente um material mais adequado para trapos do que para roupas.

Para resolver esse problema, Toyoda empenhou-se em inventar um tear que parasse automaticamente quando um fio rompesse. A ideia de que o trabalho deveria parar, quando e onde ocorresse um problema, foi batizada por ele de *jidoka* (traduzido como *autonomação*, significando "autorregulação"). O tear foi um sucesso e o conceito *jidoka* era tão convincente – garantindo que só se despendesse o trabalho necessário e que não se produzisse retalhos – que ele mais tarde vendeu os direitos de patente para a indústria têxtil inglesa. Com esse lucro ele começou a empresa automotiva. Do mesmo modo que a inovação de Ohno levou à insistência de que as partes de um sistema fossem vistos como parte de um todo, o conceito *jidoka* de Toyoda incorporou-se na ideia de que o trabalho deveria ser definido para que os problemas ficassem claros, quando e onde acontecessem. Identificar os problemas era o prerrequisito para o *kaizen* (melhoria contínua) de alta velocidade, pelo qual a Toyota se tornou tão reconhecida.

Um esquema para o desenvolvimento de processo

Tendo em mente o histórico de sucesso da Toyota, vejamos como a empresa o alcança. Reitero meu ponto-chave: as organizações de alta velocidade conseguem manter seu alto desempenho – permanecendo à frente da concorrência, ou superando adversidades aparentemente impossíveis – porque atingem esse alto desempenho de um modo especial, utilizando as quatro capacitações necessárias para administrar operações complexas. Já observamos essas capacitações detalhadamente na Alcoa e na Marinha dos Estados Unidos. Agora vamos examinar a primeira delas: como os sistemas são projetados e operados na Toyota.

Para isso, veremos primeiro uma estrutura simples, mas excepcionalmente flexível, para o desenvolvimento de processo. Com isso em nosso histórico, veremos alguns exemplos, começando com a aplicação dessa estrutura ao trabalho de um indivíduo trabalhando em uma linha de montagem da Toyota e ao treinamento prático que ele recebe para aquela função específica. Depois, ampliaremos nossa visão para o processo no qual novos contratados são preparados para um trabalho na linha de montagem em uma fábrica da Toyota nos Estados Unidos antes de receber treinamento prático para uma função específica na linha. Mais tarde, teremos uma visão ainda mais ampla, aplicando nossa estrutura de projeto de processo em um completo sistema de produção. Finalmente, veremos como essa estrutura se aplica não apenas ao planejamento de uma operação, mas também ao planejamento do processo de planejar uma operação. Dito de outra maneira, o método usado pelos gestores na Toyota para projetar uma linha em que os operários trabalham é exatamente o mesmo método usado para projetar um sistema inteiro de trabalho.

Em 1995, eu estava visitando uma fábrica de equipamentos eletrônicos. Entre outros visitantes estava Hajime Ohba, gerente geral do Centro de Apoio do Fornecedor da Toyota. Nossos guias seguiam de forma lógica (assim pensei), desde o recebimento até o embarque, permitindo que víssemos uma variedade impressionante de tecnologias ao longo do caminho. Mas os executivos da corporação que acompanhavam nossa caminhada não podiam estar menos interessados. Parecia que já tinham visto tudo antes e passavam mais tempo falando sobre suas últimas pescarias do que prestando atenção ao que estava sendo explicado. A cada parada, o Sr. Ohba fazia aos funcionários do chão de fábrica uma série de perguntas que pareciam bastante insípidas, mas que eu, mais tarde, descobri serem de grande conteúdo. Quando voltamos à sala de reuniões, nossos anfitriões, num gesto de cortesia, perguntaram o que ele tinha achado do que vira.

Quase imediatamente, o Sr. Ohba traçou um esquema do sistema de produção da fábrica – suas principais etapas do processo e fluxos de material – juntamente com suas observações sobre os métodos de trabalho. Então, sem hesitação, apresentou uma longa lista de coisas que inevitavelmente dariam errado: sucata aqui, gargalos ali, falhas negligenciadas, intervalos, atrasos. Não que ele tivesse visto qualquer um desses problemas; ele apenas sabia que deveriam estar acontecendo. Sua análise foi tão acertada que os executivos, que no início não estavam prestando atenção, pegaram papéis, canetas e óculos, e começaram a fazer muitas anotações.

Um golpe de sorte, pensei. No dia seguinte, porém, visitamos outra fábrica e aconteceu a mesma coisa. Durante os meses seguintes, o Sr. Ohba e eu continuamos a nos encontrar em diferentes instalações. E a mesma história se repetia.

A princípio, atribuí a capacidade do Sr. Ohba em descrever e diagnosticar complexos sistemas de trabalho a suas décadas de experiência administrando instalações de produção, ajudando em operações iniciais e trabalhando com fornecedores. Com tanto contato com as melhores práticas, ele conseguia facilmente reconhecer como as outras fábricas eram fracas. Mas isso não explicava como ele conseguia avaliar, de forma tão rápida e inteligente, qualquer processo de produção, mesmo quando o produto, o processo ou o mercado não lhe eram familiares.

Levou algum tempo, mas percebi que ele não estava apenas fazendo comparações com as centenas, ou até milhares, de analogias e casos que havia visto. Investigando minhas anotações de pesquisa, descobri um padrão consistente. Onde quer que estivéssemos, o que quer que estivéssemos observando, o Sr. Ohba fazia as mesmas perguntas. Sua larga experiência o ajudara a desenvolver um esquema robusto para entender e diagnosticar o esquema de qualquer sistema de trabalho complexo. Era a esse esquema, não necessariamente uma comparação com situações especiais, que ele apelava ao fazer sua mágica. Era essa estrutura que lhe dava a capacidade de descrever e diagnosticar sistemas complexos, mesmo aqueles que não eram conhecidos. Enquanto eu continuava com minha pesquisa, compreendi outra coisa: seus colegas mais experientes da Toyota estavam todos trabalhando com essa mesma estrutura. Não importava se eles viessem de recursos humanos, engenharia, logística ou administração; eles tinham uma maneira comum de ver o projeto e a melhoria do sistema – uma vantagem cabal, percebi, quando se tratava de trabalhar junto em um problema.

Quais eram essas perguntas e qual seus objetivos? Não importa onde estivéssemos, o Sr. Ohba sempre começava perguntando se podia iniciar sua investigação pelo embarque, normalmente a última parada (e aparentemente a menos interessante) na visita organizada. Ali, ele encontrava a pessoa encarregada de carregar os caminhões naquele dia – não a pessoa que administrava os embarques, mas o rapaz ou moça que trabalhava suspendendo e carregando – e perguntava a essa pessoa quanto de qual produto estava sendo embarcado, para quem e quando. Ele queria saber o que significava para a fábrica ter sucesso naquele dia e como se podia dizer se o sucesso era alcançado ou não. Sabendo disso, ele perguntava para aquele empregado onde estavam as caixas que deviam ser despachadas e ia até a última estação de embalagem. Lá, ele perguntava ao operário de onde vinham os materiais de que ele precisava. Sucessivamente, fazendo esses tipos de perguntas – o que você está fazendo? de onde veio aquilo que você precisava? – ele fazia o caminho inverso por toda a fábrica. Isto o ajudava a estabelecer quais etapas eram necessárias e quem era responsável por elas a fim de embarcar os produtos corretamente.

Na verdade, em cada parada ele fazia outra série de perguntas: o que lhe indica quando deve começar o trabalho – uma instrução de fabricação ou a ordem de um supervisor? Como você reage a esse sinal? Qual a combinação, o volume, a embalagem e o tempo de sua reação? Do mesmo modo, como você avisa que precisa de alguma coisa? O que acontece quando isso acontece?

Tendo estabelecido exatamente quando e como o material, a informação ou a ajuda de uma etapa para a próxima seriam entregues – as interligações – ele geralmente perguntava a um ou dois operários se poderia observar como eles faziam o trabalho pelo qual eram responsáveis. Ele queria saber não apenas como as coisas eram feitas de maneira correta, mas como as pessoas sabiam quando as coisas *não* estavam correndo bem.

Percebi que o Sr. Ohba tinha uma maneira de pensar muito simples, hierárquica e muito sólida sobre o projeto dos complexos sistemas de trabalho, conforme resumi e ilustro a seguir. (As Figuras 6-1 até 6-4 mostram fluxos lineares e transferências muito simples de uma pessoa para a próxima, sem intermediários e nenhum planejamento de recurso de fabricação, planejamento de recurso de empreendimento ou outro sistema de fluxo de informação centralizado. Isto é proposital, mas não significa que as perguntas do Sr. Ohba não se apliquem a situações mais complexas. Na realidade, ao fazer essas perguntas, nessa ordem, ele consegue desvendar a complexidade de um sistema com clareza.)

1. *Resultado geral do sistema*. Primeiro, ele precisava saber o objetivo global do sistema. Para fazer um bom trabalho, o que seria preciso entregar, para quem e quando? Por isso, preferia iniciar pelo embarque. Podia chegar o mais perto possível do cliente real, do local onde ficava mais explícito o que devia acontecer, e se isso acontecera ou não. (Ver Figura 6-1.)
2. *Projeto do percurso: fluxo de materiais, informação e serviços*. Segundo, ele queria conhecer a arquitetura do sistema. Quem seria responsável por desempenhar que etapas, em que sequência, a fim de alcançar o resultado geral do sistema. Sabendo disso, ele conheceria os percursos pelos quais os materiais, serviços e informação fluíam desde o início até o fim (Ver Figura 6-2.)

FIGURA 6-1 Níveis do projeto: sistema.

3. *Projeto de conexão: interligação entre as etapas adjacentes do processo.* Terceiro, ele queria saber como as etapas de um percurso eram conectadas por transferências ou trocas de informação, material e serviços, com atenção especial às informações que ativavam as pessoas a fazer o que era preciso. Qual a forma e a fonte de informação que determina que alguém comece ou termine seu trabalho? E, por outro lado, como alguém informa o que precisa para prosseguir com o trabalho? Como resposta a essas exigências, qual a forma que os produtos, serviços ou informação assumem quando são transferidos das etapas do percurso nas quais são criadas para as etapas nas quais são usadas? (Ver Figura 6-3.)
4. *Métodos para atividades de tarefas individuais.* Quarto, ele queria saber como as pessoas realmente faziam os trabalhos pelos quais eram responsáveis. Para cada tarefa em particular, que etapas o operário deveria realizar, em que ordem, quando, em que lugar e com quais resultados? (Ver Figura 6-4.)

FIGURA 6-2 Níveis do projeto: percurso.

FIGURA 6-3 Níveis do projeto: conexões.

FIGURA 6-4 Níveis do projeto: métodos.

COMO AS CAPACITAÇÕES CORRESPONDEM ÀS REGRAS EM USO

Alguns leitores podem conhecer o artigo da *Harvard Business Review* que eu escrevi em 1999, em conjunto com Kent Bowen, "Decoding the DNA of the Toyota Production System" no qual descrevemos as quatro "regras em uso" fundamentais para o Sistema Toyota de Produção. Eis como essas quatro regras descrevem as quatro capacitações apresentadas em *No Encalço das Líderes*. As três primeiras tratavam do projeto e operação do processo: como projetar e operar um percurso (simples e especificado), uma conexão (direta, entre clientes imediatos e fornecedores e com mecanismos claros e binários para enviar pedidos e respostas), e atividades de trabalho (especificadas em termos de conteúdo de trabalho, sequência, localização, cronograma e resultado). Elas estão expressas na Capacitação 1 de *No Encalço das Líderes*. Desde então, comecei a entender a necessidade de especificar o resultado esperado de uma operação com um teste para indicar se você está à frente ou atrás do esperado. Por isso, a necessidade de um quarto nível de projeto. A quarta de nossas regras em uso – a de que a solução de problemas deveria acontecer no menor grupo possível, utilizando o método cientifico com a apoio de um líder – é o núcleo da Capacitação 2 de *No Encalço das Líderes* – agrupar, restringir e resolver problemas, quando e onde eles ocorressem, com aqueles que eram afetados. A Capacitação 3 – compartilhar conhecimento – foi mencionada no artigo de 1999, e a Capacitação 4 (desenvolver as Capacitações 1, 2 e 3) foi apenas sugerida.

Não era suficiente que os projetos dos resultados, percursos, conexões e atividades fossem bem especificados. Lembre-se do princípio de Sakichi Toyoda, de que se um fio se rompesse no tear mecânico, o tear deveria parar imediatamente para que o operador não despendesse tempo e esforço tecendo um material com uma falha. Sua abordagem está incorporada por toda a Toyota no princípio de que o trabalho não pode ser realizado a não ser que esteja associado a um teste pré-definido que assinala imediatamente quando e onde algo deu errado. Há testes apropriados para cada um dos quatro níveis de projeto de sistema:

1. *Resultados*. Como você sabe se seus embarques estão adiantados ou atrasados?
2. *Percursos*. Como você sabe se todas as etapas do processo foram concluídas, cada uma delas pela pessoa responsável?
3. *Conexões*. Como você sabe se você está adiantado ou atrasado no atendimento dos pedidos de "clientes" imediatos e recebendo o que precisa de "fornecedores" imediatos?
4. *Atividades*. Como você sabe se o método que está usando para realizar essa tarefa está funcionando?

A Tabela 6-1 resume essa estrutura.

Especificando projetos de trabalho e incorporando testes

Veremos agora diversos exemplos do que significa para um processo ser altamente determinado em termos do que se espera que leve ao sucesso, com testes incorporados para indicar quando e onde o processo não está bom. Começaremos examinando um exemplo relativamente simples, o trabalho de um único

TABELA 6-1 Resumo do projeto de sistema e estrutura de operação

	Especificado em termos de	*Indicação dos testes internos*
Resultado geral do sistema: compatibilizar oferta e demanda	• Para ser bem-sucedido, que quantidade de qual produto precisa ser entregue a quem e quando?	• Se o sistema está atrasado, há mais demanda do que capacidade. • Se o sistema está adiantado, há mais capacidade do que demanda.
Percurso: Atribuir responsabilidade para o trabalho em sequência.	• Que tarefas devem ser completadas por quem e em que ordem para se alcançar o resultado alvo?	• Se alguém precisa fazer alguma coisa inesperadamente, o sistema está subprojetado ou subcapacitado. • Se alguém está ocioso, contrariamente ao esperado, o sistema está superprojetado ou supercapacitado.
	• O fluxo é simples e linear (bom) ou irregular (mau)?	• Se o fluxo for irregular, os problemas em uma etapa podem fluir em direção à distribuição e, então, serem reinjetados de forma nociva e amplificada em direção ao suprimento.

(continua na próxima página)

TABELA 6-1 (continuação)

	Especificado em termos de	*Indicação dos testes internos*
Conexão: Transportar material, informação e serviço entre etapas do processo.	• Qual o sinal para alguém começar ou terminar o trabalho pelo qual é responsável, e qual o formato de sua resposta?	• Um pedido para o qual não existe resposta significa que a necessidade do cliente não é atendida. • Uma resposta para a qual não existe pedido significa que um fornecedor está trabalhando em antecipação a uma necessidade.
	• Os pedidos e as respostas são transmitidos diretamente entre clientes e fornecedores imediatos?	• Se afirmativo, as etapas a montante e a jusante do processo estarão trabalhando em sincronia, com as necessidades da etapa a jusante ativando o trabalho das etapas das quais depende. Caso contrário, haverá uma falta de sincronia.
Método: Realizar o trabalho pelo qual se é responsável.	• Qual o trabalho de cada etapa – conteúdo, sequência, cronograma, localização, e qual o resultado esperado?	• Se o projeto do trabalho não está sendo seguido, há algo de errado com ele ou com o treinamento para ele? • Se está sendo seguido, mas não está alcançando seus objetivos pretendidos, há algo de errado com ele ou ele está sendo usado em circunstâncias erradas?

operário e o treinamento prático para aquele trabalho. Serão muitas as comparações com minhas experiências na fábrica de uma das Três Grandes, descritas no Capítulo 3. Depois, examinaremos o processo pelo qual alguém é treinado antes mesmo de começar a trabalhar na linha. Apesar do treinamento ser menos tangível que a fabricação, e muito mais afetado pelas habilidades particulares, pela formação e pelas capacidades de cada pessoa, veremos que são aplicadas as mesmas disciplinas e testes de autocorreção. Desse ponto, seguiremos para um exemplo de um sistema de produção completo e, em seguida, para dois exemplos do planejamento da complexa tarefa de projetar (ou reprojetar) um sistema de produção completo. Deliberadamente, escolhi uma série de exemplos com aumento em escala e complexidade a fim de destacar o fato de que os mesmo princípios para especificação e incorporação de testes para sucesso estão sempre em ação.

Exemplo: trabalho na linha de montagem

Quando trabalhei na linha em uma fábrica das Três Grandes, eu devia instalar os assentos dianteiros direitos, mas era muito difícil saber fazer isso bem. Mais tarde, descobri que eu tinha me esforçado muito naquela fábrica para realizar metade do trabalho feito com muito menos esforço em uma fábrica da Toyota.

Na fábrica da Toyota de Kentucky, por exemplo, a instalação do assento dianteiro direito tinha sete passos distintos predefinidos. Cada passo devia levar determinado tempo; os testes intermediários indicavam onde o trabalho não estava sendo realizado como especificado, ou quando o resultado real não atingia o resultado esperado. Isso está resumido na Tabela 6-2 e ilustrado na Figura 6-5 (p. 157). Eram necessários 46 segundos de trabalho e 5 segundos de caminhada, ocupando, dessa forma, 51 segundos do ciclo permitido de 55 segundos.

Exemplo: treinando operários da linha de montagem

Não era apenas o trabalho de chão de fábrica que era projetado e realizado de modo diferente do trabalho que eu tinha feito na oficina de uma das Três Grandes. A preparação de um novo funcionário para aquele trabalho também era completamente diferente. Lá, eu fora jogado no trabalho com uma simples demonstração superficial feita para todo o grupo de novos contratados. Na TMMK e em outras fábricas da Toyota, onde observei o processo de treinamento, os novos contratados aprendiam cada um dos passos e depois podiam realizar o primeiro passo, com o instrutor completando a sequência. Isso continuava até que o novo contratado pudesse realizar o primeiro passo consistentemente, e no tempo

TABELA 6-2 Trabalho padronizado: instalação do assento dianteiro direito na TMMK

Passo	*Descrição*	*Tempo (trabalho/ caminhada) segundos*		*Controle de qualidade*	*Segurança*
1	Verificar ordem de produção	2			
2	Fazer o içamento do assento	3			
3	Colocar assento na área da porta	6	2	Teste com pistola de torque (a um torque predefinido) para confirmar a fixação. Parafuso encaixado até o fim no trilho do assento.	Para uma ergonomia segura o membro da equipe precisa ser treinado para usar equipamento.
	Colocar as tampas nos parafusos do assoalho traseiro e retornar o guindaste	4			
4	Instalar dois parafusos do assento dianteiro	14			
5	Ajustar o assento para frente	4	3		
6	Instalar os parafusos do assento traseiro	11		Teste com pistola de torque (a um torque predefinido) para confirmar a fixação. Parafuso encaixado até o fim no trilho do assento.	Apertar o parafuso traseiro externo com a mão esquerda para reduzir a tensão na mão e no cotovelo direitos.
7	Instalar as tampas dos parafusos	7			
	Total	**46**	**5**		

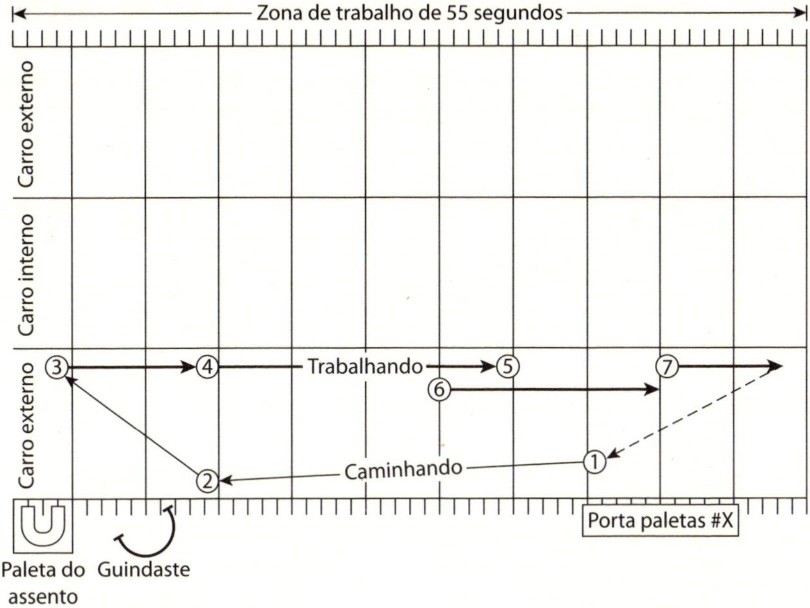

FIGURA 6-5 Esquema de trabalho padronizado para a instalação de assentos na Toyota Kentucky. As hachuras indicam a posição do carro em cada segundo que ele permanece na área de trabalho.

indicado. Somente depois de passar por esse teste ele passaria para o segundo passo, com o instrutor completando os cinco passos restantes. Esse processo se repetia até que o novo contratado dominasse toda a sequência.

Vejamos as implicações de se ensinar ao estilo passo a passo, em que o operário só avança quando tem perfeito conhecimento do passo anterior. Enquanto meus problemas estavam espalhados ao longo de um intervalo de 57 segundos, os problemas de um *trainee* na TMMK ficavam restritos aos poucos segundos necessários para completar o primeiro passo que ele estava aprendendo. Como o processo de treinamento é planejado, realizado e controlado mais detalhadamente, as respostas aos problemas tem melhor resolução e controle. Quando Bill me ensinava, ele tinha que ser capaz de identificar e responder aos problemas em qualquer ponto do ciclo de trabalho. Se estivesse me ensinando no modo passo a passo, poderia concentrar sua atenção e seus esforços com mais precisão.

As diferenças não terminavam (ou começavam) ali. Antes mesmo do treinamento prático, passo a passo, os novos contratados da Toyota passam por um processo de integração igualmente bem definido a fim de prepará-los para seu treinamento prático na linha de montagem. Eu mesmo comprovei isso na montadora de caminhões e *vans* da Toyota Indiana. Cada passo era planejado tendo em mente as necessidades do próximo passo. Do mesmo modo que o objetivo geral (resultado) do treinamento prático é preparar um novo contratado para uma função especial na linha, o objetivo geral (resultado) do processo de integração é preparar novos contratados para aprender na linha. O modo de se conseguir isso estava escrito e especificado em detalhes, com testes indicando se alguém havia completado uma etapa com sucesso e se estava pronto para seguir para a próxima. O mesmo princípio se repetia todas as vezes.

Como era definido o resultado do processo de integração? O processo deve preparar uma pessoa que queira realizar o trabalho na linha, que seja fisicamente capaz de fazer isso – com a energia para a função, a persistência para continuar por um turno inteiro e a flexibilidade muscular necessária para evitar repetidos problemas de tensão; que tenha uma habilidade técnica suficiente para manusear materiais e utilizar ferramentas com segurança e eficiência; e que tenha o conhecimento das ferramentas básicas do chão de fábrica, como o sistema "puxado" de *just in time* para repor materiais, o sistema *andon* de cordas para chamar ajuda, e trabalho padronizado para completar as tarefas. Se depois do processo de integração o novo contratado não demonstrar ter todas essas características (isto é, se o resultado não for o especificado), significa que ele está despreparado para o treinamento prático e para o trabalho real.

Para tornar mais fácil que o novo contratado domine sua função na linha, e para facilitar que o líder da equipe treine o novo contratado, o RH deve certificar-se de que ele tenha várias habilidades e atitudes. Por exemplo, mesmo antes que os novos contratados comecem o treinamento para suas funções na produção, a Toyota certifica-se de que eles saibam o que se espera deles. Para isso, um antigo ginásio foi transformado em uma linha de montagem simulada (1 na Figura 6-6). Os candidatos às funções passam diversas horas fazendo trabalhos de montagem em maquetes. Com o espírito de melhoria contínua, a sessão de trabalho nas maquetes, que originalmente era de um dia, foi aumentada para dois dias quando a Toyota observou que era importante descobrir como um novo contratado reagia ao ser colocado no trabalho árduo da linha em um dia, e ter que voltar no dia seguinte para fazer o mesmo trabalho. Nem todos suportavam isso, e a Toyota não queria designar um novo contratado para uma função na qual ele provavelmente fracassaria.

Depois da maquete, vem a orientação em sala de aula, com um currículo específico para a função para a qual o novo contratado está sendo preparado, com testes escritos e práticos para assegurar que os diversos aspectos do aprendizado tenham sido aprendidos (2 na Figura 6-6). Na fábrica de uma das Três Grandes não havia nada semelhante para os novos contratados.

Com essa parte do treinamento de integração realizada, seguia-se para a próxima fase – ferramentas de controle de produção da oficina básica, como tra-

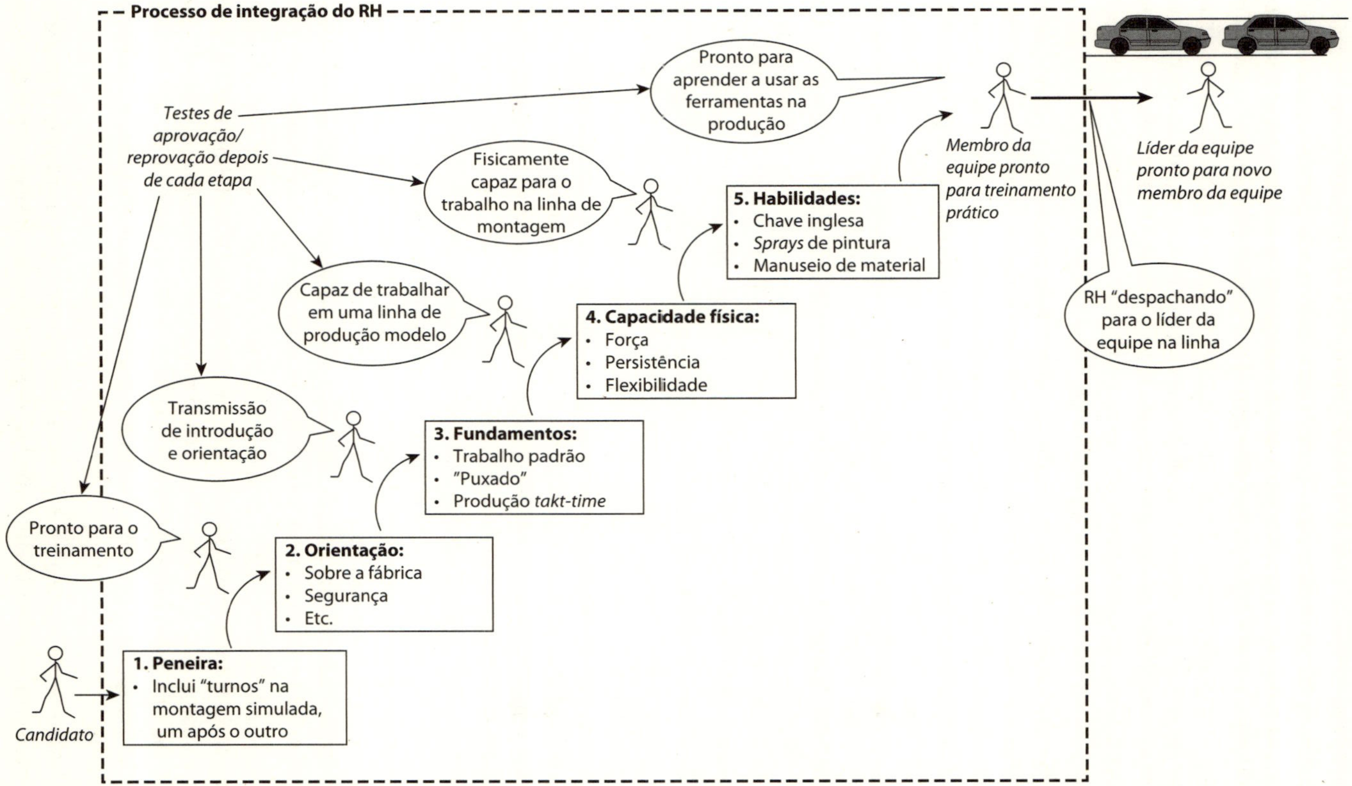

FIGURA 6-6 Percurso de treinamento para os novos contratados na Toyota Kentucky.

balho padrão e sistema puxado (3 na Figura 6-6). O RH não tinha a intenção de deixar que os novos contratados aprendessem essas coisas durante o desempenho da função na linha, o que monopolizaria a atenção do líder da equipe, e talvez do líder do grupo, que também era responsável por outras pessoas que estavam trabalhando na produção de fato. (Isso seria mais ou menos como dar uma carteira de habilitação para crianças e depois deixar que os policiais lhes dessem aulas de direção junto com multas por excesso de velocidade.) Em vez disso, a Toyota criou uma linha de montagem em escala, construída sobre uma mesa, na qual os produtos eram miniaturas de caminhões feitos de Legos.

Muitas habilidades precisavam ser aprendidas, inclusive a leitura de documentos para saber que trabalho teria que ser realizado, a utilização de procedimentos padronizados de trabalho para realizar aquela função, a utilização de fichas *kanban* para solicitar peças e materiais, a identificação de erros, a utilização de sistemas *andon* de cordas para pedir ajuda, a produção *takt-time* para manter o nível de demanda do cliente. Mas o processo foi brilhantemente planejado. A complexidade de produtos reais, demandas de produção real e o ritmo de produção real foram desconsiderados e apenas uma habilidade devia ser dominada por vez. O "aluno" estava sempre concentrado no assunto em pauta, enquanto desenvolvia uma especialização cumulativa. (No Capítulo 11, veremos o nítido contraste entre esse método de treinamento e o método típico da educação médica.)

Contudo, ainda havia mais. O trabalho na linha de montagem é um trabalho árduo. Exige força, persistência e uma boa dose de destreza. Por isso, a fábrica da Toyota de Indiana tinha sua própria academia de ginástica (4 na Figura 6-6, p. 159). As pessoas que conheci do grupo de novos contratados eram de diversos tamanhos, formatos e condições, todos eles bufando e ofegando ao tentar melhorar a forma física nos exercícios de bicicleta, nas esteiras e nos aparelhos de simulação de subida de escada.

Finalmente, algumas habilidades técnicas específicas precisavam ser dominadas (5 na Figura 6-6, p. 159). Em uma área protegida do chão de fábrica, os novos contratados tinham a oportunidade de praticar apertando parafusos, manuseando peças e usando vaporizadores de tinta, tornando-se hábeis no uso das ferramentas físicas de sua função, antes que começassem a trabalhar em carros e caminhões de verdade, pelos quais os clientes pagariam pelo trabalho.

Se um novo contratado passasse por todos os testes, estaria qualificado e *pronto* para o treinamento prático de uma função na linha de montagem, como o que acabamos de descrever. Não havia um prazo estipulado para esse treinamento, mas sim um resultado determinado: os novos contratados deveriam ser treinados até serem aprovados. Ninguém era "promovido socialmente" e poucos fracassavam.

Todo esse complexo esforço para determinar o que as pessoas precisavam saber para começar bem seus trabalhos e para criar um processo que garantisse que elas possuíam essas habilidades não estava limitado ao trabalho de produção do chão de fábrica. Para aqueles que ingressassem na engenharia de produção, manutenção de equipamentos e outros departamentos técnicos, a Toyota tinha um contrato com uma universidade local para desenvolver treinamento em eletrônica e outras qualificações necessárias. Isso seguia o mesmo espírito: criar conhecimento de modo gradual e progressivo, em vez de mergulhar alguém, de repente, no ambiente real de trabalho, e criar testes no treinamento para que cada fase fosse aprendida antes de iniciar a próxima.

O processo de treinamento foi descrito desta maneira tão detalhada porque é importante entender que as organizações de alta velocidade fazem *tudo* dessa maneira deliberada, mas em alta velocidade. A Toyota fabrica carros, mas é tão importante que o processo de treinamento seja rigorosamente definido por seus resultados, percursos, transferências e métodos de trabalho – com testes incorporados para mostrar quando algo não está certo – quanto é importante que o próprio processo de fabricação de carros seja rigorosamente especificado com *jidoka* (autorregulação).

Para ilustrar o conceito de planejamento de sistemas de trabalho com detalhes e testes incorporados, vimos primeiro exemplos relativamente simples: o trabalho diário e repetitivo de um único operário da linha de montagem e o treinamento prático que ele irá receber. Depois, examinamos um processo mais complexo, envolvendo mais etapas e mais pessoas – a preparação que um novo contratado recebe como um prerrequisito para seu treinamento de trabalho na linha. Agora, vamos examinar os mesmos princípios aplicados em uma escala ainda maior.

Exemplo: administrando a produção e a customização em massa

A Aisin, um fornecedor de autopeças de primeira linha da Toyota, também tem uma divisão de produtos de consumo. Em 1987, sua fábrica de colchões em Seiki mudou de produção em massa para a customização em massa. Nas lojas de móveis, os clientes podiam testar os modelos de camas e especificar o tamanho, tecido da capa, material do forro, padrão do estofamento, cor dos remates e a densidade, em um total de 850 alternativas e, depois, receber em três dias o colchão customizado. Isso deveria ser uma operação mais difícil de administrar do que apenas a produção em massa de poucas alternativas entregues em mais tempo, mas, ainda assim, a Aisin conseguiu impressionantes aumentos em volume, variedade e produtividade, simultaneamente com redução no tempo de produção e estoque, como vemos na Tabela 6-3. O que a Aisin fez para conseguir essa invejável combinação de variedade, custo e pouco tempo de produção?

Tabela 6-3 Produção de colchões da Aisin: variedade, volume, estoque e produtividade

	1986	*1988*	*1992*	*1996*	*1997*	*Taxa de mudança anualizada*
Estilos	200	325	670	750	850	14%
Unidades por dia	160	230	460	530	550	12%
Unidades por pessoa	8	11	13	20	26	11%
Produtos acabados (em dias)	30	2,5	1,8	1,5	1,5	-24%
Índice de produtividade	100	138	175	197	208	7%

Como qualquer outro produto, os colchões são feitos em diferentes etapas (ver Figura 6-7), todas elas sujeitas a flutuações de demanda, variações no tempo de processo e outras questões. Na fase da armação, as molas são enroladas e ligadas dentro de uma estrutura. No estofamento, as camadas do forro são costuradas para cobrir as camadas. O tecido é costurado nas bainhas para o contorno do colchão. Essas três submontagens são armadas em colchões inteiros e, em seguida, etiquetadas, embaladas e despachadas.

Parece simples (e é, se comparado com a fabricação de motores a jato), mas a simplicidade do fluxo de material esconde a dificuldade em se ter um fluxo de informações para que as várias etapas sejam integradas em um processo que funcione bem e gere o resultado esperado. Quem pensaria que o fluxo de informações teria tanta importância na produção de colchões ou mesmo que haveria muitas coisas para considerar? Na verdade, o sucesso da Aisin na conversão de sua linha de produção em massa para customização em massa surgiu tanto das melhorias e inovações do aspecto de processamento de informações quanto dos métodos de produção.

Por exemplo, o enrolamento, a debruação e os outros centros de produção primeiramente recebiam as programações de produção de um centro de controle de produção centralizado. Apesar do esforço feito pelo planejamento, essas programações de produção individual nem sempre combinavam bem. Muitas vezes havia necessidade de um estoque considerável entre as sucessivas etapas de produção e entre a fábrica e seus clientes. Para resolver esse problema, a Aisin adotou um sistema "puxado" *just in time*, um método que já foi descrito anteriormente neste capítulo. Na Aisin, a regra simples de Taiichi Ohno tinha múltiplas expressões. As programações de produção tinham se baseado na demanda esperada (em vez

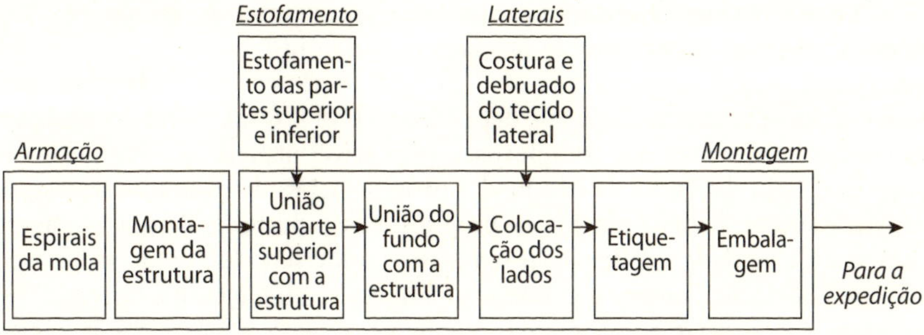

FIGURA 6-7 Fluxo simplificado de material para a produção de colchões.

da real). Nesse momento, os clientes iriam às lojas de móveis e desenhariam seus próprios colchões. Os pedidos seriam encaminhados à Aisin, onde seria definida a produção diária. Porém, em vez de transmitir instruções de produção detalhadas para cada centro de trabalho, o controle de produção assinalava a última etapa na linha de produção quando outro colchão deveria ser acabado. Quando cada colchão era acabado e enviado para a expedição, a última estação sinalizava para as estações alimentadoras (debruação, costura e modelagem) para que mandassem a próxima peça. Quando recebiam esses sinais de acionamento, cada estação alimentadora respondia enviando uma peça adiante, abrindo espaço para trabalhar na próxima, pressionando seus próprios fornecedores quando ficavam sem material.

Vemos esta simples troca de sinais de disparo e resposta de material para a linha de alimentação do acolchoamento na Figura 6-8.

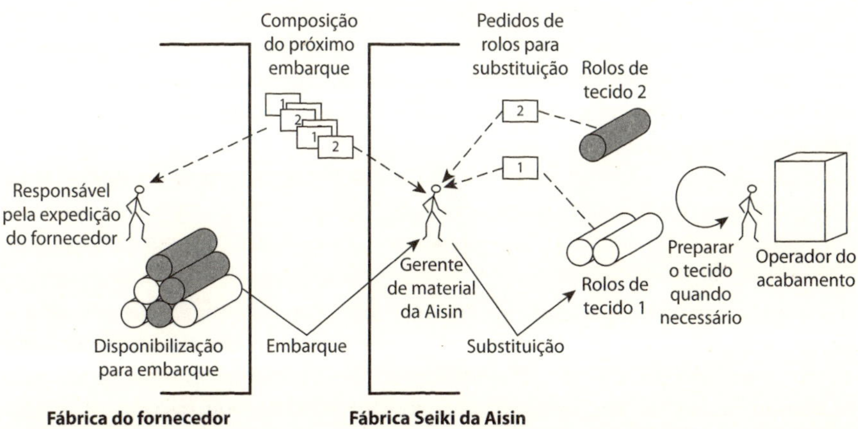

FIGURA 6-8 Conectando o estofamento, pedidos de material e fornecimento de material.

Por que era tão importante para a Aisin se converter de um sistema "empurrado", no qual o controle de produção enviava instruções detalhadas para cada ponto, para um sistema "puxado", no qual as pessoas, em cada etapa, definiam o ritmo das etapas das quais dependiam? Isso nos faz voltar ao problema básico de planejar sistemas complexos: é impossível planejá-los com perfeição. Quando a Aisin dependia de detalhadas programações de produção, essas programações dependiam de inevitáveis prognósticos imperfeitos do que os clientes gostariam de verdade e refletiam prognósticos imperfeitos de como se apresentaria uma operação complexa e, portanto, imprevisível. Quando a operação real começava a se desviar do programa – o que geralmente acontecia – as pessoas tinham que se empenhar em subterfúgios, em "apagar incêndios" ou em atos heróicos em vez de se dedicarem às melhores práticas testadas anteriormente. Por outro lado, a possibilidade de que as etapas seguintes conduzissem pedidos e respostas diretamente a cada um criou uma autorregulação no sistema – não era mais necessária uma regulação *ad hoc*.

Porém, para ser autorregulado, um sistema precisa ser capaz de identificar problemas e de corrigi-los quando ocorrem. Na Aisin, isso tinha muitas formas. Por exemplo, a cada duas horas, o controle de produção determinava quais pedidos de clientes deveriam ser dirigidos a cada uma das duas linhas de montagem. Com a certeza do que se esperava que fosse produzido, onde e quando, era mais fácil rastrear se o sistema estava de acordo com as expectativas. Para destacar ainda mais os problemas, monitores indicavam se as linhas de produção estavam adiantadas ou atrasadas em relação aos seus objetivos. Quando elas ficavam atrasadas em relação ao ritmo do objetivo, as gerências de primeiro e segundo nível eram sinalizadas a investigar a razão e restringir o problema.

Esses eram os diagnósticos para as linhas consideradas como um todo. Além disso, cada elo entre as etapas tinha um teste de autodiagnóstico interno semelhante. Se o subprocesso de estofamento ficasse em descompasso com a montagem final, isso apareceria dentro de poucos minutos. Uma costura a mais ou a menos entre uma etapa e outra significava que os dois não estavam andando no mesmo ritmo; um havia acelerado enquanto o outro havia reduzido a velocidade. Sem esta capacidade homeostática para autodiagnose e autocorreção, seriam necessários métodos menos eficazes, tais como manter um estoque extra – que precisaria ser contado, recontado, rastreado e girado – para manter um nível sólido de produção.

Para criar essa capacidade autoreguladora e autocorretiva, a Aisin teve que tomar outras decisões relacionadas ao planejamento. A fim de que uma etapa do processo seguisse o ritmo da etapa anterior, era necessário especificar quais pessoas utilizando quais máquinas estavam suprindo quais outras pessoas. Assim, o fluxo de material, ao longo de um percurso predeterminado, tinha que ser especificado; em cada etapa, cada pessoa tinha que saber quem a supriria, e para quem ela devia suprir em cada transferência.

Para muitas organizações este não é um método óbvio. Por exemplo, em cada etapa a Aisin tinha mais de uma máquina que podia desempenhar a mesma tarefa: dois dispositivos para enrolar as molas e construir as armações, cinco máquinas para preparar os estofamentos de cima e de baixo, duas linhas nas quais os colchões podiam ser montados. Como, por exemplo, qualquer das máquinas podia fazer qualquer dos trabalhos de estofamento, o fluxo de trabalho poderia ter sido arranjado na base de "primeiro a chegar, primeiro a ser atendido" do mesmo modo que os clientes de banco fazem ao entrar em uma fila para, depois, se dirigir ao primeiro caixa livre (ver Figura 6-9). Ao contrário, os trabalhos fluíam de um local específico para o próximo (ver Figura 6-10), pois a Aisin não queria perder as características autoreguladoras (autodiagnóstico e autocorreção) de um fluxo de trabalho no qual cada etapa "puxava" o que precisava a partir de uma etapa anterior definida.

Lembre-se de que o problema básico no planejamento e operação de um sistema complexo é que, seja qual for o esforço dedicado ao planejamento de um projeto, ainda há muitas coisas que não são entendidas sobre como vários elementos interagem uns com os outros. A especificação com antecedência do fluxo de material e de informação, como vemos na Figura 6-10, permite que os projetistas e operadores da Aisin sejam mais claros sobre suas expectativas: quais etapas acreditamos ser necessárias para realizar o trabalho? Em cada etapa, qual a velocidade e capacidade da pessoa que está utilizando o equipamento? Em cada etapa, qual o verdadeiro conteúdo de trabalho de cada tarefa?

Ao deixar absolutamente claro o que se espera que aconteça, é mais fácil nos surpreendermos pelas coisas que acontecem e que não eram previstas. Isso parece um contrassenso? A objetividade não tornaria mais difícil a surpresa? A questão aqui é que expectativas claras não fazem com que as coisas, por si só, deem certo. Expectativas claras tornam óbvio quando as coisas *não* saem como

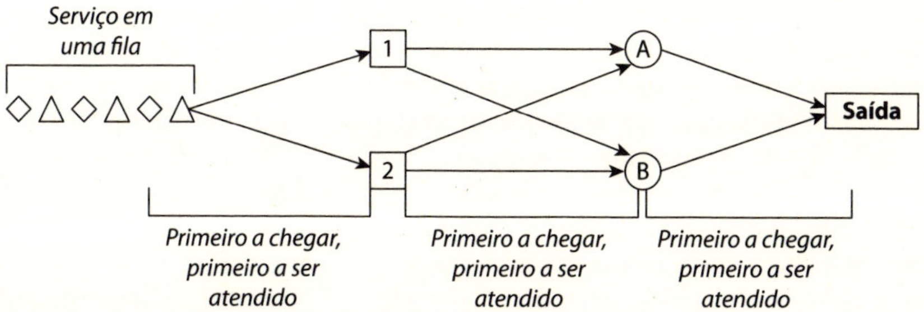

FIGURA 6-9 De qualquer um para qualquer um.

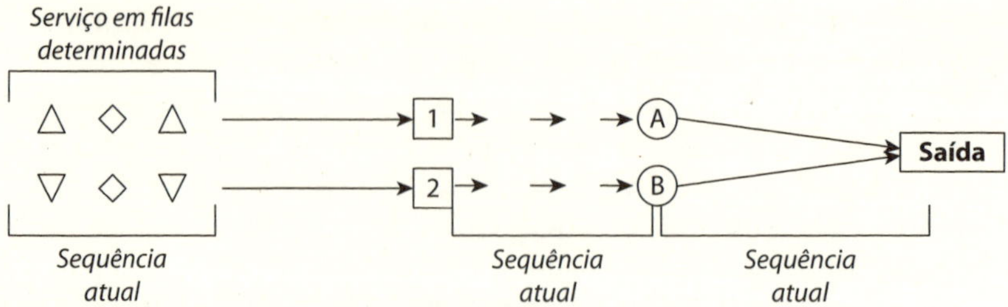

FIGURA 6-10 Fluxo predeterminado.

esperado. Por isso é mais fácil dizer: "não era isso que eu esperava que acontecesse. Há alguma coisa neste processo que eu não entendo e preciso aprender". Era exatamente isso que Rickover queria quando ele insistiu que Rockwell "soubesse" como uma reunião acabaria, mesmo antes de começar. É a mesma disciplina que o próprio Rockwell praticava quando insistia que antes de testar a proteção do reator fossem feitas avaliações do que cada sensor interpretaria na superfície.

Exemplo: consolidando três linhas de produção

Agora já vimos o método *jidoka* da Toyota aplicado com muito sucesso ao trabalho prático de uma só pessoa, ao treinamento prático de novos contratados e a uma operação inteira de produção. As vantagens em esclarecer as expectativas antes da ação e criar testes para reconhecer quando e onde essas expectativas estão erradas não param por aí. Aqui está um exemplo do *jidoka* aplicado ao oposto do trabalho repetitivo desenvolvido por uma pessoa ou um grupo pequeno; isto é, a um projeto complexo de um único evento realizado por um grupo grande e mesclado.

Um fornecedor da Toyota, enfrentando uma redução na demanda por determinadas peças, decidiu consolidar três linhas em uma só. A equipe de produção/engenharia criou um detalhado plano em 13 passos para o processo de consolidação, indicando quem deveria fazer o que, em que ordem, com que recursos e em quanto tempo. Por que se incomodar com essa rotina rigidamente coreografada para uma tarefa que nunca teria que ser repetida? Porque a equipe responsável pela consolidação sabia que, uma vez iniciado o trabalho, começaria a descobrir todo o tipo de coisas que desconhecia e exigências que não havia previsto. Mesmo no primeiro passo, eles perceberam que precisavam ser realizados certos trabalhos que eles não haviam imaginado e que não seriam necessários outros trabalhos para os quais haviam feito planos. Entretanto, eles não se satisfizeram com subterfúgios – fazer o trabalho inesperado, ignorar o trabalho desnecessário e seguir em frente com o plano original. Em vez disso, todas as vezes que seu roteiro mostrava ter defeitos, eles se perguntavam em que premissas tinham se baseado que os levara a essa escolha. Igualmente, percebiam que a mesma premissa estava por trás de outras etapas do plano, e assim continuavam a revisar as últimas etapas baseados em descobertas feitas nas etapas anteriores. Pode-se pensar que determinar com antecedência o que eles achavam que iria funcionar e investigar cada desvio dessas expectativas enquanto faziam seu trabalho teria feito com que esse projeto único levasse mais tempo do que necessário. Na verdade, isso permitiu que a consolidação fosse feita mais rapidamente, com menos custo e com melhores resultados do que fora inicialmente previsto.

Exemplo: lançamento de novo modelo

E este não é um modelo isolado. Paul Adler e seus colaboradores estudaram uma série de introduções de novos modelos na NUMMI, *joint venture* da Toyota com a General Motors, na Califórnia. A Toyota estava apresentando um carro que seria produzido tanto nos Estados Unidos quanto no Japão. Apesar do carro ser o mesmo, muitas coisas seriam diferentes. Uma fábrica havia sido planejada pela Toyota e explorada pela empresa por muitos anos; a outra refletia no *layout* e equipamento a herança da General Motors. A mão de obra tinha diferentes mesclas e graus de habilidades e capacidades, e os fornecedores dos quais cada fábrica dependia também eram diferentes. Com tantas diferenças, um método teria sido deixar que cada fábrica desenvolvesse seu próprio plano de lançamento. Mas isso eliminaria a oportunidade de que uma fábrica aprendesse com a experiência da outra. A Toyota decidiu iniciar primeiro a fábrica japonesa. Enquanto essa fábrica progredia, descobriu que o que ela havia previsto não era o que sempre acontecia, e por isso precisava modificar o roteiro continuamente. Assim que a inauguração daquela fábrica foi concluída, ela "emprestou" seu roteiro modificado para a NUMMI. Não que a equipe japonesa pensasse que seu roteiro tivesse sido modificado com perfeição, mas naquele momento ele refletia a melhor compreensão de como apresentar bem o produto. Antes mesmo que a equipe da NUMMI começasse sua própria fase de execução, ela modificou o roteiro da equipe japonesa baseada no que sabia de suas próprias circunstâncias. Não que eles removessem segmentos impróprios e improvisassem para preencher as lacunas. Eles substituíram esses segmentos com seus próprios segmentos rigidamente documentados. Durante o período de lançamento da NUMMI, os problemas que ocorreram e que haviam sido solucionados ao longo do caminho sugeriram modificações adicionais que permitiram uma inauguração ainda mais bem-sucedida.

Tendo examinado bem como o trabalho é planejado e operado – do trabalho simples e repetitivo ao complexo e raro, veremos, no Capítulo 7, como os sistemas imperfeitos são continuamente melhorados, assim como acontece com as pessoas que os melhoram e com o conjunto de conhecimentos que irá contribuir para mais melhorias.

Notas

Pág. 142: ***A Toyota é inegavelmente uma dessas organizações de alta velocidade [...] disparou para a dianteira tornando-se a fabricante de automóveis mais bem-sucedida do mundo, com "os lucros mais saudáveis do setor".*** Anne Fisher, "America´s Most Admired Companies", *Fortune* 157:5, March 17, 2008, page 65.

Págs. 142-143: ***A Toyota é inegavelmente [...] Quando a* Fortune *colocou a Toyota na sua lista de empresas mais admiradas de 2007, ela escreveu: "Você deve lembrar que há 25 anos [...] O Prius é atualmente tão obrigatório em Hollywood quanto o politicamente incorreto Hummer costumava ser.*** Anne Fisher, "America´s Most Admired Companies", *Fortune* 157:5, March 17, 2008, page 65.

Pág. 143: ***E não há dúvida de que o sucesso da Toyota é amplamente atribuído à sua "velocidade de descoberta" [...] Marvin Lieberman e seus colaboradores [...] perceberam que a Toyota superou seus concorrentes na melhoria de produtividade de mão de obra [...] e esse processo de descoberta continuou avançando, década após década.*** Marvin B. Lieberman, Lurence J. Lau, e Mark D. Williams, "First-Level Productivity and Management Influence: A Comparison of U.S. and Japanese Automobile Producers", *Management Science* 36:10, October 1990, pages 1193-1215.

Pág. 143: ***E não há dúvida de que o sucesso da Toyota [...] Em um estudo separado, Lieberman e Dhawan chamaram a atenção [...] "as empresas lentas concentraram [...] enquanto as empresas mais fortes, como a Toyota, fizeram avanços contínuos [...]*** Marvin B. Lieberman e Rajeev Dhawan, " Assessing the Resource Base of Japanese and U.S. Auto Producers: A Stochastic Frontier Production Approach", *Management Science* 51:7, July 2005, pages 1060-1075.

Pág. 143: ***Os avanços da Toyota [...] vieram de um sem-número de melhorias específicas espalhadas [...] Taichi Ohno [...] ficou frustrado por ver que os operadores da prensa de estampagem levavam de duas a três horas para a instalação [...] Por volta dos anos 1950, as instalações geralmente levavam menos de uma hora; e nos anos 1960, o tempo estava reduzido para três minutos.*** Taichi Ohno, *Toyota Production System: Beyond Large-Scale Production*, Productivity Press, 1988, tradução para o inglês do original japonês.

Pág. 144: ***Charles Fishman [...] relata um processo de contínuas descobertas nas oficinas de pintura da Toyota [...] Uma das três cabines foi fechada e desmanchada porque não era mais necessária, o que, por sua vez, liberou espaço na oficina.*** Charles Fishman, "No Satisfaction at Toyota", *Fast Company* 111, 2007, page 82.

Pág. 144: ***Já vimos que nem todas [...] Em 1991, o Lexus estava apresentando novos modelos para refinar suas ofertas e, em 1992, já estava vendendo mais do que a Mercedes e a BMW nos Estados Unidos.*** Jeffrey K. Liker, *The Toyota Way: 14 Management Principles from the World's Greatest Manufacturer*, MacGraw-Hill, 2004; Mathew E. May, *The Elegant Solution: Toyota's Formula for Mastering Innovation*, prefácio de Kevin Roberts, Free Press, 2007.

Pág. 161: ***A Aisin, um fornecedor de autopeças de primeira linha [...] O que a Aisin fez para conseguir essa invejável combinação de variedade, custo e pouco tempo de produção?*** Uma versão desta declaração apareceu no livro de Steven J. Spear, "The Essence of Just in Time: Embedding Diagnosis Tests in Work-Systems to Achieve Operational Excellence", *Productivity Planning and Control* 13:8, 2002, pages 754-767.

Pág. 167: ***E este não é um modelo isolado. Paul Adler e seus colaboradores estudaram uma série de introduções de novos modelos na NUMMI, joint venture da Toyota com a General Motors, na Califórnia.*** P.S. Adler, B. Goldoftas, e D.I. Levine, "Flexibility versus Efficiency? A Case Study of Model Changeovers in the Toyota Production System". *Organization Science*, 1999.

CAPÍTULO 7

Capacitação 2: Solução de Problemas e Melhorias

O Capítulo 6 transmitiu minha experiência de trabalho com gerentes experientes da Toyota, percebendo que sua excepcional rapidez e facilidade em entender, diagnosticar e planejar sistemas dependia de estruturas bem capacitadas, sólidas e confiáveis que eles podiam aplicar amplamente, em vez de confiar em uma numerosa biblioteca de analogias de melhores práticas. Neste capítulo, veremos uma abordagem semelhante para a solução de problemas e melhorias – estruturas simples e sólidas que são usadas com segurança pelos indivíduos e compartilhadas entre grupos que precisam resolver problemas em conjunto e de modo multifuncional. Ambas as estruturas guiam a mudança – na direção de um sistema "ideal" – e recomendam como essa mudança deve ser feita – utilizando o método científico em alta velocidade e baixo custo para solucionar problemas, enquanto criam conhecimentos ainda mais profundos. Consequentemente, corrigir algo é tanto um fim em si mesmo quanto um meio para outras duas finalidades – criar novos conhecimentos que mais tarde possam ser usados competitivamente e desenvolver nas pessoas que os enfrentam uma maior capacidade de solucionar problemas.

Examinemos melhor como são essas duas estruturas e como são usadas para manter uma noção palpável de urgência otimista. Visitaremos diversos círculos de qualidade: grupos de operadores de linha de frente cujas responsabilidades incluem não apenas fazer seu trabalho diário, mas também melhorar sua capacidade de fazer esse trabalho. Uma das equipes é da fábrica da Aisin, que se transformou de um fabricante em massa, caracterizada por atrasos e estoque excessivo, em um customizador em massa, que responde aos pedidos dos clientes com excepcional rapidez (ver Capítulo 6). Também veremos como as altas lideranças daquela fábrica praticaram uma técnica de solução de problemas e melhoria de processo semelhante em uma escala maior. Concluiremos examinando como os líderes da Toyota transmitiram essa técnica às pessoas pelas quais eram responsáveis – trabalhe de maneira tal que você continue a aprender mais sobre o assunto e saiba mais sobre ele. Mas, antes, vejamos um prévia da técnica em si.

Estruturas de solução de problemas

Objetivo da solução de problemas: o "ideal"

Assim que percebi que as pessoas da Toyota discutiam o planejamento e a operação de todos os processos de um modo padronizado (ver Capítulo 6), também percebi um padrão com que discutiam melhoria e inovação. Por exemplo, se eu perguntasse como se fazia determinado trabalho, recebia mais do que apenas uma explicação do que era feito. Também recebia uma explicação de porque aquilo era feito daquela maneira, de acordo com o seguinte padrão:

> *Idealmente*, isto é o que estamos tentando conseguir nesta etapa, *mas o problema é...* (evidência de alguma dificuldade em especial: refugo, atrasos, tensão, e assim por diante). Acreditamos que o problema seja causado por (algum fator em particular ou conjunto de fatores). Portanto, estamos utilizando esta *contramedida* especial para compensar as causas que identificamos e para que não tenhamos que enfrentar esse problema mais uma vez. Como resultado, somos capazes de fazer esse trabalho com menos falhas; com reações mais rápidas nas respostas às necessidades do cliente; com lotes menores; menos perda de tempo, esforço, e material; e com maior segurança para os que estão realizando o trabalho.

Enquanto eu analisava minhas repetidas interações com as pessoas da Toyota, que sistematicamente respondiam usando o mesmo padrão, comecei a reconhecer que esse *ideal* era uma baliza do "Norte Verdadeiro" para o qual os esforços de melhoria eram dirigidos. Esse ideal indicava que a produção e a entrega deveriam ser:

- *Livres de defeito* – sem abrir mão da satisfação do cliente.
- *Sob demanda* – apenas como resposta a uma necessidade real.

- *Uma peça por vez* – suprindo aqueles que precisavam de algo com exatamente aquilo que eram capazes de usar, sem sobrecarregá-los com a obrigação de guardar coisas, como antecipação de necessidades futuras.
- *Imediata* – suprindo aqueles que precisavam de algo com alguma coisa que necessitassem, sem que precisassem esperar; mas caso isso não fosse possível, podiam estar disponíveis pequenos lotes de bens acabados, para fornecer a sensação de imediatismo.
- *Sem desperdício* – nunca perder tempo, empenho, criatividade e outros esforços se não fossem valorizados por mais alguém.
- *Segurança* – para que ninguém se machucasse física ou emocionalmente, ou fosse ameaçado profissionalmente.
- *Certeza* – para que as coisas se destinassem apenas às pessoas certas.

Com este ideal como um padrão absoluto (semelhante ao padrão da Alcoa de que os melhores sistemas de produção resultam em zero acidentes), o bom seria se acontecesse uma mudança em uma situação de pelo menos uma dessas dimensões. Caso contrário, ou se houvesse uma retrocesso, isso não seria bom.

Técnica de solução de problemas

Enquanto eu analisava esse padrão de explicar como o trabalho era feito e, mais tarde, quando pude observar a maneira padronizada de solucionar problemas, identifiquei outra implicação. Não era suficiente explicar o que estava sendo feito em termos de uma disparidade com o ideal. Também era necessário explicar a lógica por trás da abordagem – o que tinha sido tratado e observado para atingir o método que estava sendo usado. Os fundamentos tinham esta forma:

- *Histórico*: Por que estávamos preocupados com esta situação.
- *Situação atual*: Como o trabalho era feito e que problemas (sintomas) estavam ocorrendo.
- *Análise da causa raiz (diagnóstico)*: Que causas foram descobertas quando os problemas foram investigados.
- *Tratamentos com contramedidas*: Como tentávamos neutralizar as causas e eliminar os problemas.
- *Condição alvo*: Como se esperava que o trabalho prosseguisse com as contramedidas ativas e os problemas tratados.
- *Resultado real*: O que foi realmente alcançado.
- *Análise da disparidade*: Por que a realidade foi diferente da expectativa/prognóstico.

Esse processo de raciocínio era muitas vezes mostrado em um documento sucinto, que representava todo o processo de descoberta, como na Tabela 7-1.

TABELA 7-1 Modelo de solução de problemas

Histórico: Descrição do processo sendo melhorado e o que motivou preocupações em relação a ele.

Condição atual	**Condição alvo**
• Descrição/ilustração de como o trabalho estava sendo feito. • Descrição/ilustração dos problemas que estavam acontecendo.	• Um prognóstico de como o trabalho seria feito com as contramedidas em vigor. • Descrição/quantificação das consequências esperadas das contramedidas.
Análise da causa raiz/Diagnóstico	**Tratamentos com contramedidas**
• Que fatores foram revelados pela investigação das causas dos problemas.	• Mudanças na maneira com que o trabalho é feito para neutralizar os fatores causais e impedir que os problemas aconteçam outra vez.
Resultados reais	**Análise da disparidade**
• Descrição de como o sistema de trabalho realmente se comportou. • Resumo do modo como o sistema de trabalho realmente funcionou.	• Investigação sobre a disparidade entre o que era previsto/esperado e o que realmente aconteceu.

Examinemos mais detalhadamente como esta abordagem é aprendida e aplicada.

Exemplo: círculo de qualidade na Taiheiyo

A Taiheiyo é uma fornecedora de primeira linha para as montadoras da Toyota de Tsutumi, Takaoka, Motomachi e Tahara. Seus principais processos são estampagem, soldagem e revestimento. Um membro da equipe da Taiheiyo, o Sr. Ohashi, descreveu-me um esforço de dois anos, do qual ele fazia parte, para solução de problemas. Ele e seus colegas não só criaram um processo melhor, mas também desenvolveram um conhecimento mais profundo sobre o processo, e desenvolveram habilidades para, mais tarde, melhorar outros processos e solucionar outros problemas.

Ohashi fazia parte de um círculo de qualidade que se concentrava em melhorar a limpeza geral e a qualidade ambiental do departamento de soldagem. Curiosamente, enquanto explicava esse esforço, ficou claro que a melhoria do processo não era o objetivo em si. Era o meio para outro fim: criar as habilidades *kaizen* (de melhoria) dos operadores. O problema específico com que as equipes de Ohashi estavam lidando eram os poluentes sólidos e gasosos criados pelo CO_2 dos robôs de soldagem. Os respingos quentes das soldas aumentavam o risco de incêndio, sujavam o equipamento com resíduos difíceis de limpar e geravam uma fumaça tão espessa que os operadores precisavam usar máscaras muito incômodas.

Imagine, por um momento, como esse problema seria tratado em outras organizações. Em algumas, poder-se-ia esperar que os trabalhadores fizessem pouco caso, usando máscaras de gás, esfregando os resíduos, sabendo que teriam um trabalho desagradável todos os dias, investindo muita energia a atividades improdutivas. Nas organizações um pouco mais evoluídas, a responsabilidade pela limpeza da sujeira seria delegada a uma equipe de especialistas. Porém, como o número de especialistas é limitado e eles precisam de muito tempo, talvez tivessem que esperar muito até que o problema fosse enfrentado – se fosse. Enquanto isso, as condições desagradáveis teriam que ser toleradas. No caso da Taiheiyo, a ideia era de que se a capacidade de solucionar problemas fosse desenvolvida por toda a organização, aqueles que fossem afetados por um problema poderiam, muitas vezes, resolvê-los sozinhos – e imediatamente – e dependeriam dos especialistas apenas para problemas de grande escala, dimensão e complexidade.

O Sr. Ohashi foi um dos 10 que, juntamente com o líder do grupo, dedicou algum tempo para limpar a área de soldagem. Apesar do líder do grupo ter mais experiência e ser mais capaz, seu trabalho era muito mais do que ser apenas o líder do projeto, dividindo o trabalho e delegando responsabilidades para este ou aquele funcionário, de acordo com suas ideias, e levando-os a fazer o que achava correto. Um elemento fundamental de seu trabalho era ser um professor socrático, fazendo perguntas, exigindo que os funcionários desenvolvessem sua capacidade de refletir sobre as situações e ensinando-os a solucionar problemas sozinhos, usando o método científico.

Por exemplo, primeiro ele os orientava em uma série de exercícios para descobrir como reduzir a dispersão dos respingos da solda. Apesar de saber mais, o líder do grupo deixou que a equipe de Ohashi tentasse fazer uma cobertura em forma de cúpula para cobrir o maçarico. A solução não foi eficaz porque os respingos se acumulavam dentro da cobertura. Mais tarde, foi tentada uma cobertura tipo guarda-chuva. Essa cobertura impedia que os respingos se dispersassem para cima, mas aumentava os respingos para os lados. Numa terceira tentativa, o círculo de qualidade tentou uma proteção de bronze para proteger o maçarico;

essa solução revelou-se mais eficaz na prevenção do acúmulo dos respingos no braço de soldagem.

Contudo, agora eles tinham outro problema para resolver: mais respingos se acumulavam na base da máquina. E, mais uma vez, o líder do grupo poderia saber quais materiais e quais as melhores configurações para uma limpeza mais fácil e mais intensa. Porém, a ideia não era a de impor suas opiniões, mas ensinar os membros do círculo de qualidade a desenvolver e testar as suas. Essas tentativas estão resumidas na Tabela 7-2. Ao efetuar essas experiências, a equipe concluiu que o material precisava suportar 1.000 graus Celsius, ter uma capacidade térmica acima de 0,3 cal/°C e ser moldável.

Tendo lidado com os respingos e praticado esse método de criação de conhecimento para a solução de problemas, o círculo de qualidade desenvolveu alternativas para absorver os vapores gerados pela soldagem. Novamente, o líder do grupo poderia ter imposto sua solução preconcebida para o problema, ou

TABELA 7-2 Resultados dos testes dos círculos de qualidade da Taiheiyo: coberturas da base

	Material	*Temperatura de fusão °C*	*Capacidade térmica cal/°C*	*Análise*	*Conclusão*
1	Chapa de bronze de 0,3-mm	1,083	0,024	Abertos buracos, pararam os respingos	Rejeitado
2	1,3-mm de bronze/zinco	1,083	0,102	Abertos buracos	Rejeitado
3	azulejo de 3,0-mm	450	0,154	Sujo, duro, não moldável	Rejeitado
4	1,2-mm de aço inoxidável	1,450	0,103	Abertos buracos, difícil para moldar	Rejeitado
5	1,8-mm de alumínio	685	0,103	Sujo, abertos buracos	Rejeitado
6	Chapa de cerâmica de 5,5-mm	400	0,102	Sujo, abertos buracos, não moldável	Rejeitado
7	Chapa de bronze de 4,00-mm	1,083	0,320	Bom	Aceito

o círculo de qualidade poderia ter solicitado soluções de outras divisões ou de outras fábricas. Entretanto, se fizessem isso, não iria usar a capacidade de solucionar os problemas graças ao desenvolvimento dessas capacidades, mas apenas livrar-se deles.

A equipe fez testes para três tipos de mecanismo de entrada de ar e alterou a forma e a localização da cobertura de vazão para maximizar a quantidade de vapor que entrava, enquanto minimizava a quantidade de respingos que o sujava. Mas o desenvolvimento de um sistema eficiente de ventilação criou outro problema: o vácuo usado para extrair os vapores também sugava alguns dos respingos, provocando risco de danos ao ventilador a vácuo e ameaçando com a possibilidade de um princípio de incêndio no dispositivo. A equipe descobriu que precisava desenvolver um filtro para os respingos no mecanismo de ventilação. E aqui também eles tiveram bastante liberdade para desenvolver ideias e testá-las experimentalmente, em vez de depender de uma solução já definida e pronta para entrar em funcionamento.

A questão principal era desenvolver um filtro que interrompesse os respingos sem impedir ostensivamente a sucção gerada pelo ventilador. A equipe passou a testar uma variedade de materiais de filtração (ver Figura 7-1).

A vazão dos vapores através de um recipiente de cascalho revelou-se ineficaz, pois o ar que entrava não era suficiente. A substituição do cascalho por bolas de golfe apresentou um sucesso parcial. As bolas de golfe acumulavam resíduos e precisavam ser substituídas pois não podiam ser lavadas. Isso era excessivamente caro, pois cada uma delas custava ¥100. Os rolamentos de esferas de metal, como as bolas Pachinko, precisavam ser embalados de forma muito compacta para serem eficazes. Entretanto, bolas de gude – como aquelas usadas para fechar algumas garrafas de refrigerante – funcionavam eficazmente. O preço era bom, ¥2 cada uma, e as bolas ainda podiam ser reutilizadas – ao preço.

Antes de chegar a seu produto final, a equipe encontrou outros problemas; quantas camadas de bolas de gude deviam ser usadas – uma, duas ou três – e

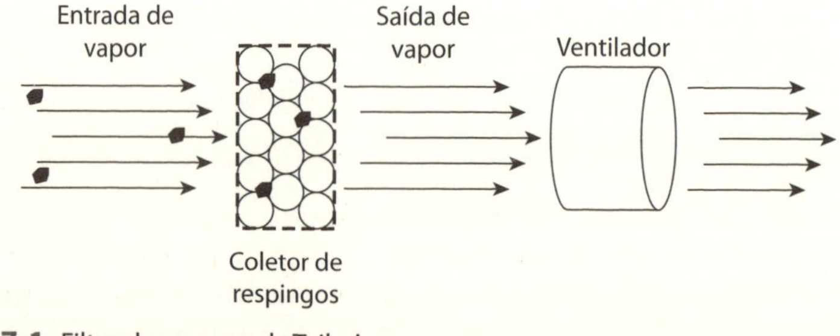

FIGURA 7-1 Filtro de vapores da Taiheiyo.

como remover os contaminantes dos vapores depois que acabassem os respingos. Sempre que surgia uma pergunta, a reação devia gerar uma resposta pela condução de rápidas experiências, e não pela especulação. Eles finalmente chegaram a um projeto que incluía um recipiente de bolas de gude para lidar com os respingos e um coletor de pó de eletricidade estática para desfazer-se das partículas. Novamente, a suposição de que haviam "solucionado" o problema em sua totalidade se contrapôs ao seu método, por isso desenvolveram um teste simples para provar a eficiência de seu dispositivo. A fim de comprovar que o ar que saía do dispositivo era limpo, eles colocaram o tubo de exaustão em um aquário, pois, de acordo com o Sr. Ohashi e seu subgerente, Sr. Koiwa, isso não causaria mal aos peixes.

O pesado investimento da Taiheiyo na capacidade de seus trabalhadores em resolver problemas teve múltiplos benefícios. Aumentou a habilidade da equipe em solucionar problemas; diminuiu o custo de manutenção dos equipamentos; melhorou a qualidade ambiental, a segurança e o conforto do local de trabalho, dando ao fornecedor um prêmio de ecologia do Ministério de Ciência e Tecnologia; e os membros tecnicamente mais habilidosos do departamento de manutenção/engenharia ficaram livres das responsabilidades de rotina e liberados para lidar com situações mais desafiadoras. Enquanto, anteriormente, 100% da manutenção era feita pelo departamento de manutenção/engenharia, agora os funcionários da produção podiam fazer 80% da rotina de manutenção.

Exemplo: círculo de qualidade na Toyota NHK

O esforço de melhoria do círculo de qualidade de Ohashi, na Taiheiyo, tinha diversas características:

- A melhoria do processo era usada como um mecanismo para desenvolver as capacidades dos trabalhadores da linha.
- Os que eram afetados pelo problema se envolviam na sua solução.
- As atividades de melhoria eram planejadas e realizadas cientificamente, não arbitrariamente, com testes estruturados de alternativas de solução.
- A atividade de melhoria era orientada por um professor capacitado.

Aqui está um exemplo de outro fornecedor da Toyota, a NHK (Nippon Hatsujo Kabushiki Kaisha ou Japan Spring Corporation), que utilizou o mesmo método para melhorar os processos e, ao mesmo tempo, treinar os trabalhadores para melhorar os processos. Acompanharemos um círculo de qualidade que trabalha na fábrica da Toyota City, onde eles melhoraram a qualidade de peças de espuma moldadas – as peças internas dos descansos de braço para as linhas Crown, Celsior e Lexus – e reduziram seu custo de produção.

O círculo de qualidade tinha oito membros, conduzidos por um líder, Sr. Nagata, e um sublíder, Sr. Mori. Havia diversos problemas específicos. Por exemplo, o material do revestimento que estavam usando permitia que a espuma vazasse através da costura do molde, o que resultava em um acabamento demorado e com desperdício de material (duas anormalidades para o *ideal* de "imediato" e "sem desperdício"). Para solucionar essa questão, o círculo de qualidade não titubeou, partindo para a conclusão de que um material alternativo funcionaria. Decidiram fazer uma série de experiências para ver qual material seria adequado e em que espessura.

Havia um problema ligado a isso. O pino que ejetava as partes do molde tinha a tendência de enfraquecer e rasgar o revestimento; isso também afetava a qualidade e o custo. Assim como aconteceu com o círculo de qualidade da Taiheiyo, um método poderia ter sido delegar o problema para um especialista técnico ou adotar a solução de outra fábrica de descansos de braço. Ou eles poderiam ter trocado aquele tipo de pino por outro que tivesse sido analisado e que pudesse dar melhores resultados. Entretanto, mesmo que isso realmente melhorasse o processo, seria por sorte; isso não desenvolveria as habilidades dos funcionários na solução de problemas e não criaria conhecimentos mais profundos na busca da melhor moldagem a frio. Tendo isto em mente, para alcançar os resultados esperados, Nagata e Mori orientaram a equipe por de uma série de experiências, testando diferentes combinações de formatos de pinos e espessura de materiais.

Em uma série, eles fizeram 88 testes com diferentes espessuras de vinil até encontrar uma que fosse mais durável e mais eficiente na redução de vazamento nas costuras dos moldes. Em outra série de experiências, a equipe ajustou o formato do revestimento para melhorar a consistência. Em uma terceira série, eles fizeram experiências com o número e localização dos orifícios no molde para atingir uma distribuição de material mais uniforme e consistente. As experiências resultaram em melhorias consideráveis de custo e qualidade. A incidência de defeitos foi reduzida em cerca de 89% e o número de partes que eram imperfeitas demais para uso foi reduzida em 2/3. A quantidade de material necessária para cada peça diminuiu em 60%. E, claro, a equipe passou a entender melhor seu produto, o material com que era feito e o equipamento usado para sua fabricação.

Anteriormente, vimos que as organizações de alta velocidade geram rapidez não só porque identificam e solucionam os problemas, mas porque as soluções se tornam rapidamente incorporadas à *melhor abordagem conhecida* – isto é, a destilação mais atualizada do que a organização aprendeu *coletivamente* sobre como fazer determinado trabalho com mais chances de sucesso. Essa equipe seguiu o mesmo padrão, concluindo suas atividades de melhorias somente depois de desenvolver um conjunto de procedimentos padronizados para que as alterações que tinham desenvolvido pudessem ser incorporadas no trabalho de todo o departamento de moldagem de espuma. Assim, ela não completou seu trabalho depois de descobrir mudanças valiosas; ela o completou somente depois de incorporar as mudanças no trabalho regular do ambiente de produção.

Exemplo: círculo de qualidade da Aisin

O Capítulo 6 incluiu uma descrição do sistema de produtos feitos sob encomenda para a fabricação de colchões na Aisin. Durante muitos anos, a Aisin ganhou muito em produtividade e variedade de produtos, com redução de estoque e de prazo de entrega igualmente impressionantes. Parte da melhoria se baseava na troca de um sistema "empurrado" de produção, funcionalmente estruturado, para um sistema "puxado" de produção, orientado para o processo. Veremos, mais adiante, detalhes da reestruturação daquele nível de sistema. Porém, a melhoria da Ainsi não podia ser explicada como uma mudança ocasional. Os excelentes níveis de desempenho da empresa se baseavam em uma variedade de ciclos de melhorias, alguns realizados por gerentes experientes, quando surgia a oportunidade de fazer reconfigurações em grande escala, mas muitos as realizavam mais localmente.

Na Aisin, tive o privilégio de entrevistar membros do círculo de qualidade do Sr. Ito para aprender sobre sua experiência de trabalho na montagem final. De acordo com Ito, havia razões convincentes para melhorar as capacidades das linhas. Em 1993, o volume na fábrica estava crescendo, assim como o número de trabalhadores. Cada uma das três linhas de produção tinha o objetivo de reduzir os refugos para 250 em um período de seis meses (de outubro de 1993 a março de 1994). Apesar das Linhas 2 e 3 terem atingido esse objetivo, com níveis de rejeição de 204 e 232, respectivamente, a Linha 1, no mesmo período, teve 258 refugos. Então, para 1994, o objetivo era reduzir os refugos na Linha 1, aumentar a produtividade com a redução de tempo ocioso e "produzir mão de obra onde novas técnicas possam ser aprendidas e aplicadas". Esses objetivos foram determinados da seguinte maneira: reduzir o número de defeitos de 258 nos seis meses que iam até março de 1994, para 170 nos seis meses que terminavam em setembro (uma redução de 34%), e 140 nos seis meses que terminavam em março de 1995 (uma redução total de 55%). Ao mesmo tempo, a linha foi desafiada a reduzir o tempo de produção, de 26,3 minutos para 22,8 minutos por unidade em setembro (uma redução de 13%) e para 18,4 minutos em março de 1995 (uma redução total de 30%). Parte dessa melhoria deveria ser alcançada por meio de aprimoramentos na fabricação, os quais vamos investigar mais detalhadamente, e parte deveria ser alcançada pelos círculos de qualidade, como o de Ito.

Como esses trabalhadores explicaram, na primeira fase de seu emprego, antes de fazer parte do círculo de qualidade, eles eram responsáveis apenas por fazer trabalhos padronizados e por pedir ajuda quando não eram capazes de fazer o trabalho. À primeira vista, isso se parece com minha experiência na fábrica de uma das Três Grandes, com a óbvia exceção de que eu nem mesmo estava acostumado com trabalho padronizado. Quando o círculo de qualidade foi formado, eles foram treinados para distinguir entre as condições que eram ou não problemáticas, com o líder do grupo desafiando o líder e os membros da equipe a se tornarem mais críticos sobre o modo como seu trabalho era realizado. Essa ênfase em identificar os problemas é um elemento importante da Capacitação 1, analisada no Capítulo 6.

Depois de passar alguns meses aprendendo a fazer o trabalho de acordo com um padrão e a identificar problemas quando eles apareciam, a equipe deveria sugerir contramedidas para os problemas que percebiam. Mais tarde, sabendo como identificar problemas e sugerir soluções, a equipe aprendeu a planejar, mas não criar, as contramedidas que haviam sido sugeridas. Os membros da equipe confessaram que isso se tornou muito frustrante. Por quê? Em primeiro lugar, eles tinham sido "bobos alegres". Depois, começaram a perceber o que estava errado. E então começaram a imaginar que deveria haver uma maneira melhor de fazer as coisas, mas não sabiam como. Sentindo-se constrangidos, pediram que lhes ensinassem trabalhos especializados como carpintaria, eletricidade, hidráulica e automação para que fossem capazes de criar contramedidas. Ao mesmo tempo, outros membros da equipe passaram no teste de qualificação para trabalhos de montagem que exigiam maiores habilidade técnicas. Em outras palavras, a capacitação da equipe aumentou em duas dimensões. Aumentou a sofisticação das atividades de produção pelas quais podiam ser responsáveis e, simultaneamente, aumentou sua capacidade de melhorar essas atividades.

Exemplo: amplo redesenho de projeto na Aisin

O círculo de qualidade do Sr. Ito era um mecanismo para aumentar a capacidade dos trabalhadores da produção de melhorar as atividades de produção, ao mesmo tempo em que melhoravam essas atividades. O progresso que estava acontecendo no desenvolvimento de habilidades permitiu aos mais experientes cuidar de assuntos sistemáticos como reconfiguração da linha, redirecionamento de material e de fluxos de informação, e modificação de equipamento de produção, sabendo que os problemas de menor dimensão seriam assumidos e tratados por aqueles que os enfrentavam diariamente, como Ito.

Ao longo dos anos, fiz três visitas à Ainsi. Em minha primeira visita, a fábrica tinha três linhas: pequena, média e grande. Na segunda, as três linhas tinham sido consolidadas em duas, cada uma podendo fazer colchões de qualquer tamanho. Como veremos neste exemplo, quer as mudanças na Ainsi fossem de grande ou pequena escala, liderados por funcionários mais velhos e experientes ou por funcionários menos experientes, havia um disciplinado processo de solução de problemas.

As Figuras 7-2 até 7-4 são extratos de documentos sucintos de melhoria de processo, preparados pelos gerentes da Ainsi para captar a lógica de seu processo de descoberta. Diversos aspectos são levantados:

- *Apresentação da informação*. O documento está escrito como um relatório experimental, como o modelo genérico de solução de problemas da Tabela 7-1 (p. 173). Por exemplo, a condição *antes* relaciona cinco fatores específicos e as três consequências negativas que eles causam. A condição *depois* indica as cinco alterações específicas e a consequência de cada uma no desempenho.
- *Tamanho e extensão dos problemas que estão sendo tratados*. O resumo trata dos fatores que somente podem ser resolvidos por alguém que tenha responsabilidade e autoridade ilimitadas, como o *layout* de um processo em relação a outro ou os mecanismos de coordenação entre etapas do processo.

A Figura 7-2 mostra as divisões principais do resumo de atividades de melhorias. O fato de que a atividade de melhoria é compreendida como uma experiência pode ser visto em seu uso de diversos contrastes antes e depois:

- *Planejamento do sistema* – antes e depois do esforço de melhoria (seções 5 e 6).
- *Desempenho do sistema* – antes e depois do esforço de melhoria (seções 4 e 7).
- *Identificação da disparidade* – resultados previstos comparados com resultados reais (seção 7).
- *Contramedidas* – mudanças no equipamento, treinamento e métodos (seções 5, 6 e 8).

A Figura 7-3, que se concentra na seção 5 do resumo de solução de problemas da Aisin, mostra o sistema de produção antes da mudança. Vale a pena observar diversos pontos:

- As pessoas que trabalharam na melhoria do processo (líderes de grupo, o gerente-adjunto e o especialista em promoção do Sistema Toyota de Produção, o qual, no seu papel de orientador, estava ali para assegurar que essa solução de problemas em termos de sistema também desenvol-

1. Nível histórico da demanda do cliente *vs.* capacidade produtiva
2. Objetivos das atividades de melhoria: produtividade/tempo de ciclo total
3. Parâmetro do projeto: aumentar a flexibilidade da linha para flutuações de volume
4. Resumo dos resultados: capacidade/utilização
5. Planejamento do sistema de produção antes da melhoria
6. Planejamento do sistema de produção depois da melhoria
7. Comparação dos resultados esperados e reais
8. Tecnologia recentemente obtida e outras grandes mudanças
9. Planos para o futuro + cronograma proposto

FIGURA 7-2 Resumo do esforço de melhoria de processo da Aisin.

vesse capacidades de liderança) identificaram três sintomas que diminuíam o desempenho: incapacidade de reagir a flutuações de volume, volatilidade nos tempos dos ciclos e incapacidade de manter o ritmo de produção de acordo com o ritmo da demanda.

- Cada sintoma corresponde a algum aspecto do ideal discutido no início deste capítulo. A incapacidade de reagir às flutuações corresponde à incapacidade de responder *por encomenda* e *imediatamente*. A falta do mecanismo de ritmo também compromete a capacidade do sistema de produzir *por encomenda*. A volatilidade fez com que os trabalhadores e as máquinas parassem e se desativassem, uma fonte de *desperdício*.
- Para cada sintoma, os reestruturadores do processo identificaram pelo menos uma característica do processo como a causa básica. Por exemplo, o diagrama designa a inflexibilidade para o tamanho e especialização de cada linha (o aumento na demanda de pequenos colchões não poderia ser absorvido por uma das duas outras linhas). Este diagrama expressa a noção de causa e efeito do grupo.
- A Figura 7-3 mostra onde se pode observar a característica da causa raiz no chão de fábrica.

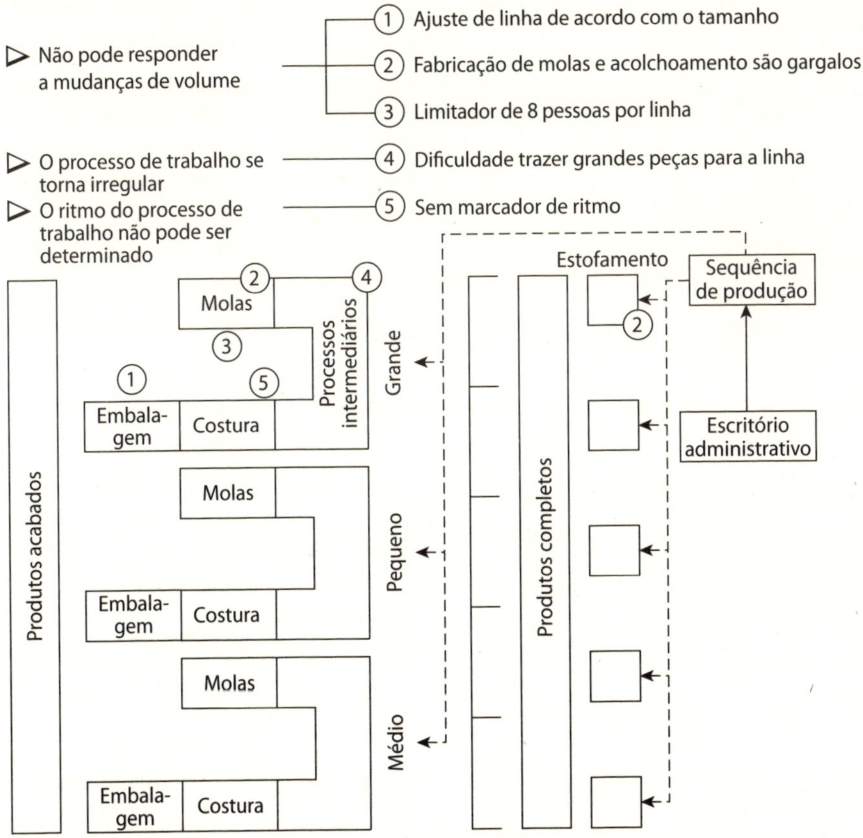

FIGURA 7-3 Seção 5 do documento da Aisin (diagrama da condição anterior).

A Figura 7-4 centra-se na seção 6 do resumo de solução de problemas da Aisin. Mais uma vez, é importante observar alguns pontos:

- Para cada causa raiz no diagrama da condição anterior, há uma alteração especial (contramedida) no projeto e na operação de uma atividade (itens 2, 3 e 4), de uma conexão (itens 4 e 5) ou de um percurso (itens 1 e 2).
- Cada uma das contramedidas pode abrandar um sintoma específico identificado no diagrama da condição anterior.
- Está explicado o modo como cada contramedida é representada. A flexibilidade foi alcançada pela alteração do processo de formação das

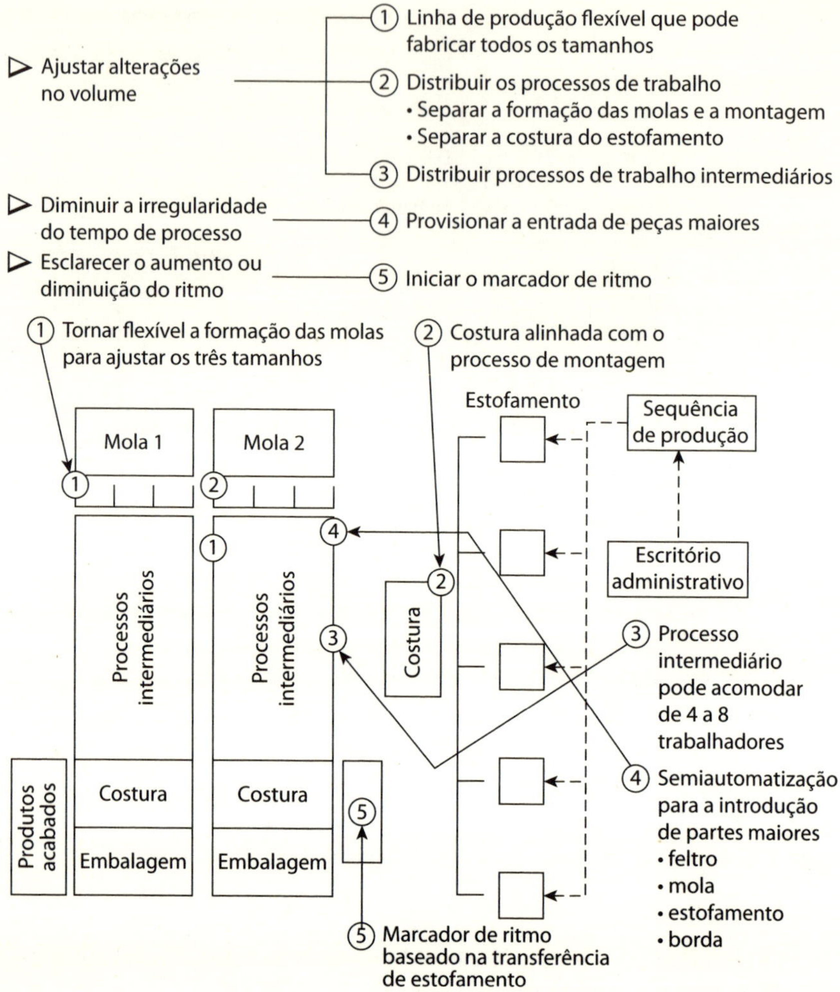

FIGURA 7-4 Seção 6 do documento da Aisin (diagrama esperado da condição posterior).

molas e separando-se a formação das molas da montagem com um *buffer*, que impedia que a volatilidade de uma atividade bloqueasse e desativasse a outra. A divisão dos processos de trabalho permitiu mais flexibilidade para que o número de pessoas pudesse ser facilmente aumentado ou diminuído.

De fato, essa imagem pode ser interpretada da seguinte maneira:

Redesenhamos o sistema de produção realizando a seguinte experiência. Quando estudamos o sistema, encontramos três razões para decepção com seu desempenho. Relacionamos essas três decepções a cinco causas raiz. Portanto, para melhorar o desempenho do sistema, tratamos de cada uma das cinco causas raiz:

- A contramedida para a causa 1 é redesenhar a formação das molas.
- A contramedida para a causa 2 é separar o processo de costura do processo de estofamento e de formação das molas da montagem por meio de pequenos protetores, para que a volatilidade de uma não bloqueie e desative a outra.
- A contramedida para a causa 3 é reestruturar o trabalho para que as pessoas possam ser inseridas ou retiradas mais facilmente da linha.
- A contramedida para a causa 4 é acrescentar alguns equipamentos semiautomáticos para que o operador possa, mais facilmente, içar peças grandes e volumosas, como armações, acolchoados e forros de feltro, e transportá-las dos depósitos ao lado da linha para a local de trabalho.
- A contramedida para a causa 5 é trocar a conexão de informações entre a montagem e o estofamento, para que a montagem (o processo a jusante) determine o ritmo do enchimento (o processo a montante).

O documento resume o redesenho da linha como uma experiência na qual os "cientistas de processo" quantificaram o resultado esperado (objetivo ou meta) e o compararam com a mudança efetiva no desempenho.

A experiência da Aisin revela diversos pontos-chave sobre a melhoria em geral:

1. Criar e praticar habilidades para solução de problemas são consideradas capacidades importantes para qualquer um, da alta administração aos trabalhadores de linha de frente.
2. As habilidades para solução de problemas são desenvolvidas com a solução de problemas. Assim, a responsabilidade em fazer o trabalho está fortemente interligada com a responsabilidade em melhorar a maneira como o trabalho é feito. Isso não é a administração científica de Frederick Winslow Taylor, em que um brutamontes ignorante faz o trabalho determinado pelos cabeções.

3. A solução de problemas é feita de maneira disciplinada. Premissas sobre causa e efeito são deixadas explícitas e são definidas com clareza, depois são testadas de maneira rigorosa para que os esforços de melhoria aprimorem os processos e aprofundem o conhecimento sobre o processo.

Diversos outros pontos se destacam, especialmente depois de minha terceira visita à Aisin, dois anos mais tarde. Melhoria e inovação nunca terminam, e são sempre realizadas de maneira disciplinada.

Durante uma visita à Aisin, depois daquela em que tomei conhecimento da consolidação das três linhas – pequena, média e grande – em duas linhas de "qualquer tamanho", vi que as duas linhas ainda estavam configuradas para trabalhar com qualquer colchão, em qualquer ordem. Mas elas não permaneciam idênticas. Em uma etapa na montagem final, uma das linhas completava o trabalho manualmente, enquanto a outra usava uma nova peça de um equipamento automatizado. Por que a diferença? Por que não eram ambas manuais ou ambas automatizadas? A razão era que a nova máquina não havia sido totalmente testada. Por isso, em lugar de fazer o grande investimento (e aposta) de colocá-la nas duas linhas, antes da aprovação, a Aisin a estava testando em uma das linhas. Era uma tentativa deliberada de experimentar uma ideia de maneira menos cara e de modo mais reversível.

Lembro de outra imagem dessa visita. Imagine duas linhas, cada uma capaz de fazer cem unidades por dia. Em determinado dia, há uma demanda para 180 unidades. Como você alocaria essa demanda entre as duas? Talvez você sugira dividir 90 e 90. Você também pode sugerir destinar 100 unidades para uma linha e carregá-la completamente, destinando as 80 restantes para a outra. Para a maioria das organizações, essas duas abordagens seriam razoáveis, mas não para os líderes de alta velocidade que tentam incessantemente criar um conhecimento útil que faça com que tenham desempenhos ainda melhores. Afinal, na Aisin, eles já sabiam como trabalhar com 100 unidades por dia em cada linha. O que eles ainda tinham dúvidas era como trabalhar com 110 ou até 120 colchões por linha, por dia. Porém, se pretendiam aumentar sua competitividade, atendendo as necessidades dos clientes com mais rapidez e eficiência, precisavam fazer isso. Por isso, nos dias em que as linhas não estavam totalmente carregadas, eles deliberadamente sobrecarregavam uma delas, com o objetivo de tentar descobrir suas falhas. Poderiam haver fatores que não causavam problemas a um ritmo de 100 por dia, mas que poderiam causar a uma velocidade maior. Era um teste de tensão do sistema, fazendo com que ele revelasse suas vulnerabilidades quando a situação não era crítica. A outra linha, trabalhando com 60 ou 70 peças, agia como uma reserva caso o teste fosse muito desgastante.

Exemplo: ensinando as pessoas a gerar conhecimento enquanto solucionam problemas

Vejamos agora a perspectiva de um líder responsável pelo desenvolvimento de outras pessoas.

Hajime Ohba, gerente geral da Toyota Supplier Support Center (TSSC), que encontramos no Capítulo 6, estava visitando uma fábrica na qual um dos consultores da TSSC realizava uma atividade de treinamento e melhoria. O consultor estava ajudando os funcionários da fábrica e seu supervisor a reduzir o tempo de fabricação de uma linha e Ohba devia avaliar o progresso do grupo.

O grupo começou sua apresentação descrevendo as etapas de criação do produto. Eles examinaram diversos problemas que haviam identificado no *setup* ou tempo de troca (a troca na fabricação de um tipo de peça para a fabricação de outra; por exemplo, trocando a matriz, aparas de sucata e bobinas de metal em uma prensa estampadora) e explicaram as mudanças específicas que haviam feito como resposta a cada problema. Concluíram dizendo: "quando começamos, o tempo de troca levava 15 minutos. Esperávamos reduzi-lo em 2/3 – chegando a um tempo de troca em cinco minutos – para que pudéssemos reduzir o tamanho dos lotes em 2/3. Devido às modificações que fizemos, chegamos a um tempo de troca em sete minutos e meio – uma mudança de 50%".

Reflita por um momento: a equipe foi bem-sucedida ou falhou? De um lado, eles não haviam alcançado a meta de cinco minutos. Por outro, haviam reduzido o tempo pela metade, com todos os benefícios paralelos de tamanhos de lotes menores, menos estoque, menos custo e esforço envolvido na armazenagem e rastreio de material, e um atendimento mais rápido às necessidades do cliente. Isto parece uma vitória.

Para Ohba, era certo que tinham tido sucesso, mas não totalmente. Sim, eles tinham tornado mais rápida o tempo de trabalho. Seu fracasso não consistia em terem falhado em reduzir ainda mais o tempo de trabalho, e sim em terem deixado de aprender como reduzi-lo ainda mais. Quando Ohba pressionou-os com mais perguntas, aumentando seu conhecimento das máquinas e do trabalho em torno delas, a equipe percebeu onde ele havia identificado um problema. Eles não haviam definido claramente o que tinham entendido sobre o processo – o que poderia e o que não poderia ser alterado. Em outras palavras, as coisas podiam ser alteradas, mas quanto? Na verdade, a meta de cinco minutos não era uma antecipação baseada em expectativas bem fundamentadas; era uma meta baseada na vontade. Assim, ao não alcançar o objetivo, eles não só erraram o alvo, mas também perderam a chance de ir além para entender fatores que haviam considerado como verdadeiros, mas que sua experiência comprovara ser falso. O processo havia melhorado, mas seu conhecimento sobre ele não tinha melhorado tanto quanto poderia caso tivessem deixado claro, desde o início, suas expectativas e as premissas que as apoiavam, tendo, dessa forma, algo tangível para investigar quando essas premissas se revelassem falsas.

Exemplo: aprimorando as pessoas enquanto se aprimoram os processos

No próximo exemplo, cinco pequenas equipes tentam fazer melhorias em um processo. Quatro dos líderes das equipes usam o método convencional: para aprimorar o processo é preciso agir diretamente nele. Um dos líderes, o que tinha mais experiência em ambientes de alta velocidade, usa um método diferente: para aprimorar o processo é preciso melhorar as capacitações de melhoria de processo dos participantes, orientando-os enquando tentam melhorar o processo.

A MacDougal, Inc., empregava 200 pessoas e tinha uma venda anual de US$20 milhões na remanufatura de motores de partida e alternadores danificados, comprados de oficinas de automóveis. A MacDougal desmontava, limpava, diagnosticava, consertava, remontava, embalava e despachava as peças que, por sua vez, eram vendidas pelos distribuidores ou lojas de autopeças. O trabalho era feito em 10 linhas, cada uma delas dedicada a uma família de produtos como: alternadores da Chrysler ou motores de partida da Ford. Picos sazonais de demanda levaram a MacDougal a ter um estoque enorme. Como os *inputs* para esse processo não estivessem funcionando, ficou difícil fazer com que o processo funcionasse. Reduzir o fardo do estoque excessivo e, ao mesmo tempo, acelerar a resposta às necessidades dos clientes foi a motivação da empresa ao buscar a ajuda da Toyota. A motivação da Toyota era que aprimorar esse processo incomum seria uma grande experiência de aprendizado.

Esse exemplo se baseia em um treinamento de melhoria de processo realizado em três dias e que incluía seis pessoas da Toyota Supplier Support Center e dez da MacDougal. (A TSSC apoiava as implementações do Sistema Toyota de Produção nos fornecedores norte-americanos da Toyota e em outras empresas, como a MacDougal, as quais não eram afiliadas da Toyota.) Foram formadas cinco equipes de três pessoas. Cada uma delas tinha um líder da Toyota e duas pessoas da MacDougal. A sexta pessoa da Toyota era o coordenador.

Cada equipe recebeu a mesma atribuição inicial, que era calcular o tempo de ciclo para cada uma das 12 etapas do processo de uma célula de montagem. O que importava era a diferença no método e a diferença nos resultados entre as equipes. Em um extremo, o Líder de Equipe 5, de mesma forma que três dos outros quatro líderes, adotou a estratégia "dividir para controlar". Esses líderes designaram cada membro da equipe a quatro das 12 etapas, ficaram com quatro para eles mesmos e começaram a fazer os cálculos. O Líder da Equipe 2 adotou um método diferente. Manteve sua equipe intacta e calcularam juntos os ciclos de tempo, iniciando na última etapa do processo e trabalhando de trás para frente. Embora se pudesse pensar que a estratégia de dividir e controlar da Equipe 5 seria a mais produtiva, isso não ocorreu. Essa equipe havia calculado com precisão apenas três ciclos de tempo (os que tinham sido analisados pelo próprio líder da equipe). A Equipe 2, por outro lado, apesar de ter um método mais lento e metódico, conseguiu 12 medições exatas para as 12 analisadas.

Essa dicotomia nos métodos continuou ao longo dos três dias de treinamento. Quando chegou a hora de melhorar algumas das etapas do processo, o Líder da Equipe 5 dividiu as responsabilidades entre ele e os dois membros de sua equipe. O Líder da Equipe 2 trabalhou junto com sua equipe. Os Líderes das Equipes 1, 3 e 4 ocasionalmente trabalharam com os membros de suas equipes, mas na maior parte do tempo adotaram um método como o da Equipe 5. Ao final do treinamento, quando chegou a hora de fazer o relatório, a maior parte da apresentação foi feita pelos líderes das equipes, exceto o Líder da Equipe 2, que ficou na retaguarda, escutando e observando, enquanto os membros de sua equipe explicavam o que tinham feito, por que e com que resultados. Finalmente, durante o encerramento das atividades, quando o pessoal da MacDougal foi convidado a comentar a experiência, dois membros da Equipe 5 desabafaram: "Foi traumático!", enquanto os membros da Equipe 2 sinalizaram com a cabeça demonstrando a satisfação por terem participado de uma boa experiência. Mais uma vez, as Equipes 1,3 e 4 ficaram em algum ponto intermediário, expressando por meio de sua postura e tom alguma hesitação e reserva.

Uma clara ironia é que os quatro líderes das equipes que tentaram ser eficientes dividindo a tarefa entre seus membros alcançaram resultados inferiores. Por outro lado, o líder que orientou sua equipe ativamente obteve melhores resultados. Por quê? Como o trabalho havia sido dividido "eficientemente" pelas equipes, o desempenho delas representou, na verdade, a média de seus desempenhos individuais. Como os dois funcionários da MacDougal eram iniciantes, e como não melhoraram durante o treinamento, eles baixaram a média. O quinto líder de equipe manteve a equipe unida quase todo o tempo – aparentemente uma ineficiente implementação de mão de obra. Mas seu método foi o de aumentar a habilidade dos outros dois e, imediatamente, ele criou um efeito multiplicador. A "média" da equipe continuou aumentando enquanto as duas pessoas da MacDougal se aprimoravam.

A diferença na maneira com que o treinamento foi entendido e abordado ficou ainda mais clara quando pedi aos líderes das equipes para que refletissem sobre o que tinha acontecido e sobre o que aconteceria depois. Quatro deles enfatizaram os ganhos que haviam sido obtidos no processo: uniformização dos fluxos, redução nos ciclos de tempo, coisas assim. Para eles, a próxima etapa natural seria definir permanentemente as modificações nas quais haviam feito testes. E, mais uma vez, isso demonstrava que eles entendiam que a finalidade do treinamento de melhoria de processo era um fim em si mesmo. O Líder da Equipe 2 pensava diferente. Ele considerava que o mais importante tinha sido o treinamento que os membros de sua equipe tiveram ao observar, analisar e orientar as mudanças. Para ele, a próxima etapa seria fazê-los observar a eficiência das mudanças sob condições normais, em vez deste cenário artificial; a medida de sucesso seria ver se eles podiam adotar suas capacidades de observação e de solução de problemas em outro lugar. Em sua opinião, o treinamento era um meio para atingir um objetivo: aprimorar o processo de aprimorar as pessoas, e, como nunca se sabe até que se comprove, ele não podia saber se o que eles haviam realizado era bom até que ele tivesse visto o processo – e os membros – em condições normais.

Eu tinha ciência de que esse líder de equipe possuia a mais longa experiência na Toyota, tendo estado em algumas de suas melhores fábricas e trabalhado sob a orientação de alguns de seus gerentes mais completos. Seu comportamento retratava o comportamento de seus orientadores, que entendiam que para que uma organização fosse de alta velocidade, a melhoria do processo, mesmo que valiosa, também deveria servir para aprimorar as pessoas que o executam. Se isso não acontecesse, a responsabilidade na identificação de problemas, solução de problemas e geração de conhecimento útil, para reduzir e evitar problemas futuros, estará nas mãos de poucos escolhidos, não sendo utilizada pela maioria da organização. Os outros líderes de equipe ainda não tinham tido a mesma experiência e seus métodos refletiam uma compreensão menos completa do que significa liderar – não apenas delegar e dirigir, mas também orientar e desenvolver.

Antecipando a Capacitação 3

Começamos este livro com a observação de que diversas organizações passam à frente e permanecem à frente de seus concorrentes apesar das dificuldades em se diferenciar ou em ganhar uma vantagem monopolística em seus setores. Para eles, a maneira de ficar na frente não é a encontrar uma posição melhor e defendê-la, mas avançar sempre com maior velocidade, agilidade e perseverança. Acabamos de ver como a solução de problemas é conduzida – de uma maneira disciplinada que resolve os problemas, cria maiores conhecimentos sobre o processo e aumenta as capacitações das pessoas envolvidas.

No Capítulo 8, veremos outra capacitação que leva à alta velocidade: a capacitação de aprender as lições descobertas por meio da solução de problemas locais e de torná-las úteis por toda a organização. Assim, as pessoas não só aprendem por si, mas por seus colegas atuais e futuros. Isso acaba se tornando um ativo decisivo.

Notas

Pág. 179: ***Na Aisin, tive o privilégio de entrevistar membros do círculo de qualidade do Sr. Ito [...] Então, para 1994, o objetivo era reduzir os refugos na Linha 1, aumentar a produtividade com a redução de tempo ocioso e "produzir mão de obra onde novas técnicas possam ser aprendidas e aplicadas".*** Das entrevistas do autor com Ito e sua equipe.

Págs. 187-188: ***Exemplo: ensinando as pessoas a gerar conhecimento enquanto solucionam problemas*** A descrição que segue este título está baseada na que apareceu no livro de Steven J. Spear e H. Kent Bowen, "Decoding the DNA of the Toyota Production System", *Harvard Business Review* 77:5, September-October 1999, pages 96-108.

CAPÍTULO 8

Capacitação 3: Compartilhando o Conhecimento

Jared Diamond faz uma pergunta polêmica no livro *Armas, Germes e Aço*: "Por que os povos eurasianos conquistaram, desalojaram ou dizimaram nativos das Américas, da Austrália e da África, e não o contrário?" A resposta óbvia é que os eurasianos tinham armas de fogo, ferramentas duráveis e imunidade contra uma grande quantidade de doenças terríveis. Mas isso levanta uma questão. O que provocou essas vantagens? Os resultados positivos dependeram da capacidade de algumas pessoas em combinar conhecimento mais rápida e amplamente do que outras. Na explicação de Diamond, foi a geografia e, mais precisamente, as vantagens diferenciais que a geografia ofereceu na aceleração do aprendizado acumulado da sociedade. A tese de Diamond é de que as viagens através da Europa e da Ásia eram feitas ao longo de um eixo leste-oeste em uma estreita faixa norte-sul. Quando as pessoas se movimentavam, o clima era bastante parecido e o que elas sabiam sobre caça, pastagem, agricultura, comunicação e transporte em um lugar era útil em outros lugares. Mesmo que as pessoas não viajassem longas distâncias, e a maioria não o fazia, seu conhecimento gradualmente viajava, e ele se acumulava e se ajustava por meio das constantes misturas e combinações com os *insights* de um grupo com os de outros. O forjamento do metal, a criação de gado, a agricultura e a língua escrita se beneficiaram de uma combinação sinérgica de ideias. Isso não significa que os eurasianos fossem mais inteligentes em termos de sua capacidade de reter a informação existente e criar novas ideias. Na verdade, o que ocorreu foi que, ao longo de gerações, as sociedades eurasianas continuaram a se deparar com ideias que, combinadas com o que elas já sabiam, eram úteis e permitiam a fusão de ideias complementares de grande valor.

Em contrapartida, nas Américas, os corredores naturais de viagens eram norte-sul, e não leste-oeste. A geografia dos cursos dos rios e cadeias de montanhas determinava essa situação. Isto teve implicações importantes no aprendizado societal acumulado. Caso partisse de casa e viajasse longas distâncias para o norte ou para o sul, você e seus parentes não conseguiriam sobreviver; seu conhecimento seria inútil. Resultado: menos migração, menos combinações, menos troca de ideias. Isso não significa que os não eurasianos fossem menos inteligentes que quaisquer outros povos, mas o acervo de ideias originais que suas sociedades proporcionavam e com as quais os indivíduos podiam se inspirar eram significativamente menores. Aspectos da escrita, do trabalho em metal e da domesticação de animais foram encontradas em lugares especiais, mas não vinham juntas, em sinergia. A falta de migração e de viagens mantinha essas ideias em represas isoladas. O conhecimento social progrediu, mas não chegou ao nível do progresso na Eurásia.

Em termo práticos, o que isso significou? Quando o conquistador espanhol Pizarro se confrontou com Atahualpa, o rei inca, em 1532, no Peru, um dos lados estava em desvantagem em relação ao outro. Não eram os espanhóis, apesar de terem apenas 168 soldados esfarrapados em um "terreno estranho, desconhecendo os habitantes locais, totalmente sem contato com os espanhóis mais próximos... e muito além do alcance de reforços em tempo hábil". Era Atahualpa, apesar de comandar um exército de aproximadamente 80 mil.

Como era possível? Por trás de cada soldado espanhol estavam centenas de milhares de eurasianos que, de maneira coletiva e cumulativa, tinham deixado como herança navios oceânicos e sistemas de navegação que permitiam que os espanhóis desembarcassem as forças armadas em solo estrangeiro. A cabeça de cada soldado era coberta por um capacete de aço, o resultado de incontáveis microinovações que haviam acontecido na metalurgia ao longo de muitos séculos, e por isso, um tacape inca não era uma ameaça terrível. Os espanhóis tinham na mão uma espada, uma adaga ou uma lança, uma combinação devastadora de força e flexibilidade, pois poderia cortar, mas não quebraria. A armadura inca de tecido, útil em neutralizar golpes de porretes, podia ser facilmente cortada e furada. Os espanhóis podiam estar a cavalo, graças a séculos de domesticação. Os incas não tinham bestas de carga e não tinham a velocidade nem a resistência para correr mais do que a cavalaria. Os comandantes espanhóis não precisavam improvisar suas táticas. Eles se beneficiavam de todas as histórias de batalhas que foram escritas, preservadas e estudadas nas bibliotecas espanholas, uma vez que a escrita, a impressão e a catalogação eram conquistas coletivas, e não individuais. Os espanhóis podiam melhorar e modificar suas táticas, mas não precisavam partir do zero. Com a experiência acumulada de toda a Europa por trás, os espanhóis derrotaram os incas sem sofrer uma única baixa. Atahualpa foi capturado e preso em troca de um resgate extraordinário que, mesmo depois de pago, não impediu que fosse morto por Pizarro.

Conhecimento compartilhado: combustível para alta velocidade

Que lições podemos tirar disso? O sucesso não depende apenas de um único acontecimento, assim como uma catástrofe não depende de uma única falha. Como vimos no Capítulo 3, as catástrofes podem acontecer quando alguns pequenos incidentes se reúnem de maneira certa para que o sistema sofra um colapso ou exploda. Uma dinâmica composta semelhante leva ao sucesso quando bons resultados se desenvolvem ao longo do tempo. Os líderes – e os concorrentes – acumulam vitórias mais rapidamente e com maior consistência e duração do que os outros. A velocidade e a resistência desequilibram a balança, e as vitórias fortalecem o grupo para o qual todo o passo na corrida aumenta a chance de que o próximo passo seja ainda mais rápido e mais forte. E isso acontece quando os eventos não acontecem apenas como sucessos ou fracassos, mas sim como sucessos ou ganhos na chance de ter sucesso na próxima vez. Nos Capítulos 4 e 5, vimos isso em detalhe com a Alcoa e a marinha nuclear. Pode-se imaginar um cassino funcionando dessa maneira. Para a maioria dos jogadores, lançar os dados ou girar a roleta não altera as chances nas próximas apostas, e as chances se acumulam em favor do cassino. Porém, para aqueles capazes de contar cartas, o que eles aprendem ao jogar uma mão aumenta suas chances na próxima. Conhecendo melhor o terreno, eles o superam.

As organizações, assim como as sociedades estudadas por Diamond, ou como os contadores de cartas individuais, dependem de sua capacidade de acumular conhecimento prático mais rapidamente do que seus concorrentes. A capacidade de ser mais rápido e mais forte no planejamento, operação e melhoria de sistemas complexos depende de enxergar onde o conhecimento é necessário (Capacitação 1), de gerar novos conhecimentos (Capacitação 2) e de compartilhar e combinar esse conhecimento para que a *expertise* do indivíduo seja uma função de sua experiência combinada com a experiência de muitos outros que desenvolveram um trabalho semelhante. Essa é a essência da Capacitação 3, que iremos examinar neste capítulo.

No Capítulo 3, vimos as consequências de não fazer isso. No caso da Sra. Grant, devem ter havido diversas ocorrências mostrando que a heparina e a insulina poderiam ser facilmente confundidas. Ainda assim, essas ocorrências não se transformaram em conhecimento cumulativo que resultassem em mudanças na embalagem, nos rótulos ou na armazenagem dessas medicações. No caso do ônibus espacial, as repetidas ocorrências de falhas na espuma e nos anéis de vedação não foram incorporadas nos procedimentos da NASA como percepções acumuladas da vulnerabilidade do sistema. Duas tripulações foram perdidas e milhões de dólares foram gastos na recuperação de acidentes que jamais deveriam ter acontecido.

Por outro lado, a Alcoa acumulou um histórico invejável de segurança nos locais de trabalho em ambientes industriais perigosos. Por quê? Ela descobriu que sistemas totalmente seguros desafiam modelos conceituais, mas podem ser alcançados por meio de um processo de descoberta dinâmica no qual (a) o trabalho complexo é administrado de modo que os problemas do projeto sejam revelados, (b) os problemas identificados são solucionados, fazendo com que o conhecimento seja desenvolvido rapidamente, e (c) o novo conhecimento, apesar de descoberto localmente, é compartilhado por toda a organização. O mesmo se aplica ao programa de reator nuclear de Marinha dos Estados Unidos. O forte comprometimento com procedimentos escritos, os relatórios de incidentes sobre desvios ou falhas aparentemente insignificantes nos procedimentos e a rápida atualização de procedimentos e, mais abrangentemente, de projetos de sistemas significam que uma tripulação jovem e seus oficiais, quando partem para seu primeiro cruzeiro, têm cerca de 5.700 reatores-ano de experiência apoiando sua *expertise* individual.

Examinemos com mais profundidade como se transfere o conhecimento daqueles que fizeram uma descoberta para aqueles que se beneficiarão dela. Encontraremos um tema comum: assim como descobrir alguma coisa pela primeira vez é algo experimental – envolve a solução de um problema relacionado – o ensino de algo também o é. As pessoas que fazem isso bem não transmitem apenas soluções. Elas mostram o problema em um contexto, encontram uma solução e apontam como a solução foi encontrada e porque irá dar resultado. Não é apenas o resultado, mas também o processo de descobrimento que é demonstrado e compartilhado, quase sempre de uma maneira experimental.

Neste capítulo, veremos mais detalhadamente como uma organização de alta velocidade – a Toyota – multiplica o aprendizado localizado pelo conhecimento de toda a organização. No primeiro exemplo, veremos como a Toyota trata um problema organizacional básico que limita o desenvolvimento de negócios – uma incapacidade de propagar o *know-how* pelo ambiente de produção de maneira rápida o bastante para manter o crescimento acelerado. No segundo exemplo, veremos como a Toyota utiliza mecanismos para absorver e compartilhar conhecimento a fim de gerar alta velocidade no desenvolvimento de novos produtos. No terceiro, examinaremos um mecanismo que a Toyota usa para estimular o aprendizado cooperativo em situações difíceis de definir, codificar e explicar para aqueles que não estão diretamente envolvidos com elas.

Caso: acelerando a América do Norte

Antecedentes: localização global

O sucesso pode apresentar seus próprios riscos. Essa é a experiência da Toyota na tentativa de expandir seu negócio. Animada por excelentes vendas no final dos anos 1970 e início dos anos 1980, a Toyota encarou os Estados Unidos não só como um mercado exportador, mas também como um lugar para estabelecer estrutura de desenvolvimento e produção. Como alguns colegas de dentro da Toyota me explicaram, a dependência exclusiva de exportações representava um risco financeiro, com as recompensas de um bom planejamento e muito trabalho conciliado por flutuações incontroláveis de taxas de câmbio. Também existiam fatores políticos. O grande sucesso das empresas japonesas havia gerado ressentimento no centro industrial dos Estados Unidos e ameaças retaliatórias em Washington, D.C. Existiam também razões comerciais. Por estar física e culturalmente mais perto do cliente final, a Toyota esperava ser capaz de entregar produtos mais adequados às necessidades dos mercados locais. Finalmente, havia razões práticas. O Japão é um país relativamente pequeno; em algum momento a Toyota estaria se confrontando com outras empresas na busca de construção de novas instalações industriais, contratação de novos empregados e fontes para uma crescente rede de fornecedores.

Os primeiros passos para a localização global: NUMMI

A expansão para o exterior apresentou, entretanto, um desafio. A Toyota tinha sido bem-sucedida como exportadora de excelentes produtos devido ao notável sistema administrativo que usava domesticamente. A produção globalmente localizada, como alguns dentro da Toyota se referiam, significava que a empresa não seria tão dependente da exportação de produtos, mas teria que aprender a exportar o sistema administrativo que tornou seus produtos possíveis.

A primeira abordagem da Toyota a esse problema dependia de simplificar a situação que enfrentava. Ao iniciar uma nova instalação, a fabricante tinha que lutar com muitas variáveis: onde localizar a fábrica, o que produzir, que tecnologia de produção utilizar, quem contratar como mão de obra direta, quem encarregar da administração, de qual fornecedor comprar e através de quem vender, entre outras. Em 1984, quando a Toyota criou a NUMMI, uma *joint venture* com a General Motors, manteve constantes muitas, ou quase todas, dessas variáveis, baseada em coisas que já conhecia. Para evitar construir uma instalação totalmente nova, usou uma fábrica existente da GM e seus equipamentos, e, para evitar a contratação de novatos, a mão de obra, em grande parte, foi readmitida da força de trabalho da GM. O primeiro produto Toyota da fábrica foi o Corolla, que era fabricado no Japão e que já tinha uma presença no mercado norte-americano. A única variável diferente seria a utilização do Sistema Toyota de Produção fora dos limites confortáveis e familiares de sua cidade natal, Toyota City.

Com relação à maneira de lidar com este desafio, a Toyota poderia ter inundado os níveis gerenciais da fábrica com experientes líderes japoneses, mas isso não teria sido sustentável. Eles poderiam até querer se transferir para os Estados Unidos por uma temporada, mas não definitivamente. Quando é preciso expatriar seus líderes, não se trata exatamente de uma localização global; começa a ter a aparência de uma colonização, e mesmo que você se sinta à vontade com uma estratégia de colonização, em algum momento você fica sem os administradores, a não ser que possa desenvolver administradores locais.

Qual era a alternativa? A Toyota precisava depender de norte-americanos que administrassem outros norte-americanos, mas para que isso fosse eficaz, eles precisavam ser treinados. Coerente com a ideia de que o treinamento precisa ocorrer em um contexto, orientado e aprendido por meio de ação, a Toyota montou uma estratégia. A bem da verdade, o presidente local seria um veterano funcionário da Toyota japonesa. Porém, mesmo para o seu primeiro grande esforço de produção na America do Norte, a Toyota contratou gerentes de grandes empresas industriais norte-americanas e estabeleceu intensivas relações de aconselhamento. Mas eles não seriam simplesmente largados lá para assumir o controle. Primeiro, fariam produtos similares na fábrica irmã da NUMMI, no Japão, ganhando experiência prática na maneira com que os Corollas eram construídos e na maneira com que o processo era administrado pela Toyota no Japão. Utilizando uma metáfora esportiva, eles voltariam para os Estados Unidos não apenas tendo visto os jogos, mas tendo participado dos jogos durante diversas semanas, junto com os treinadores e os titulares do time.

De volta em seu território, teriam um apoio contínuo. A Toyota mandou centenas de coordenadores do Japão para a NUMMI a fim de apoiar os norte-americanos. Eles acompanharam e orientaram os norte-americanos que teriam autoridade direta na fábrica, convencendo-os a olhar isso, tentar aquilo, explicar a justificativa por trás de alguma coisa, e assim por diante. No Capítulo 7, vimos esse tipo de comportamento representado pelo Sr. Ohba ao fazer uma equipe pensar fundamentando seus esforços de melhoria de processo. Na MacDougal Automotive, vimos uma abordagem semelhante usada pelo experiente treinador da Toyota. Foi ele quem se afastou diretamente dos processos de melhoria de produção a fim de utilizar o treinamento de melhoria de processo para desenvolver os membros da equipe pela qual era responsável. Na Toyota, de maneira mais ampla, essa abordagem pessoal de orientação foi a maneira de desenvolver centenas de pessoas na NUMMI. Isso foi possível porque havia um número suficiente de coordenadores, desde os níveis mais graduados até o nível de líderes de grupo. Inicialmente, isso funcionou bem.

O *start-up* da NUMMI foi um extraordinário sucesso. Enquanto a fábrica era dirigida pela General Motors, a produção era frequentemente interrompida por "licenças médicas, diminuição de ritmo de trabalho e greves ilegais, e o absenteísmo geralmente chegava a 20%. Álcool e drogas ficavam disponíveis livremente nas instalações". Além disso, "em 1982, quando a GM fechou a fábrica e demitiu os funcionários, mais de 6 mil reclamações permaneceram acumuladas no sistema". Qual a gravidade disso? "Os gerentes da linha de frente eram conhecidos por portar armas para proteção pessoal".

Entretanto, em uma transformação quase que da noite para o dia, a NUMMI conquistou extraordinários sucessos. O aluno de pós-graduação e pesquisador do MIT, John Krafcik, que introduziu o termo *produção enxuta* (*lean manufacturing*) ao vocabulário, documentou as seguintes comparações: quando a NUMMI funcionava como uma fábrica da GM, sua produtividade e qualidade eram tão fracas quanto as da fábrica da GM de Framingham, o retrato das fábricas de baixo rendimento no *The Machine that Changed the World*. Sob a administração da Toyota, sua classificação deixou para trás a de sua irmã GM e se aproximou da classificação da fábrica da Toyota deTakaoka (ver Tabela 8-1).

Não era apenas a velocidade da fábrica já desde a linha de partida que era impressionante. A fábrica continuou a ter um bom desempenho, recebendo prêmios da J.D.Power pela qualidade inicial e outras homenagens, como resumido nas Tabelas 8-2 (p. 200) e 8-3 (p. 201).

Quando a Toyota expandiu suas operações nos Estados Unidos além da NUMMI, teve uma abordagem semelhante para a introdução de produtos e processos, mantendo constante a maior parte dos fatores e experimentando com os poucos que haviam sido alterados. Por exemplo, quando a Toyota abriu uma nova instalação em Georgetown, Kentucky, mais uma vez manteve a novidade da experiência limitada a poucas variáveis. Escolheu um carro de sucesso, bem projetado, que já estava sendo produzido no Japão para o mercado norte-americano – o Camry – e já tinha criado um método para o desenvolvimento de gerentes – o campo de treinamento intensivo no Japão acompanhado da orientação direta que havia sido usada pela NUMMI. Agora, poderia voltar-se para novos desafios, desenvolver mais fornecedores locais e desenvolver trabalhadores com menos experiência em produção do que os que ingressaram na NUMMI.

TABELA 8-1 Comparações de produtividade e qualidade entre quatro fábricas de automóveis

	Framingham 1986	*GM Fremont 1978*	*NUMMI 1986*	*Takaoka 1986*
		Produtividade geral		
Por hora (horas/unid)	36,1	38,2	17,5	15,5
Assalariados	4,6	4,9	3,3	2,5
Total	40,7	43,1	20,8	18,0
		Produtividade corrigida (ajustada)		
Por hora	26,2	24,2	16,3	15,5
Assalariados	4,6	4,9	3,3	2,5
Total	30,8	29,1	19,6	18,0
Vantagem da NUMMI	57,1%	48,5%	-	-8,2%
		Indicadores de qualidade		
Auditoria GM	125-130	120-125	135-140	135-140
Pesquisa do proprietário	85-55	ND	91-94	92-94
Relatórios do consumidor	2,1-3,0	2,6-3,0	3,6-3,8	3,8-4,0

Fonte: "*Learning from NUMMI*", de John F. Krafcik, documento não publicado do *International Motor Vehicle Program* (1986), citado no artigo de Charles O'Reilly, *New United Motor Manufacturing, Inc.*, Estudo de caso da Stanford Graduate School of Business HR-11, 2 de dezembro de 1998.

Embalando o *know-how* da Toyota para exportação

Essa abordagem chegou ao seu limite, porém. Depender de coordenadores para treinar o pessoal durante todo o tempo até atingir o nível de líder de grupo é algo que limita o ritmo com que o negócio pode progredir; há coordenadores demais e leva tempo para que um grupo de coordenadores faça a transição de

TABELA 8-2 Prêmios da J.D. Power and Associates de qualidade inicial para fábricas

1994	*1995*	*1996*
Medalha de prata América do Norte e América do Sul	Medalha de bronze América do Norte e América do Sul	Medalha de bronze América do Norte e América do Sul
1999	*2000*	*2002*
Medalha de prata América do Norte e América do Sul	Medalha de prata América do Norte e América do Sul	Medalha de bronze América do Norte e América do Sul

Fonte: Divulgação de informação da *J.D. Power and Associates*

uma fábrica para outra. Isso pode funcionar se uma nova fábrica for aberta em épocas determinadas, mas e se as fábricas forem abertas em uma programação concentrada ou se diversas fábricas forem abertas simultaneamente? A Toyota precisava de uma alternativa para os coordenadores.

E se a Toyota precisasse introduzir um produto feito sob medida para um mercado local, o que, aparentemente, era um das finalidades da estratégia de localização global? Não haveria uma fábrica irmã para qual pedir apoio, verificação de equipamento e desenvolvimento de trabalho padrão.

Assim, o sucesso apresentou um dilema para a Toyota: se ela não pudesse exportar seu sistema administrativo mais rapidamente do que estava fazendo, poderia perder sua reputação pela qualidade, confiabilidade e condições financeiras, adquirida com tanto esforço. Contudo, tampouco seria aceitável recusar vendas devido à falta de capacidade confiável. Parecia que a localização global da produção não poderia se limitar aos carros, caminhões e minivans; teria que incluir a produção local de talento gerencial.

O primeiro passo era dar aos locais de produção a responsabilidade de desenvolver internamente seus próprios talentos. O Capítulo 6 analisou o método adotado na fábrica de caminhões da Toyota em Princeton, Indiana, na preparação de novos contratados para o trabalho na linha de montagem. Apesar de este ser um passo na direção certa, havia o risco de que cada fábrica desenvolvesse seu próprio método de desenvolvimento de habilidades. Se a abordagem de cada local fosse diferente, apenas uma seria a melhor de todas, e talvez não fosse nenhum delas. Precisaria haver uma abordagem sinérgica através da qual cada local criaria não apenas sua própria *expertise* a partir de sua experiência, mas também fizesse uso da experiência acumulada de toda a empresa. Baseado na conclusão de Diamond de que os incas perderam para os espanhóis porque o conhecimen-

TABELA 8-3 Prêmios para os Corollas da NUMMI

1993	Estudo de qualidade inicial de novos carros da J.D.Power: entre os 10 melhores modelos em qualidade inicial
1998	American Automobile Association: melhor carro abaixo de US$15 mil
1999	American Automobile Association: melhor carro abaixo de US$ 15 mil
1999	Estudo de qualidade inicial da J.D. Power: melhor carro compacto da América do Norte
1999	R.L.Polk and Co.: líder em compactos de 4 portas
1999	Guia de Custos de Carro Completo da IntelliChoice: melhor valor geral na classe compacto
2000	R.L.Polk and Co.: líder em compactos de 4 portas
2000	"Melhor compra" do *Consumers Digest*
2000	Estudo de qualidade inicial da J.D. Power: melhor carro compacto da América do Norte
2001	R.L.Polk and Co.: líder em compactos de 4 portas
2001	"Melhor compra" do *Consumers Digest*
2001	Estudo de qualidade inicial da J.D. Power: melhor carro compacto da América do Norte
2002	Estudo de qualidade inicial da J.D. Power: melhor carro compacto da América do Norte
2004	Estudo de qualidade inicial da J.D. Power: melhor carro compacto da América do Norte
2006	Estudo de qualidade inicial da J.D. Power: melhor carro compacto da América do Norte

Fonte: *Site* da NUMMI: http://www.nummi.com/awards.php

to nas Américas estava isolado em represas independentes, a Toyota quis criar a dinâmica eurasiana, na qual todas as represas se alimentavam e realimentavam da mesma represa, cada vez mais profunda.

Os próximos passos da Toyota nesse sentido começaram em 2003, com a criação do que hoje é chamado de Global Production Center (GPC), dirigido por Yuichi Shubui, da fábrica de Tsutumi, e com uma equipe de instrutores, cada um com 20 a 30 anos de experiência nas fábricas da Toyota. Os instrutores do GPC identificaram uma serie de importantes habilidades produtivas, incluindo pintura, soldagem, montagem final, manutenção de ferramentas e moldes, montagem de motores, logística interna, controle de qualidade e manutenção de equipamentos. Mais tarde, identificaram líderes de grupo reconhecidos por terem muito conhecimento sobre essas capacidades. Os líderes de grupo passaram pelo treinamento de mostrar suas melhores práticas com os treinadores do GPC fazendo repetidamente as seguintes perguntas: qual a habilidade fundamental? Qual o talento especial ou ponto-chave? Qual método mostra a melhor maneira de ensiná-lo?

Ao longo de muitos meses, a equipe do GPC acumulou diretrizes ordenadas para as habilidades fundamentais. Por exemplo, com a soldagem, eles queriam ir além do toque, tato e instinto dos "artesãos mestres" para identificar os três tipos de soldagem e, para cada uma, os principais parâmetros do processo, como o ângulo da haste de soldagem, altura, velocidade, intensidade do jato e, então, quantificá-los para ver quais deles seriam necessários para realizar soldas perfeitas.

O Global Production Center não desenvolveu apenas "receitas" para importantes habilidades de produção do chão de fábrica; eles também observaram os especialistas e os entrevistaram para saber como adquirir essas capacitações. Por exemplo, um líder de grupo tinha uma série de exercícios repetitivos para ensinar a aparafusar. O líder de outro grupo fazia com que os *trainee*s apertassem parafusos de diferentes ângulos para que pudessem associar as diversas atitudes e posições aos resultados. Depois de reunir essas múltiplas perspectivas, a equipe GPC não tinha apenas receitas para produção, mas estava pronta para criar um trabalho padrão que ensinasse essas receitas. Por exemplo, desenvolveram um equipamento de treinamento para soldagem padronizado. Para a manutenção do equipamento, o GPC desenvolveu um *kit* de ferramentas para que as pessoas pudessem aprender mais facilmente a manutenção antecipada e preventiva, assim como a análise da temperatura e da vibração. Obviamente, em acordo com a ênfase que vimos no Capítulo 7 sobre a Capacitação 2 – solução de problemas – nada era definido antes de testado. O GPC realizava testes com membros de equipe vindos da fábrica na qual o equipamento estava instalado. Depois, convidava grupos de outras fábricas para testar os novos métodos de produção e também os métodos e os equipamentos que serviam para ensinar esses métodos de produção. Mais tarde, outras equipes viriam de outras fábricas da Toyota para testar os métodos de treinamento no GPC, antes de levá-los para suas organizações. Na Tabela 8-4 encontramos um cronograma das atividades do GPC.

Não era um exercício fácil adquirir conhecimento que pudesse ser compartilhado. O GPC criou 3 mil "manuais visuais" – demonstrações interativas baseadas na *Web* e explicações das capacitações importantes. Cada um deles levou cerca de 200 horas de trabalho para ser criado, num total de 300 anos de trabalhos. O conteúdo do treinamento tinha o propósito de ser bem abrangente; por isso,

TABELA 8-4 Cronograma das atividades do GPC

Data	*Evento*
Maio 2003	Início do GPC
Maio 2003	Primeira turma de líderes de grupo a documentar as melhores práticas em uma capacitação
Final de 2003	Primeira versão documentada e definida
2004	Iniciada a documentação de métodos alternativos para as capacitações
2004	Finalizado o protótipo do modo de treinamento
2004	Protótipo de treinamento de capacitações testado na fábrica de Motomachi
2004	Modificação no equipamento e na abordagem do treinamento de capacitações
2005	Liberação de nova versão do treinamento de capacitação
2005	Implantação de nova técnica de treinamento na região dos Estados Unidos seguida das regiões da Europa e Ásia-Pacifico

os manuais visuais levaram tanto tempo e envolveram tantas capacitações. Esse esforço tem que ser colocado no contexto do objetivo geral de dividir o tempo necessário para o desenvolvimento de milhares de funcionários.

O GPC não se restringiu apenas ao treinamento e ensino das tarefas diretas de produção, como soldagem e montagem feitas por operadores da linha de frente. Um papel importante no ambiente de produção é o do líder do grupo, que é responsável não só pelo treinamento e desenvolvimento de suas capacitações de produção, mas que deve também apoiar a identificação e solução dos problemas. Mais uma vez, o GPC tentou captar o conhecimento do melhor da Toyota e desenvolver processos reproduzíveis para a administração do chão de fábrica. Por exemplo, desenvolveram processos padrão para "gestão de anormalidades" (o que fazer quando algo dá errado) e "gestão de trocas" (como preparar e treinar pessoas para a mudança de um método para outro sem que a mudança cause tumulto).

A exportação de conhecimento do GPC não estava limitada ao Japão. Afinal, um grande motivador de problema de negócios para a GPC era o crescimento dos negócios no exterior ultrapassando a capacidade da Toyota de desenvolver suficientes gestores ao estilo Toyota. Tendo acentuado e examinado seus próprios métodos nas fábricas Toyota no Japão, o GPC convidou representantes da Europa, Ásia e das Américas para visitar o Japão a fim de aprenderem as capacitações que o GPC tinha como objetivo, exercitarem as técnicas e equipamentos de treinamento que o GPC havia desenvolvido (ver Figura 8-1) e oferecerem seus próprios *inputs*. Aqui vemos o GPC envolvido em um clássico exemplo da Capacitação 3. Ele solucionara um problema e estava compartilhando seu recente conhecimento, fazendo isso onde o conhecimento fora descoberto, e compartilhando o processo de descobrimento juntamente com a solução.

Em fevereiro de 2005, um grupo de gestores e líderes de grupo das operações norte-americanas da Toyota passou duas semanas no GPC no Japão como precursores da instalação de uma organização ao modos do GPC, que recebeu o nome de Centro Norte-Americano de Apoio da Produção (North American Production Support Center – NAPSC) na Toyota Kentucky. Esse novo grupo levou os métodos desenvolvidos pelo GPC e os testou no treinamento de pessoal e no treinamento de pessoal para treinar outros funcionários na fábrica de Georgetown, Kentucky. Ao longo do caminho, foram feitas muitas modificações e ajustes para tornar os métodos mais eficazes nas fábricas norte-americanas. Mais tarde, assim como haviam sido convidados para visitar o GPC para aprender o que ele havia descoberto sobre treinamento – onde o GPC tinha feito as descobertas – o NAPSC, por sua vez, convidou colegas das fábricas da Toyota de

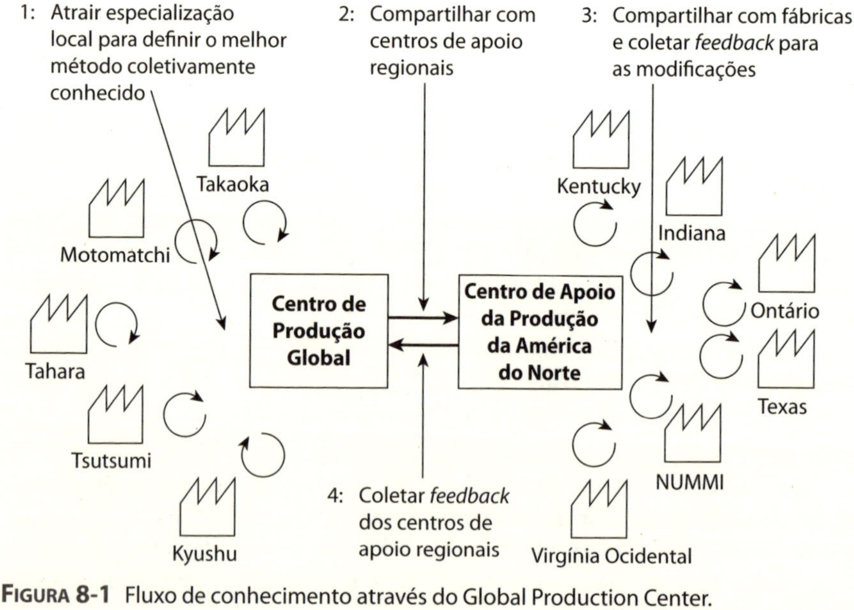

FIGURA 8-1 Fluxo de conhecimento através do Global Production Center.

Indiana, Virgínia Ocidental, Ontário e outros lugares para visitar o Kentucky, como precursores da criação de seus próprios centros de treinamento. Antes de continuar, vamos examinar alguns exemplos da obra do GPC.

Exemplo: habilidades para a montagem final

O treinamento do GPC era planejado para permitir um aprendizado gradual, repetitivo e com a prática do "aprender fazendo". No caso da montagem final, o treinamento começava com as habilidades básicas, como segurar um parafuso e usar uma chave inglesa. Esses elementos eram combinados com elementos de trabalho como apertar um parafuso em uma placa perpendicular, em ângulo, em um espaço fechado, e assim por diante (ver Figura 8-2).

O treinamento explicava não apenas o que fazer, mas por quê. Lembro de parar à frente do local de testes para apertar um parafuso e ser informado como e por que deveria transportar os parafusos na mão esquerda, com a palma da mão virada para cima ao deixar os parafusos escorregarem até a ponta dos dedos, e não a virasse para baixo, pois se eu afrouxasse a mão o parafuso cairia de volta nela, e não cairia no chão ou dentro do carro. Também era instruído a firmar o punho de maneira neutra para evitar uma tensão exagerada. Isso era uma introdução à prática dessas habilidades básicas e elementos isolados de trabalho em uma linha de montagem em movimento. De certa forma, primeiro os dedos e as mãos eram treinadas individualmente, depois as duas mãos juntas e em sintonia com os braços, e finalmente os braços em harmonia com o tronco e as pernas.

Exemplo: soldagem

Em outra estação, um líder de grupo, com 20 anos de experiência na Toyota, explicava o treinamento que tinha sido desenvolvido para a soldagem. O GPC identificou oito habilidades básicas que precisavam ser dominadas para resistência, arco e soldagem com acetileno, inclusive o posicionamento de peças, es-

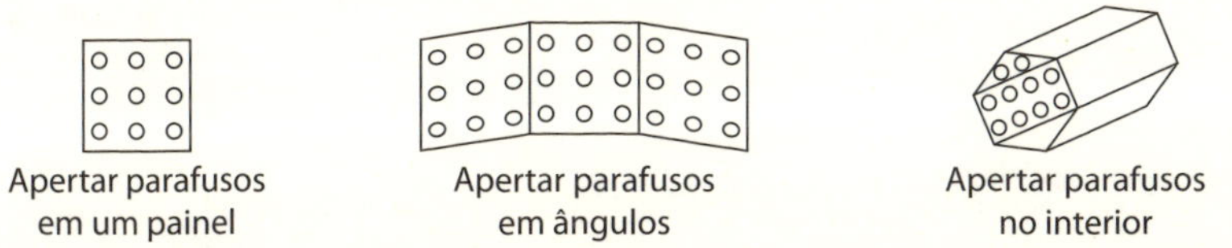

FIGURA 8-2 Exemplo de arranjo para o treinamento das melhores habilidades: montagem.

tabelecimento de pontos de dados e medições. Assim como o treinamento para o trabalho em uma linha de montagem em andamento é progressivo, gradual e prático, assim também é o treinamento para soldagem, começando pelo básico (CO_2, soldagem, equipamento, e segurança), seguindo com treinamento e prática simuladas, e concluindo com a soldagem prática. A Tabela 8-5 mostra as etapas no treinamento de soldagem.

Exemplo: treinamento do líder de grupo

Como mencionado anteriormente, o treinamento não se limitava ao trabalho físico, mas também era desenvolvido para ensinar como ser um competente gerente de chão de fábrica com posto de líder de grupo. Caren Caton, gerente geral adjunto do NAPSC, explicou que os líderes de grupo eram muito bons em observar os membros e líderes das equipes quando esses se afastavam do trabalho

TABELA 8-5 Etapas no treinamento de soldagem do NAPSC

Fase I: fundamentos do CO_2, soldagem e segurança

1. Objetivo
2. Plano de treinamento
3. Soldagem por CO_2
4. Equipamento
5. Prevenção de acidentes
6. Segurança

Fase II: simulação de treinamento e prática

7. Treinamento básico com um boneco

Fase III: Treinamento prático de soldagem

8. Inspeção inicial
9. Treinamento na sequência de soldagem

Teste incorporado

10. Avaliação geral

padrão, mas não eram igualmente bons em ver como o próprio padrão poderia ter falhas. Ao treinar os líderes de grupo para se tornarem mais críticos e mais apoiadores, o NAPSC começou a observar como eles se renovavam em seu papel de solucionar problemas. Quando você define um problema apenas em termos de adesão às especificações, você estabelece um padrão muito baixo para uma etapa, mas se você define um problema pelos critérios muito mais rigorosos de se fazer o trabalho sem demora, sem desperdício e sem qualquer tipo de empecilho, você estabelece um padrão muito mais alto e cria mais motivos para tentar melhorar as coisas que está fazendo.

Progresso até o momento

Refletindo sobre o progresso do North American Production Support Center, Latondra Newton, gerente geral da NAPSC, declarou:

> A Toyota precisava criar uma maneira de ajudar as pessoas a entender melhor a intenção do Modelo Toyota e apressar seu desenvolvimento sobre o que somente o aconselhamento poderia alcançar. Certamente, aprendemos muito do *know-how* adquirido no GPC (no Japão), mas também fomos responsáveis por acrescentar algo mais. O segredo é nos basearmos nos princípios que aprendemos com eles e aplicar o mesmo modo de pensar ao que é exclusivo de nossa região.
>
> Algumas vezes, tivemos que modificar certas técnicas que eles desenvolveram para nos adaptarmos às condições locais. Na pintura, por exemplo, algumas pessoas pulverizavam algumas peças muito próximas do chão tendo que dobrar muito os joelhos. No Japão isso não é um problema, pois desde cedo as pessoas estão acostumadas a se agachar, mas nosso pessoal precisava de um método diferente. Tínhamos que contar com outras soluções ergonômicas.
>
> Mas também tínhamos que inventar algumas coisas. Por exemplo, aqui nós fazemos fundição de rodas de alumínio, que eles não fazem e, por isso, tivemos que desenvolver nossos próprios métodos de treinamento e de treinamento dos instrutores.

Caso: projeto de produtos de alta velocidade

No final dos anos 1980, os pesquisadores da MIT International Motor Vehicle Program e de outros lugares, identificaram o primeiro "paradoxo Toyota". Apesar das fábricas da Toyota fazerem um trabalho semelhante ao de seus concorrentes, elas estavam aparentemente gerando o dobro de produção em metade do espaço, com metade das pessoas e de estoque, e na metade do tempo. Alguns anos mais tarde, os pesquisadores da Universidade de Michigan identificaram um segundo paradoxo Toyota. A equipe de Michigan descobriu que a Toyota estava projetando produtos que agradavam aos clientes e os colocavam no mercado com grande facilidade, em um prazo menor e com menos horas de engenharia – sem respeitar algumas das melhores práticas que os outros estavam tentando adotar. Quando examinamos a pesquisa do paradoxo Toyota, mais uma vez descobrimos que a sua excelência vem, em parte, da organização de seus esforços para (a) criar conhecimento ao solucionar problemas fora do comum e (b) tornar esse novo conhecimento parte da especialização coletiva da empresa.

Quanto à natureza deste segundo paradoxo, a equipe de Michigan comparou o método e o desempenho da Toyota com a bem-sucedida plataforma LH da Chrysler (LH era uma referência à carroceria e aos chassis comuns a uma série de carros médios e grandes da Chrysler, incluindo o Concorde, o New Yorker e o LHS, da Chrysler; o Intrepid, da Dodge; e o Vision, da Eagle). De acordo com Gregory Scott, aluno de pós-graduação e pesquisador do MIT, o LH era a primeira nova plataforma para a Chrysler desde o carro-K, em 1980; e era o “primeiro grande resultado” de uma nova abordagem para o desenvolvimento de um novo produto. As características dessa abordagem incluíam “equipes multidisciplinares de plataformas, um forte comprometimento com a engenharia simultânea ou paralela de diferentes projetos de veículos, um crescimento considerável de envolvimento de produção e fornecimento e a introdução do Centro de Tecnologia da Chrysler como um estabelecimento centralizado para as atividades técnicas da empresa”. Essa abordagem tinha o objetivo de permitir mais liberdade nos projetos nos níveis inferiores da organização, enquanto assegurava uma integração bem-sucedida de todo o projeto. Esperava-se que “as melhorias na comunicação, no trabalho em equipe e na participação entre todo o pessoal do desenvolvimento de novos produtos” reduzissem os custos de desenvolvimento, o tempo de ciclo e o tempo de colocação do produto no mercado, ao mesmo tempo em que melhorava a qualidade do produto. “A empresa aparentemente deu passos largos para deixar de ser uma organização exclusivamente funcional ao depositar considerável responsabilidade nas mãos de gestores de projeto e organizações relativamente importantes. Esses gestores, por sua vez, aumentaram a quantidade e a amplitude das tomadas de decisão das equipes para atingir maior consenso nos níveis de projeto, sincronização e coordenação.” Resumindo, o LH foi a melhor tentativa da Chrysler de fazer a “coisa certa” em projeto de novos produtos, utilizando as técnicas defendidas por alguns pesquisadores, como as equipes que eram (a) colocalizadas para uma colaboração frequente e rápida, (b) multifuncionais, para que diversas perspectivas se relacionem aos problemas, (c) com importantes gestores de projeto para assegurar o alinhamento dos objetivos ao longo das áreas de estudo. Apesar disso, a Toyota ultrapassou a Chrysler, com diferenças significativas em qualidade, custo e tempo (ver Tabela 8-6).

A Toyota não era apenas melhor nas coisas que a Chrysler fazia. A Toyota parecia ir contra as melhores práticas. Tinha um método bem mais "leve" para a gestão de projetos, com especialistas muito responsáveis por suas funções e com engenheiros-chefe que exerciam uma influência persuasiva, coordenada e integradora, mas que não era coerciva no fluxo do trabalho. A Toyota também parecia demorar mais nas decisões, permitindo a persistência de incertezas em importantes parâmetros de projeto, e tolerava um número muito maior de protótipos caros e demorados. Ela até começou a projetar e fabricar moldes de estampagem antes de definir o projeto final.

Parecia loucura, mas essas diferenças, resumidas na Tabela 8-7, faziam parte do método de criação e de compartilhamento de conhecimento que permitiu que a Toyota rapidamente gerasse e acumulasse conhecimento – útil para a criação de vantagens competitivas sobre como os componentes individuais deveriam ser projetados e, principalmente, sobre como as peças deveriam ser transportadas em um sistema bem integrado.

Geração de conhecimento: organizado para descoberta

Examinemos primeiramente algumas das técnicas de geração de conhecimento e, em seguida, como o novo conhecimento foi absorvido e compartilhado.

A equipe de pesquisadores de Michigan descobriu que o método da Toyota reflete a realidade de que a "resposta certa" não é conhecida no início do processo de projeto. Ao contrário, ela deve ser descoberta por meio de repetidas

TABELA 8-6 Superioridade do processo: projeto do produto

Qualidade do projeto	Em 1993 e 1994, 6 dos 10 melhores carros na pesquisa inicial de qualidade da J.D. Power eram da Toyota.
Tempo decorrido	A Toyota precisou de 27 meses desde a aprovação do conceito até a produção em larga escala, quase um terço menos dos que os 37 meses que o programa LH da Chrysler precisou.
Custo	A Toyota usava 500 pessoas por programa, em vez das 750 que a Chrysler usava no programa LH.
Custo	A Toyota consumia menos 50% de pessoas/ano por programa do que a Chrysler consumia no programa LH.

TABELA 8-7 Comparando a Toyota com a Chrysler

	Engenharia simultânea na Chrysler	*Abordagem da Toyota*
Gestão do programa	Pesado	Leve
Tarefas	Projetistas destinados a um modelo ou plataforma especial	Projetistas administram funcionalmente, sendo destinados aos programas dos veículos cuando necessário, trabalhando em tempo integral no programa apenas durante os períodos de pico, depois seguindo para outros programas e ficando subordinados a diferentes engenheiros-chefe
	Multifuncional, equipes de projeto colocalizadas	Equipes não são colocalizadas nem exclusivas
Interações	Processos de projeto altamente estruturados	Processos de projeto "desestruturados"
	Intensa comunicação entre os membros da equipe	Intensa comunicação entre poucos membros da equipe de projeto e a base do fornecedor
Protótipos	Três modelos de argila em escala 1:50	De 5 a 25 modelos de argila em escala 1:50
	Um modelo de argila tamanho real	Dois modelos de argila tamanho real
Compromisso com projeto	Fixação precoce de especificações técnicas pela equipe de projeto	Fixação tardia de especificações técnicas pela equipe de projeto
	Busca de soluções repetitivas ponto-a-ponto	Convergência para a solução final a partir de uma gradual redução do conjunto de soluções (incluindo especificação das peças e do preço)

tentativas. Deve-se descobrir exatamente o que os consumidores querem, junto com maneiras de incorporar o que eles desejam em componentes e subsistemas, e, então, criar esses componentes e subsistemas e uni-los. Portanto, em vez de especificar uma única solução desde o início, o engenheiro-chefe da Toyota especificava uma ampla gama de soluções dentro da qual os engenheiros podiam investigar. Os engenheiros responsáveis pelos sistemas, como o sistema de transmissão e o estilo, estavam dividindo sua responsabilidade em porções menores, dando aos engenheiros mais jovens uma ampla área onde podiam explorar soluções. São muitos os exemplos dessa abordagem: fornecedores apresentando muitos projetos alternativos de subsistemas, projetistas de moldes de estampagem começando a desenvolver ferramental antes de especificar os "fixadores" finais, e conjuntos de peças sendo produzidos e testados, com os moldes fáceis de modificar sendo adaptados para se adequar aos moldes difíceis de modificar. A ideia era de que, começando com muitas soluções potenciais, o grupo poderia encontrar a solução correta que fosse superior e viável para todas as partes envolvidas (ver Figura 8-3).

Havia outros exemplos. Os autores de Michigan relataram que a Toyota tinha dois modelos de argila de tamanho real quando o projeto era entregue pelos projetistas ao pessoal da produção, enquanto a Chrysler e outros tinham um único modelo de tamanho real. De fato, o método da Toyota reconhecia que os projetistas podem aceitar um produto final que esteja dentro de um leque de dimensões físicas, e a produção pode fabricar um produto dentro de outro leque. O segredo é permitir que os estilistas e os engenheiros de produção explorem o espaço viável que seja comum às duas especializações funcionais, antes de se comprometerem com um único projeto final. Outros exemplos de como testar o máximo possível, de como aprender tanto quanto possível, antes de se comprometer com um projeto incluíam:

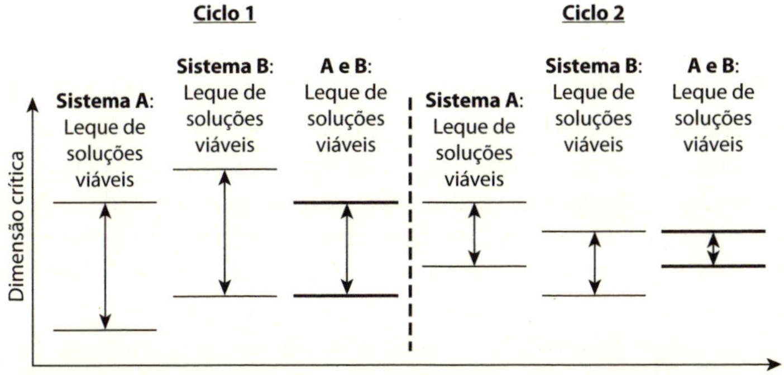

FIGURA 8-3 Projeto baseado em conjuntos: convergência de soluções mutuamente viáveis.

- O grande número de protótipos em escala 1:50 e em escala natural.
- O grande número de protótipos desenvolvidos por parceiros e fornecedores experientes.
- Os contínuos refinamentos dos modelos de argila intermediários e finais até 27 meses antes da produção (contra os 37 para o LH da Chrysler).

Em comparação com esses métodos da Toyota, os pesquisadores de Michigan descobriram que os projetistas da Chrysler eram mais rápidos na decisão de parâmetros importantes sem passar pela experiência de tentativa e erro, pela experimentação e pelos rápidos ciclos de conceitualização e validação/impugnação – como se pudessem *criar* uma maneira para chegar à resposta certa, em vez de *descobri-la*. Claro que essa suposição estava errada. Desde cedo, os engenheiros da Chrysler se comprometeram na busca da velocidade, mas logo descobriram que tinham errado. Rapidamente se comprometeram com novas práticas, mas essas também estavam erradas. Por outro lado, os engenheiros da Toyota podiam convergir suavemente para soluções que eram convenientes ao longo das disciplinas. Na verdade, eles não tinham retardado a tomada de decisões e compromissos; eles tinham se dado um tempo para aprender o máximo possível sobre uma série de opções diferentes.

Aquisição de conhecimento: codificando descobertas

O comprometimento com descobertas explica parcialmente por que a Toyota decidiu adiar decisões enquanto fazia constantes testes e experiências. O que ainda não está explicado é como a Toyota conseguiu aproveitar as vantagens de um método de gestão mais leve para o desenvolvimento de novos produtos. Em vez de ter equipes colocalizadas, especializadas e multifuncionais, a Toyota manteve seus especialistas funcionais totalmente ocupados e exercitando suas especialidades ao deslocar as pessoas para projetos onde suas habilidades eram necessárias e retirando-as quando não eram. Mas a Toyota parecia evitar as desvantagens desse método, tais como a falta de coordenação e os riscos de otimização local.

O segredo do método de gestão de projeto da Toyota era que as experiências e os protótipos nunca eram exclusivamente para o projeto atual. A Toyota tinha uma técnica exigente para absorver os resultados de cada ciclo de experiência em variados livros de lições aprendidas. Quando um projetista de uma área começava a trabalhar, podia valer-se de muitas fontes de conhecimento sobre que tipo de solução tinha funcionado ou não no passado e por quê. Assim, quando um *designer* desenvolvia os contornos de um para-lama ou de uma capota, não necessitava necessariamente de um especialista em produção na sala. O livro de lições aprendidas mostrava ao projetista que raios de curvatura poderiam ou não ser fabricados. Dentro destes limites, tudo estaria bem. Se esses limites parecerem muito restritos, é hora para uma solução colaborativa de problemas. Porém, a colaboração multifuncional para solucionar novos problemas é feita caso a caso, e não todas as vezes que duas pessoas precisem resolver um problema, e cuja solução foi perdida. O "segundo paradoxo" explicado pelos pesquisadores era:

> Os livros de lições aprendidas descrevem a atual capacidade da empresa, inclusive os graus de viabilidade. Por exemplo, um projetista de moldes da Toyota nos mostrou um livro de lições aprendidas para um projeto de para-lama. O livro, com 10 ou 12 páginas, continha aproximadamente 60 ou 70 diferentes tipos de especificações que garantiriam a viabilização da fabricação do projeto do para-lama (por exemplo, os intervalos de raios de curvatura aceitáveis para os ângulos). Desenvolvidos durante os últimos quinze anos, esses livros sobre cada peça do carro dão uma definição muito detalhada do que pode ser feito do ponto de vista de cada área funcional.

Os autores de Michigan também enfatizaram que o conhecimento dos livros de lições aprendidas não é estático:

> Cada desvio dos livros de lições aprendidas é registrado em uma planilha de auditoria, a principal comunicação entre os grupos afetados. Essas planilhas refletem a natureza do problema, uma contramedida sugerida para diminuir o problema, o departamento que a sugere e uma aprovação para as áreas funcionais afetadas. As sugestões geralmente resolvem o problema satisfazendo todas as partes. Porém, se não forem capazes de encontrar um denominador comum, um grupo funcional (digamos, projeto de molde) pode desenvolver uma nova tecnologia ou um avanço no processo para tornar o projeto viável, e então revisar o livro de lições aprendidas.

Caso: atividades *jishuken*

Os exemplos analisados até aqui têm uma característica em comum: alguém tem uma experiência que leva à *expertise*. Essa *expertise* é a conversão do conhecimento tácito para conhecimento codificado explícito que, através de prática, pode se tornar a *expertise* de mais alguém. Contudo, essa não é a única maneira que a Toyota transfere sabedoria. Outro método é chamado *jishuken* (pronunciado dji-xu-quen). A tradução literal de *jishuken* é "autoestudo". Veremos porque este termo é uma descrição surpreendentemente precisa de um processo que coloca tanta ênfase na solução colaborativa de problemas. O objetivo do *jishuken* é transferir o conhecimento daqueles que o possuem para aqueles que podem fazer bom uso dele. Porém, o *jishuken* não é um mecanismo de divulgação. É uma maneira de compartilhar conhecimento por meio da solução colaborativa de problemas, em situações onde os problemas são confusos e o conhecimento necessário para sua solução não é possível de ser transferido para os livros de lições aprendidas ou praticado em centros de treinamento.

A configuração básica de um *jishuken* é a reunião de pessoas de diferentes locais. Periodicamente, elas se reúnem em um local para tratar de uma situação problemática e, progressivamente, se deslocam para todos os outros locais, como na Figura 8-4.

Estou certo de que você conhece muitas maneiras de solucionar problemas do chão de fábrica e melhorias colaborativas com uma variedade de nomes, como *kaizen blitzes* e melhoria rápida do ciclo de trabalho. Qual a diferença entre elas e o *jishuken*? A diferença básica envolve os meios e os fins da atividade.

As *kaizen blitzes* geralmente são assim: um grupo se reúne para enfocar detidamente um processo que tenha problemas, quer o processo contribua di-

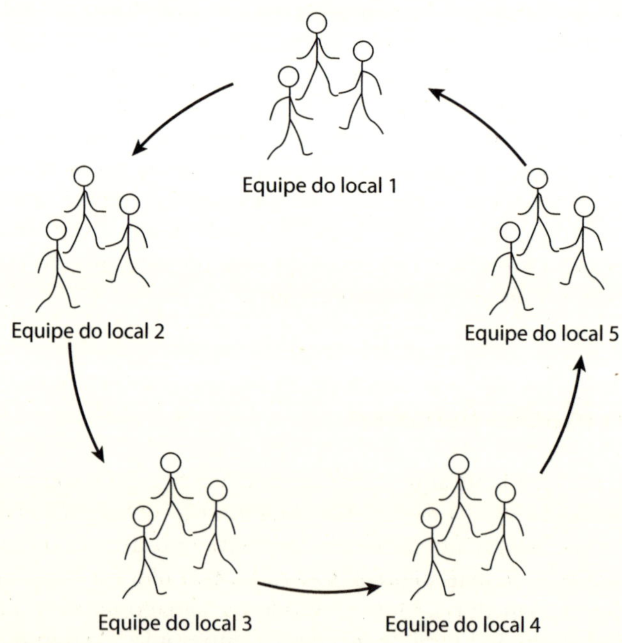

FIGURA 8-4 Organização *jishuken*.

retamente para a produção e a entrega ou para uma função de apoio, como administração, atendimento ao cliente ou folha de pagamento e contabilidade. A *blitz* dura alguns dias, o objetivo é produzir melhoria e os meios são o uso concentrado de pessoas de fora do processo para aconselhar as pessoas que estão dentro do processo. A equipe da *blitz* reunirá informações por meio de análise de documentos, entrevistas e recordações pessoais e irá trabalhar nessas informações com diversos graus de remanejamento do processo. Seu legado será um novo aspecto ou uma nova abordagem: novos *layouts* de equipamentos, novas maneiras de transportar material e informação, um local de trabalho mais organizado ou um trabalho padronizado. Ela também pode deixar para trás uma lista de tarefas de alterações que devem ser feitas ao longo do caminho; e estas deverão ser realizadas em diferentes graus de fidelidade. O que as *kaizen blitzes* geralmente não deixam para trás é uma maior capacidade de projetar, operar e melhorar os processos por parte das pessoas que trabalham todos os dias com o projeto alvo.

Em uma viagem de pesquisa ao Japão, visitei diversos fornecedores da Toyota. Para eles, o *jishuken* era algo muito diferente. E acontecia em diversos níveis. Algumas equipes eram de pessoas de diferentes setores da mesma fábrica. Essas equipes se alternavam entre diversas fábricas na mesma empresa, e a empresa tinha uma equipe que se reunia com equipes de outras empresas participantes e se revezavam entre si. Por exemplo, um *jishuken* incluía empresas especializadas em eletrônica, forjamento, estampagem e construção de máquinas. Alguém da Toyota promovia e coordenava o processo *jishuken*, cuidando da programação, da escolha do local e da proteção das informações exclusivas. Além dessas funções administrativas, a Toyota poderia passar meses apoiando um fornecedor, pressionando-o para que fizesse o "tema de casa" – melhorando suas capacitações de melhoria do processo.

O que significa fazer parte de um processo *jishuken*? Coloque-se na posição de um gerente de uma fábrica especializada em modelagem por injeção. Os principais processos em sua fábrica são modelagem, montagem, manuseio de material, engenharia de produto e embarque. Como gerente de fábrica, você apoiaria os líderes de grupo e chefes de departamento dessas áreas, pois eles trabalham juntos em problemas de processos específicos, tais como redução de tempo de arranjo na moldagem, redução do tempo de ciclo da montagem ou melhoria da qualidade e da conveniência da manutenção de equipamentos. Quando os líderes de grupo de um departamento visitassem outro departamento, aplicariam na resolução de problemas mais desafiadores de outro grupo a *expertise* que haviam desenvolvido ao resolver seus próprios problemas.

Para os líderes de grupo e chefes de departamento que estão agindo como anfitriões, isso é um pouco diferente. A equipe *jishuken* se concentra em um problema no qual o anfitrião já dedicou muito tempo e esforço para melhorar. Ela não está ali para se concentrar em problemas que o próprio anfitrião poderia ter solucionado. Portanto, os anfitriões começam demonstrando como é o funcionamento atual do processo, que problemas ele enfrenta e as causas básicas que já foram descobertas. Depois, o anfitrião detalha as contramedidas que já foram adotadas e os resultados desses testes.

Somente depois de ter esse histórico, os visitantes começarão a analisar o processo mais detalhadamente, empregando sua *expertise* e interpretação. Entretanto, eles não estão apenas observando e criticando o trabalho da produção; o próprio processo de solução de problemas do anfitrião também é analisado. Afinal, se os anfitriões têm um problema suficientemente persistente para merecer um *jishuken*, é porque já aplicaram seus próprios métodos de solução sem alcançar uma definição. O processo de solução de problemas do anfitrião é problemático; portanto, os visitantes tentarão descobrir onde ele pode ser melhorado. O que não foi visto? O que não foi tentado? O que não foi examinado? O que não foi considerado? Para que esse método funcione, é preciso que os anfitriões estejam prontos para mostrar sua melhor estratégia, seu mais alto nível de preparação, e, então, deixar que os visitantes façam o que ainda não foi feito.

Claro que se você for um gerente de fábrica, não estará livre de responsabilidades. Você terá não apenas organizado *jishuken* internos, conduzidos por líderes de grupo e chefes de departamento, mas também terá que ter se envolvido o bastante para representar sua própria fábrica em um *jishuken* de toda a empresa, com outros gerentes de fábrica. Se você for um visitante, terá que ter realizado muitas melhorias com seu pessoal e sozinho, para que possa obter melhores resultados das pessoas que alcançaram o limite de suas capacidades. Para ser um anfitrião, você precisaria ter feito deveres de casa suficientes estimulando sua equipe e você mesmo ao máximo.

Por isso a tradução "autoestudo" é uma descrição adequada desta iniciativa altamente colaborativa. Seu sucesso reside em sua vontade, energia e determinação para fazer seu próprio dever de casa a fim de que seja estimulado até o limite de sua capacidade e que seja, por isso, receptivo e determinado para se beneficiar do *feedback*, da crítica e do aconselhamento (ver Figura 8-5).

Um fornecedor contou-me que precisou fazer de 10 a 20 "deveres de casa", durante os quais sua equipe alcançou uma redução de 30% no ciclo de tempo de máquinas – e isso foi antes de acontecer qualquer *jishuken* formal. Outro fornecedor estava trabalhando em um único processo de usinagem; a máquina estava muito suja pela propagação do óleo de resfriamento devido à pressão da linha estar alta demais. Isso afetava a qualidade da peça, a segurança (escorregadiços), e o controle do processo (não se podia ver através do vidro da máquina). Esse fornecedor tinha o objetivo de atingir 50 modificações em um processo, mas alcançara apenas 36, pois os objetivos para a melhoria eram muito ambiciosos. Outro fornecedor conseguira uma redução na troca de fer-

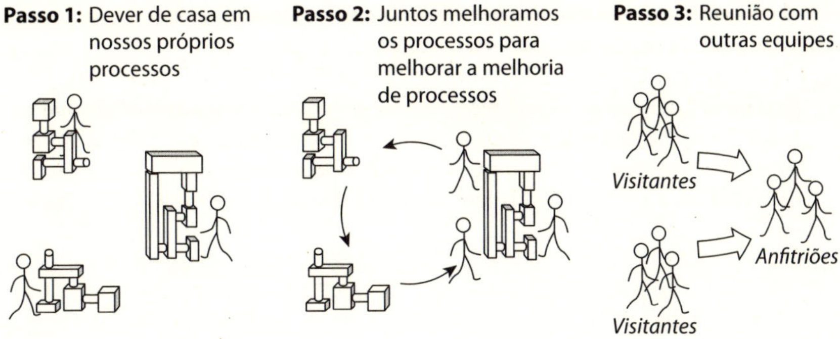

FIGURA 8-5 Dinâmica *jishuken*.

ramenta do molde de 13 para 3 minutos como resultado de *jishuken* interno, e isso era apenas o dever de casa precursor para o *jishuken* em nível de empresa e em nível corporativo.

E também havia o fornecedor que estava entusiasmado em fazer parte de *jishuken* interempresarial depois de anos de esforços de melhoria interna e por toda a companhia. Lembro dele falando com entusiasmo sobre como era estimulante trabalhar muito em tantos lugares diferentes e descrevendo as diferentes situações que havia participado junto com seus colegas.

"Quando você hospedou um *jishuken*, e qual foi o seu tema?", perguntei.

Ele sorriu e balançou a cabeça. "Ainda não recebemos nenhum *jishuken*", respondeu.

"Por que não?"

"Por que não fizemos deveres de casa suficientes. Ainda precisamos aprender antes de hospedar um *jishuken*."

Notas

Pág. 192: ***Jared Diamond faz uma pergunta polêmica no livro* Armas, Germes e Aço*: "Por que os povos eurasianos conquistaram, desalojaram ou dizimaram nativos das Américas, da Austrália e da África, e não o contrário?"*** Jared Diamond, *Guns, Germs, and Steel*, W.W. Norton, 1997.

Pág. 193: ***Em termo práticos, o que isso significou? Quando o conquistador espanhol Pizarro se confrontou com Atahualpa, o rei inca [...] Não eram os espanhóis, apesar de terem apenas 168 soldados esfarrapados em um "terreno estranho, [...] e muito além do alcance de reforços em tempo hábil" [...]***

Atahualpa [...] comandar um exército de aproximadamente 80 mil. Jared Diamond, *Guns, Germs, and Steel*, page 68.

Pág. 198: ***Além disso, "em 1982, quando a GM fechou a fábrica e demitiu os funcionários, mais de 6 mil reclamações permaneceram acumuladas no sistema".*** Paul S. Adler, Barbara Goldoftas, e David I. Levinem "Ergonomics, Employee Involvement, and the Toyota Production System: A Case Studey of NUMMI´s 1993 Model Introduction", *Industrial & Labor Relations Review* 50:3, page 416.

Pág. 198: ***Além disso, em "1982" [...] "Os gerentes da linha de frente eram conhecidos por portar armas para proteção pessoal".*** Charles O´Reilly, "New United Motor Manufacturing, Inc." Stanford Graduate School of Business Case Study HR-11, December 2, 1998.

Pág. 198: ***Entretanto, em uma transformação quase que da noite para o dia, a NUMMI conquistou extraordinários sucessos. O aluno de pós-graduação e pesquisador do MIT, John Krafcik, que introduziu o termo* produção enxuta (lean manufacturing) *ao vocabulário [...]*** John F. Krafcik, "Triumph of the Lean Production System", *Sloan Management Review*, 1988.

Pág. 202: ***Não era um exercício fácil adquirir conhecimento que pudesse ser compartilhado. O GPC criou 3 mil "manuais visuais" [...] Cada um deles levou cerca de 200 horas de trabalho para ser criado, num total de 300 anos de trabalhos.*** Uma estimativa aproximada é de 200 horas por manual x 3 mil manuais – 600 mil horas. Se um ano de trabalho é de aproximadamente 2 mil horas, isto equivale a 300 anos de trabalhos de investimento.

Pág. 207: ***Refletindo sobre o progresso do North American Production Support Center, Latondra Newton, gerente geral da NAPSC, declarou: "A Toyota precisava criar uma maneira de ajudar as pessoas [...] Mas também tínhamos que inventar algumas coisas [...] tivemos que desenvolver nossos próprios métodos de treinamento e de treinamento dos instrutores.*** De entrevistas e correspondências do autor.

Págs. 207-208: ***[...] Apesar das fábricas da Toyota fazerem um trabalho semelhante ao de seus concorrentes [...] Alguns anos mais tarde, os pesquisadores da Universidade de Michigan identificaram um segundo paradoxo Toyota.*** Allen Ward, Jeffrey K. Liker, John J. Cristiano, e Durward K. Sobek II; "The Second Toyota Paradox: how Delaying Decisions Can Make Better Cars Faster", *Sloan Management Review* 28:4, August 1995, page 129.

Pág. 208: ***Quanto à natureza deste segundo paradoxo [...] LH da Chrysler (LH era uma referência à carroceria e aos chassis comuns a uma série de carros [...] incluindo o Concorde, o New Yorker e o LHS, da Chrysler; o Intrepid, da Dodge; e o Vision, da Eagle).*** Para detalhadas análises de desenvolvimento de novos produtos na Chrysler nos anos 1990, ver Gregory K. Scott, *IMPV New Product Development Series: The Chrysler Corporation*, Massachusetts Institute of Technology, International Motor Vehicle Program, 1994 (http://www.IMVP.mit.edu/papers/94/Impv953a.pdf). Todas as citações neste parágrafo têm origem nesta fonte.

Págs. 208: ***Quanto à natureza deste segundo paradoxo [...] De acordo com Gregory Scott, aluno de pós-graduação e pesquisador do MIT, o LH era a primeira nova plataforma para a Chrysler desde o carro-K, em 1980; e era o "primeiro grande resultado" de uma nova abordagem para o desenvolvimento de um novo produto.*** Ver Gregory K. Scott, *IMVP New Product Development Series: The Chrysler Corporation*, disponível *online* como citado anteriormente.

Págs. 212-213: ***O livro de lições aprendidas mostrava ao projetista que raios de curvatura poderiam ou não ser fabricados [...] O "segundo paradoxo" explicado pelos pesquisadores era: "Os livros de lições aprendidas descrevem a atual capacidade da empresa [...] uma definição muito detalhada do que pode ser feito do ponto de vista de cada área funcional [...] [Novo parágrafo] Os autores de Michigan também enfatizaram [...] "Cada desvio dos livros de lições aprendidas [...] pode desenvolver uma nova tecnologia ou um avanço no processo para tornar o projeto viável, e então revisar o livro de lições aprendidas.*** Isto se refere a Ward, Liker et al., "The Second Toyota Paradox", *Sloan Management Review* 28:4, August 1995, page 129.

CAPÍTULO 9

Capacitação 4: Desenvolvendo as Habilidades de Alta Velocidade nos Outros

É sabido que os líderes são responsáveis por definir objetivos, alocar recursos para buscar esses objetivos e estabelecer o nível emocional para as organizações que eles comandam, incluindo o estabelecimento da combinação certa de incentivos para atingir esses objetivos. Os líderes das organizações de alta velocidade fazem tudo isso; sua combinação de visão e autoridade faz com que sejam os únicos capazes fazê-lo. Entretanto, é o que eles fazem além disso que os distingue de seus concorrentes. Uma diferença, claro, é que precisam ser orientados pelo sistema – responsáveis pelo projeto e operação dos processos de agregação para os quais os outros não têm suficiente visão e autoridade. No Capítulo 7, vimos esse tipo de responsabilidade mais abrangente sendo exercida pela alta liderança na fábrica da Aisin. Foram utilizados círculos de qualidade e outros mecanismos para tornar os módulos inerentes ao processo autocorrigiveis e autoaperfeiçoáveis, mas apenas os mais experientes estavam em posição de fazer as principais reconfigurações de linha descritas naquele capítulo. Neste capítulo, veremos outro exemplo de um líder responsável por alguma característica de projeto, operação e melhoria de um sistema, quando descrevermos a experiência de Gary Convis ao dirigir a unidade da Toyota em Georgetown, Kentucky.

Os líderes das organizações de alta velocidade ainda precisam desempenhar outro papel: precisam desenvolver aqueles pelos quais são responsáveis a fim de que a capacidade organizacional de autocorreção, autoaperfeiçoamento e autoinovação seja distribuída e praticada ampla e consistentemente. Já vimos alguns exemplos: gerentes de níveis médio e alto responsáveis pelo desenvolvimento de membros dos círculos de qualidade da Aisin, NHK e Taiheiyo, e o extraordinário líder de equipe da MacDougal.

Neste capítulo, veremos como os líderes de alta velocidade consideram os líderes como mentores (ou desenvolvedores) e gestores de processo. Acompanhemos de perto Bob Dallis em seu aprendizado de como liderar na Toyota.

Aprendendo a liderar na Toyota

Bob Dallis era um talentoso gerente de uma fábrica de automóveis que deu uma enorme guinada na carreira. Ele passou diversos anos em uma das Três Grandes de Detroit, onde dirigia 1.800 funcionários e conduzia um programa de projeto de um novo motor, além de comandar uma fábrica de motores desde o projeto, crescimento e primeiros anos de operação. Suas conquistas antes dos 40 anos, aliadas aos diplomas de engenharia e de negócios e os prêmios de grandes universidades, seriam notáveis para a maioria das pessoas aos 50 ou 60 anos de idade. Mas devido a reengenharia e terceirizações – e sempre sonhando em ajudar a revigorar a indústria norte-americana – Dallis foi para a Toyota, a empresa automobilística mais agressiva em desenvolvimento e operações na America do Norte. Seu objetivo comum era, depois de um período de iniciação, tornar-se líder sênior, provavelmente na principal fábrica da Toyota, em Georgetown, Kentucky.

Em tese, alguém com as credenciais de Dallis poderia ter uma rápida transição – talvez um ciclo de ensaios superficiais e de introduções. Considerando a ênfase da Toyota nas operações de chão de fábrica, talvez ele também fizesse algum trabalho prático na linha e visitasse concessionárias para um contato direto com o cliente, mas logo teria uma considerável responsabilidade gerencial. Porém, não foi o caso. Aprender a liderar na Toyota foi um esforço de meses, orientado por um veterano mais experiente da Toyota, Mike Takahashi. E, apesar de ser Bob Dallis quem acompanharemos, de alguma maneira esta também é a história de Mike Takahashi. Bob aprendeu muito com Mike, e nós também podemos aprender.

Aprendendo a enxergar e solucionar problemas

Primeiro, Takahashi designou Dallis para a fábrica de motores da Toyota em Virgínia Ocidental, e não para o Kentucky, para que melhorasse o trabalho de um grupo de 19 pessoas em três dimensões: segurança ergonômica, eficiência e viabilidade operacional. Por seis semanas, Takahashi deu ênfase à observação, vendo a realidade do ponto de vista da "condição atual" – como o trabalho era efetivamente realizado e quais problemas de fato o afetavam. Depois, deu ênfase às alterações para que fosse gerado o máximo *insight* sobre o complexo sistema de trabalho. Não se tratava de fazer modificações arbitrárias, mas de prever claramente o que se esperava que ocorresse antes que essas modificações fossem feitas. Com causa e efeito claramente articuladas, se uma modificação funcionasse, Dallis compreenderia perfeitamente por quê. Se não funcionasse, ele pelo menos teria uma ideia de onde teria errado, tendo "discutido" seus argumentos desde o início.

Durante seis semanas, Dallis se concentrou no trabalho dos operadores individuais. Implementou algumas mudanças que pareciam ridiculamente pequenas em comparação com suas responsabilidades passadas e futuras: reconfigurar prateleiras de peças ao longo da linha para que o material ficasse mais acessível, reposicionar a alça em uma máquina para reduzir a tensão ergonômica, e assim por diante. Outras eram mais importantes e exigia o revezamento entre as estações de trabalho. Isso significava a coordenação com o manuseio de material sobre a entrega de peças e com a manutenção para recolocar cortinas de luz, para que as mudanças ficassem prontas durante o fim de semana, quando a fábrica estava fechada. Com essas mudanças, Takahashi reforçou a importância de rastrear os resultados reais em comparação com os resultados previstos, cuidando para que Dallis percebesse qual seria o resultado real em comparação com sua previsão. A produtividade e a ergonomia haviam melhorado, mas a viabilidade operacional – a proporção em que a máquina funcionava sem atrasos – tinha diminuído (ver Tabela 9-1). Claro que os funcionários não haviam sabotado o equipamento. Ao contrário, com o grupo trabalhando com mais fluidez e produtividade, os problemas com as máquinas que não pareciam ser importantes, agora pareciam impedimentos reais.

Por isso, Takahashi renovou o trabalho de Dallis por mais seis semanas. Em vez de se concentrar nas pessoas, ele deveria focar nas máquinas, procurando maneiras de melhorar sua confiabilidade e utilidade. Takahashi insistiu que Dallis não fizesse suposições, mas esperasse para ver as falhas em tempo real e assim pudesse investigar os problemas quando e onde eles ocorressem. Isso parecia extremamente ineficiente, já que as falhas nas máquinas não ocorriam com frequência e as máquinas não podiam participar de análises e correções como as pessoas, mas ao longo do tempo o poder dessa abordagem ficou mais evidente. Em um caso, um interruptor estava posicionado de maneira que os trabalhadores podiam esbarrar nele acidentalmente, ativando a máquina antes que a guia estivesse carregada. Depois de investigar diversas falhas em outra máquina, Dallis descobriu que o formato de um para-choque interno permitia que paletas se aproximassem e saíssem de alinhamento. A observação direta nas máquinas, a análise das causas

TABELA 9-1 Comparação do desempenho das linhas de montagem, antes e depois

	Antes	*Depois*
Produtividade		
Número de operadores	19	15
Tempo de ciclo	34 segundos	33 segundos
Tempo total de trabalho/motor	661 segundos	495 segundos
Ergonomia*		
Etapas de processo vermelhas	7	1
Etapas de processo amarelas	2	2
Etapas de processo verdes	10	12
Viabilidade operacional	≈ 90%	≈ 80%

* A diferença no número total de processos das duas colunas de ergonomia reflete a redução de 19 para 15 no número de etapas do processo. A ergonomia do processo foi classificada de pior (vermelho) para melhor (verde) baseado em uma fórmula que considerou o peso levantado, a dificuldade de alcance, a necessidade de torção e outros fatores de risco.

básicas e a recriação de cada falha, assim como uma imediata reconfiguração para eliminar as causas suspeitas, aumentaram a viabilidade operacional em 90%, mas ela ainda permanecia abaixo do objetivo dos 85% que Takahashi havia definido.

Dallis passou 12 semanas aprendendo sobre a importância da observação como a base para melhorias e do uso do método científico para ser claro nas expectativas antes de fazer alterações e um acompanhamento para observar os resultados dessas alterações. Tendo aprendido essas habilidades, e como melhorava significativamente o processo no qual estava trabalhando, não seria hora dele começar seu trabalho "real" na Toyota? Ou precisaria, primeiro, praticar as mesmas habilidades em uma escala maior, dadas as responsabilidades para as quais estava sendo preparado? Nenhuma das alternativas. Em vez disso, Takahashi e Dallis viajaram para a fábrica de motores da Toyota em Kamigo, no Japão. Takahashi havia trabalhado lá, mas o mais importante é que essa era a célebre fábrica onde Taichi Ohno descobrira os elementos básicos do Sistema Toyota de Produção e da fabricação *just in time*. Para o pessoal dos motores e da produção, Kamigo não é apenas um destino, mas uma peregrinação, como uma visita a Kitty Hawk ou ao laboratório dos Irmãos Wright, em Dayton, Ohio.

Chegando lá, Dallis ficou sabendo de sua tarefa: por três dias ele trabalharia com um operador em uma célula de usinagem. Em três turnos eles teriam que fazer 50 alterações (e não apenas planejar) para reduzir a "sobrecarga" nos funcionários – qualquer coisa que estivesse exigindo mais esforço do que o necessário. A célula estaria "*on-line*" com as exigências diárias da produção. O membro da equipe da Kamingo não falava inglês e Dallis não falava japonês. Dallis empregou as lições que havia aprendido na Virgínia Ocidental sobre o uso da observação direta para ver as falhas no processo e da experimentação rápida para alcançar melhores abordagens, mas com muito mais acuidade e rapidez do que fazia antes. Apesar do ritmo imposto, Takahashi insistiu que Dallis não julgue pressuposições, mas que fundamentasse as alterações nos dados observados e que sempre testasse diante de expectativas bem articuladas.

Dallis passou a ver sutilezas que não via antes. Por exemplo, a recolocação de uma guia não era uma questão de fazer uma simples alteração. Tudo era importante: quer fosse para o lado esquerdo ou direito do trabalhador, a que distância, em que ângulo o cotovelo ou pulso teria que inclinar para segurá-la. Ele também aprendeu que a exigência por rapidez e a insistência com a disciplina não eram incompatíveis caso ele pudesse construir protótipos de alta velocidade e baixo custo para testar uma ideia. Conforme me explicou: "Se eu tivesse uma ideia para recolocar algo, Takahashi me desafiaria". Se algo necessitasse de solda, seria possível aparafusá-lo no lugar para testar a ideia? Se pudesse ser aparafusado, poderíamos economizar tempo com uma cola temporária? Em lugar de colá-lo, poderíamos mantê-lo no lugar para que as falhas na ideia fossem identificadas com extrema rapidez? "Mike", disse Dallis, "procurava que eu trabalhasse cada vez mais rápido, investindo o menos possível em uma ideia para que eu pudesse testá-la e descobrir suas resistências e deficiências primeiro, antes de assumir um compromisso. Era uma questão de aprender em velocidade máxima". Dallis estava aprendendo a minimizar a relação de troca entre velocidade dos testes e disciplina de aprendizagem.

Depois de três dias, com as verificações de qualidade da célula, mudanças de ferramentas e outros trabalhos, Dallis havia identificado 50 problemas. Para tratar desses problemas, ele fez 35 alterações, com 15 sugestões a serem implementadas (ver Tabela 9-2).

Com as alterações concluídas no chão de fábrica, Takahashi fez com que Dallis apresentasse seu trabalho para o gerente da fábrica, para o gerente da oficina de usinagem e para os líderes de grupo. Duas coisas surpreenderam Dallis. A primeira foi o rigor com que ele teve que preparar e apresentar o relatório. Dallis e os dois líderes de equipe que tinham passado por uma experiência semelhante em células próximas precisavam explicar dentro do contexto as alterações que tinham feito; a apresentação aconteceu no chão de fábrica ao lado das células de trabalho em questão. Eles precisaram explicar o que haviam observado no processo, os problemas que haviam encontrado, as causas que poderiam motivar esses problemas, as alterações que fizeram para acabar com os problemas, o que

Tabela 9-2 Resumo das 50 alterações feitas por Dallis na célula de usinagem

	*Verificações de qualidade**			*Mudanças de ferramentas**			
	Caminhada	*Alcance*	*Outro*	*Caminhada*	*Alcance*	*Outro*	*Outro trabalho*
Número de alterações	8	8	13	7	4	5	5
Resultado das alterações	Redução de 20 metros (50%) por verificação	Redução de 2 metros	Retirar os riscos do trajeto; organizar as ferramentas para reduzir a confusão, os riscos, etc.	Redução de 50 metros por alteração de ferramenta	Redução de 180 cm no alcance	Ergonomia melhorada; organização para reduzir confusão e risco, etc.	Retirar os riscos do trajeto; simplificar a troca de óleo

* As verificações de qualidade foram realizadas duas ou três vezes por hora e as ferramentas foram trocadas a cada hora. Juntas, as alterações de Dallis reduziram aproximadamente 800 metros de caminhada por turno, reduzindo, ao mesmo tempo, os riscos de ergonomia e segurança.

esperavam que as alterações causassem e o resultado que tinham alcançado. Eles não podiam simplesmente relatar as mudanças e os resultados; precisavam tornar muito claro todo o raciocínio do processo que fundamentou suas ações. Isso enfatizou a importância do uso do método científico para (a) solucionar problemas, (b) criar um conhecimento de processo mais profundo e (c) disseminar o que foi aprendido ao mostrar o processo de descoberta e não apenas a solução. Dallis também ficou surpreso pelas perguntas que lhe foram feitas. "O gerente geral da fábrica, o gerente da oficina de usinagem e seus líderes de grupo estavam interessados no que os 'simplórios' líderes de grupo diziam. Com muito empenho fizeram anotações durante as apresentações, fazendo perguntas incisivas e constantemente desafiando nosso raciocínio."

Com a experiência do trabalho na Kamigo, Dallis e Takahashi visitaram diversas outras fábricas para aprender como os líderes de grupo gerenciavam uma variedade de projetos de melhoria. Um dos projetos envolvia a redução dos tempos de mudança de processo e o estabelecimento de um ritmo de produção mais equilibrado para um processo de injeção, outro se concentrava na redução do tempo de parada em uma operação de usinagem e um terceiro procurava melhorar a produtividade e a qualidade na montagem final. Outro projeto centrava-se na manutenção proativa, fazendo com que os operadores distinguissem o "normal" do "anormal" em uma máquina, para que a manutenção pudesse solucionar problemas reais, e não apenas tomassem medidas preventivas, quer fossem necessárias ou não. Em todos esses projetos, os líderes de grupo seguiam o mesmo método rigoroso de explicar todo o processo de descoberta, tanto para proporcionar orientação quanto para provocar críticas.

As lições que Dallis aprendeu nos primeiros meses na Toyota incluíam:

- A importância da observação direta para que os problemas sejam vistos no contexto idiossincrático das pessoas, dos produtos, dos processos, dos locais e do tempo nos quais acontecem, e que sejam examinados enquanto ainda são recentes. Essa é a maneira de melhorar os sistemas de trabalho complexos e criar, ao mesmo tempo, um conhecimento profundo de como esses sistemas complexos realmente funcionam.
- A importância de estruturar todos os esforços de melhoria para que as premissas embutidas no trabalho e nas mudanças possam ser testadas.
- A lição de "aparafusar em vez de soldar, colar em vez de aparafusar e prender em vez de colar", para que não haja necessidade de negociações entre velocidade e técnicas de solução de problemas.
- A importância de relatar não apenas as ações e seus resultados, mas também os argumentos que o levaram a tomar essas atitudes e a esperar determinados resultados (que podem ou não ter realmente acontecido).

Ao somarmos tudo isso, vemos que Dallis estava sendo apresentado às três primeiras das quatro capacitações – projeto e operação de processo, resolução de problemas que também é criação de conhecimento, e compartilhamento de conhecimento. De fato, como veremos, ele também estava sendo apresentado à Capacitação 4, aprendendo a liderar os outros por meio de seu relacionamento com Takahashi.

O "processo" de liderança

Dallis percebeu que essas práticas de observação, experimentação e rapidez eram generalizadas na Toyota, usadas não apenas para a produção, mas também para processos intangíveis, como treinamento. Ao preparar Dallis para ser um gerente da Toyota, Mike Takahashi estava aplicando o mesmo processo que tentava incutir em Dallis. Por exemplo, antes de conhecer Dallis, Takahashi tinha muitas informações referentes à sua carreira e realizações – currículo, referências e casos – mas nunca havia *visto* Dallis em atividade. Assim como ele não queria que Dallis especulasse sobre o que fazer no processo de produção antes de vê-lo em ação, também não estava preparado para "desenvolver" Dallis até que o visse em atividade. Portanto, seguindo sua própria fórmula, ele primeiro observou Dallis no trabalho, em uma situação razoavelmente controlada (na Virgínia Ocidental). Era um ambiente técnico conhecido (uma fábrica de motores), mas do lado mais fácil do processo (montagem, e não usinagem). O grupo de Dallis era de apenas 19 pessoas e a própria experiência era segura do ponto de vista profissional. Dallis podia cometer erros, ser corrigido e ser orientado, mas não na frente das pessoas que mais tarde poderiam ser lideradas por ele em Georgetown, Kentucky.

Takahashi havia reduzido a complexidade da situação para que pudesse se concentrar no modo como Dallis solucionava os problemas e como ele se envolvia com as pessoas com quem trabalhava. Como estava vendo Dallis em ação com frequência, podia ajustar sua orientação adequadamente ao identificar os problemas no processo de treinamento e rapidamente tentar alterações em vez de procurar uma solução com antecedência, por meio de um completo programa de treinamento de alto nível. Em outras palavras, era a conhecida ênfase na descoberta rápida em vez do projeto planejado. Era o equivalente ao próprio trabalho de Takahashi de prender em vez de colar, em vez de aparafusar, em vez de soldar.

Resumindo, para aprimorar a capacidade de Dallis de aprender sobre processos, e de sua própria capacidade de aprender sobre Dallis, Takahashi passou para uma abordagem incremental, mas intensiva, de imersão, de alta velocidade, sobre o desenvolvimento de Dallis, do mesmo modo que tinha feito Dallis decompor os processos de chão de fábrica em seus microelementos. Ele poderia ter colocado Dallis em um ambiente desconhecido – de pintura em vez de sistema de transmissão – ou começado no Japão com suas consequentes diferenças de idioma e de cultura, mas isso teria apresentado novidades demais. Se Dallis se esforçasse, o que isso indicaria? Com tantos fatores em jogo, seria muito difícil tirar conclusões sobre o que causava o problema. A Tabela 9-3 mostra o processo de introdução de novidades em pequenas porções.

Apesar de Dallis aprender muitas lições importantes sobre a solução de problemas e o compartilhamento de conhecimento, as lições mais convincentes foram sobre liderança. Cada nível da hierarquia administrativa fazia parte de uma cascata que desenvolvia as habilidades de melhoria do processo de solução

TABELA 9-3 Introduzindo novidades em pequenos incrementos*

	Último emprego	*Virgínia Ocidental*		*Kamigo*	
Produto	Motor	Motor		Motor	
Sistema administrativo	Do antigo empregador	Da **Toyota**		Da Toyota	
Processos	**Montagem** e usinagem	Montagem		**Usinagem**	
		Primeiro: métodos de trabalho	**Segundo: problemas nas máquinas**	Primeiro: Melhoria de espaço de trabalho e métodos	**Segundo: aprendizado sobre melhorias das máquinas**
Experiência e conhecimento do processo da mão de obra da fábrica	Menos de 10 anos	Menos de 10 anos		Mais de 30 anos	
Suporte de veteranos especialistas na resolução de problemas	Tempo de processo de 1 semana para alterações	Alterações testadas no prazo de 1 dia		**Diversas alterações testadas a cada hora**	
Familiaridade com a fábrica	Local de trabalho de Dallis	Conhecido de Takahashi		Antigo local de trabalho de Takahashi	

*Os itens em **negrito** se referem às novidades.

de problemas nas pessoas pelas quais era responsável. Imagine os colegas que ele encontrou na Kamigo. Primeiro, havia o membro da equipe com quem ele trabalhou por três dias. Dallis descobriu que esse operador de linha de frente era capaz não só de fazer o trabalho num ambiente que já teria sido precisamente ajustado – afinal de contas, esse era um terreno conhecido de Ohno – mas também podia ser um participante ativo na produção de melhorias para tal sistema bem ajustado. Depois, havia os líderes de equipe que estavam tendo um treinamento semelhante em células perto de Dallis. Para chegar a essa posição eles já precisariam ser capazes de apoiar os membros da equipe (trabalhadores da linha de frente) em seu trabalho diário. Entretanto, eles também eram, por si só, excepcionais solucionadores de problemas. No primeiro dia, Dallis estava entusiasmado em demonstrar sete alterações que ele havia adotado, descobrindo, em seguida, que um líder de equipe tinha quase 30 para explicar, enquanto o outro tinha mais de 30.

Além disso, havia os líderes de grupo na Kamigo que participavam do encerramento das atividades. Eles demostravam detalhado conhecimento do processo e sabiam como ajudar Dallis e os líderes de equipe a aprender ainda mais com suas experiências, fazendo perguntas socráticas desafiadoras: Como você observou? O que você viu? Por que fez isto? Por que tentou aquilo? O que você esperava? O que conseguiu? Qual era a falha? O que você considera que tenha sido a causa? O que poderia ter feito de modo diferente? Os constantes desafios que esses líderes de grupo e os gerentes de produção e da fábrica podiam apresentar, e que Takahashi apresentava continuamente, faziam parte do programa de desenvolvimento.

Podemos chegar às seguintes conclusões, resumidas na Figura 9-1:

- Os trabalhadores de linha, como aquele com quem Dallis trabalhou durante três dias na fábrica Kamigo, estavam tão acostumados a mudanças que a produção podia continuar, mesmo quando uma pessoa que não falasse japonês estivesse fazendo as mudanças na maneira de fazer o trabalho diversas vezes por hora.
- Os supervisores de primeira linha (os líderes de equipe que estavam recebendo o mesmo treinamento que Dallis) eram, por si só, competentes solucionadores de problemas, capazes de conceber e executar muitas mudanças numa rápida sequência.
- Os supervisores de segunda linha (os líderes de grupo que explicavam suas descobertas) eram capazes de auxiliar inovações de processo em escalas maiores que se mostravam, no mínimo, semelhantes em quantidade, extensão e impacto ao que Dallis – um gerente excepcionalmente capaz – tinha feito durante as 12 primeiras semanas de treinamento.

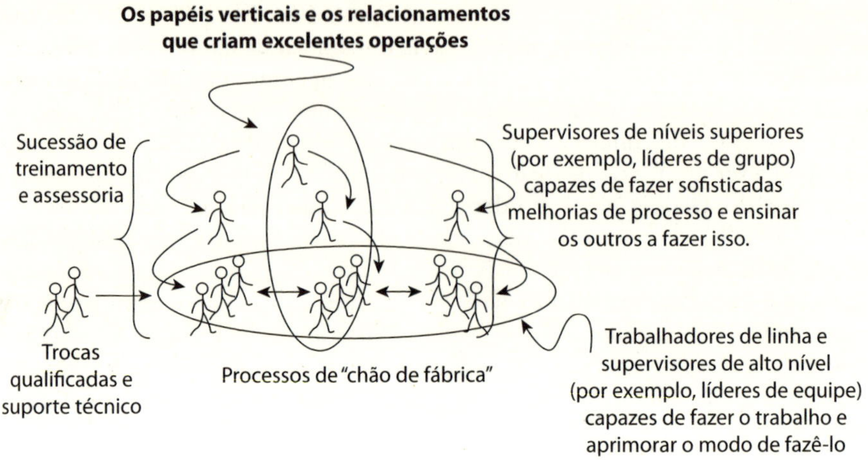

FIGURA 9-1 Sucessão gerencial de treinamento e assessoria e sua infraestrutura de apoio.

- A alta administração da Toyota estava criando as capacidades de inovação de processo dos menos graduados, como Takahashi estava fazendo com Dallis.

Agora, Dallis identificava importantes contrastes. Tantas pessoas haviam caracterizado a Toyota enfatizando uma meia dúzia de ferramentas de chão de fábrica para a administração do fluxo e transformação dos materiais – mapas de fluxo de valor, sistemas de produção puxada, trabalho padronizado, células de produção e organização "5S" do local de trabalho. Estes são aspectos do gerenciamento dos fluxos horizontais de material desde o recebimento até o embarque. Porém, Dallis passou a avaliar como isso contrastava tão acentuadamente com a sucessão de treinamento e suporte de cima para baixo, o desenvolvimento diário das habilidades das pessoas no projeto, operação e melhoria de sistemas, como mostrado na Figura 9-1. Foi assim que a Toyota criou uma aceleração operacional e uma aceleração de melhoria e inovação. Se havia um contraste entre a prática da Toyota no desenvolvimento de pessoas e a ênfase desmedida de seus imitadores em produto e processo, também havia um contraste entre o número de empresas que pensavam em responsabilidade e como ela era aplicada na Toyota. Desde a época de Frederik Winslow Taylor ou ainda antes, existe a visão de que a administração é responsável por planejar os sistemas, solucionar os problemas e assegurar "conformidade" com o procedimento, deixando que os subordinados resolvam os problemas até que algo dê tão errado que a administração não possa ignorar. Na Toyota não era assim.

COMO APRENDI A APRENDER

Minha própria experiência durante os seis meses em que trabalhei na Toyota foi a de que meus gerentes me orientavam levando-me a situações onde eu podia aprender, exatamente como Takahashi fez com Dallis. Por exemplo, durante os meus primeiros anos na Toyota, atuei em uma equipe responsável pelo desenvolvimento de fornecedores de primeira linha para peças estampadas. Perguntei ao meu chefe, Sr. Ohba, o que eu devia fazer. Ele disse: "Descubra o que eles fazem". (Somente mais tarde percebi que estava aprendendo a observar um sistema nos quatro níveis – produção, fluxos, conexões e atividades – e de acordo com os dois critérios – descritos no projeto e operados com testes incorporados – que encontramos no Capítulo 6.)

Naquele dia voltei mais tarde com uma lista. "Como você conseguiu a informação?", ele quis saber. Expliquei que havia entrevistado gerentes, inclusive o gerente da fábrica e o gerente de vendas. "Você, na verdade, não sabe", disse ele, antes de começar a falar sobre outros assuntos. No dia seguinte, voltei com uma lista diferente. Mais uma vez ele perguntou: "Como você sabe que é isso que eles fazem?" Expliquei que tinha ido ao departamento contábil do fornecedor para ver o que tinha sido faturado como mercadoria embarcada. Imaginei que aquelas pessoas não inventariam embarques fantasmas. "Você ainda não sabe", disse-me ele. No mesmo dia, voltei à fábrica e retornei algumas horas depois com uma terceira lista. E mais uma vez ele perguntou: "Como você sabe que é isso que eles fazem?" Desta vez eu não tinha confiado nas faturas; eu havia pedido que a contabilidade me mostrasse o que a Toyota tinha pago. Não pensei que eles pagariam por material que não recebessem. Eu não deveria ter me surpreendido quando ele disse: "Você ainda não sabe".

Voltei no dia seguinte. Tinha levado mais tempo do que nas tentativas anteriores, mas a lista era bastante diferente. Ohba perguntou: "Como você sabe que é isso que eles fazem?". Desta vez eu estava preparado. "Bem, veja o que eu fiz", respondi, enquanto pensava 'estou pronto para entrar no seu jogo'."

Expliquei que eu permanecera na expedição e que anotara o número de série de cada caixa quando ela ficava pronta para ser carregada no caminhão de entrega. Ressaltando, não foi o número no cartão *kanban* (a etiqueta de embarque) que eu conferi, mas sim o número de série estampado no metal. Havia feito isso nos dois embarques. Também tinha verificado que havia na fábrica um molde de estampagem para cada peça. Não que eu tivesse suspeitado que o fornecedor estivesse revendendo peças feitas por mais alguém, mas agora eu *sabia*. E eu disse para Ohba: "Sei que ainda existem alguns furos; pode ser que haja algum que ainda não vi, mas isto é o que eles fazem, estou certo disso".

Ohba acenou com a cabeça por um momento e olhou para a minha lista outra vez. Então olhou para mim e disse: "Bem, provavelmente isto não está errado. Mas tenho outra pergunta: com são feitas essas peças?"

Um líder Toyota em ação

Há alguns anos, tive a oportunidade de acompanhar Norm Bufano, um gerente sênior da montadora da Toyota em Indiana. Essa fábrica faz um trabalho excepcional na fabricação de produtos de primeira linha; comprovou ser capaz de uma rápida expansão na capacidade de produção, flexibilidade em termos dos tipos de produtos que pode fabricar e um rápido comprometimento com a responsabilidade de testar novos equipamentos de produção e desenvolver novas técnicas de produção como preparação para o lançamento de um novo modelo.

Bufano, bem como os outros na fábrica, tinha especificado seu trabalho: o que iria fazer, quando, com quem, onde e com quais expectativas de resultados. Se alguma coisa se antecipasse ou demorasse a acontecer, era exigida uma explicação: o que havia acontecido inesperadamente ao longo do caminho? De maneira geral, sua manhã começava com reuniões sobre segurança, produção e assuntos relacionados. Depois ele visitava um dos diversos projetos de melhoria que estava sendo realizado em sua fábrica ou em fornecedores da redondeza. O formato básico de cada visita era o mesmo: os envolvidos no projeto explicavam como o processo que estavam tentando corrigir havia funcionado por ocasião da última visita do gerente, os problemas que tinham sido identificados na ocasião, a análise da causa básica que fora conduzida, as contramedidas testadas, a condição alvo que havia sido prevista e os resultados reais que tinham sido alcançados. A apresentação sempre explicitava o projeto experimental dos esforços de melhoria.

Eis minhas conclusões depois de ver esse líder em ação:

- A visita a esses projetos fazia parte do trabalho diário de Bufano. Ele visitava cada projeto a cada duas semanas, e não trimestralmente ou para avaliações anuais.

- A avaliação ocorria onde o problema estava sendo resolvido, não em uma sala de reuniões, escritório ou um local fora da empresa.
- Toda a cadeia hierárquica que ligava Bufano aos líderes de grupo que conduziam o esforço de melhoria estava presente na avaliação.
- Todos os presentes tomavam notas e faziam perguntas sobre o problema, as soluções experimentadas e os resultados.
- No final, Bufano sempre diria: "Obrigado pela explicação (técnica) que acabaram de fazer e parabéns pelos resultados obtidos. Mas deixem-me perguntar, o que vocês aprenderam além do que realizaram (com o processo)?"

Essa é a pergunta mais perfeita de um líder Toyota. Ela surge no nível mais graduado e se sucede até a linha. É feita com bastante regularidade e é baseada na experiência direta do gerente com a pessoa que está realizando ou melhorando o trabalho. Enfatiza a importância de construir continuamente conhecimento e *expertise*.

O líder como um desenvolvedor de capacitações

Tenho tido sorte por tanta gente querer compartilhar suas experiências comigo ao longo dos anos. O que é formidável sobre a Toyota é que quando peço para alguém descrever uma experiência original com um líder, quase todas as histórias giram em torno do líder que fez algo que ajudou o narrador a se desenvolver. A história quase nunca é sobre uma decisão difícil ou uma mudança brilhante que o líder tenha feito; nunca me deparo com a visão comum de gerentes como tomadores de decisão que dizem aos outros o que devem fazer. Quando o pessoal da Toyota conta essas histórias, não é uma lembrança acadêmica, isenta. Inevitavelmente, em algum momento ao longo do relato, eles precisam parar e recompor-se, pois a lembrança ainda trás uma profunda repercussão emotiva mesmo que tenham acontecido décadas antes. Aqui estão alguns exemplos.

Ken Kreafle trabalhou na fábrica da Toyota em Georgetown desde o início e contou-me sua história:

> Lembro-me de quando estava dirigindo uma oficina de pintura pela primeira vez. Soubemos que um gerente sênior da cidade de Toyota viria nos visitar. Passamos um dia inteiro procurando o melhor exemplar que pudéssemos encontrar de um veículo pintado. Retiramos o carro da linha e o colocamos em um local tranquilo do prédio, iluminado com luzes claras e isolado para que ninguém o tocasse ou, de

alguma maneira, causasse algum dano. A única coisa que o tornava diferente de um grande astro de Hollywood em noite de Oscar é que na verdade não tínhamos um cordão de veludo e um tapete vermelho, mas não porque não tivéssemos tentado.

O gerente japonês que era meu "coordenador", mentor, guia e orientador perguntou-me o que estávamos fazendo. Expliquei que queríamos exibir o melhor exemplar de nosso trabalho. Ele deveria estar muito orgulhoso. Eram os primeiros anos da fábrica, era a primeira instalação nova da Toyota nos Estados Unidos, e tínhamos trabalhado muito para montá-la e fazer com que funcionasse com o que iniciara como uma mão de obra inexperiente.

Porém, ele disse: "Não é esse que ele quer ver". Nós não entendemos. "O que ele quer ver?", perguntamos. Ele respondeu: "Vou lhes mostrar". Fechou os olhos, girou nos calcanhares e apontou. Quando abriu os olhos, disse: "Aquele!"

"Aquele?", perguntamos. Ele havia escolhido um carro aleatoriamente.

"E isso não é tudo", continuou. "Ele vai querer saber o que vocês acharam de errado no carro."

A princípio, não entendemos. Contudo, ao longo das horas seguintes estávamos polindo o carro, buscando qualquer mínima imperfeição, arranhão, pó e mancha. Não apenas nas áreas visíveis como o capô, porta-malas e para-lamas. Rastejamos por baixo e por dentro do carro, em lugares que você só veria quando o carro estivesse em um elevador ou desmontado (ou ainda não montado, como era o caso). Quando terminamos, identificando cada falha com um Post-it, ele estava parecendo um carro alegórico.

"Agora", nosso orientador acrescentou, "vocês estão *quase* prontos. Quando ele chegar, vai querer ver não apenas o que vocês viram, mas também vai querer saber o que vocês acham que causou esses defeitos e o que vocês acham que pode ser feito para evitar que aconteçam de novo". No dia seguinte, quando ele apareceu, não pude acreditar. Eu já havia trabalhado para uma das Três Grandes. Quando um executivo chegava, tudo girava em torno de mostrar-lhe as boas novas, e todas as perguntas eram sobre os números. Alcançamos nossos objetivos? Qual nosso nível de desperdício, nossas horas extras? Tudo se relacionava a coisas que foram avaliadas no resultado financeiro, mas que não podíamos alcançar diretamente. Mas não com aquele cara. Ele queria saber tudo sobre o processo e mais, tudo o que nós sabíamos sobre o processo, as coisas que por vezes chegavam ao resultado financeiro, mas que nós *podíamos* alcançar diretamente. Quando chegávamos a uma saliência ou uma marca que não podíamos explicar, não a deixávamos lá. Caminhávamos para lá e para cá, entre o carro que havíamos examinado e a linha, tentando encontrar a ligação. Nunca esquecerei.

Kreafle recontou a história com outro líder:

> E houve também minha primeira avaliação anual com o Sr. Cho, hoje presidente do Conselho Administrativo da Toyota, mas na época presidente da Toyota Kentucky. Quando começamos o ano, ele pediu que eu esquematizasse a agenda para nosso departamento. Fiz isso, mas ele imediatamente a devolveu e perguntou: "Onde está o *business case* para essas mudanças? Mesmo que alcancemos esses objetivos, eles são suficientes para o sucesso?" Passamos a hora seguinte fazendo um trabalho regressivo: qual era a exigência do mercado para que fossemos um concorrente de elite e como isso se traduzia em qualidade, produtividade, prazo de entrega e todas as medidas relevantes em meu departamento. Então, definimos algumas marcas de onde deveríamos estar para sermos *top* em nossa classe. Parecia impossível, mas lutávamos por isso todos os dias tentando alcançar esses indicadores.
>
> No final do ano, chegou a hora da minha avaliação anual. Na Toyota, os relatórios são bastante simples: para quase todos os indicadores a avaliação é vermelho, amarelo ou verde. Quando comecei a examinar a folha, passei a olhar todos os vermelhos, a preponderância dos amarelos e um insignificante número de verdes. Durante todo o tempo eu sabia onde estávamos, mas esta era a primeira vez que eu confrontava a realidade de como estávamos longe dos objetivos que havíamos traçado muitos meses antes. Um pouco antes da reunião, parei por um minuto e liguei para minha esposa. "Estou indo para minha avaliação agora", falei. "Talvez esta tarde eu esteja desempregado". Dizendo isso, entrei na sala.
>
> Comecei me desculpando. Ele escutou por alguns minutos e perguntou por que eu estava tão pesaroso. O que eu tinha feito de errado? Comecei a mostrar minha ficha resumida, todos aqueles vermelhos e os amarelos e a acentuada falta de verdes. Tanto quanto eu podia dizer, o ano tinha sido um fracasso.
>
> "Não, o ano foi um sucesso".
>
> "Como?"

"Você fez muito progresso—"

"Mas", interrompi, "os objetivos que definimos quando começamos..."

"Aqueles objetivos eram os que teríamos que alcançar para encantar totalmente o mercado. Esses são os objetivos reais. Nós os definimos para que não nos enganássemos ao pensar que somos melhores do que realmente somos. Naquele momento não éramos tão bons, e ainda não somos. Mas somos melhores agora. E eu sei o que está acontecendo na pintura. E ainda seremos melhores. Não se preocupe. O ano foi um sucesso. Apenas ainda não terminamos".

Campo de treinamento de excelência em processo

Em qualquer organização sofisticada, poder-se-ia esperar encontrar *experts* em técnicas fora do comum. Em uma empresa automotiva, por exemplo, haveria *experts* em estilo, projeto, sistemas de transmissão, e assim por diante. Dentro da produção, haveria *experts* em estampagem, forjamento, fundição, soldagem, pintura, montagem, etc. Na Pratt & Whitney há *experts* em várias partes do motor a jato – compressor, combustão e pás das turbinas – e nas várias disciplinas necessárias para fazer esses elementos funcionarem – materiais, aerodinâmica, controles, e coisas parecidas. Todas as organizações de alta velocidade que se destacam, ultrapassam e se distanciam da concorrência têm esses mesmos *experts* – e têm algo mais. Elas têm pessoas cuja especialidade é a arte, a ciência e a técnica de processos: a integração harmoniosa de especialidades e peças funcionais em um conjunto coerente.

Neste livro já visitamos a Aisin várias vezes. Ela tem uma organização chamada Divisão de Consultoria na Gestão de Operações. Considere essa divisão como a casa dos *experts* da organização no Sistema Toyota de Produção, um lugar onde as pessoas tem a oportunidade de sair de sua linha normal de responsabilidades e ter uma intensa experiência projetando, aprimorando e inovando processos em um campo de treinamento e – igualmente importante – ensinando os outros a fazer o mesmo.

Na época em que eu estava observando a OMCD da Aisin, ela tinha três gerentes, três gerentes adjuntos e 88 outros membros. Alguns deles eram especialistas técnicos, com mais de 55 anos de idade, e permanentemente lotados na OMCD. Alguns estavam na OMCD por um período de dois ou três anos, durante os quais aprofundavam seu conhecimento do STP antes de voltar às suas fábricas de origem. Os demais 88 haviam se formado no Aisin College, um programa de desenvolvimento para aqueles admitidos na Aisin que não tinham uma educação avançada. Os membros da OMCD participavam de atividades de qualificação com duração de um a três meses. Depois da conclusão de seu período ali, os membros temporários era realocados para as fábricas da Aisin como especialistas promocionais do STP, um recurso parecido com os especialistas ambientais, de saúde e de segurança da Alcoa, como vimos no Capítulo 4, prontos para aconselhar e assessorar em qualquer nível e grau de agregação – fábrica, local, unidade de negócio, e empresarial.

De acordo com o chefe da OMCD da Aisin, Sr. Torii, o currículo de três anos tinha uma progressão lógica. No primeiro ano, os alunos tinham como foco a melhoria de processo, um trabalho em menor escala como o realizado por Bob Dallis na Virgínia Ocidental e em Kamigo. No segundo ano, eles avançavam para projetos de sistema, progredindo de métodos de trabalho de componentes a problemas de conexões e percursos, as interfaces e estrutura dos sistemas de trabalho. Por exemplo, poderiam participar na reforma da linha na fábrica da Aisin, como descrevi no Capítulo 7. No terceiro ano, os alunos supervisionavam atividades de melhoria, tanto para solidificar seu próprio conhecimento como para praticar transferindo habilidades semelhantes para os outros, assim como Mike Takahashi fizera com Bob Dallis, e como Dallis estava aprendendo a fazer com outros.

A OMCD da Aisin desempenhou diversos papéis importantes tanto como um campo de treinamento para *experts* em processo quanto fornecedoras de *expertise* de processo. Ela avaliou a efetividade de cada linha de produção, estabeleceu objetivos de melhoria de desempenho e apoiou esforços de melhoria ao identificar oportunidades para mudanças produtivas. Cada uma dessas atividades era um espaço onde as pessoas podiam aperfeiçoar suas habilidades na solução de problemas enquanto estavam afastadas de suas posições de responsabilidade operacional.

A Toyota, é claro, tem sua própria Divisão de Assessoria na Gestão de Operações. A OMCD da Toyota apoia as atividades de melhoria de fábrica e oferece um local no qual as pessoas podem se tornar mais hábeis por meio de frequentes soluções de problemas. Por exemplo, durante uma de minhas viagens de pesquisa, um dos meus anfitriões era o Sr. Numa, que tinha trabalhado na Toyota por 16 anos, muitos dos quais na divisão de controle de qualidade, e estava em seu primeiro ano na OMCD. Ele tinha projetos em três locais onde havia desenvolvido suas próprias habilidades de solução de problemas e praticado o desenvolvimento dessas habilidades nos outros.

O líder como dono do processo

Gary Convis é alguém com uma visão única sobre a Toyota. Trabalhou em empresas das Três Grandes por quase duas décadas antes de vir para a NUMMI. Lá ele era responsável por pessoas que, como ele, sabiam como era trabalhar em um ambiente de baixa velocidade como o que descrevi no Capítulo 3, e que agora sabiam como era trabalhar em uma organização de alta velocidade. Convis ajudou nos preparativos da fábrica da Toyota em Georgetown, Kentucky, e se tornou o primeiro presidente de uma fábrica da Toyota que não era japonês.

Convis descreveu uma ocasião em que precisou se responsabilizar por uma mudança de processo, não porque os outros não quisessem ou fossem incompetentes, mas devido ao número de questões envolvidas para transpor limites. Assim como acontece com muitos dos problemas da Toyota, este em questão foi o resultado de seu próprio sucesso. A fábrica de Georgetown precisava aumentar sua capacidade produtiva devido à crescente demanda. O que fazer? Em parte, deve-se continuar aprimorando o modo como as pessoas trabalham com máquinas, tentando descobrir se é possível obter mais velocidade. Porém, pode haver limites com o equipamento existente, ou a velocidade da melhoria pode não corresponder àquela necessária para o crescimento. Georgetown tinha alcançado o estágio em que precisava de mais equipamento, mas onde colocá-lo? Aumentar a fábrica não seria barato nem era uma solução rápida. Isso levou à próxima pergunta: onde havia espaço improdutivo? A resposta: no depósito de peças.

Isso poderia ser surpreendente considerando a reputação da Toyota no que diz respeito a pequenos estoques que giram muito rapidamente, mas ainda há depósito ao lado da linha de uma quantidade mínima de peças necessárias para suprir a produção enquanto o material é reabastecido. Em determinadas áreas essas peças são grandes e mesmo para um depósito mínimo é necessária uma grande área. Considere a soldadagem de chassis. Se uma estação precisa de uma ou duas vigas por ciclo e cada viga tem de 60 a 90 cm de comprimento por poucos centímetros de largura, será necessário um razoável espaço no chão. Para ter suficiente material à mão, até mesmo para o trabalho de uma hora, antes que a movimentação de material retorne com reposição, a área terá que ser de alguns metros quadrados. Multiplique isso pelas diversas estações de trabalho na oficina e você já utilizou muito espaço para depósito. Acrescente o fato de que as peças chegam em lotes de 5 ou 10 por vez e de que cada conjunto tem um transportador, a área de trabalho fica ainda mais congestionada.

Foram feitas algumas perguntas investigativas: por que diversas peças necessitam de transportadores? As peças não podem ser transportadas individualmente? Por que as peças precisam ser transportadas e armazenadas horizontalmente, consumindo ainda mais espaço? (Essas peças não podiam ser empilhadas, por isso quanto mais peças fossem colocadas em um transportador, mais largo ele teria que ser). Essa pergunta ajudou a estabelecer um objetivo de transportar uma peça por vez; mesmo quando diversas delas se deslocassem juntas, cada uma teria que ter seu próprio pequeno transportador. Além disso, havia o objetivo de movimentá-las e armazená-las verticalmente, e não deitadas.

Esses objetivos não eram tão fáceis de alcançar quanto parecia. Trabalhar no ponto de consumo – a posição ao lado da linha onde as peças eram usadas – significava reconfigurar as estações de trabalho para aceitar o material apresentado de maneira diferente (o setor de engenharia de produção) e reconfigurar de maneira que as peças fossem acessadas e manuseadas pelos operadores (a área dos supervisores e gerentes de produção). Quando o material se movimentava perpendiculamente às longas vigas, tinham a tendência de balançar. Eles poderiam ser transportados verticalmente sem o perigo de sofrer danos? O transporte teria que ser alterado, assim como a maneira como as peças eram carregadas nos fornecedores e descarregadas na Toyota. Havia muitos limites organizacionais sobre os quais a colaboração e a coordenação de esforços e inovação teriam que ser administrados. Isso passou a ser o trabalho de Convis.

O que torna a situação completamente diferente do que pode acontecer em outras organizações é que o próprio Convis sabia que esse era o seu trabalho. Ele nunca o considerou como algo "abaixo de seu nível", nem achava que o transporte das peças verticalmente, em vez de horizontalmente, seria muito trabalhoso, e que por isso não valeria a pena. Isso evidencia outra diferença importante entre o gerente em uma organização de alta velocidade e seus equivalentes em outro lugar. Se um problema chega até ele, o gerente de alto nível deve ser parte de sua solução. O problema ou ultrapassa os limites sobre os quais ninguém mais tem autoridade e responsabilidade ou não, mas o fato de não ter sido resolvido nos níveis inferiores é bastante desafiador. De qualquer mancira, o líder sênior tem que ser um aperfeiçoador do processo, o que depende da identificação de problemas quando e onde acontecem.

Quem é responsável por quem?

Se o objetivo é criar trabalho para identificar problemas e depois solucioná-los onde forem encontrados, um líder precisa estar em situação de identificá-los quando eles surgem. Quanto maior o nível de autoridade, mais difícil pode ser para fazer isso, pois muito do próprio trabalho é intangível. Pode ser difícil definir o que é "normal", tornando difícil identificar os desvios a partir do normal. Convis argumentava que um dos desafios conceituais mais difíceis é ver anormalidade em coisas que não se pode ver. Podem ser intangíveis, ou podem apenas estar muito distantes. No entanto, se algo vai mal e o problema não é percebido, isso cria problemas. Se eles forem vistos quando começam a dar errado, seus efeitos podem ser rapidamente abrandados e a organização pode aprender com essa ocorrência.

Na maioria das organizações, a pessoa mais experiente determina a uma pessoa menos experiente o que fazer e a pessoa menos experiente confirma o que foi feito. Esse sistema se inverte quando o objetivo é assegurar que os problemas sejam vistos e solucionados pelas pessoas afetadas, no momento em que ocorrem. Se essas pessoas menos experientes não conseguem solucionar o problema, elas têm o direito e a responsabilidade de pedir a ajuda de alguém mais experiente e essa pessoa tem a obrigação de prestá-la. De uma maneira direta, o gerente mais experiente é a pessoa mais subordinada. Tudo é feito no sentido de entregar produtos para o cliente. Os problemas exigem o apoio de sucessivos níveis superiores; de fato, o ritmo de trabalho da pessoa experiente é determinado em grande parte pelas necessidades das pessoas com muito menos idade e posição. A mesma coisa acontece em um projeto ou serviço. Há muitas coisas que o líder sênior precisa fazer em termos de supervisionar, aumentar e diminuir a liberdade comportamental das pessoas: estamos trabalhando nisto e não naquilo, precisamos de você aqui e não ali. Porém, em uma organização administrada para identificar e solucionar problemas, é a ocorrência de problemas e, mais especificamente, a ocorrência daqueles problemas que não podem ser resolvidos que determina aonde devem ser dirigidos os esforços do gerente. E isso é exatamente o que vimos anteriormente neste capítulo, na atitude do gerente sênior visitante que não queria ver o carro com pintura perfeita. Ele queria saber onde estavam os pontos de esforço para que pudesse executar seu trabalho – ajudar os que estivessem abaixo dele a melhorar seu próprio trabalho.

Convis abordou esta questão:

> Lembro que quando o Sr. Higashi se tornou o segundo presidente na NUMMI, depois de T. Toyoda, fui promovido a vice-presidente de produção. O Sr. Higashi tinha exatamente a mesma filosofia que eu tinha escutado do Sr. Ikebuchi e T. Toyoda. Ele me contou isso durante uma de nossas primeiras reuniões:
>
> "Todo o mundo sabe que você é o chefe, mas eu quero que você administre como se você não tivesse poder sobre seus subordinados." Explicou que eu não poderia apenas dar ordens. Ele queria que eu fosse até o chão de fábrica e vendesse minhas ideias. Para fazer isso, eu tinha que sair do escritório e descer até a linha de produção. Essa é a única maneira de entender os problemas.

Nos Capítulos 6 a 9, examinamos a Toyota em detalhe a fim de ver exemplos das quatro capacitações que caracterizam as organizações de alta velocidade. Essas organizações são rápidas no atendimento às necessidades dos clientes; alcançam essa velocidade por meio de um intenso comprometimento na especificação de como se espera que o trabalho aconteça para assegurar que seja utilizada a melhor abordagem conhecida. Entretanto, elas combinam esse comprometimento com a singularidade de criar testes no trabalho (o princípio *jidoka*, de Sakiichi Toyoda) para garantir que os problemas sejam identificados quando e onde surgirem. Ao serem identificados, os problemas são agrupados, investigados e solucionados – para que não apenas desapareçam, mas para substituir a falta de conhecimento do sistema e/ou do processo que permitiu que ocorressem, com conhecimento útil sobre como funcionar melhor. Esse conhecimento não é guardado em determinado local. É compartilhado para que as experiências das pessoas também contribuam para a *expertise* de seus colegas. Finalmente, os líderes das organizações de alta velocidade desempenham papéis que não são muito comuns naquelas organizações que não se distinguem no grupo, que buscam o segundo ou terceiro lugares. Esses líderes de alta velocidade conduzem processos, projetos e melhorias em níveis nos quais ninguém mais tem a visão, responsabilidade ou autoridade necessária. Além do mais, são pessoalmente responsáveis por disseminar por toda a organização a sucessão de desenvolvimento de capacidades, tornando-a uma líder.

Antes de deixarmos a Toyota, veremos no Capítulo 10 o que significa para uma organização usar essas capacitações não apenas para situações de rotina, mas também nas crises. Os exemplos a seguir mostram como a Toyota foi atingida por abalos sísmicos, mas recuperou-se rapidamente com respostas ágeis. Veremos que quando os problemas são identificados e solucionados todos os dias, o dia inteiro, não há crises propriamente ditas; há somente alguns problemas que são maiores e mais exigentes que outros.

Notas

Pág. 220: ***É sabido que os líderes são responsáveis por definir objetivos, alocar recursos para buscar esses objetivos e estabelecer o nível emocional para as organizações que eles comandam, incluindo o estabelecimento da combinação certa de incentivos para atingir esses objetivos.*** Chester Barnard, *The Functions of the Executive*, Harvard University Press, 1968; Henri Fayol, *General and Industrial Management*, Pitman, 1949; James MacGregor Burns, *Leadership*, Harper & Row, 1978; Henry Mintzberg, *The Nature of Managerial Work*, Harper & Row, 1973.

Págs. 221 e seguintes: ***Aprendendo a liderar na Toyota: Bob Dallis era um talentoso gerente de uma fábrica de automóveis que deu uma enorme guinada na carreira [...]*** Toda esta seção se baseia no livro de Steven J. Spear, *Learning to Lead at Toyota* (Aprendendo a liderar na Toyota), *Harvard Business Review* 82:5, May 2004.

Pág. 230: [Linha 11] **Desde a época de Frederik Winslow Taylor ou ainda antes, [...]** Frederik Winslow Taylor, *The Principle of Scientific Management*, Harper & Row, 1911.

Pág. 240: ***Convis abordou esta questão: "Lembro que quando o Sr. Higashi [...] Essa é a única maneira de entender os problemas"***. "Toyota: Changes and Challenges", apresentado por Gary Convis, Presidente, Toyota Motor Manufacturing Kentucky, Inc., August 8, 2001, in *The Management Briefing Seminars*, Grand Traverse Resort and Spa, Traverse City, Michigan.

CAPÍTULO **10**

Alta Velocidade na Recuperação de Crises

A crise que não existiu

Na terça-feira, dia 4 de fevereiro de 1997, *The Wall Street Journal* divulgou o seguinte:

> TÓQUIO – A produção nas fábricas da Toyota Motor Corp. no Japão, que era de 16.200 veículos por dia, foi reduzida praticamente pela metade e pode ser suspensa por uma semana ou mais depois que um incêndio na fábrica de produção de freios interrompeu o fornecimento de três peças do freio e da embreagem.

A crise foi enorme. A fábrica incendiada, que pertencia à Aisin Seiki, fornecedora da Toyota, fazia as válvulas P, que controlam o fluxo de fluido e a pressão nas linhas de freio hidráulico, bem como peças de embreagem para transmissões manuais. Apesar de ser uma peça de apenas US$5 ou US$10, a válvula P era importante para a segurança. Seu projeto era patenteado, exigia uma usinagem perfeita, e as centenas de máquinas especializadas em sua produção foram destruídas pelo fogo e não havia um sistema de reserva – a Aisin tinha uma participação de quase 99% nesse item.

O jornal calculou que uma parada poderia representar a perda de US$40 milhões por dia em lucros para a Toyota, um golpe terrível, já que a Toyota havia aumentado sua produtividade para conciliar o pico da demanda. A empresa demonstrou uma previsão razoavelmente otimista de recuperação, mas os outros não estavam tão certos disso. Um especialista citado pelo *Financial Times* previu o seguinte:

> Se a Toyota recuperasse 15% de sua produção dentro de uma semana e aumentasse essa produção para 60% na outra semana, o custo da produção perdida seria de ¥162 bilhões em vendas e ¥33,1 bilhões em lucros operacionais.

Para as vítimas do triunfo da produção japonesa ao longo das décadas anteriores, o artigo do *The Wall Street Journal* acrescentou o que deve ter sido um agradável consolo:

> O problema da Toyota também mostra a contínua vulnerabilidade dos gigantes industriais japoneses para com seus anunciados sistemas de estoque "*just in time*", mesmo dois anos depois de o terremoto Kobe ter interrompido a produção de peças-chave e lembrado das falhas no sistema. Na produção *just in time*, os fornecedores entregam as peças praticamente a cada hora para que o fabricante não precise manter estoques caros. Isso significa reservas mínimas.

Naquela manhã, pode-se imaginar que em Detroit e em outros lugares reinava uma alegria ao redor de algumas mesas de café da manhã, mas seria melhor que não começassem a abrir o champanhe naquela noite. No dia seguinte, o *Journal* publicou uma história que tinha como manchete "A Toyota acredita na recuperação da produção na sexta-feira, mas muitos fornecedores de peças estão em apuros":

> TÓQUIO – A Toyota Motor Corp. espera recomeçar a produção "quase normal" em 20 montadoras japonesas inativas na sexta-feira, depois que um incêndio destruiu a fábrica de um fornecedor no último fim de semana...

Como a Toyota poderia se recuperar tão rapidamente? Os especialistas no artigo anterior haviam previsto 15% para o final da semana. O *Journal* divulgou:

> A Toyota, o maior fabricante japonês, informou que diversos fornecedores de peças se prontificaram a fabricar três peças importantes dos freios e da embreagem que, anteriormente, eram adquiridos pela Toyota exclusivamente da Aisin Seiki Co., fornecedor que teve sua principal fábrica destruída por um incêndio no sábado.

E o que dizer sobre o equipamento patenteado, exclusivo, especializado e de precisão que havia sido destruído? Por mais desconcertante fosse, parecia haver algumas dúvidas quanto à extensão e à qualidade da recuperação surpreendentemente rápida da Toyota:

> O Sr. (Tatsuo) Ushijima (sócio do Mitsubishi Research Institute, órgão de pesquisa do Japão) questionou se a qualidade das peças alternativas seriam comparáveis àquelas produzidas pela Aisin Seiki e fabricadas exclusivamente para a Toyota. "Não acredito que a recuperação seja tão tranquila quando a Toyota anunciou", disse ele.

Observadores, ansiosos por ler justificativas de fartas desculpas corporativas e de resignação pelo desastre, e mais previsões de terríveis situações, não encontraram nada no *Journal* de quinta e de sexta-feira. Somente na segunda-feira seguinte o assunto foi comentado outra vez. Escondido em meio a notícias curtas, entre parágrafos sobre a telecomunicação no Japão, vendas de reservas de *commodities* feitas pelos russos e pequenas diferenças orçamentárias e outras publicidades sobre o plano de um contratante de defesa francês para transferir ações em um banco, uma avaliação de títulos poloneses de privatização e fraude nos mercados financeiros da Albânia, estava este pequeno item:

Toyota retoma grande parte da produção

> A Toyota Motor Corp. do Japão informou que reiniciou 90% de sua produção normal na última sexta-feira, quase uma semana após o incêndio do dia 1º de fevereiro em um fornecedor de peças associado que inviabilizou a produção doméstica de 14 mil veículos por dia. O incêndio na Aisin Seiki Co., que fornece a maior parte dos freios e embreagens para os carros da Toyota, forçou a gigante automotiva a interromper a produção por dois dias, instalar linhas temporárias de produção de peças e buscar peças em outras empresas.

Como a empresa pôde se recuperar tão rapidamente? Poucos meses depois, apareceu uma pista no *Journal*:

> Na quinta-feira seguinte, os 36 fornecedores, auxiliados por mais de 150 outros empreiteiros, contavam com aproximadamente 50 linhas diferentes produzindo pequenos lotes da válvula do freio.

Por meio daquele esforço coletivo, reiniciaram os fornecimentos e a produção recomeçou gradualmente:

> Na final da tarde de quarta-feira apareceram caminhões utilizando as primeiras mil válvulas aproveitáveis. Na quinta-feira, chegaram mais 3 mil e na sexta-feira, outras 5 mil. Lentamente, as linhas de montagem da Toyota reiniciaram as atividades.

Com as válvulas P disponíveis, a Toyota começou a reabrir as fábricas já na quinta-feira, e na segunda-feira seguinte todas as fábricas da Toyota estavam com sua produção normalizada, embora a Aisin pudesse fornecer menos de 10% das válvulas e, mais de um mês depois do desastre, ainda não alcançasse 60% do fornecimento.

Se você não começou a ler *No Encalço das Líderes* pelo Capítulo 10, provavelmente tem algumas outras pistas de como a Toyota conseguiu isso. Porém, antes de nos aprofundarmos nisso, questione-se se sua empresa seria capaz de, no final do dia seguinte, acrescentar um novo produto à linha de produção existente. Uma companhia aérea poderia lançar uma nova rota em um dia? Um hospital seria capaz de acrescentar um novo serviço da noite para o dia? Se sua empresa não pode fazer isso agora, o que precisaria alterar para que pudesse ser feito algum dia?

Em busca de respostas a essa pergunta, admitamos explicações alternativas do que aconteceu na rede de comunicações da Toyota. Uma possibilidade é que ou a Toyota ou a Aisin tenham adotado uma postura de microgestão de comando e controle, revelando às outras 200 empresas exatamente o que deveriam fazer para produzir as válvulas P como fazia a Aisin. Esta explicação pode parecer plausível, mas na verdade ela não se mantém. O primeiro problema é a impossibilidade básica de tal microgestão em tão pouco tempo. Além disso, quando surgiram as explicações da recuperação, elas não estavam de acordo com tal explicação. Conforme o *Journal*, "o segredo estava no íntimo relacionamento dos fornecedores de peças da Toyota. Como o equivalente corporativo de um mutirão de construção dos amish, os fornecedores e as empresas locais correram para salvá-la". Em um minucioso estudo de caso, publicado um ano após o incêndio, Toshihiro Nishiguchi e Alexandre Beaudet descobriram que a recuperação do incêndio foi conseguida por meio de um "esforço imediato e amplamente organizado" com as empresas que "geralmente não tinham uma experiência prévia com as válvulas P". (Nishiguchi e Beaudet calcularam em mais de 200 o número de participantes, 70 deles diretamente responsáveis pela produção.) De maneira expressiva, e ao contrário da alternativa apresentada acima, isso foi feito com "muito pouco controle direto da Toyota".

Esses esclarecimentos sugerem outra explicação possível: o extraordinário elemento de confiança incorporado na rede de relacionamentos dos fornecedores da Toyota, graças a anos de uma íntima cooperação. Um fornecedor afirmou: "a rápida recuperação da Toyota pode ser atribuída ao poder do grupo, que cuidou dela sem pensar em dinheiro ou contratos comerciais". Nishiguchi e Beaudet concordaram que a recuperação havia sido alcançada sem se "discutir questões técnicas de direitos de propriedade ou compensações financeiras". Certamente, a lealdade foi retribuída, pois quando a poeira baixou, a Toyota deu aos seus fornecedores um bônus equivalente a 1% das vendas deles para a Toyota desde janeiro até março, um total calculado em US$100 milhões.

A confiança e a retribuição à lealdade podem explicar o esforço, mas não explica o resultado. A Toyota poderia ter se dirigido a muitos indivíduos e organizações durante a crise sem obter a mesma resposta. Se a microgestão da Toyota ou da Aisin não é uma explicação plausível, e a confiança não é uma explicação suficiente, como se poderia explicar que milhares de pessoas, de algumas centenas de organizações, pudessem criar uma nova produção e um sistema de logística em poucos dias? O segredo está no conceito de ser auto-organizado. Então, antes de voltar para a história da recuperação do incêndio, analisemos mais detidamente ao que significa "auto-organização".

Auto-organização: resultados complexos a partir de regras simples

Em muitos setores, os projetistas estão cada vez mais cientes de que o tamanho, a extensão e a complexidade dos sistemas nos quais eles trabalham tornam extremamente difícil planejar sistemas confiáveis e sólidos, capazes de fazer o que precisam, capazes de sobreviver a suas próprias falhas e capazes de se adaptar a circunstâncias dinâmicas.

Os projetistas de *software*, cujos sistemas precisam ser dinâmicos e responsivos, surpreendem-se ao encontrar sistemas naturais que parecem auto-organizáveis e autorregulatórios, sem qualquer comando e controle, ou com tomada de decisão centralizada. Tendo em mente este aparente paradoxo – a coordenação sem um coordenador – o especialista em computação gráfica Craig Reynolds resolveu criar um programa que imitava a revoada de pássaros. Ele não programou cada "pássaro" com padrões complexos de voo, o método de comando e controle, semelhante ao desenho quadro a quadro que os animadores da velha escola devem ter feito. Controlar as trajetórias detalhadas de cada um dos pássaros, assim que alguns deles começassem a se aglomerar, teria sido impressionante. Em vez disso, Reynolds programou três regras simples em cada pássaro: evitar obstáculos (inclusive outros pássaros), seguir a mesma direção que a maioria dos outros pássaros e procurar ficar no meio do bando. Estas regras simples funcionaram bem e se desenvolveram com segurança. Elas foram a espinha dorsal do enxame de morcegos na animação computadorizada de um filme do *Batman* e a debandada no *Rei Leão*.

Apesar do enxame de morcegos na Bat Caverna não ser nada parecido com o enxame de problemas na fábrica da Toyota, o princípio subjacente de que o comportamento complexo bem-sucedido pode resultar de poucas regras simples é o mesmo. Ao longo de todo este livro, sempre voltamos às quatro capacitações que ajudaram a Alcoa e a Marinha Nuclear dos Estados Unidos a permanecerem livres de acidentes, e que colaboraram para que a Avenue A e a Pratt & Whitney tornassem os confusos e lerdos processos internos em operações enxutas, repulsoras e geradoras de lucro. Aqui estão as quatro capacitações expressas como regras:

1. *Projete:* especifique os sistemas de trabalho em termos de quais os resultados almejados, quem irá desempenhar quais etapas e em que sequência ao longo de um percurso que gere o resultado, como será feita a troca de materiais e de informação (inclusive os gatilhos de informação para iniciar o trabalho) por meio das conexões entre as etapas, e quais métodos serão usados em cada etapa. Projete sistemas com testes incorporados para identificar imediatamente qualquer disparidade entre o que foi previsto e o que de fato acontece.
2. *Melhore*: agrupe os problemas assim que os identificar para que possam ser rapidamente controlados, investigados e solucionados. Envolva na solução as pessoas afetadas pelo problema, utilizando a técnica do método científico para assegurar que a solução dos problemas crie também um conhecimento adicional útil que aumente a chance de sucesso futuro.
3. *Compartilhe conhecimento*: compartilhe por toda a organização tudo o que for aprendido em determinado local. Compartilhe o processo de descoberta, assim como as soluções especiais, para que novos *insights* possam ser colocados para uso mais amplos e resultem em maiores benefícios.
4. *Capacite-se resolução de problemas*: desenvolva essas capacitações básicas nas pessoas pelas quais você se responsabiliza como líder.

Se examinarmos bem a recuperação do incêndio da Aisin, veremos que o esforço auto-organizado foi bem-sucedido porque essas quatro regras diretas de capacitações foram seguidas com muita disciplina, mesmo antes que o incêndio fosse controlado.

Em primeiro lugar, é claro, estava o reconhecimento de que havia um problema que precisava ser enfrentado. Uma hora depois do início do incêndio, antes dele ser controlado, a Aisin criou uma "sala de operações", equipada com centenas de telefones celulares, 230 linhas fixas adicionais e sacos de dormir para acomodar uma operação ininterrupta. (Por volta das 8h daquela manhã, a Toyota estava enviando 400 de seus próprios engenheiros para a Aisin.) Imediatamente, a Aisin começou a estabelecer novos processos para abastecer seus clientes. Essa tarefa era dividida em quatro subprocessos: determinar locais alternativos de produção, estabelecer redes de logística para movimentar o fluxo de material de e para esses locais, trabalhar com os clientes (a Toyota era o maior cliente da fábrica, mas não era o único cliente automotivo importante) e trabalhar com sindicatos e vizinhos, entre outros.

A Aisin e seus clientes começaram a inventariar os tipos de válvulas P para as quais deveriam restabelecer a capacidade de produção e encontraram mais de 100. O próprio inventário não foi uma tarefa fácil, pois o sistema de números de série da Aisin não coincidia com o sistema da Toyota. A Aisin e seus clientes determinaram a prioridade com que o suprimento teria que ser fornecido. Se um cliente utilizasse válvulas P em mais de um modelo de carro, seria preciso determinar qual modelo teria maior prioridade.

Em outras palavras, a primeira tarefa era especificar qual resultado teria que ser alcançado pelo sistema completo – quantas peças, de qual modelo, para qual cliente e quando? Todas as outras decisões teriam que apoiar essa. Agora, os objetivos para as empresas que ofereceram ajuda poderiam ser definidos. A Aisin começou enviando desenhos de determinadas peças por fax no início da manhã de segunda-feira, um dia após o incêndio. Essa delegação de autoridade continuou por toda a rede. Por exemplo, a Somic Ishikawa Inc., fornecedora da Toyota, estava transferindo para seus fornecedores o trabalho de sua própria produção, a fim de liberar a capacidade devido à incumbência que havia aceitado da Aisin. A Taiho adotou uma abordagem mista, transferindo parte de seu trabalho normal e parte da produção das válvulas P para 11 de seus fornecedores. A Kayaba, outro fornecedor, repartiu sua responsabilidade por três de seus fornecedores, de acordo com a disponibilidade e conveniência de equipamento (o maior tinha aproximadamente cem funcionários e o menor apenas 6), ajudando-os na recuperação, mas não produzindo nenhuma válvula P em sua própria fábrica. A própria Toyota assumiu a responsabilidade pela produção das válvulas P, criando "locais temporários de produção" em um departamento normalmente responsável por processos experimentais e pela manutenção de equipamentos.

Onde quer que residisse a responsabilidade pela produção, cada um dos elementos autônomos dentro da rede auto-organizável seguia a mesma regra: estabelecer fluxos de produção que gerassem válvulas P sem defeito, considerando as capacidades e limitações das pessoas e equipamentos disponíveis. Os passos seriam diferentes de local para local, mas o resultado, com toda a segurança, seria o mesmo. Enquanto a Aisin dependia de linhas de transferência automatizadas de alta velocidade, dedicadas à produção das válvulas P, a Denso teve que reconfigurar seus centros de usinagem para a produção dessas válvulas. Como a Brother não fabricava peças automotivas antes do incêndio na Aisin, precisou adequar uma linha de produção de válvulas P adaptando uma fresadora computadorizada que geralmente produz máquinas de costura e peças para máquinas de escrever.

Vimos que as organizações de alta velocidade são diferenciadas pela capacidade de projetar e melhorar sistemas, e de compartilhar o que uma pessoa aprendeu para que todas as demais pessoas da organização possam trabalhar como se tivessem a experiência de todos os outros. As primeiras horas depois do incêndio foi a ocasião em que essa capacidade de compartilhamento foi mais necessária. Fora da Aisin, a experiência acumulada de produção da válvula P era quase zero. Porém, como a Aisin não havia feito essas peças em centros de usinagem, como agora os substitutos estavam fazendo, não era a melhor fonte de recomendação. Por isso, a Aisin organizou sessões de solução de problemas nas quais uma fábrica podia transferir o que havia aprendido para as outras. A Denso não só compartilhou os *insights* que havia adquirido ao solucionar os gargalos, mas "também modificou os desenhos de projeto e instruções de processo da Aisin para torná-los mais adequados aos centros de usinagem". Embora a velocidade e a urgência fossem raras, a abordagem básica da solução colaborativa de problemas, do aprendizado cruzado e da alavancagem do aprendizado local em ganhos sistêmicos era muito familiar.

Por décadas, a Toyota e seus fornecedores melhoraram sua habilidade de projetar processos excepcionalmente confiáveis, aperfeiçoando-os rapidamente e, ao fazerem o aprimoramento, compartilhar o que descobriram ao longo do caminho. Lembre-se que a Capacitação 4 é o desenvolvimento, por um líder de qualquer nível, dessas capacidades nas pessoas pelas quais esse líder é responsável. Assim, quando os associados da Toyota tiveram que enfrentar o desafio de reconstruir – ou construir pela primeira vez – linhas de produção para fazer uma importante peça de precisão, não foi um desvio brusco do que eles normalmente faziam. A microgestão de comando e controle não era necessária, já que os funcionários de todos os níveis haviam sido treinados durante todo o tempo a serem rápidos solucionadores de problemas. O que poderia ter sido impeditivo para algumas organizações, para a Toyota e seus fornecedores representava um tipo de desafio que eles sabiam que podiam lidar.

Entrevistei um membro do esforço de recuperação da Aisin. Ele explicou que as horas eram longas e a pressão era alta, mas o mais notável era que, apesar de tudo isso, as pessoas pareciam se divertir. Elas haviam exercitado suas habilidades ao descobrir grandes sistemas numa velocidade extraordinária e essa era uma oportunidade de se testarem, como uma equipe esportiva disputando um título.

Examinemos agora outros exemplos alta velocidade na recuperação de crises para mostrar a variedade de situações em que este tipo de agilidade pode ser aplicado, e para enfatizar o aspecto que as capacitações necessárias para a gestão de alta velocidade "normal" – criar e entregar os produtos e processos de uma organização – são iguais às necessárias para tratar de interrupções maiores. Na realidade, veremos que a diferença entre operações "normais" e reação a "crise" não é uma diferença em tipo, mas apenas em quantidade e extensão.

Antes de fazer isso, façamos uma comparação entre a Toyota e um de seus concorrentes diretos em algo mais simples, o trabalho quotidiano de compreender pequenas melhorias de processos locais de chão de fábrica e a constante redistribuição de trabalho para manter a linha em equilíbrio. Quando percebemos o quanto é diferente a atitude relativa a esse desafio nas duas empresas, podemos avaliar melhor a ideia de recuperação de crise como um trabalho normal.

Na minha primeira visita à Toyota, um dos nossos grupos visitou uma montadora e estava aprendendo com os responsáveis pela logística como eles administravam o recebimento e os fluxos internos de peças e materiais. Contextualizando um pouco, a fábrica usava um grande número de peças no sistema *just in time*; alguns fornecedores faziam até oito entregas por dia. Essa operação era tão rígida que eles precisaram tratar do "problema" dos caminhões de alguns fornecedores que se *antecipavam* um minuto ou mais, causando congestionamento e atraso na área de descarga. Seu objetivo era ter caminhões que chegassem dentro dos 30 segundos do tempo previsto para evitar a geração de gargalos.

Independente de quão rígido o sistema estivesse definido, devido à necessidade de reequilibrar e trabalhar em turnos, fomos informados de que havia redistribuições diárias dos "depósitos ao lado das linhas", os pontos na montagem onde as peças eram distribuídas. Essas redistribuições, normais para essa fábrica, aconteciam até sessenta vezes por dia. Como consequência, os trabalhadores não apenas tinham que retomar as tarefas previamente designadas para outros, mas as peças e os materiais precisavam fluir sem atraso ou interrupção para suas novas posições.

Quando um membro de nosso grupo, um gerente de produção sênior de um concorrente da Toyota, ouviu isso, não pôde acreditar até ver os documentos que indicavam o que havia sido transferido e para onde ao longo de diversos dias. Depois, ele explicou sua descrença. Se uma de suas fábricas tivesse tentado alguma coisa parecida, mesmo com a reserva de estoque que geralmente tinha, ela ficaria paralisada por horas.

Com essa comparação em mente, examinemos os tipos de interrupções que uma organização de alta velocidade pode enfrentar regularmente.

Recuperação de crise como um trabalho normal

Pode parecer que acontecimentos como o incêndio da Aisin sejam raros, mas um sistema complexo, especialmente um sistema tão imprevisível quanto o da Toyota, está constantemente ameaçado por interrupções e perturbações. A questão é como lidar com eles. Se as atividades da organização forem suficientemente limitadas, ela pode valer-se de excesso – equipamento de reserva, capacidade ociosa e fornecedores adicionais. Contudo, esse tipo de segurança pode exigir um preço competitivo: o custo dos recursos adicionais, o espaço que ocupa, a contagem do estoque e a manutenção que necessita. Também pode haver um impacto na qualidade. Na medida em que o excesso protege a organização de problemas, ele também protege a organização de oportunidades para resolver aqueles problemas e de toda atividade, aprendizado e melhoria que resulta disso.

Se a estabilidade do sistema precisa ser mantida sem comprometer o custo, a qualidade, e a variedade dos produtos, isso não deve ocorrer porque o sistema foi facilitado em sua simplicidade e aumentado em seu excesso. Deve ocorrer porque o sistema funciona na identificação e solução de problemas, não apenas em uma escala pequena, como um sistema protegido de alta *performance*, mas também em uma escala mais ampla, capaz de se recuperar quando seriamente prejudicado. Para esse tipo de organização, a reação às crises não é um trabalho idiossincrático. É algo feito o tempo todo. A receptividade é sua fonte de confiabilidade.

Vamos examinar outros exemplos de tratamento de situações anormais de uma forma normal.

Exemplo: greve portuária

Depois do incêndio da Aisin, a perda de um único fornecedor teve que ser confrontada por uma rede auto-organizável. Se isso parecia desafiador, o que dizer se uma rede completa de fornecedores saem do ar? Essa foi exatamente a situação enfrentada pela Toyota quando 29 portos na costa ocidental dos Estados Unidos ficaram fechados de 29 de setembro a 2 de outubro de 2002, devido a um conflito trabalhista. Desviar os navios para o Canadá não seria, necessariamente, a solução, já que os estivadores canadenses estavam associados e solidários aos estivadores norte-americanos. O México também apresentava limitações: uma vez que os navios estivessem lá, a infraestrutura das estradas e ferrovias seria insuficiente. Até mesmo o desvio para a Costa Leste e para o Golfo do México seriam problemáticos: alguns dos cargueiros eram grandes demais para passar pelo Canal do Panamá.

Examinemos como a Toyota se organizou para resolver este problema.

A greve não foi uma total surpresa, mas a verdade é que o sindicato e a administração estavam em negociações, e a maioria das pessoas pensava que os dois lados iriam parar de fazer "cabo de guerra" com tempo suficiente para evitar uma colisão. Porém, isso não aconteceu e agora a capacidade da Toyota produzir e entregar veículos ficaria prejudicada.

Uma década antes, quando mais carros da Toyota eram totalmente fabricados e importados do Japão, o problema talvez fosse menos grave. Os revendedores norte-americanos teriam alguma margem de segurança graças ao estoque em seus pátios. Mas em 2002, a Toyota fabricava quase 1 milhão de carros por ano na América do Norte. Uma interrupção nos embarques do Japão afetaria as oficinas, os fabricantes de motores e a montagem final norte-americana, assim como muitos fornecedores que utilizavam materiais estrangeiros.

Havia pouco tempo para agir. A Toyota já estava aumentando a frequência e diminuindo o tamanho dos lotes de embarques entre os fornecedores e para si próprio na América do Norte. Também estava fazendo o mesmo esforço com os suprimentos que vinham do Japão. Na verdade, precisava haver algum ajuste à economia de escala de embarcar mercadorias em contêineres e aos caprichos dos prazos de viagem marítima, mas muitas dessas questões foram enfrentadas agrupando-se pequenas quantidades de diferentes tipos de peças nos embarques. Assim, havia pequenos estoques para alguns itens. Se as redes de fornecimento não pudessem ser restabelecidas rapidamente, as fábricas talvez tivessem que ser fechadas. Com tantas empresas dependendo dos portos da Costa Oeste, seria uma loucura bloquear rotas alternativas. A Toyota estava encarando isso como uma competição em que o vencedor leva tudo.

A interrupção aconteceu no domingo. Em poucas horas, especialistas em relações com o fornecedor, planejamento de produção, controle e logística dos dois lados do Pacífico estavam reunidos em uma só equipe.

A primeira prioridade era a construção de uma "ponte" do Japão aos Estados Unidos para substituir a frota ociosa. Sem meios de transportar o material, todo o resto era irrelevante. O espaço foi enfileirado em cargueiros Boeing 747 (no final, foram usados mais de 100 voos, nove ou dez por dia). Isso deveria ser o canal de suprimento. Enquanto isso, outros grupos estavam definindo o que deveria fluir através daquele canal, calculando quais materiais eram esperados, em que fábricas e quando (definindo a meta de "produção" para este sistema temporário de transporte). Uma equipe calculava o que estava a bordo dos navios que esperavam para atracar na Costa Oeste. Essa informação era importante. Primeiro, ela lhes dava uma ideia do volume e do peso do que precisava ser transportado. Segundo, eles podiam começar a definir as prioridades da produção para as fábricas fornecedoras no Japão. Os materiais fabricados, mas ainda não embarcados, podiam ser desviados, mas os materiais que já estavam no mar tinham que ser substituídos.

Ainda havia mais a fazer. Não havia suficientes 747 disponíveis num curto prazo para transportar todos os suprimentos necessários para manter as fábricas da Toyota em atividade. Um gigantesco avião cargueiro Antonov, tão grande que possuía seu próprio guindaste interno para movimentar os contêineres, estava disponível, mas não estava autorizado a pousar nos Estados Unidos. Um roteiro diferente teve que ser criado para transportar a carga desde seu campo de pouso no Canadá. Um operador de navio parado no largo da Costa Oeste irritou-se e desembarcou 200 contêineres de carga em um porto no sul do México. Isso tanto foi um incômodo como uma oportunidade. A situação precisava criar um mecanismo de descarga e transporte, não apenas para acomodar a infraestrutura em um lugar distante, mas também transportar o material através da fronteira México-Estados Unidos sem atrasos ou custos indevidos. Mas, pelo menos, essas peças agora faziam parte da tábua de salvação, caso pudessem ser entregues com bastante rapidez.

Glenn Uminger, da Toyota, que estava no centro dessa crise, explicou-me como isso foi tratado de maneira rápida:

> A pessoa que mandamos para lá tinha uma história comprovada. Era da fábrica de Georgetown (Kentucky) e era uma pessoa que faz as coisas acontecer. Toma suas próprias decisões. Então foi mandada para esta situação difícil – para o desconhecido.
>
> Ela tivera experiências com os portos norte-americanos e, por isso, podia lidar com as dificuldades técnicas de descarregar os navios, responsabilizar-se pelo inventário correspondente, rastreado, carregado nos caminhões, e mandado para o destino. Para ela, isso era um processo "normal". Mas, então, tivemos que acrescentar outra etapa no fluxo – a liberação na alfândega – e por isso tivemos que conectar a outra peça, ter um grupo de especialistas em desembaraço alfandegário para assessorá-lo no registro da documentação correta para cruzar a fronteira. Geralmente, essas pessoas não trabalhavam juntas, mas com um objetivo comum de dar início a um processo e solucionar um problema, eles combinaram perfeitamente. Não atrasamos a produção, exceto por poucos caminhões em Indiana, onde não fazia sentido, economicamente, o transporte aéreo de pesados motores e transmissões.

Uminger pensou em administrar a anormalidade como uma ocupação normal:

> Não é uma rotina, mas é recorrente. Seguimos a mesma fórmula.
>
> [No momento,] você está olhando para as pessoas porque elas já enfrentaram algumas coisas e agora estão preparadas para isso, por isso os líderes são importantes. São as pessoas que têm experiência, então tentamos reunir as pessoas que, ao longo dos anos passaram

> por alguns pequenos problemas em diferentes níveis. Por exemplo, pessoas muito experientes com pessoas experientes em sua equipe e com pessoas menos experientes, para proporcionar-lhes a experiência de pessoas que podem saber como lidar com a situação e conviver com ela.

Depois ele discutiu a alternativa de dirigir operações com mais folga:

> Recebemos [essa crítica] o tempo todo. Toda a discussão de como o sistema *just in time* não funciona. As pessoas comentam: "Isto é um absurdo. Por que não manter um estoque?" Sob nosso ponto de vista, é melhor ter uma cadeia de suprimentos muito unida e administrar as interrupções, quando elas acontecem, do que manter uma "reserva" durante todo o ano. Quando você faz isso, perde sua capacidade de identificar e solucionar problemas. Em vez disso, praticamos o tempo todo com problemas reais e, assim, quando acontece um grande problema, é apenas uma questão de intensidade.

Exemplo: procurando um novo fornecedor permanente

Ainda que o fechamento de um porto seja um exemplo radical, os sistemas complexos estão constantemente tratando de crises quando acontecem fatos, mudam as condições e os planos dão errado. Ser capaz de reagir de maneira dinâmica é o que transforma as crises em um exercício de construção e crescimento de novos sistemas de maneira metódica (apesar da grande rapidez), em vez do potencial descarrilamento do empreendimento. Eis outro exemplo.

Kirk Manley, um gerente da Divisão de Controle de Produção da Toyota, especializada na gestão de planejamento de projetos, é outra dessas pessoas da Toyota cujo trabalho normal é trabalhar com situações anormais. Uma situação surgiu quando um fornecedor de três fábricas norte-americanas da Toyota pediu que fosse liberado de suas obrigações. Manley deveria administrar a transferência de produção daquele fornecedor para um fornecedor alternativo, assegurando, ao mesmo tempo, que não houvesse interrupção no fornecimento para as fábricas do cliente. O tempo e a realização eram importantes. Com o fornecedor ansioso por finalizar sua obrigação, mas com pouco estoque no sistema, qualquer erro poderia ser grave.

Manley não podia solucionar o problema sozinho, e mesmo a equipe permanente com quem ele trabalhava era muito pequena e não tinha as habilidades especiais para transformar essa má situação em algo positivo. Assim, Manley teve que criar uma organização virtual para administrar o desafio.

Ele começou esboçando os grandes objetivos que precisava alcançar e as etapas-chave do processo que precisavam acontecer. Em primeiro lugar, alguém precisava identificar fornecedores alternativos que tivessem tanto as habilidades técnicas quanto as capacidades físicas para assumir a responsabilidade pela nova produção de um modelo já existente, muito tempo depois de terem tomado as decisões orçamentárias e de alocação de espaço, equipamento e mão de obra para atender seus compromissos atuais. Em segundo lugar, teria que ser feita uma análise de disparidade: o que os novos fornecedores potenciais eram capazes de fazer e que recursos teriam que ser transferidos do fornecedor atual? Também havia o desafio técnico de desmontar, transferir e reinstalar o equipamento de produção especializado. E ainda havia as considerações de logística: a matéria-prima teria que ser desviada de suas rotas atuais para novos destinos, e os produtos acabados, originados dessa nova instalação produtiva, teriam que chegar às fábricas da Toyota.

Em poucas semanas, os novos fornecedores estavam prontos para começar. A equipe de gestão de crise tinha gerado não apenas um projeto, mas tinha feito inúmeros testes de validação – sua versão da abordagem que Bob Dallis havia praticado de "prender, não colar, não aparafusar, não soldar". Foram criadas maquetes nos novos locais de produção para assegurar que a ergonomia, o transporte de materiais, a tubulação, a instalação elétrica, a iluminação e outros fatores pudessem estar ajustados antes da chegada do equipamento. Representantes das novas fábricas tinham trabalhado no equipamento na atual fábrica do fornecedor antes que o equipamento fosse desligado, estabelecendo processos de trabalho padronizados, tanto para a produção quanto para a manutenção preventiva, com pessoas da engenharia de produção aprendendo com a experiência de seus parceiros no fornecedor atual e revisando os registros de manutenção daquele fornecedor. Quando chegasse sua vez de solucionar os problemas, eles não começariam do zero, mas se beneficiariam das experiências acumuladas com aquele equipamento.

Com um plano estabelecido e com os elementos-chave testados, o atual fornecedor reforçou a produção, criando um estoque regulador que poderia ser armazenado na nova instalação para cobrir a transição. A transferência daquele estoque para o novo local também era uma oportunidade de depurar o manuseio de material, o embarque e outros problemas de logística antes que a responsabilidade se transferisse de um local para o próximo.

Com tudo instalado, a produção no local original parou e a coreografia de quem deveria fazer o que começou. Claro que aconteciam coisas que não haviam sido previstas, mas esses problemas eram agrupados e solucionados com igual rapidez. Para as fábricas que dependiam desses fornecedores, a transição parecia ser perfeita. Não porque o sistema fosse bastante simples para se reajustar facilmente. Nem porque o sistema fosse complexo, mas havia criado suficientes camadas protetoras de excessos. Mais exatamente, o sistema era bem exercido e bem aguçado como sendo autocorretivo e autoaperfeiçoável e tratando *qualquer* coisa que acontecesse como uma oportunidades para autocorreção e autoaperfeiçoamento adicionais.

Exemplo: encontrar um fornecedor temporário

Matt Buckenmeyer, colega de Kirk Manley, havia feito esforços semelhantes, lidando com situações anormais e fora de controle de um modo normal e controlado. Por exemplo, um fornecedor de aros de rodas sofreu um incêndio; ele tinha capacidade suficiente para recuperar a produção, mas levaria alguns dias até que fosse reparado o equipamento danificado pelo fogo. Enquanto isso, cinco ou seis linhas de usinagem estavam imprestáveis. Poucos dias parece não ser tanto tempo, mas representa muito quando o sistema foi modelado para ser enxuto.

Aros de rodas podem parecer peças de automóvel relativamente simples, mas na realidade são produtos de sofisticados processos de forjamento, usinagem e revestimento em pó. Além disso, como os consumidores querem personalizar seus carros, os aros e as rodas precisam ser compatíveis com determinados veículos. Como são grandes, volumosos e caros, não podem ser armazenados antes dos pedidos. Com um fornecedor parado, mesmo que temporariamente, não era suficiente apenas ter outros fornecedores enfileirados para tomar o seu lugar. Para manter a sequência e o cronograma, a logística tinha que ser melhorada para que os fornecedores pudessem produzir e entregar exatamente o que era necessário, quando necessário, e carregado e apresentado exatamente na sequência certa.

Isso nos remete ao conceito de sistemas auto-organizáveis e de como a alta velocidade para se fazer as coisas na Toyota permite que ela se beneficie tanto dos sistemas auto-organizáveis quando algo dá errado.

Fora do sistema Toyota, poderia ser comum que cada dupla de fábricas dos fornecedores e fábricas dos clientes tivessem seus próprios métodos na colocação de pedidos e seu atendimento. Algumas das fábricas dos clientes poderiam divulgar uma programação de produção com dias ou semanas de antecedência, outras, sistemas de pedidos eletrônicos, algumas poderiam transmitir os pedidos para as matrizes, outras para fábricas de fornecedores individuais, e ainda outras para linhas específicas, contornando qualquer sistema centralizado. Imagine ter que solucionar um problema de fornecimento desligando um fornecedor e, temporariamente, ligando o outro. Teria que haver um esforço enorme apenas para determinar como os pedidos seriam enviados e recebidos. Seria como ter periféricos de PCs trabalhando com Macs e vice-versa, mas muito pior.

Não é assim que funciona na rede de fornecedores da Toyota. De acordo com a "regra" de especificar condições, ou transferências, a Toyota e seus fornecedores desenvolvem "interfaces" – maneiras padronizadas para o intercâmbio de pedidos. Quando uma fábrica precisa de alguma coisa, deve pedir diretamente ao fornecedor designado para aquele item e o fornecedor designado irá entregar apenas quando for solicitado. É a regra de Ohno, de seu tempo na fábrica de motores de Kamigo, aplicado a grandes distâncias. Mas se um fornecedor não pode fazer o trabalho, a fábrica pode facilmente pedir para outra sem ter que aprender todos os procedimentos de novos pedidos. As formas dos pedidos e respostas já foram combinadas; o que precisa ser acertado é quanto do que está sendo pedido e para quando. É como se vivêssemos em um mundo onde os periféricos de cada computador se conectassem facilmente através de portas USB, mas muito melhor.

Para outro fabricante de automóveis, a perda de um fornecedor de aros de rodas por alguns dias poderia ter sido um grande aborrecimento, ou mesmo uma crise. Fornecedores alternativos teriam que ser encontrados e, em cada caso, seria preciso dominar os complexos mecanismos para obter os aros certos, entregues nos locais certos, na hora certa – todo esse trabalho por apenas uns poucos dias, até que o antigo fornecedor voltasse à atividade. Para a Toyota, era tão fácil encomendar os aros de um fornecedor como de outro; a capacidade talvez fosse um problema, mas não a logística.

Exemplo: a crise como uma oportunidade de melhoria

Você pode pensar que o animal de estimação da família Buckenmeyer é um Dálmata, pelo modo que Matt tinha que reagir aos incêndios, tanto figurativa quanto literalmente. Um fornecedor de bandejas de óleo estava montando um estoque regulador para criar um espaço para respirar. A instalação planejada do novo equipamento e a modificação no equipamento existente exigiriam algum tempo de paralisação, assim como a investigação de algumas questões do processo, como o excesso de sucata. Graças ao estoque regulador, a entrega das bandejas de óleo não foi interrompida e, em dois dias, o fornecedor estava pronto e funcionando. Agora, porém, refazer o estoque regulador significava atraso nos esforços de expansão, modificação e melhorias.

Para a Toyota, o problema imediato era a coordenação de entregas precisas a partir do estoque regulador, enquanto o problema a longo prazo era que este fornecedor era menos ágil do que o necessário. Para tratar do problema imediato, o departamento de compras da Toyota, responsável pelo relacionamento com os fornecedores, administrou a coordenação com as fábricas de motores que dependiam da peça para assegurar que não houvesse indisponibilidade quando a fábrica voltasse ao normal.

Ao mesmo tempo, Matt Buckenmeyer foi enviado para tratar da situação de longo prazo. O problema da produção havia sido apressado pelo incêndio, e o estoque de reserva foi consumido na recuperação. Sem essa reserva, o fornecedor enfrentou um dilema. Não podia se permitir adiar os *upgrades* e modificações dos equipamentos por tanto tempo para recriar um estoque regulador suficientemente grande para ir até o fim. Contudo, se ele fizesse uma interrupção para os *upgrades* sem ter criado o estoque regulador, não poderia fazer a entrega das peças. Nenhuma das opções era aceitável, mas para a Toyota, e para Buckenmeyer, a verdadeira pergunta era: por que este fornecedor não podia administrar *upgrades* e coisas semelhantes sem criar um estoque e sem fazer uma interrupção? Por que ele não podia manter a produção normal e as melhorias normais simultaneamente? O que era tão frágil sobre o sistema para que as duas coisas não pudessem acontecer ao mesmo tempo?

Com alguma investigação, Buckenmeyer e sua equipe perceberam as fontes de vulnerabilidade. Apesar do fornecedor estar ligado aos seus clientes da Toyota com um sistema puxado de produção *just in time* e, portanto, ter uma clara visão de suas necessidades de produção imediatas, ele não tinha um sistema igualmente simples e confiável para coordenar seus fluxos internos de material e informação. Dentro da fábrica, não estava nada claro o que precisava ser feito, pois as demandas do cliente externo não estavam definindo o ritmo da produção final de maneira segura e, por sua vez, definindo o ritmo dos processos a montante. Assim, uma das razões para o fornecedor achar que seria necessário construir um depósito de produtos acabados antes do *upgrade* do equipamento era não estar totalmente seguro de que havia feito o que era necessário fazer. (Como vimos no Capítulo 6, foi essa situação difícil que motivou Taiichi Ohno a desenvolver um sistema de puxar *just in time*. Também vimos como esse sistema ajudou a Aisin Seiki a ser bem mais receptiva aos seus clientes, fazendo colchões sob medida como resposta aos pedidos existentes e despachando-os imediatamente para os clientes, em vez de produzi-los para atender pedidos esperados e empilhá-los em um almoxarifado.)

Além do fornecedor não ter desenvolvido a capacidade de seguir as regras para projetar um sistema, existia um segundo problema. Como o fornecedor era incapaz de controlar com facilidade e precisão o que era necessário e o que estava disponível, ficava difícil perceber situações anormais. Isso compreendia a necessidade de um estoque extra, "por via das dúvidas", caso aparecesse um problema – um problema que poderia existir já há algum tempo, antes de ser descoberto.

Claro que a solução para os dois problemas era ajudar a administração do fornecedor a desenvolver suas capacidades de projetar e operar sistemas confiáveis, e a solucionar os problemas quando ocorressem, para que o sistema de produção fosse mais confiável, mais ágil e menos vulnerável.

Crise? Que crise?

Muitas pessoas pensam no trabalho como havendo um limite entre as demandas normais, nas quais as pessoas se prendem a uma rotina, e as situações de crise, nas quais as regras têm que ser atiradas pela janela para se buscar subterfúgios. Vamos considerar uma visão alternativa. Não é que existam duas categorias de trabalho – normal e crise – mas duas categorias de organizações – aquelas para as quais tudo parece uma crise e outras para as quais tudo parece normal.

Em algumas organizações, os processos são tão mal projetados que geralmente geram problemas, mesmo num dia comum. Como os problemas são tão difíceis de identificar (os processos não foram projetados para tornar os problemas visíveis), eles podem ser excepcionalmente destruidores quando identificados. Mesmo assim, não são reprimidos e solucionados eficazmente; são enfaixados e contornados, e certamente irão se manifestar outra vez. Lições aprendidas por uma pessoa dificilmente são de utilidade para mais alguém. O resultado é um constante e diário apagar de incêndios para que o trabalho seja feito.

De outro lado, existem as organizações com rotinas bem definidas, amplamente compartilhadas para a realização do trabalho, a melhoria do trabalho e o aprendizado contínuo de como realizar e melhorar ainda mais. Os processos são detalhados de maneira metódica, enquanto estão sendo projetados; e há uma constante atenção às perturbações quando estão em ação. Quando acontecem perturbações, elas são agrupadas e investigadas; os problemas são solucionados por meio de ciclos de descoberta de alta velocidade e baixo custo. Quando acontecem descobertas, existe um protocolo para seu compartilhamento. Cada situação necessita de pessoas para projetar e operar, melhorar, compartilhar conhecimento e desenvolver essas habilidades nos outros; a única diferença entre pequenas falhas e crises está na dimensão e na urgência, e não na abordagem. Essa é a situação que a Toyota procura criar para si e para seus fornecedores. Essa é a situação que seus concorrentes tem sido incapazes de criar, muitas vezes às suas próprias custas.

Vejamos agora algumas organizações de assistência médica que também tentaram fazer o mesmo.

Notas

Pág. 243: ***Na terça-feira, dia 4 de fevereiro de 1997,* The Wall Street Journal *divulgou o seguinte [...]*** Valerie Reitman, "Toyota Factories in Japan Grind to a Halt", *The Wall Street Journal*, February 4, 1997, page A14.

Págs. 243-244: *O jornal calculou que uma parada poderia representar a perda de [...] Um especialista citado pelo Financial Times previu o seguinte [...]* Michiyo Nakamoto, "Toyota Fire Hits Japan Output", *Financial Times*, February 7, 1997, page 22.

Pág. 244: *No dia seguinte, o* Journal *publicou uma história que tinha como manchete "A Toyota acredita na recuperação da produção na sexta-feira, mas muitos fornecedores de peças estão em apuros" [...]* Valerie Reitman "Toyota Sees Output Recovery by Friday, but Many Parts Suppliers are Hurting", *The Wall Street Journal*, February 5, 1997.

Pág. 244: **TÓQUIO – A Toyota Motor Corp. espera recomeçar a produção "quase normal" em 20 montadoras japonesas inativas na sexta-feira, depois que um incêndio destruiu a fábrica de um fornecedor no último fim de semana [...]** Valerie Reitman, "Toyota Sees Output Recovery by Friday, but Many Parts Suppliers are Hurting", *The Wall Street Journal*, February 5, 1997.

Pág. 245: **Observadores, ansiosos por ler justificativas de fartas desculpas corporativas [...] Escondido em meio a notícias curtas [...] estava este pequeno item: "Toyota retoma grande parte da produção" [...]** Richard L. Holman, "World Wire", *The Wall Street Journal*, February 10, 1997, page A14.

Pág. 245: *Como a empresa pôde se recuperar tão rapidamente? [...] apareceu uma pista no* Journal*: "Na quinta-feira seguinte [...]"* Valerie Reitman, "To the Rescue: Toyota´s Fast Rebound after Fire at Supplier Shows Why It Is Tough – Its Affiliates Going All Out, Built an Unfamiliar Part Wothin a Matter of Dats – Like an Amish Barn-Raising", *The Wall Street Journal, May* 8, 1997, *page* A1.

Pág. 246: *Em um minucioso estudo de caso, publicado um ano após o incêndio, Toshihiro Nishiguchi e Alexandre Beaudet descobriram que a recuperação do incêndio foi conseguida [...] com "muito pouco controle direto da Toyota".* Toshihiro Nisiguchi e Alexandre Beaudet "The Toyota Group and the Aisin Fire, *Sloan Management Review* 40:1, Fall 1998, pages 49-59.

Págs. 246-247: *Esses esclarecimentos sugerem outra explicação possível [...] Nishiguchi e Beaudet concordaram que a recuperação havia sido alcançada sem se "discutir questões técnicas de direitos de propriedade ou compensações financeiras".* Nishiguchi e Beaudet "The Toyota Group and the Aisin Fire".

Pág. 247: *Os projetistas de* **software**, *cujos sistemas precisam ser dinâmicos [...] Craig Reynolds resolveu criar um programa que imitava a revoada de pássaros [...] Estas regras simples funcionaram bem e se desenvolveram com segurança. Elas foram a espinha dorsal do enxame de morcegos na animação computadorizada de um filme do* **Batman** *e a debandada no* **Rei Leão.** Craig W. Reynolds, "Flocks, Herds, and Schools: A Distributed Behavioral Model", *Computer Graphics* 21:4, 1987, pages 25-34.

Pág. 249: *Em outras palavras, a primeira tarefa [...] A Kayaba, outro fornecedor, repartiu sua responsabilidade por três de seus fornecedores, de acordo com a*

disponibilidade e conveniência de equipamento (o maior tinha aproximadamente cem funcionários e o menor apenas 6), ajudando-os na recuperação, mas não produzindo nenhuma válvula P em sua própria fábrica. Nishiguchi e Beaudet, page 52.

Págs. 249-250: ***Onde quer que residisse a responsabilidade pela produção [...] Brother [...] precisou adequar uma linha de produção de válvulas P adaptando uma fresadora computadorizada que geralmente produz máquinas de costura e peças para máquinas de escrever.*** Valerie Reitman, *The Wall Street Journal*, May 8, 1997.

Pág. 250: ***Vimos que as organizações de alta velocidade são diferenciadas [...] A Denso não só compartilhou [...] mas "também modificou os desenhos de projeto e instruções de processo da Aisin para torná-los mais adequados aos centros de usinagem".*** Nishiguchi e Beaudet, page 54.

Pág. 252: ***Depois do incêndio da Aisin [...] Essa foi exatamente a situação enfrentada pela Toyota quando 29 portos na costa ocidental dos Estados Unidos ficaram fechados de 29 de setembro a 2 de outubro de 2002, devido a um conflito trabalhista.*** Hal Varian, "Economic Scene; Rising Productivity Is a Good Thing, Right? Tell That to the Newly Unemployed", *The New York Times*, October 23, 2003; Steven Greenhouse, "Labor Lockout at West´s Ports Roils Business", *The New York Times*, October 1, 2002.

Pág. 252: ***Depois do incêndio da Aisin [...] alguns dos cargueiros eram grandes demais para passar pelo Canal do Panamá.*** Steven Greenhouse, "Five Questions for David J. Olson: If Longshoremen Strike, Which Business Will Suffer?", *The New York Times*, September 8, 2002.

Pág. 253: ***Uma década antes [...] Uma interrupção nos embarques do Japão afetaria as oficinas, os fabricantes de motores e a montagem final norte-americana, assim como muitos fornecedores que utilizavam materiais estrangeiros.*** *Toyota: United States Operations*, folheto da empresa, disponível em http://www.toyota.com/about/our_business/operations/USOperations_FINAL.pdf.

Pág. 253: ***Os materiais fabricados, mas ainda não embarcados, podiam ser desviados, mas os materiais que já estavam no mar tinham que ser substituídos.*** Vanessa Hua, "Auto Plant Takes to the Air, Alternative to Locked-Out Ports IS Extremely Expensive", *The San Francisco Chronicle*, October 8, 2002, page B1.

CAPÍTULO 11

Criando Organizações de Saúde de Alta Velocidade

O Capítulo 3 relatou a preocupante história da Sra. Grant, a mulher que estava se recuperando de uma cirurgia bem-sucedida, mas que morreu quando um enfermeiro, inadvertidamente, aplicou-lhe diversas doses de insulina em lugar do anticoagulante que pretendia administrar. Este capítulo examina com mais atenção os complexos sistemas de trabalho usados para prestar assistência às pessoas, mostrando como as organizações que anteriormente estavam presas ao grupo – trabalhando demais e dando tão pouca assistência – alcançaram a alta velocidade. Ao fazer isso, elas não só aperfeiçoaram o cuidado proporcionado aos seus pacientes e melhoraram o destino daqueles que prestavam esse atendimento, como também deram um exemplo de como outras grandes organizações – de atendimento médico e demais – podem se recuperar e vencer a corrida.

O sistema de saúde norte-americano é muito perigoso

O sistema de saúde norte-americano é, ao mesmo tempo, estimulante e irritante. Como é composto de pessoas excepcionais que escolheram carreiras onde podem proporcionar atendimento, conforto e cura para os outros, que são bem educadas, bem treinadas, e tem a melhor ciência e tecnologia à sua disposição, nossa expectativa deveria ser boa. A realidade, porém, está muito longe disso. O acesso à assistência é difícil de conseguir, e quando se consegue, pode ser proibitivamente caro; e mesmo que possa ser pago, há uma grande chance de que algo dê errado. O Institute of Medicine divulgou um estudo indicando que cerca de 98 mil das 33 milhões de pessoas hospitalizadas a cada ano morrem como resultado de má administração do atendimento, com igual número de mortes devido a infecções adquiridas durante o tratamento. Estima-se que um número de pessoas de cinco a dez vezes maior do que esse sofrem lesões devido a um tratamento mal administrado. Esses números não se estendem além dos cuidados intensivos, nem incluem a perda de tempo, dinheiro e outros recursos. O dano total é, com certeza, astronômico. E também é comprovadamente evitável. Este capítulo vai mostrar como.

No Capítulo 2, examinamos um exemplo de como a crescente sofisticação da ciência médica e a consequente complexidade dos tratamentos exigem métodos de gestão cada vez mais sofisticados. No Capítulo 3, com a história da Sra. Grant, vimos como a administração da assistência pode ser um grande fracasso, mesmo no ambiente controlado de um hospital. E depois, existe o mundo fora do hospital, que é onde acontece a maior parte do atendimento para condições crônicas como asma, diabete, doenças cardíacas, hipertensão e depressão. Nessas situações, é ainda mais difícil reunir as peças da especialização em sistemas holísticos eficazes.

Em 2007, fiz parte de um painel de discussão, patrocinado pela MacArthur Foundation, sobre como a fraca administração de sistemas tornam-se endêmica no atendimento médico. Como pergunta de abertura, nos questionaram qual era nosso maior medo – qual situação nos deixaria acordados durante a noite. Para mim, como pai de três crianças pequenas, era a possibilidade de levar uma delas a uma emergência. Esse medo tinha origens conceituais e práticas. Lembrei de alguns anos antes, em uma apresentação na Harvard Medical School feita pelo Dr. Lucien Leape, pioneiro no movimento de segurança do paciente e qualidade de atendimento. Em um quadro negro, ele relacionou uma variedade de atividades, de acordo com o risco de ficar ferido ou de morrer. De um lado estavam atividades muito seguras, como voar em um avião comercial e sair para caminhar. Andar de bicicleta era um pouco mais perigoso. Indo para o outro lado estava saltar de paraquedas e voar de asa delta. Bem no final de sua lista estava o *base jumping*, isto é, saltar de paraquedas do alto de edifícios, pontes ou da beira de montanhas. Com poucos segundos de queda livre, nenhum tempo para que um paraquedas reserva possa abrir, e uma chance real de chocar-se com o edifício ou a montanha do qual você saltou, as chances de ferimentos e morte são enormes, muito maiores do que com o paraquedismo normal. Resulta que as chances de sofrer danos ou de morrer em um hospital são quase as mesmas, e enquanto a maioria de nós não cogitaria o *base jumping* – ou, por esporte, amarrar um membro da família em um paraquedas e atirá-lo do telhado – todos nós, em algum momento vamos nos deparar com um hospital.

Imagine, então, um grande hospital, com 20 andares, com uma equipe de médicos e enfermeiros dedicados e especializados, e equipado com a melhor tecnologia. Se você entrar, seu prognóstico é fantástico. Contudo, você não pode simplesmente entrar pela porta e receber atendimento. Não; primeiro você tem que subir no telhado e descer de paraquedas até a entrada. Se você sobreviver a isso, começa seu atendimento médico de primeira classe. É chocante, mas, a maior parte do atendimento médico nos Estados Unidos é assim.

Há alguns anos, quando nosso filho Jesse tinha dois meses de idade, a estatística do Dr. Leape tornou-se bastante real para mim. Ele teve um tipo de infecção no pulmão e sua respiração estava tão difícil que minha esposa, Miriam, o levou para a emergência em um grande hospital-escola. Um sem-número de estagiários, residentes e enfermeiros entravam e saiam da sala de exames, alguns vinham da emergência, alguns da pediatria, e outros da medicina interna. Cada um deles fazia perguntas e o apalpava, mas parecia que o que cada um descobria ou pensava não era compartilhado e consolidado com que todos os outros pensavam. Obviamente, eles registravam as informações em um quadro, mas o quadro não iria fazer a interpretação ou dar explicações. Durante a troca de turnos, isso ficava ainda pior. A falta básica de estrutura e de método na transmissão da tarefa significava que todos no novo grupo de pessoas começavam do zero. Como se isso não fosse ruim o bastante, ninguém podia encontrar o *kit* de teste para determinar quais das duas doenças nosso filho poderia ter. Assim, eles controlavam os sintomas sem, na verdade, começar qualquer tratamento. Tudo acabou bastante bem, mas anos mais tarde, quando o moderador do painel pediu que eu citasse meu pesadelo no atendimento médico, não precisei pensar duas vezes.

Outra participante do encontro – uma enfermeira – tivera uma experiência diferente, mas igualmente esclarecedora e perturbadora. Ela fora visitar seus velhos pais e decidiu conferir o atendimento que eles estavam recebendo. Diversos dias depois, tendo falado com o médico de primeiro atendimento, o cardiologista, o pneumologista, o endocrinologista e outros especialistas que estavam atendendo seus pais, ela encontrou apenas uma pessoa que tinha alguma coisa parecida com uma visão holística das condições e tratamentos de seus pais em todo o sistema de saúde. Era o farmacêutico local.

O sistema norte-americano de saúde pode melhorar

Sei que podemos fazer muito, muito melhor, porque isso já foi feito. Algumas organizações de saúde fizeram o possível para aprender com as organizações de alta velocidade, mas sem tentar fazer o trabalho médico – minucioso e repetitivo, que precisa ser adaptado a cada paciente. Em vez disso, elas estão aprendendo a substituir seu velho método de administração por uma abordagem mais sofisticada de projetar e operar processos complexos, aperfeiçoando-os quando encontram falhas, e modificando os sistemas devido às mudanças de circunstâncias, quando necessário. Acredito que tudo isso agora pareça bastante familiar – e bastante animador. Aqui temos alguns exemplos:

- A Ascension Health é a maior prestadora de serviços médicos católica nos Estados Unidos. Em 2002, a Ascension fez uma campanha de comprometimento com o atendimento médico que funciona, é segura e não deixa ninguém sem atendimento. O objetivo era que menos pacientes morressem em seus hospitais por causas evitáveis, como úlceras de pressão (escaras), quedas, erros cirúrgicos, trauma do parto, infecções adquiridas no hospital e erros de medicação. Após seis anos de esforços, a Ascension calculou que, por ano, 2 mil vidas estavam sendo salvas. Nas instalações da Ascension, as taxas de úlceras de pressão estão 93% mais baixas do que a média nacional, as quedas dos pacientes estão 86% menores e as taxas de problemas no parto estão ¾ menores.
- O Virginia Mason Medical Center (VMMC), que analisaremos mais adiante em detalhes, decidiu enfrentar uma série de questões. Ao ensinar os pacientes com enxaqueca a evitar a dor e a administrá-la depois que ela começa, a VMMC cortou pela metade as visitas às emergências e reduziu o uso de caros testes de diagnóstico. Os esforços para acelerar o fluxo de pacientes pelo departamento de gastroenterologia evitaram que a VMMC tivesse que expandir as instalações e comprar novos equipamentos, mas ainda assim conseguiu manter um crescente número de pacientes. Este é um exemplo perfeito de "fazer mais com menos" – uma das marcas das organizações de alta velocidade.
- A Clínica Mayo divulgou uma redução de mais de metade dos erros médicos em seus hospitais.
- Os hospitais que participaram da Campanha das 100 mil Vidas, do Institute for Healthcare Improvement, para impedir mortes evitáveis, e, mais recententemente, da Campanha de 5 milhões de Vidas, para impedir danos evitáveis, registraram ganhos excelentes na segurança do paciente ao reduzir as infecções nas salas de cirurgia, erros médicos, complicações cirúrgicas e escaras. Depois de 18 meses de programa, estima-se que mais de 120 mil mortes tenham sido evitadas.
- Os hospitais do Pittsburgh Regional Healthcare Initiative reduziram, ao todo, em 68% a taxa de infecções de cateteres de punção venosa profunda (aquelas causadas pelos cateteres introduzidos nas veias dos pacien-

tes), sendo que alguns hospitais chegaram a uma redução de cerca de 90% ou mais.

- O departamento de patologia da University of Pittsburgh Medical Center reduziu pela metade a taxa de erro em um teste de detecção do câncer cervical.
- Os endoscópios – tubos inseridos no corpo para obter imagens ou amostras para biópsias – são facilmente danificados, não somente durante o uso, mas principalmente durante sua limpeza e manutenção. Um hospital de Nova York reduziu o número de consertos de endoscópios de três por dia para três por semana. Ao custo de US$5 mil por conserto, isso representou uma economia anual de US$3 milhões. Isso significa mais disponibilidade, já que menos endoscópios estão sendo consertados a todo o momento. Além disso, é preciso menos esforço para manter em dia os endoscópios reservas, pois o sistema irá necessitar de menos quantidade.

Tudo isso nos mostra o que pode ser feito. Se extrapolamos esses resultados, descobrimos que uma visita ao hospital não precisa ser tão perigosa quanto saltar de paraquedas de um penhasco, causando incapacitações físicas e financeiras aos indivíduos e à sociedade em geral.

Caso: melhorando os primeiros socorros

O Massachusetts General Hospital (MGH), de Boston, vem aumentando sua competência para excelência de processo em primeiros socorros. Por exemplo, sua seção de medicina de adultos em seu Revere Health Center conseguiu aumentar a produtividade de seu ambulatório de vacinas contra a gripe em 500% em três sessões de duas horas. Fizeram isso seguindo o método das melhores organizações mundiais. Antes de começar seu trabalho, eles "registraram", da melhor que maneira que puderam, como achavam que deveria funcionar a triagem, a vacinação, a documentação e a liberação. Fizeram isso por duas razões. Primeiro, porque queriam se certificar que estavam começando com seu melhor entendimento coletivo do que funcionaria e do que não funcionaria. Segundo, definindo com antecedência o que era normal, seria mais fácil para a equipe detectar situações anormais quando estivesse fazendo o trabalho. Isso não era comum? Não para a equipe do Revere. Tendo dedicado sua formação profissional e prática a compreensão do que é normal para os sistemas biológicos complexos (pessoas) a fim de que pudessem detectar anormalidades (sintomas patológicos) com facilidade, eles descobriram que esta mesma disciplina se aplicava ao sistema complexo em que estavam incorporados – os processos de trabalho diário do qual eles dependiam para prestar atendimento às pessoas.

Ao especificar com antecedência o que iriam fazer, identificando os problemas quando surgiam, e tratando deles em tempo real, a prática gerou resultados incríveis. Embora nos anos anteriores a seção tivesse enfrentado problemas ao instalar seu ambulatório de vacinas contra a gripe em um programa totalmente ocupado, dessa vez as longas esperas por pacientes foram virtualmente eliminadas. O trabalho tornou-se mais fácil para a equipe. A eficiência, medida em termos de vacinas por hora da equipe clínica, aumentou cinco vezes, como vemos na Tabela 11-1.

O princípio básico era de que quando um problema era identificado, a equipe não devia procurar subterfúgios, contorná-lo ou tolerá-lo e seguir adiante. Tendo posto em prática habilidades de desenvolvimento de processo e melhoria de operação em outros trabalhos de "rotina", eles estavam em condições de fazer a mesma coisa em um ritmo acelerado (exatamente como vimos na recuperação da crise da Toyota, no Capítulo 10). Quando algo dava errado no ambulatório, havia uma confusão momentânea e um rápido replanejamento de uma parte do processo, depois continuavam quase que sem hesitação com uma nova definição. As mudanças iam desde o início até o fim, afetando os métodos de trabalho das pessoas, as transferências entre uma etapa e outra e a sequência do trabalho. Por exemplo, a triagem para a clínica coincidia com a triagem para as consultas normais; formavam-se filas enquanto os enfermeiros atendiam. Foi estabelecida uma mudança. Os pacientes para as vacinas contra gripe eram encaminhados diretamente para a área de vacinação; preenchiam uma simples "ficha de atendimento" que as secretárias da recepção digitavam no computador durante os horários de menos movimento e no final do dia. Outra diminuição de ritmo envolvia as perguntas sobre alergias. Os pacientes da Revere falam inglês, espanhol, árabe, cambojano e português, com algumas noções de francês e russo. A tentativa de conseguir uma confirmação verbal sobre as alergias criava um grande gargalo. Rapidamente, os enfermeiros pesquisaram junto aos intérpre-

TABELA 11-1 Melhoria no ambulatório de vacinas contra a gripe

	Ambulatório de vacinas contra a gripe no MGH Revere		
	Sessão 1	*Sessão 2*	*Sessão 3*
Horas por sessão	2	2	2
Vacinas contra a gripe aplicadas por sessão	43	71	151
Equipe de apoio clínico envolvido	3,5	2,5	2,5
Vacinas aplicadas por hora do tempo da equipe	6,1	14,2	30,2

tes e geraram algumas placas em cada língua, de fácil identificação, para que os pacientes as apontassem com o dedo. Outro problema resolvido, mas mais um problema observado. Normalmente, os pacientes que chegavam para um exame ou consulta entravam na sala de exames e podiam pendurar seus casacos e preparar-se para o exame ou tratamento. O ambulatório de vacinas não estava em uma sala de exames convencional e os pacientes não permaneciam ali tanto tempo quanto ficariam no caso de um exame normal. Passavam mais tempo remexendo nos objetos pessoais e procurando encontrar um lugar para colocá-los do que aplicando a vacina. Foi realizada outra rápida modificação na área de trabalho para que os pacientes pudessem se liberar, receber a vacina e sair rapidamente. Em três turnos, num total de seis horas, a equipe fez mais de 20 mudanças no processo (aproximadamente três vezes por hora), o que permitiu um aumento de cinco vezes na produtividade.

Enquanto os membros da equipe celebravam seu sucesso, começaram a especular sobre o ambulatório do ano seguinte. Eles perceberam que o maior gargalo era a dificuldade dos pacientes estacionarem no pequeno terreno do centro de saúde. Alguém sugeriu, de maneira jocosa: "Que tal um ambulatório *drive-through* para vacinas? Os pacientes poderiam entrar em fila em volta do quarteirão, onde poderiam pegar as fichas de atendimento de uma prancheta. No momento certo, sinais avisariam para que tirassem seus casacos e ligassem o aquecimento do carro. Quando se aproximassem, outro sinal pediria que abaixassem o vidro, e no último minuto, poderiam estender seus braços para fora".

Os esforços da Revere não se limitavam às vacinas contra a gripe; isso era parte de uma abordagem comum para ter uma melhora geral. Nesse ambiente poliglota, era importante ter intérpretes no local certo, no momento certo, falando o idioma certo, para ajudar os médicos a ter um atendimento de qualidade e um fluxo eficiente de pacientes. Rejeitando as alternativas de "precisamos de mais gente", "temos que nos esforçar mais", ou "precisamos apenas aceitar as incoerências", a equipe trabalhou com as secretárias que faziam os agendamentos para melhorar o nível de demanda pelos serviços de tradução, os fluxos ajustados um tempo melhor distribuído e a responsabilidade pelo trabalho *on-line* (interpretação em tempo real) e o trabalho *off-line* (acompanhamento das correspondências, resultados de laboratório e ligações telefônicas) com mais eficiência, e para criar um melhor sistema de placas que ajudasse com os diferentes idiomas. Eles descobriram e mostraram que não havia problema de falta de intérpretes. Havia milhares de problemas que tornavam muito difícil a disponibilidade dos intérpretes e muito fácil sua indisponibilidade.

O diretor médico da unidade explicou:

> Ficamos de tal maneira acostumados com a ineficiência que, na verdade, a aceitamos como regra. Somente quando essas ineficiências fo-

ram afastadas é que percebemos o grande problema que representavam. As mudanças que fizemos geralmente foram sutis, mas o impacto acumulado de todas essas pequenas mudanças melhorou significativamente a eficiência e qualidade de vida no desempenho profissional.

Na clínica de primeiro atendimento da MGH Back Bay, os membros da equipe clínica levaram a sério a experiência da Sra. Grant e se comprometeram a um princípio básico: não deveria haver nenhuma ambiguidade no planejamento do trabalho e nenhum subterfúgio para os problemas, quando identificados. Os membros da equipe começaram a vigiar uns aos outros, com o gerente da clínica vigiando o diretor médico e um enfermeiro padrão espionando um assistente médico. A cada minuto os espiões faziam anotações sobre os fatores que causavam a interrupção no fluxo de trabalho. Juntos, em quatro horas, encontraram quase 300 ocorrências nas quais o médico e o assistente tinham que contornar um problema. Abastecidos com esses *insights*, eles fizeram disso um ritual semanal para retirar itens da lista. Os resultados incluíram a redução pela metade do trecho que o assistente tinha que caminhar todos os dias, aumentando o tempo em que o médico estava na sala de exames com o paciente e diminuindo o número de interrupções.

Mais tarde, eles aplicaram o mesmo método para o agendamento de pacientes. Em vez de brigarem pelo fato de que alguns pacientes eram atendidos em bem pouco tempo e outros em muito tempo, os médicos começaram a controlar qual o tempo que era realmente necessário e quais as características do paciente que definiam essa necessidade. Depois, as secretárias, os médicos e os enfermeiros desenvolveram um roteiro de entrevistas para os funcionários da recepção para que eles pudessem determinar melhor o tempo que um paciente necessitaria em sua próxima consulta. Em vez de uma consulta padrão, tamanho único, no qual era destinado muito pouco tempo, forçando o médico a se atrasar ou fazendo com que o paciente saísse prematuramente, eles se permitiram a flexibilidade de adequar o tempo estipulado com o tempo necessário.

Os sucessos no Back Bay e no Revere são exemplos significativos, pois os primeiro socorros são um elo importante (mas quase sempre o elo que falta) no sistema de saúde dos Estados Unidos. Um bom pronto atendimento preventivo faz com que as pessoas fiquem bem e não necessitem de outros tipos de atendimento. Para os portadores de doenças incuráveis, e que precisam ser tratadas, como asma e diabete, um bom cuidado crônico pode melhorar muito a qualidade de vida do paciente enquanto evita atendimentos intensivos (hospitalares) ineficazes. Na realidade, nosso sistema de saúde geralmente enfraquece os primeiros socorros e, por isso, ele é tão difícil para o paciente quanto para os prestadores. Em muitas áreas, os pacientes têm dificuldade em ter acesso a clínicas, e os médicos de pronto atendimento trabalham muito mais horas, e recebem muito menos do que especialistas, como os dermatologistas e os cirurgiões plásticos. Parte do custo do atendimento médico de baixa qualidade é o tributo imposto aos médicos, enfermeiros, farmacêuticos, técnicos, assistentes, administradores e outros. Como os trabalhadores da indústria automobilística das Três Grandes que descrevi no Capítulo 3, esses trabalhadores em atendimento médico vão para o trabalho todos os dias sabendo que, para fazer o que pretendem, estarão apagando incêndios, contornando problemas, e dependendo de esforços além dos limites seus e de seus colegas para evitar que situações frustrantes se tornem trágicas. E eles ainda sabem que nenhuma cota de heroísmo será suficiente.

Todas as histórias de sucesso descritas acima giram em torno da decisão das organizações em (1) substituir as funções administrativas isoladas pela administração da prestação de atendimento como um processo coerente, integrado, do início ao fim, e (2) substituir os subterfúgios quando os problemas são identificados pelo planejamento do trabalho, de modo que os problemas sejam visíveis imediatamente, e então agrupá-los o quando ocorrem, envolver na sua solução as pessoas afetadas por eles e melhorar seus próprios processos de trabalho. Vamos examinar esse método em ação na esfera do cuidado intensivo.

Caso: acabando com as infecções hospitalares

A equipe médica do Allegheny General Hospital (AGH) se concentrou no problema das infecções na corrente sanguínea relacionadas com cateteres de punção venosa profunda, isto é, os cateteres introduzidos na veia a fim de injetar a medicação no fluxo sanguíneo com rapidez. Essas infecções aumentam de US$3.700 a US$29.000 o custo do atendimento para os pacientes que adoecem. E, para piorar ainda mais, nos Estados Unidos elas matam de 14 mil a 28 mil pacientes por ano. O chefe de medicina do Allegheny General Hospital, Rick Shannon, e seus colegas pensaram se um método similar ao que as empresas como a Toyota e a Alcoa utilizavam poderia permitir que o AGH eliminasse totalmente as infecções dos cateteres venosos centrais.

O Allegheny General começou revisando os registros médicos de cada paciente que havia passado pelas unidades de tratamento intensivo e tratamento cardíaco intensivo no ano fiscal de 2003. Queriam determinar quais fatores haviam causado as infecções individuais de cateter venoso central e usar essas descobertas como base para a melhoria do processo.

Seu esforço teve dois resultados surpreendentes. Primeiro, os registros médicos tinham poucas informações sobre a causa das infecções. Apesar dos registros documentarem os tratamentos que haviam sido determinados e aqueles que haviam sido realizados, eles não absorviam as sutilezas que causam a infecção, como a higiene inadequada das mãos, um cateter que acidentalmente ficou pendurado no tubo do respirador, ou os equipamentos compartilhados que não foram corretamente esterilizados. A segunda surpresa era de que a taxa de infecções dos cateteres venosos centrais no AGH era muito maior e as conseguências muito piores do que haviam imaginado. O AGH tinha registrado infecções relacionadas com posicionamento subclavicular – cateteres introduzidos na clavícula e no esterno – mas não rastreava os posicionamentos femurais mais suscetíveis a infecções – cateteres introduzidos na virilha. Eles também não levavam em consideração os pacientes do AGH que tinham sido reinternados em outras instituições para tratamento de infecções relacionadas com os cateteres venosos centrais. A taxa de infecções no AGH era o dobro do que havia sido considerada. E ainda mais significativos eram os custos em vidas humanas: entre os 1.753 pacientes internados na UTI das unidades do AGH em 2003, 37 pacientes tinham sido infectados e 19 deles morreram.

Percebendo a limitada utilidade das análises retrospectivas dos dados acumulados, o AGH criou uma equipe especializada em cateteres venosos centrais com a missão de observar cada instalação do cateter central e todos os incidentes de manutenção da linha para ver microrrupturas na rotina que poderiam levar a uma infecção. Eles descobriram que os médicos, as enfermeiras, a equipe de distribuição de materiais, e outros, trabalhavam muito, mas isolados uns dos outros. Cada "elemento" de trabalho não estava bem integrado no sistema, ocasionando um problema atrás do outro. Havia problemas originados em designação ambígua de responsabilidades (problemas de percurso, como discutido no Capítulo 6), transferências de tarefas e troca de informações não confiáveis (problemas de conexão) e métodos individuais de trabalho que não eram seguros. O único ponto no qual todos concordavam era o resultado desejado do processo para a instalação e manutenção dos cateteres: ninguém deveria se machucar.

Com relação aos problemas no sistema, a equipe observou um residente que estava de plantão na unidade de terapia intensiva (UTI) e estava colocando um cateter femural em um paciente, uma ação especialmente importante, considerando toda a atenção que estava sendo dada ao risco e ao custo das infecções. Na verdade, é mais fácil inserir um cateter no lado interno da coxa – um cateter femural – do que perto da clavícula – um cateter jugular. Há menos necessidade de torcer e girar. Porém, no final das contas, um cateter femural é muito mais perigoso, pois a coxa interna é uma parte do corpo muito mais "suja" do que o pescoço; há muitos micróbios nessa área e eles se aproveitam de uma punção na pele para invadir o corpo.

Esta é uma informação básica que todos os residentes médicos conhecem. Então, por que esse residente colocou um cateter femural em lugar de um subclavicular? Certamente ele não era preguiçoso, nem idiota. Porém, de certa forma, foi pressionado por um dilema. As pessoas responsáveis pelos revezamentos de treinamento e as responsáveis pelo agendamento dos residentes nos revezamentos faziam isso sem considerar as necessidades específicas naquela unidade em particular. Faziam o trabalho, mas sem uma clara compreensão de como ele se encaixava no sistema como um todo. O residente não tivera um treinamento específico de como colocar cateteres. Considerando as circunstâncias, ele fez o melhor que pôde, usando a colocação na femural porque não tinha muita confiança em colocar um cateter subclaviano, mais difícil.

Porém, o problema foi mais além. Se, posteriormente, o cateter femural tivesse sido substituído pelo cateter subclaviano, no mínimo, teria havido menos tempo para que os micróbios tirassem proveito disso. Mas isso era pouco provável que acontecesse; não havia ninguém especificamente designado a trocar os cateteres dos locais de alto risco para os de baixo risco. Os especialistas mais experientes em medicina de terapia intensiva eram as opções óbvias, mas havia poucos mecanismos para que o turno da noite informasse o turno do dia que um cateter deveria ser substituído. Em outras palavras, a conexão – a transferência de responsabilidade (na forma de informação sobre cateteres de alto risco) de um turno para o próximo – era subplanejada.

Idiossincráticos e abundantes como eram, esses problemas, uma vez identificados, podiam ser solucionados. O AGH desenvolveu treinamentos para todos os residentes que se revezavam na UTI e ajustou as tabelas de horários para certificar-se de que durante todos os turnos haveria alguém capaz de colocar cateteres subclavianos. Enquanto essas reações estavam sendo desenvolvidas, todos os turnos diários tinham uma pessoa responsável pela substituição de cateteres femurais por subclavianos (os especialistas mencionados anteriormente) e a equipe desenvolveu um conjunto de sinais simples para indicar quando esse trabalho precisava ser feito.

Quando um cateter é colocado, ele precisa de cuidado. O próprio cateter precisa ser conferido para evitar dobras, a punção precisa ser observada para evitar infecções, e assim por diante. E aqui, a equipe também observou danos quando os enfermeiros tentavam realizar seu trabalho, mas não encontravam ataduras, luvas, avental ou higienizador de mãos onde e quando precisavam deles. Em vez de continuar com a prática tradicional de enfermagem de procurar e guardar, ou de "ser cuidadoso" (por exemplo, trocar uma atadura nas pontas do pés ficando o mais longe possível do paciente por não ter encontrado o avental que deveria estar vestindo quando se trabalha próximo do paciente), a equipe trabalhou para integrar a enfermagem e a distribuição de materiais em um sistema confiável, a fim de determinar quais itens eram necessários, em que quantidade, de que forma, em que local, por quem e quando, para assegurar que os locais de ferimento pudessem ser limpos e os curativos refeitos sem haver risco de infecção.

Ninguém jamais encontrou uma solução milagrosa para o problema das infecções. Por outro lado, a equipe de cateteres e o grupo da UTI fizeram dezenas de alterações na maneira que realizavam seus trabalhos e os resultados de seu esforço de 90 dias foram espetaculares. Em 2004, o número de pacientes e a gravidade de suas condições aumentaram no Allegheny General, mas o número de pacientes infectados caiu de 37 para 6, e o número de mortes despencou de 19 para 1. O histórico de sucesso continuou nos anos de 2005 e 2006 (veja tabela 11-2).

Caso: testes de estresse e melhoria na administração de medicamentos

No exemplo anterior os problemas ocorriam com tanta frequência que era possível encontrá-los simplesmente olhando o sistema em ação. O Hospital South Side da University of Pittsburgh Medical Center (UPMC) levou mais adiante essa abordagem ao criar uma maquete de sua própria farmácia a fim de identificar os problemas que seriam mais difíceis de reconhecer em tempo real.

A South Side decidiu ocupar-se do persistente problema de perda de medicamentos: o contratempo causado pelos enfermeiros que procuram os medicamentos na unidade de enfermagem onde eles deveriam estar armazenados e descobrem que o que precisam não está lá. A consequente perda de tempo e energia emocional para restabelecer o sistema na busca de um farmacêutico para localizar os comprimidos era enorme. Lembro-me de observar uma enfermeira quando ela descobriu que o medicamento não estava no lugar. Ela chamou o farmacêutico que deveria ter distribuído o medicamento, mas ele não estava na sala.

Tabela 11-2 Eliminar as infecções dos cateteres no Allegheny General Hospital

	Ano 2003	*Ano 2004 Ano 1*	*Ano 2005 Ano 2*	*Ano 2006 Ano 3 (10 meses)*
Admissão nas unidades de terapia intensiva	1.753	1.798	1.829	1.832
Cateteres venosos centrais empregados	1.110	1.321	1.487	1.898
Dias com cateteres	4.687	5.052	6.705	7.716
Infecções	49	6	11	3
Pacientes infectados	37	6	11	3
Taxas (infecções/ 1.000 dias com cateter)	10,5	1,2	1,6	0,39
Mortes	19 (51%)	1 (16%)	2 (18%)	0 (0%)

Outro farmacêutico fez o possível para localizar o pedido, inutilmente. Depois de uma hora de agitação, o primeiro farmacêutico retornou ao departamento. Na verdade, a medicação não estava faltando, estava esgotada e já havia sido feita uma solicitação ao distribuidor. Obviamente que havia muito problemas aqui. O primeiro, claro, era o de falta de estoque e o segundo era a dificuldade de informar que a medicação, embora atrasada, estava a caminho. Mesmo na falta da droga, a informação teria evitado que a enfermagem e os farmacêuticos perdessem muito tempo.

Cansados e frustrados por situações desse tipo e que aconteciam com muita frequência, os membros da equipe se desafiaram com a seguinte pergunta: por que a administração de medicamentos não é *ideal*? Isto é, por que a farmácia não pode entregar um pedido por vez, quando solicitado e quando necessário, sem falhas e atrasos?

Eles tinham algum *insight* sobre o problema. A administração de medicamentos era feita em lotes. Os médicos faziam suas rondas de manhã cedo, com ocasionais atualizações sobre as mudanças nas condições dos pacientes. Periodicamente, os pedidos de medicamentos eram coletados e entregues à farmácia. Eram recebidos pelo farmacêutico que analisaria potenciais problemas com dosagens, interações, e alergias. Os pedidos se acumulariam até a tarde. No dia seguinte, a equipe da farmácia começaria a preencher os pedidos, montando a combinação e o volume adequados para cada paciente. Isso era feito na parte da tarde, quando um "técnico em entregas" distribuiria a mercadoria aos pontos de uso no hospital. Havia um processo separado de "primeiros pedidos" para conseguir no mínimo uma dose para um paciente após a emissão do pedido Isso, porém, não era considerado para o total das entregas e, de qualquer maneira, na verdade, era uma solução desnecessária de contornar o problema de que o processo principal era incontrolável para que se pudesse confiar em sua rapidez. Como se passava muito tempo antes que a medicação fosse entregue, havia subterfúgios duplos: conseguir medicamentos adicionais para preencher a lacuna entre a entrega do primeiro pedido e as entregas normais, e a devolução de medicamentos para a farmácia devido à alteração da condição dos pacientes nesse meio tempo.

Para chegar à raiz do problema, a equipe definiu um simulação do processo. Pegaram um farmacêutico real, um técnico farmacêutico real e pedidos reais – mas do dia anterior – e tentaram atender os pedidos, um por vez (resultando um a cada três minutos), colocando-os em uma caixa de papelão em lugar de enviar para a unidade. Com tudo no lugar, começaram a testar, parando todas as vezes que a equipe da farmácia não conseguisse manter o ritmo e investigando porque isso acontecia. Havia problemas com impressoras, falta de estoque, longas distâncias para caminhar, e assim por diante. Em poucas horas, descobriram dúzias de fatores que tornavam impossível continuar. Alguns eram fáceis de resolver, como a armazenagem das drogas de acordo com a frequência com que eram usadas, em vez de alfabeticamente. Outros eram mais difíceis, como a alteração nos horários de entrega para as unidades de enfermagem para que não coincidissem com as refeições e a higiene dos pacientes. Juntas, essas alterações tiveram um grande efeito acumulado.

A entrega de um pedido por vez não era viável, pois os médicos faziam suas rondas em um curto período da manhã e da tarde – antes ou depois das cirurgias e das horas clínicas agendadas – e algumas unidades eram bastante afastadas da farmácia. Ainda assim, havia ganhos consideráveis. Antes, os pedidos de um dia inteiro não seriam entregues até o dia seguinte. Agora, cada pedido estava sendo entregue até duas horas após seu recebimento. A taxa de perda de medicamentos caiu 88%, o tempo de procura foi reduzido em 60%, as faltas de estoque diminuíram cerca de 85% e a necessidade de descartar os medicamentos intravenosos que tinham sido misturados, mas não tinham sido utilizados, foi reduzida significativamente.

Caso: acabando com a loucura pré-operatória

Em um dia comum, 40 pacientes ou mais costumavam chegar à unidade de cirurgia ambulatorial do West Penn Allegheny Hospital. A equipe fazia esforços heroicos para preparar os pacientes para que estivessem prontos sempre que a equipe cirúrgica estivesse pronta para levá-los. Por sua vez, os pacientes perdiam horas esperando por sua cirurgia, vestindo desagradáveis aventais hospitalares. Após alguns meses de esforços de alta velocidade, a situação ali estava muito diferente, como podemos ver na Tabela 11-3.

A diferença entre as condições "antes e depois" se devia à Gloria, a enfermeira encarregada da enfermagem pré-operatória. Conhecendo as advertências outro morador de Pittsburgh e CEO da Alcoa, Paul O'Neill, de que a maneira de chegar à zero acidentes na Alcoa era através da identificação e solução dos problemas e o compartilhamento do que havia sido aprendido, Gloria teve uma revelação: "sempre me considerei uma solucionadora de problemas", confessou. "Mas percebi que, por 20 anos, eu havia estado 'solucionando' o mesmo problema todos os dias". Ela decidiu que já bastava. Comunicou sua equipe que, a partir da segunda-feira seguinte, ela não os ajudaria a contornar os problemas como no passado. Em vez disso, queria ser chamada imediatamente após a identificação de um problema para que pudesse ajudá-los a agrupá-lo e solucioná-lo para que não voltasse a acontecer e não houvesse necessidade de resolvê-lo outra vez todos os dias, pelos próximos 20 anos. Havia uma importante qualificação. Ela compreendeu que, na Toyota, uma parte fundamental do trabalho dos líderes de equipe e dos líderes de grupo é a solução de problemas e melhoria do processo. Mas ela também sabia que não poderia fazer uma alteração brusca, girando 180

TABELA 11-3 Enfermagem pré-operatória no West Penn Allegheny

Critério	*Antes*	*Depois*
Tempo entre a entrada e o início do registro	Até 2 horas	0
Tempo despendido pelos pacientes no registro	12 minutos a 1 hora	3 minutos
Tempo despendido reunindo as tabelas dos pacientes	9 horas cada dia	2,25 horas
Quantidade de tabelas com páginas sem carimbo	35	Menos de 1
Tempo gasto pelas enfermeiras, como resultado, por dia	70 minutos	Insignificante
Número de pacientes vestindo aventais esperando em cadeiras do corredor	4 a 7 a qualquer hora	0
Tempo despendido esperando (com aventais) em público	Em média 25 minutos	0
Número de pacientes cujos resultados de laboratório estão incompletos	7 de um total de 42	0
Disponibilidade de materiais	Alguns indisponíveis; outros com grande estoque, mas fora da data de validade.	O que é necessário está disponível quando, onde e para quem, e na quantidade necessária.
Número de relatórios do banco de sangue emitidos sem necessidade	10 a 11 por dia	0

graus, passando do contorno dos problemas para sua solução. Até mesmo meio dia seria demais. Depois de muita reflexão, decidiu iniciar com um período de 15 minutos, à tarde, (das 14 às 14h15min), depois do início da maioria das cirurgias.

Na segunda-feira, às 14h, Gloria parou seu frenético e usual apagar de incêndios, postou-se no centro da unidade e esperou. Aquela segunda-feira era igual a todas as outras segundas-feiras, com a necessidade normal de buscar resultados de laboratório e materiais, e, apesar disso, ninguém relatou qualquer problema. Na terça-feira, Gloria explicou novamente o conceito, mas, outra vez, nenhum problema foi relatado. Na quarta-feira, uma enfermeira chegou correndo até Gloria com um problema. Ansiosa por tratar dele enquanto estivesse quente, Gloria ficou desapontada, apesar de não ficar muito surpresa, ao descobrir que o problema já havia sido contornado.

Somente na segunda-feira seguinte alguém lhe trouxe um verdadeiro problema. Ao examinar o histórico do paciente, uma enfermeira descobriu que a tabela não tinha algumas fórmulas e tinha outras falhas. Imediatamente, Glória reuniu-se com a secretária que faz as tabelas todos os dias para ajudar a definir o que era uma tabela sem defeitos e a investigar o que tornava tão difícil a criação de uma tabela sem defeitos. Desnecessário dizer que elas não solucionaram aquilo na segunda-feira, e mesmo os 15 minutos de terça e quarta-feira não foram suficientes. Porém, dedicando-se ao problema, dia após dia, elas desenvolveram muitas formas de organizar a estação de trabalho, acessar os documentos, criar formulários de consentimento, obter informações sobre os pacientes e resultados anteriores de laboratório. A criação das tabelas, que levava nove horas para ser feita, passou a duas horas, e as enfermeiras já não precisavam consertar às pressas as tabelas erradas. Indo direto ao assunto, elas tinham liberado tanto tempo que parecia que havia mais uma secretária na unidade e muito mais tempo para atendimento. Agora, Gloria estava livre durante 30 minutos por dia para identificar e solucionar um problema, em vez de ajudar nos desvios dos problemas. O registro passou a ser o próximo problema a ser resolvido e, quando a poeira baixou, a unidade parecia ter o equivalente a mais uma secretária. Dentro de poucos meses, uma unidade que representara um problema para os pacientes para as equipes, estava funcionando como uma máquina bem ajustada. O segredo era dar o primeiro passo na quebra do hábito de contornar os problemas – mesmo que fosse por apenas 15 minutos por dia, durante o período de menos trabalho – resolvendo problemas, estabilizando e melhorando o processo, e ganhando muito tempo para atender os pacientes em vez de cuidar de um processo falido.

Caso: Dedicação total ao atendimento médico de alta velocidade

Existem muitos provedores de atendimento médico fazendo pesquisas de motivação, fazendo experiências com a administração de processos complexos necessários para prestar atendimento, do mesmo modo que as maiores organizações mundiais. Poucas mergulharam de cabeça. Uma delas é o Virginia Mason Medical Center (VMMC), de Seattle, um hospital-escola com 300 leitos, que emprega 5.400 pessoas, tem 400 médicos, admite 16 mil pacientes por ano e tem mais de 1 milhão de pacientes de ambulatório. Lutando com o problema de rotatividade de quadro funcional, qualidade, segurança e custos, em 2001, a administração do

VMMC se interessou pelo Sistema Toyota de Produção quando começou a ter conhecimento dos excelentes resultados que as organizações estavam tendo ao modernizar o modo como administravam seus complexos sistemas de trabalho.

O VMMC fez algumas experiências com alguns projetos piloto. Mais tarde, em 2002, o presidente do hospital, juntamente com seu executivo sênior e a administração médica fizeram uma visita de duas semanas ao Japão. Visitaram fábricas, trabalharam brevemente na linha e participaram de um projeto de melhoria de um subsidiária da Toyota. Ficaram admirados pela disciplina com que o trabalho era realizado, e a flexibilidade e agilidade com que era aperfeiçoado e adaptado com movimentos elegantes. Quando retornou, a administração do VMMC se comprometeu a fornecer para sua direção o mesmo ambiente de trabalho de alta qualidade e a mesma qualidade de serviço para seus pacientes, iguais ao que havia visto no Japão. Também se comprometeu a manter todos os funcionários; não queriam que as pessoas imaginassem que, ao encontrar maneiras de realizar mais trabalho com menos esforço, poderiam ser recompensadas com demissões.

O VMMC começou treinando *todos* da equipe, dos trabalhadores de linha de frente ao executivo mais experiente, e até mesmo os membros da direção do hospital. Depois eles atacaram com decisão os problemas combinados que vimos na tragédia da Sra. Grant: operacionalizando processos complexos como se a administração das peças funcionais fossem subterfúgios suficientes e toleráveis (até mesmo encorajadores) quando o sistema estava escancarando as falhas de seu projeto. Para complementar a profunda experiência clínica em seus diversos departamentos, o Virginia Mason criou um "escritório de desenvolvimento *kaizen*" como um lugar para desenvolver *expertise* em gestão de processo. Em outras palavras, fazia com que seus profissionais médicos desenvolvessem sua *expertise* dentro de especialidades funcionais (a perspectiva vertical sobre a qual nos referimos em capítulos anteriores) enquanto produzia dentro da própria instituição *expertise* na perspectiva horizontal, desenvolvendo processos de atendimento médico sem barreiras e de alto desempenho.

Esses especialistas em processo lideraram centenas de projetos de rápida melhoria, atendendo os processos de doença com a urgência que geralmente era reservada para o atendimento das pessoas doentes. Para assegurar que os problemas relacionados com atendimento não ficassem sem atenção, o VMMC instituiu seu Sistema de Alerta para a Segurança do Paciente. Quando um funcionário observa que um processo tem uma condição de urgência – uma falha ou anormalidade que pode causar danos ao paciente – esse funcionário tem o direito *e a responsabilidade* de relatar esse problema em uma linha direta, 24 horas por dia, 7 dias por semana, passando o para o colo do chefe do departamento e vice-presidente o compromisso de agrupar a situação, parar o processo, se necessário, e assegurar que a situação não piore ou se repita. (Em outras palavras, exatamente o que acontece quando um paciente tem uma situação urgente e o médico ou a enfermeira acionam a emergência.) Para cumprir seu compromisso de administrar o trabalho de modo que os problemas sejam vistos quando e onde acontecem, a administração sênior faz passeios de segurança, observando pessoalmente como os processos funcionam de verdade e não como eles deveriam funcionar, e criando mais oportunidades para que a equipe relate as dificuldades, problemas, obstáculos e inconveniências que conciliem seus melhores esforços para proporcionar um atendimento perfeito. O Virginia Mason aproveitou os benefícios financeiros da maior eficiência – como a eliminação dos projetos de construção orçados, como mencionado anteriormente – e seus pacientes tiveram melhores experiências clínicas, como a administração da enxaqueca e diversas outras condições.

A gestão do processo como um problema de educação médica

Já mostrei exemplos de como as estruturas apresentadas neste livro se aplicam a muitas outras coisas além das operações de fabricação de onde se originaram. No Capítulo 5, vimos que elas podem ser usadas para entender, diagnosticar e melhorar um processo de desenvolvimento de produto (Pratt & Whitney) e um processo de serviço (Avenue A), sem falar no trabalho sem fins lucrativos e muito perigoso da propulsão nuclear da marinha. No Capítulo 6, vimos como a estrutura para o projeto do processo pode ser aplicada ao treinamento do local de trabalho. Neste capítulo, estamos analisando como se aplica a outro processo de serviço complexo – o atendimento médico. Agora eu gostaria de mostrar como isso é útil para a compreensão de um processo tão diferente da indústria quanto possível – o ensino médico.

Você lembra de meu amigo Mark Schmidhofer, mencionado no Capítulo 3, cuja longa formação médica não cobriu as responsabilidades de gestão impostas a ele como especialista em um hospital? O ensino médico norte-americano falha não somente em não incluir o treinamento nos processos de gestão, como pode-se argumentar que ele nem mesmo é tratado como um processo. Porém, ainda assim, certamente ele é um processo – uma sequência de etapas com o objetivo de produzir determinados resultados. Como um processo, ele é criticado por seu custo, sua duração e a incompatibilidade entre o que os alunos médicos aprendem e o que os novos médicos precisam saber. Minhas colegas Elizabeth Armstrong, da Harvard Medical School, e Marie Mackey, na época uma pesquisadora na Harvard Business School, e eu decidimos analisar o processo educacional médico com a mesma estrutura/disciplina que venho descrevendo por todo este livro, começando com as perguntas do Sr. Ohba: quais resultados ou produtos o sistema deve alcançar? Quem é responsável pela realização de que sequência de etapas para atingir esses objetivos? Como as transferências são administradas através das conexões que unem as etapas individuais? Quais métodos são usados dentro de uma etapa para se ter sucesso? Também perguntamos: existem testes incorporados para indicar quando o sistema ou processo está falhando, em qualquer nível de especificação?

Descobrimos que a educação médica está subplanejada em comparação com o projeto de sistema e critérios de operação da Toyota e outras organizações de alta velocidade. Em outras palavras, a preparação para o doutorado não é nem ao menos tão bem fundamentada para alcançar seus aparentes objetivos quanto o treinamento de um trabalhador de uma linha de montagem na fábrica da Toyota (descrita no Capítulo 6). Obviamente que um estudante de medicina é intensamente formado. A questão que nos restou foi saber se a formação é tão eficiente quanto possível, feita com o menor desperdício e o menor risco para os pacientes e alunos. Vamos dar uma olhada.

Quando pesquisamos as propostas de reforma da educação médica, descobrimos que elas se concentravam em expandir o currículo com cursos como a ética médica (acrescentando etapas no percurso) ou em alterar a abordagem de ensino, de palestras para estudos de casos (uma alteração no método dentro de um processo ou etapa do percurso). E apesar das preocupações com custo e duração, alguns reformistas acham que a educação médica deve durar ainda mais tempo. Para Armstrong, para Mackey e para mim, essas propostas disparam sinais de alarme. Essa é uma troca clássica que considera que estamos tendo tanto lucro quanto possível no investimento atual e que, portanto, temos que abrir mão de algo bom (tempo e dinheiro) por outra coisa boa (qualidade de experiência educacional). É exatamente o tipo de pensamento que a Alcoa rejeitou totalmente – para ter segurança total, temos que dar um golpe na produtividade. Nossos exames sobre as organizações de excepcional alta *performance* nos levarão a pensar: o que nos fará parar de querer mais por menos? Por que uma educação médica não pode ser mais curta, mais barata *e* melhor?

Para responder essas perguntas, Armstrong, Mackey e eu examinamos os primeiros quatro anos da educação médica, que levam à formação superior, e escrevemos um trabalho sobre uma aluna típica, "Emily Wilson". O que observamos em sua experiência é que ela – junto com seus colegas e instrutores – depende de um sistema no qual as experiências educacionais individuais não são administradas como peças de um sistema interdependente, deixando que os responsáveis pelas peças (professores e alunos) costurem abordagens coerentes de maneira *ad hoc* e muito abaixo do ideal. Este processo parecia menos semelhante ao treinamento da Toyota de Indiana do que com o caos no processo pelo qual passou a Avenue A no início.

Como outros alunos durante seus primeiros dois anos na escola médica, Emily Wilson fez cursos de ciências básicas como anatomia, fisiologia, bioquímica, epidemiologia, microbiologia, patologia e genética – e também recebeu algumas aulas de relacionamento médico/paciente – como uma preparação para sua formação clínica. O terceiro e quarto anos foram muito diferentes. A formação era feita em hospitais-escola, onde os alunos precisavam deixar para trás a estrutura conceitual das salas de aula e, em seu lugar, aprender observando a realidade prática do atendimento ao paciente. No terceiro ano, Wilson fez estágios em medicina interna, obstetrícia, pediatria, psiquiatria e cirurgia, adiando a medicina familiar até o quarto ano. Por outro lado, a sequência de um de seus colegas foi psiquiatria e medicina familiar seguida de cirurgia, pediatria e obstetrícia, tendo por último a medicina interna. Um terceiro colega teve uma sequência completamente diferente. O fato dos estágios ocorrerem em hospitais diferentes acrescentavam variação, assim como o fato de que, independente dos revezamentos, Wilson nunca se reuniu com colegas com quem já tinha estudado anteriormente. Muito do treinamento dependia de um fluxo descendente de direção e críticas– os alunos prestando contas aos residentes, os residentes prestando contas aos médicos – mas havia pouca continuidade. A rotatividade dos alunos não estava sincronizada com a dos residentes ou com a dos médicos atendentes, por isso os alunos frequentemente trocavam de instrutores no meio da atividade.

Assim, enquanto Wilson evoluía através do sistema, as pessoas responsáveis por seu treinamento e avaliação iam e vinham, não só entre os revezamentos, mas durante eles. O quarto ano repetiu esse padrão, e ainda mais. Para seu quarto ano, os alunos de medicina planejam revezamentos clínicos de acordo com a especialidade que querem seguir e de acordo com as experiências, notas e avaliações que precisam a fim de serem aceitos por um programa de residência que desejam. Era difícil confiar no processo. Por exemplo, em um revezamento de anestesiologia, Wilson precisava seguir um médico diferente a cada dia (havia 45 médicos no departamento, além de 24 residentes). Em um estágio de radiologia baseado em palestras, havia diferentes palestrantes a cada sessão e o comparecimento nunca era controlado, muito menos a prática oferecida.

A experiência de Emily Wilson (e, portanto, a experiência de seus instrutores) se refletia nas histórias de dez outros atuais e antigos alunos de sete escolas médicas que nós entrevistamos. As entrevistas com os educadores médicos revelaram padrões e temas semelhantes. Quando comentamos o caso de Wilson com 68 participantes de um programa para educadores médicos na Harvard Medical School – participantes vindos de 31 instituições, sendo que 16 deles eram de fora dos Estados Unidos – 64 dos 68 concordaram que a experiência de Wilson poderia ter acontecido com um de seus próprios alunos.

Quando analisamos o caso de Wilson, não pudemos deixar de observar o papel que o acaso desempenhou no que ela havia aprendido, em como ela havia aprendido e em como tinha sido avaliada. Como os estágios no terceiro ano eram determinados de acordo com o espaço no departamento, sem considerar a sequência, havia 720 maneiras diferentes para completar as seis exigências. Em uma turma de 150 alunos, era pouco provável que dois deles encontrassem o mesmo material na mesma sequência. O fato dos estágios acontecerem em hospitais diferentes, com residentes e médicos atendentes mudando de acordo com suas próprias agendas, aumentava a aleatoriedade do processo. A programação desincronizada do grupo de trabalho significava que a responsabilidade pelo treinamento em um revezamento também era algo arbitrário.

Se isso era muito difícil para os alunos, imagine o que isso representava para os educadores. Digamos, por exemplo, que você está encarregado do revezamento na obstetrícia. Será que os alunos já terão tido algum contato com medicina interna ou cirurgia, para que você possa ensinar materiais e habilidades mais especializadas, ou você ficará responsável apenas pelo ensino básico dos alunos? Quanto à preparação dos alunos para o próximo revezamento – esqueça! Cada um deles estará se interessando por um assunto diferente. Então, quais são suas opções? Você poderia tratar de todos os seus alunos como se eles nada soubessem. Alguns dos instrutores são conhecidos por fazer isso. Você poderia tentar ampliar o que cada aluno já sabe, diferente em cada caso, o que exigiria uma ampla customização. Você poderia simplesmente ensinar o que considera importante em sua área, presumindo que aqueles alunos que aprenderem são os inteligentes, e aqueles que não aprenderem são os burros. Mas alguma dessas alternativas parece uma boa maneira de formar um médico?

Resumindo, quando observamos a educação médica do ponto de vista de processo, vemos uma total falta de clareza de resultado, uma sequência imprevisível de aprendizado, inconfiáveis transferências no que se refere ao que os alunos sabem quando entram em uma etapa do processo ou o que terão que dominar antes de continuar, e falta de consistência na maneira que o treinamento vai acontecer dentro do revezamento. Rapidamente percebemos que uma abordagem desarticulada praticamente garante que hajam os problemas tão comumente atribuídos à educação médica, como, por exemplo, tempo e custo exagerados e falta de consistência e qualidade (os problemas que perturbavam aqueles concorrentes da Toyota que não haviam investido tanto na excelência do processo quanto deveriam). A solução, no entanto, não é mais investimento, mas um investimento mais holístico. Se isso ocorresse, seria possível definir um progresso aceitável e não aceitável ao longo do caminho em lugar de avaliar os esforços dos alunos, a personalidade e outras impressões que não estão diretamente relacionadas com o desempenho profissional. Também seria muito mais fácil reconhecer, o quanto antes, quando os alunos estivessem tendo dificuldades, para que um remédio pudesse levar minutos, horas ou dias, em vez de semanas, meses ou semestres.

A EDUCAÇÃO MÉDICA COMO UM PROCESSO COM RESULTADOS

Espero tê-los convencidos de que há muito mais a ganhar quando olhamos para uma gama maior de atividades – desde a montagem de assentos até a escola médica – com a estrutura de processo que tenho utilizado. Aqui está outra observação sobre o "processo" da educação médica.

Muito da educação, médica ou qualquer outra, consiste em treinamento baseado em um programa: determinados números de horas, dias, semanas ou meses são dedicados a um tema, e então é feita uma avaliação para determinar uma nota. Essa é uma abordagem de "*inputs* fixos" e "saída variável". O que é investido está definido (tempo); o que é gerado (habilidade) depende de modo imprevisível e, portanto, necessita de uma posterior verificação, seleção e possível rejeição e perda (ver Figura 11-1). E, para tomar uma frase emprestada, uma educação médica é algo excessivamente caro para que possa ser rejeitada ou desperdiçada.

Para a Toyota, o treinamento é uma questão de "*inputs* variáveis" (o tempo e o aconselhamento podem variar), mas de "resultados fixos". (ver Figura 11-2). Como acontece com qualquer processo, o resultado de qualquer treinamento – e de qualquer etapa do treinamento – é definido. Avança-se de uma etapa para a outra somente quando se cruza o limiar. Um processo de treinamento bem definido, com testes integrados, não irá gerar uma pessoa pouco treinada, do mesmo modo que uma linha de montagem bem administrada não produzirá um carro com duas rodas e metade do motor. (Mesmo se a linha produzisse esse monstro, ele não seria vendido para ninguém.).

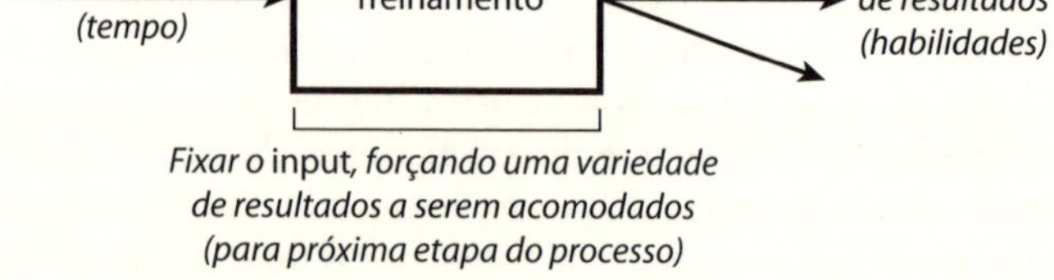

FIGURA 11-1 *Inputs* fixos, resultados variáveis.

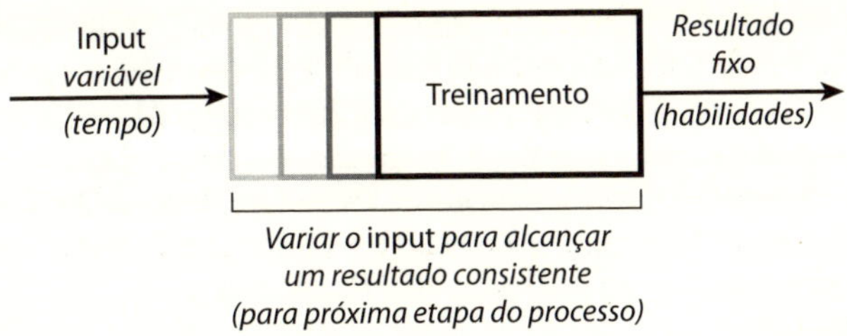

FIGURA 11-2 *Inputs* variáveis, resultados fixos.

Observado sob este ângulo, o problema com nosso sistema educacional médico é que o resultado não está definido com muita clareza – pode-se considerar que um doutor em Medicina tenha conhecimento de certas coisas, mas há muitas outras coisas que ele pode saber ou não – e, certamente, isso não está definido de modo a representar muitas das responsabilidades de um médico, dentro ou fora de um hospital. E ainda assim, não há razão para que o resultado de uma educação médica não possa ser melhor definido e nenhuma razão para que os jovens médicos não possam surgir prontos, não só para aplicar suas habilidades particulares, mas para participar no processo mais amplo e mais complexo de prestar atendimento médico que seja não apenas bom, mas absolutamente seguro. E provavelmente mais barato.

Notas

Pág. 266: ***As quedas dos pacientes estão 86% menores e as taxas de problemas no parto estão ¾ menores.*** Veja os seguintes artigos, organizados em ordem cronológica:

D.B.Pryor et al. "The Clinical Transformation at Ascension Health: Eliminating All Preventable Injuries and Deaths", *Joint Commission Journal on Quality And Patient Safety* 32:6, June 2006, pages 299-308.

J.S. Rose, et al. "A Leadership Framework for Culture Change in Health Care", *Joint Commission Journal on Quality And Patient Safety* 32:8, August 2006, pages 433-442.

W. Gibbons, H.T. Shanks, P. Kleinhelter, and P. Jones, "Eliminating Facility-Acquired Pressure Ulcers at Ascension Health, *Joint Commission Journal on Quality And Patient Safety* 32:9, September 2006, pages 488-496.

D. Berriel-Cass, F.W.Adkins, P. Jones, and M.G.Fakih, "Eliminating Nosocomial Infections at Ascension Health", *Joint Commission Journal on Quality And Patient Safety* 32:11, November 2006, pages 612-620.

F. Mazza, et al. "Eliminating Birth Trauma at Ascension Health", *Joint Commission Journal on Quality And Patient Safety* 33:1, January 2007, pages 15-24.

S. Tolchin, et al. "Eliminating Preventable Death at Ascension Health", *Joint Commission Journal on Quality And Patient Safety* 33:3, March 2007, pages 145-154.

H. Ewing, et al. "Eliminating Perioperative Adverse Events at Ascension Health", *Joint Commission Journal on Quality And Patient Safety* 33:5, May 2007, pages 256-266.

A.D.Lancaster, et al. "Preventing Falls and Eliminating Injury at Ascension Health", *Joint Commission Journal on Quality And Patient Safety* 33:7, July 2007, pages 367-375.

K. Butler, et al. "Eliminating Adverse Drug Events at Ascension Health", *Joint Commission Journal on Quality And Patient Safety* 33:9, September 2007, pages 527-536.

A. Hendrick, et al. "The Journey to Zero at Ascension Health: Lessons Learned and Leadership Perspectives", *Joint Commission Journal on Quality And Patient Safety* 33:12, December 2007, pages 739-749.

Pág. 266: ***A Clínica Mayo divulgou uma redução de mais de metade dos erros médicos em seus hospitais.*** Steven J. Spear, Donald M. Berwick, "A New Design for Healthcare Delivery", *Boston Globe*, November 23, 2007.

Pág. 266: ***Os hospitais que participaram da Campanha das 100 mil Vidas, do Institute for Healthcare Improvement [...] Depois de 18 meses de programa, estima-se que mais de 120 mil mortes tenham sido evitadas.*** Veja o seguinte:

"Hospital Initiative to Cut Errors Finds About 122.300 Lives Saved", *The Wall Street Journal*, citando uma reportagem da Associated Press.

C.J.McCannon, A.D.Hackbarth, and F.A. Griffin, "Miles to Go: An Introduction to the 5 Million Lives Campaign", *Joint Commission Journal on Quality And Patient Safety* 33:8, August 2007, pages 477-484.

S. Meisel, P. Phelps, and M. Meisel, "Case Study: Reducing Narcotic Oversedation Across an Integrated Health System", *Joint Commission Journal on Quality And Patient Safety* 33:9, September 2007, pages 543-548.

F. Federico, "Preventing Harm from High-Alert Medications", *Joint Commission Journal on Quality And Patient Safety* 33:9, September 2007, pages 537-543.

K.D. Duncan, "Preventing Pressure Ulcers: The Goal is Zero", *Joint Commission Journal on Quality And Patient Safety* 33:10, October 2007, pages 605-610.

K .M. LeMaster, "Reducing Incidence and Prevalence of Hospital-Acquired-Pressure Ulcers at Genesis Medical Center", *Joint Commission Journal on Quality And Patient Safety* 33:10, October 2007, pages 611-616.

J. Fitzgerald, G. Kanter, and E. Benjamin, "Case Study: Preventing Surgical Complications at Baystate Medical Center", *Joint Commission Journal on Quality And Patient Safety* 33:11, November 2007, pages 666-671.

F.A.Griffin, "Reducing Surgical Complications", *Joint Commission Journal on Quality And Patient Safety* 33:11, November 2007, pages 660-665.

L.R. Peterson, D.M.Hacek and A. Robicsek, "Case Study: An MRSA Intervention at Evanston Northwestern Healthcare", *Joint Commission Journal on Quality And Patient Safety* 33:12, December 2007, pages 732-738.

F.A. Griffin, "Reducing Methicilin-Resistant Staphylococus aureus (MRSA) Infections", *Joint Commission Journal on Quality And Patient Safety* 33:12, December 2007, pages 726-731.

Pág. 271: ***A equipe médica do Allegheny General Hospital (AGH) se concentrou no problema [...]*** Allegheny General Hospital: Providing Better Care for Sick Patients. Esta descrição está baseada em Richard P. Shannon, Diane Frndak, Naida Grunden, Jon C. Lloyd, Cheryl Herbert, Bhasvin Patel, Daniel Cummins, Alexander H. Shannon, Paul H. O'Neill, Steven J. Spear, "Using Real-Time Problem Solving to Eliminate Central Line Infections", *Joint Commission Journal on Quality And Patient Safety* 32:9, September 2007, pages 479-487.

Pág. 271: ***Essas infecções aumentam de US$3.700 a US$29.000 o custo do atendimento para os pacientes que adoecem [...]***

Tamara D. Pittet and R.P. Wenzel, "Nosocomial Bloodstream Infection in Critically Ill Patients: Excess Length of Stay, Extra Cost, and Attributable Mortality", *JAMA* 271, 1994, pages 1598-1601.

S.Saint, "Prevention of Intravascular Catheter-Related Infection", Chapter 16 of *Making Health Care Safer: A Critical Analysis of Patient Safety Practices*, AHRQ Evidence Report, Number 43, July 20, 2001.

S.M.Berenholtz, P.J. Pronovost, P.A. Lipsett, et al., "Eliminating Catheter-Related Bloodstream Infections in the Intensive Care Unit", *Critical Care Medicine* 32, 2004, pages 2014-2020.

L.Soufir, J.F.Timsit, C.Mahe, J. Carley, B. Regnier, and S. Chevret. "Attributable Morbidity and Mortality of Catheter-Related Septicemia in Critically Ill Patients: A Matched, Risk-Adjusted Cohort Study, *Infection Control Hospital Epidemiology* 20:6, 1999, Pages 396-401.

Pág. 280: ***Você lembra do meu amigo Mark Schmidhofer [...] Como um processo, ele é criticado por seu custo, sua duração e a incompatibilidade entre o que os alunos médicos aprendem e o que os novos médicos precisam saber.*** D. Adams, "Student Debt Helps Drive Students into Specialty Matches", *American Medical News* 46, 2003, pages 10-12.

Pág. 281: ***Quando pesquisamos as propostas de reforma da educação médica [...] expandir o currículo com cursos como a ética médica [...]*** S.W.Bloom, "Structure and Ideology in Medical Education: An Analysis of Resistance to Change", *Journal of Health and Social Behavior* 29, 1988, pages 294-306.

Pág. 281: ***Quando pesquisamos as propostas de reforma da educação médica [...] alguns reformistas acham que a educação médica deve durar ainda mais tempo [...]*** M.E. Whitcomb, "From the Editor: The General Professional Education of the Physician: Is Four Years Enough Time?", *Academic Medicine* 77, 202, page 846; D. Nutter, M. Whitcomb. "The AAMC Project on the Clinical Education of Medical Students", *Association of American Medical College*, 2992; S.Weinberger and M. Whitcomb, "The Clinical Education of Medical Students: Report on Millenium Competencies I & II, *Association of American Medical College*, 2001.

CAPÍTULO 12

Conclusão

Por que algumas organizações ganham terreno enquanto suas concorrentes mal conseguem manter o ritmo? A diferença está nas abordagens que os líderes e os retardatários utilizam na administração de sistemas complexos nos quais muitas pessoas trabalham cooperativamente em busca de um objetivo comum.

A maioria das organizações é impedida por um problema estrutural: elas administram suas funções individualmente, e não como etapas de um processo bem integrado. Cada função faz seu trabalho e, de alguma forma, tudo acaba se juntando – se é que isso acontece. Ao mesmo tempo, a maioria das organizações também é impedida por um problema dinâmico: quando os problemas surgem, muitos deles são tratados – isto é, ignorados – como um ruído inevitável. ("Ah, essa porcaria nunca funciona". "Não se preocupe, nunca acabamos dentro do prazo"). Este é um problema dinâmico em uma organização que *não* é dinâmica; os problemas não provocam mudanças.

As líderes, empresas que venho definindo como organizações de alta velocidade, têm uma abordagem estrutural e dinâmica diferente. Apesar de investirem pesadamente na *expertise* funcional que necessitam para terem nível internacional, essas especialidades funcionais são sempre administradas com o olho em seu papel em um processo global – distribuindo pílulas para um paciente com segurança, ou entregando camas sem defeito aos clientes, ou transferindo novos contratados bem qualificados para uma linha de montagem. Porém, o que afasta ainda mais as líderes das perseguidoras é uma diferença dinâmica. Para as líderes, a perturbação diária dos sistemas imperfeitos não é um ruído inevitável que deve ser abafado ou ignorado; é um fluxo de mensagens que lhes diz onde elas podem e devem melhorar. Essas organizações sabem que não podem conceitualmente planejar ou projetar seu caminho para a perfeição, mas também sabem que podem descobrir a quase-perfeição aplicando as quatro competências que descrevi ao longo deste livro.

O que as grandes empresas podem fazer para alcançar as líderes de mercado e vencer a corrida? A experiência de Bob Dallis, o líder automotivo que recomeçou sua carreira na Toyota, nos dá algumas dicas.

Alguns meses depois de Dallis ter retornado do Japão para os Estados Unidos, ele teve a oportunidade de conversar com um alto executivo japonês da Toyota, que lhe perguntou pelo trabalho. Dallis respondeu que as coisas estavam boas e más. Do lado positivo, ele agora tinha muito mais facilidade nas operações gerenciais. Quais eram as más notícias? Durante o tempo em que Dallis esteve em uma empresa automotiva das Três Grandes, havia passado muito tempo aprendendo as nuances das ferramentas de gerenciamento de processo do chão de fábrica como, por exemplo, calcular inclinação de uma caixa *heijunka* e como determinar a quantidade de cartões *kanban* em um sistema "puxado". Agora as coisas pareciam simples demais – apenas uma abordagem sistemática para os sistemas de projeto e operação, um simples conjunto de regras para a solução de problemas e melhoria, uma clara maneira de compartilhar conhecimento e um papel bem definido como gerente. Faltava alguma coisa?

"Bob", disse o executivo, "você precisa entender que o Sistema Toyota de Produção é parecido com o golfe". Sem entender a conexão, Dallis retrucou: "Mas golfe é muito difícil". O executivo o corrigiu: "Não, não é. É um jogo bastante simples". Esse debate de simples *versus* difícil continuou até que o executivo pediu a Dallis que descrevesse a última vez em que ele havia jogado golfe: que dia, a que horas, o que estava vestindo, que caminho ele fez para chegar ao campo, e assim por diante. Finalmente, ele tinha refeito todo o trajeto com Dallis até o início do primeiro buraco.

"E depois, o que você fez?"

"Bem, eu joguei o buraco".

"Não, o que você *fez*?", o executivo perguntou outra vez.

"Bem, eu tirei a bola de minha bolsa, peguei um taco do tipo *driver*, e bati nela em direção ao buraco".

"Você acertou o buraco?"

"Claro que não; era um par cinco".

"E depois, o que você fez? Foi para casa?"

"Não! Encontrei a bola e usei um *driver*".

"Você acertou o buraco?"

"Não!"

"E depois?"

"Encontrei a bola e usei um taco diferente... e depois um *wedge*... e depois um *putter*".

Você pode ver a estrutura em desenvolvimento. Esse executivo refez a trajetória de Dallis ao longo de diversos buracos, tacada após tacada. Finalmente, disse: "Como você vê, é um jogo simples. Pegue uma bola, coloque-a no chão, bata nela com um taco na direção de um buraco, e continue batendo nela até terminar". Dallis protestou: "Mas é muito difícil. Existem armadilhas e perigos, *roughs* e *greens* rápidos, dentro e fora dos limites, obstáculos, vento, e toda a sorte de outras coisas". "Mas, Bob, além da bola, do taco e do buraco, o que mais há?" Dallis tentou protestar mais uma vez até que o executivo, gentilmente, o interrompeu e corrigiu: "Bob, eu disse que era um jogo simples com regras simples. Nunca falei que não exige muita prática".

Sobre o assunto de respeitar uma regra simples, aqui está outra reflexão:

O Capítulo 6 descreveu o conceito *jidoka*, cujo precursor foi o falecido Sakichi Toyoda. Quando um fio se rompesse num tear, a máquina deveria parar e identificar onde havia acontecido o rompimento para que a operadora não perdesse tempo fazendo um trabalho desnecessário. E, em geral, o trabalho deveria ser planejado com um teste incorporado que avise imediatamente o trabalhador quando e onde ocorre o problema (parte da Capacitação 1), para liberar a dinâmica criativa da solução de problemas (Capacitação 2) e compartilhamento de conhecimento (Capacitação 3).

A família Toyoda tem um museu que, desnecessário dizer, contém muitas peças têxteis e automotivas. Contudo, de todos os produtos importantes que a empresa criou, o escolhido como a peça central do museu é um grande tear projetado e construído pelo próprio Sakichi Toyoda. Está bem na entrada do saguão e é impossível não vê-lo, qualquer que seja o caminho feito dentro do museu.

Lembro-me de que, no início, fiquei impressionado com a complexidade técnica do tear. Na maioria deles, uma lançadeira tece para frente e para trás, de lado a lado, criando uma camada de tecido, mas neste tear, a lançadeira tece em círculos, criando um cilindro de tecido. Ainda funcionando e em boas condições, com tecido saindo dela como uma tranquila nuvem de vapor emergindo de uma fonte termal, o tear é esteticamente atraente e tecnologicamente fascinante.

Então, eu me distraí lendo as placas. Este tear é o único no gênero. Sakichi Toyoda nunca fez outro igual. Por que não? Porque ele nunca descobriu como fazer o primeiro parar quando um fio rompesse.

Tendo em vista todos os sucessos alcançados por Toyoda e sua família, fiquei perplexo que tivessem escolhido um fracasso como a peça central do museu – ainda mais o fracasso do fundador. Mais tarde, acabei por reconhecer que o tear não representa um fracasso; ele representa um extraordinário sucesso. É verdade que a máquina em si não é perfeita, mas o simples fato de que haja apenas uma representa perfeitamente o compromisso de Sakichi Toyoda com o *jidoka*, e o compromisso com o *jidoka* que ele incutiu em sua empresa, um compromisso que durou gerações. Aos seus olhos, uma máquina que não avisasse seu operador de um erro não poderia ser colocada em uso, por mais refinada que fosse. Não seria confiável e não seria certo fingir o contrário. Os muitos exemplos de sistemas autocorretivos que examinamos neste livro, e a quantidade de outros dentro da Toyota e outras organizações de alta velocidade, são os mais completos testemunhos do valor e continuidade desse compromisso.

Antes de terminar, vamos analisar como criar uma organização com um compromisso semelhante. Tivemos muitos exemplos: com os conselheiros de Bob Dallis, com a Pratt & Whitney, a Avenue A, a Alcoa, o programa de reatores navais e as práticas médicas no Capítulo 11. A gestão de alta velocidade é uma habilidade e, como qualquer outra habilidade, requer prática. Devemos iniciar assim:

- Comece devagar. Procure um processo ou sistema que seja razoavelmente bem delimitado para que o número de pessoas que irão aprender juntas seja relativamente pequeno. Dessa maneira, a chance de compartilhar ideias será relativamente alta. Pense em termos de *jishuken* locais, analisados no Capítulo 8, que foram os precursores necessários para colaboração entre empresas e entre empresas do mesmo grupo.
- Solucione os problemas que realmente têm importância. Não escolha um processo secundário, com o qual ninguém se importa, inclusive você. Quando você começa a registrar ganhos, quer que as pessoas prestem muita atenção. O Allegheny General Hospital se dedicou a infecções de cateter de punção venosa profunda, o West Penn Allegheny se concentrou nos atrasos nas salas de operação e a Alcoa começou com riscos nos locais de trabalho.
- Não pense demais, mas faça bastante. É aí que acontece o verdadeiro aprendizado. Apesar de todos os vídeos e manuais de golfe disponíveis, ninguém jamais dominou o jogo de golfe sem bater baldes e baldes de bolas treinando seu *drive* e seu *putt*.
- Comece com um passo pequeno, mas pernas longas. Embora você deva começar com um grupo relativamente pequeno e um problema bem definido, como eu disse antes, certifique-se de que estejam envolvidos

todos os níveis da administração, entre o chão de fábrica (ou seu equivalente) e você. Afinal de contas, o que você está tentando dominar é um conjunto de papéis e relacionamentos fundamentalmente diferentes, como descrito no Capítulo 10.

- Mantenha-se seguro. Como, certamente, você deverá cometer erros enquanto aprende, certifique-se de que sua experiência é segura, e que ela não colocará em risco sua posição ou sua organização.
- Não espere até ter suficiente tempo livre. Você nunca terá. Reserve um tempo todos os dias para projetar um processo de trabalho que encontre esses problemas, solucionando-os e compartilhando o que você aprende com os outros para os quais esses novos *insights* podem ser úteis, com fez Gloria, no West Penn Allegheny.

E aqui está um último pensamento:

O título do livro seminal de Philip Crosby diz tudo: *Quality is Free* (*A qualidade é de graça*). Crosby, junto com W. Edwards Deming e Joseph Juran, profetas do movimento de qualidade, confrontou a inteligência convencional de modo direto, firme e sem nenhum constrangimento. Naquela época, pensava-se que a qualidade sempre tinha um custo. O que você receberia de um sistema se limitava ao dinheiro que você tivesse investido nele. Para obter algo mais de um sistema, você teria que gastar mais ou desistir de outra coisa. Crosby e os outros mostraram que essa crença estava embasada numa perversa combinação de arrogância e pessimismo. É uma arrogância acreditar que tudo que criamos não possa ser melhorado. É pessimismo acreditar que somos incapazes de melhorar algo que está errado.

Deming, Juran, Crosby, Rickover, O'Neill, Toyoda e todos os outros que encontramos neste livro substituíram aquele pessimismo arrogante por um otimismo despretensioso. Eram humildes em reconhecer que o que criamos está cheio de imperfeições, não importando o investimento em tempo, empenho e recursos. Seu otimismo era de que, com um comprometimento aberto e enérgico com a descoberta, sempre podemos fazer melhor, não importando as falhas.

Ignoramos a verdade de suas mensagens por nosso próprio risco. Quando indivíduos, grupos, organizações e sociedades recorrem àquela sabedoria convencional, a pergunta predominante não é mais *como* – como algo pode ser feito de maneira melhor?, mas *o que* – o que devemos sacrificar para obter o que necessitamos? A linguagem dos *trade-offs* se encontra em todos os lugares nos debates políticos. Em uma sociedade rica sob outros aspectos, temos 40 milhões de pessoas que não tem plano de saúde, e aqueles que o têm precisam pagar um custo proibitivo e, mesmo para aqueles que não são afetados pelo custo, o atendimento pode resultar em dano. Na linguagem dos *trade-offs*, enfrentamos uma contradição: proporcionamos mais atendimento a mais pessoas a um custo maior, ou negamos o atendimento devido ao ônus adicional ser inacessível? Os médicos, enfermeiros, farmacêuticos e administradores de hospitais que encontramos neste livro já mostraram que a linguagem dos *trade-offs* é uma fuga.

Isso também acontece no mundo da produção. Em determinado momento, nos pareceu fantástica a ideia de que os carros pudessem ser seguros, confiáveis, com alto desempenho e adequados às necessidades de milhares de consumidores. Hoje, ela é a norma, o mínimo que se pode esperar de um carro. Parece fantástico pensar que podemos viver confortavelmente e, ao mesmo tempo, deixar uma tênue pegada no mundo natural? Claro que podemos. Apenas não descobrimos como. Ainda.

O mesmo conceito também é verdadeiro para qualquer lado que olhemos. Não precisamos de um prognóstico hipotético, conceitual, para dizer que podemos fazer melhor. A evidência empírica já está disponível e é irrefutável. Algumas organizações já fazem muito mais com muito menos do que seus colegas e concorrentes podem imaginar. O que eles fizeram, você pode fazer.

É preciso prática, apenas.

Notas

Pág. 293: ***E aqui está um último pensamento: O título do livro seminal de Philip Crosby diz tudo:* Quality is Free (A qualidade é de graça)*. Crosby, junto com W. Edwards Deming e Joseph Juran […]*** Philip B. Crosby, *Quality Is Free: The Art of Making Quality Certain*, MacGraw-Hill, 1979; W. Edwards Deming, *Quality, Productivity, and Competitive Position*, MIT Press, 1982; E. Edwards Deming, *Out of Crisis*, MIT Center for Advanced Engineering Study, 1986; Joseph Duran and Frank M.Gryna, Jr., *Quality Planning and Analysis*, MacGraw-Hill, 1980.

Referências

Abegglen, James C.; and Stalk, George, Jr. *Kaisha: The Japanese Corporation*, Basic Books, 1985.

Adams, D. "Student Debt Helps Drive Students into Specialty Matches", *American Medical News*, 46:10-2, 2003.

Adler, P.S.; Goldoftas, B., and Levine, D.I. "Ergonomics, Employee Involvement, and the Toyota Production System: A case study of NUMMI´s 1993 Model Introduction, "*Industrial & Labor Relations Review*, 50:3, page 416.

Adler, P.S.; Goldoftas, B., and Levine, D.I. "Flexibility versus Efficiency? A Case Study of Model Changeovers in the Toyota Production System". *Organization Science* 10-1, January-February 1999, pages 43-68.

Argyris, Chris. *On Organizational Learning*, 2nd ed., Blackwell Publishing, 1999.

Argyris, Chris; and Schon, Donald. *Organizational Learning*, Addison-Wesley, 1978.

Armstrong, Elizabeth G.; Mackey, Marie; and Spear, Steven J. "Medical Education as a Process Management Problem", *Academic Medicine* 79:8, August 2004, pages 721-728.

Aston, Adam; and Helm, Burt (com Michael Arndt e Amy Barrett). "The Race against Climate Change", *BusinessWeek*, December 12, 2005, pages 58-66.

Barnard, Chester. *The Functions of the Executive*, Harvard University Press, 1968.

Bates, David W. "Unexpected Hypoglycemia in a Critical Ill Patient", *Annals of Internal Medicine* 137, 2002, pages 110-116.

Bates, D.W.; Boyle D.L.; Vander Vliet, M.B.; Schneider, J.; and Leape, L. "Relationship between Medication Errors and Adverse Drug Effects", *Journal of General Internal Medicine* 10, 1995, pages 199-205.

Berenholtz, S.M.; Pronovost, P.J.; Lipsett, P.A.; et al. "Eliminating Catheter-Related Bloodstream Infections in the Intensive Care Unit", *Critical Care Medicine* 32:10, October 2004, pages 2014-2020.

Berriel-Cass, D.; Adkins, F.W.; Jones, P.; and Fakih, M.G. "Eliminating Nosocomial Infections at Ascension Health", *Joint Commission Journal on Quality and Patient Safety* 32:11, November 2006, pages 612-520.

Bloom, S.W. "Structure and Ideology in Medical Education: An Analysis of Resistance to Change", *Journal of Health and Social Behavior* 29:4, December 1988, pages 294-306.

Bowen, H. Kent. "Chrysler and BWM: Tritec Engine Joint Venture", Harvard Business School Case 600-004.

Bowen, H. Kent; and Parrington, Courtney. "Pratt & Whitnet: Engineering Standard Work", Harvard Business School Case 604-013, 2003.

Burns, James MacGregor; *Leadership*, Harper & Row, 1978.

Butler, Kerry; Mollo, Paul; Gale, Jane L.; Rapp, D.A. "Eliminating Adverse Drug Events at Ascension Health", *Joint Commission Journal on Quality and Patient Safety* 33:9, September 2007, pages 527-536.

Chandler, Alfred DuPont, Jr. *The Visible Hand*, Belknap Press of Harvard University Press, 1977.

Chassin, Mark R.; and Becher, Elise C. "The Wrong Patient" *Annals of Internal Medicine* 136, 2002, pages 826-833.

Christensen, Clayton M.; King, Steven; Verlinden, Matt; and Yang, Woodward. "The Economics of Semiconductor Manufacturing", *IEEE Spectrum* 45:5, May 2008, pages 24-29.

Chu, Kenneth C.; Tarone, Robert E.; Kessler, Larry G.; Ries, Lynn A.G.; Hankey, Benjamin F.; Miller, Banj A.; and Edwards, Brenda K. "Recent Trends in U.S. Breast Cancer Incidence, Survival, and Mortality Rates", *Journal of the National Cancer Institute* 88, 1996, page 21.

Clark, Kim B.; and Margolis, Joshua D. "Workplace Safety at Alcoa (A)", Harvard Business School Case 692-040, 1991, revisado em 2000.

Cleary, Paul D. "A Hospitalization from Hell: A Patient´s Perspective on Quality", *Annals of Internal Medicine* 138, 2003, pages 33-39.

Convis, Gary. "Toyota: Changes and Challenges", presentation, President, Toyota Motor Manufacturing Kentucky, Inc., August 8, 2001. In *The Management Briefing Seminars*, Grand Traverse Resort and Spa, Traverse City, Michigan.

Crawford, John W.; and Krahn, Steven L. "The Naval Nuclear Propulsion Program: A Brief Case Study in Institutional Constancy", *Public Administration Review* 58 (2), March-April 1998.

Crosby, Philip B. *Quality is Free: The Art of Making Quality Certain*, MacGraw-Hill, 1979.

Cusumano, Michael A. *The Japanese Automobile Industry: Technology and Management at Nissan and Toyota*, Harvard University Press, 1989.

Cusumano, Michael A. "Manufacturing Innovation: Lessons from the Japanese Auto Industry", *Sloan Management Review*, Outono 1988.

Deming, W. Edwards. *Out of the Crisis*, MIT Center for Advanced Engineering Study, 1986.

Deming, W. Edwards. *Quality, Productivity, and Competitive Position*, MIT Press, 1982.

Dertouzos, Michael L.; et al. *Made in America: Regaining the Productive Edge*, MIT Press, 1989.

Diamond, Jared. *Guns, Germs, and Steel*, W.W.Norton, 1997.

Duncan, Francis. *Rickover and the Nuclear Navy: The Discipline of Technology*, Naval Institute Press, 1990.

Duncan, Francis. *Rickover: The Struggle for Excellence*, Naval Institute Press, 2001.

Duncan, K.D. "Preventing Pressure Ulcers: The Goal is Zero". *Joint Commission Journal on Quality and Patient Safety* 33:10, October 2007, pages 605-610.

Enarson, C.; and Burg, F.D. "An Overview of Reform Initiatives in Medical Education, 1906 through 1992". *Journal of the American Medical Association* 268:9, 1002, pages 1141-1143.

Ewing, Hella; Bruder, Greg; Baroco, Paul; Hill, N.; Sparkamn, L.P. "Eliminating Perioperative Adverse Events at Ascension Health", *Joint Commission Journal of Quality and Patient Safety* 33:5, May 2007, pages 256-266.

Fayol, Henri. *General and Industrial Management*, Pitman, 1949.

Federico, F. "Preventing Harm from High-Alert Medication". *Joint Commission Journal of Quality and Patient Safety* 33:9, September 2007, pages 537-542.

Finocchio, L.J.; Bailiff, M.A.; Grant, R.W.; and O'Neill, E.H. "Professional Competencies in the Changing Health Care System: Physicians'Views on the Importance and Adequacy of Formal Training in Medical School", *Academic Medicine* 70:11, 1995 page 1023.

Fisher, Anne. "American´s Most Admired Companies", Fortune 157:5, March 17, 2008.

Fishman, Charles. "No Satisfaction at Toyota", *Fast Company* 111, 2007, page 82.

Fitzgerald, J.; Kanter, G.; and Benjamin, E. "Case Study: Preventing Surgical Complications at Baystate Medical Center", *Joint Commission Journal on Quality and Patient Safety* 33:11, November 2007, pages 666-671.

Furman, Cathie; and Caplan, Robert. "Applying the Toyota Production System: Using a Patient Safety Alert System to Reduce Error", *Joint Commission Journal on Quality and Patient Safety*, 33:7, July2007, pages 376-386.

Garvin, David A. "Quality on the Line" *Harvard Business Review* 61, September-October 1983, pages 64-75.

Gibbons, W. Shanks, H.T.; Kleinhelter, P.; and Jones, P. "Eliminating Facility-Acquired Pressure Ulcers at Ascension Health". *Joint Commission Journal on Quality and Patient Safety* 32:9, September 2006, pages 488-496.

Godwin, Robert, ed. *Columbia Accident Investigation Board Report*, Vol. 1, Apogee Books, 2003.

Graber, D.R.; Bellack, J.P.; Musham, C.; and O'Neill, E. H. "Academic Deans' Views on Curriculum Content in Medical Schools". *Academic Medicine* 62:11, 1998, pages 911-918.

Griffin, F.A. "Reducing Methicillin-Resistant Staphylococcus aureus (MRSA) Infections", Joint Commission Journal on Quality and Patient Safety 33:12, December 2007, pages 726-731.

Griffin, F.A. "Reducing Surgical Complications", *Joint Commission Journal on Quality and Patient Safety* 33:11, November 2007, pages 660-665.

Harwood, Williams. "Filming of Fuel Tank Roam Loss Saved Discovery from Big Hit", Spaceflight Now, disponível *online* http://216.92.110.5/shuttle/sts114/050708Challock.

Hayes, Robert H.; and Wheelwright, Steven C. Restoring Our Competitive Edge, John Wiley, 1984.

Hayes, Robert H.; Wheelwright, Steven C.; and Clark, Kim B. *Dynamic Manufacturing: Creating the Learning Organization*, Free Press, 1988.

Hendrich, A.; Tersigni, A.R.; Jeffcoat, S.; Barnett, C.J.; Brideau, L.P.; Pryor, D. "The Journey to Zero at Ascension Health: Lessons Learned and Leadership Perspectives", *Joint Commission Journal on Quality and Patient Safety* 33:12, December 2007, pages 739-749.

Hippell, Eric von. " 'Sticky Information' and the Locus of Problem Solving: Implications for Innovation", *Management Science* 40:4, April 1994, pages 429-439.

Hippell, Eric von; and Tyrie, Marcie J. "How Learning by Doing is Done: Problem Identification in Novel Process Equipment" *Research Policy* 24:1, January 1995, pages 1-12.

Hoffer-Gittell, Jody. "Paradox of Coordination and Control", *California Management Review*, Spring 2000.

Hoffer-Gittell, Jody. *The Southwest Airlines Way*, MacGraw-Hill 2003.

Holman, Richard L. "World Wire", *The Wall Street Journal*, February 10, 1997, page A14.

Hua, Vanessa. "Auto Plant Takes to the Air: Alternative to Locked-Out Ports Is Extremely Expensive", *San Francisco Chronicle*, October 8, 2002, page B1.

Jaikumar, Ramachandran; and Bohn, Roger. "A Dynamic Approach to Operations Management: An Alternative to Static Otimization", *International Journal of Production Economics* 27, 1992, pages 265-282.

Jatoi, Ismael; and Miller, Anthony B. "Why is Breast Cancer Mortality Declining?" *The Lancet Oncology* 4, 2003, pages 251-254.

Johnson, Chalmers A. *MITI and the Japanese Miracle: The Growth of Industrial Policy*, 1925-1975, Stanford University Press, 1982.

Juran, Joseph; and Gryna, Frank M, Jr. Quality Planning and Analysis, MacGraw-Hill, 1980.

Knight, Malcolm; Loyazo, Norman; and Villanueva, Delano. "The Peace Dividend: Military Spending Cuts and Economic Growth", *World Bank Policy Research*, February 1996, Working Paper No. 1577.

Kohn, Linda T.; Corrigan, Janet M.; and Donaldson, Molla S. (editors). *To Err is Human: building a Safer Health System*, National Academy Press 2000.

Koretz, Gene. "Toting Up the Peace Dividend: Has Military Spending Hit Bottom?" *BusinessWeek*, December 14, 1998, page 26.

Krafcik, John F. "Triumph of the Lean Production System", *Sloan Management Review* 30:1, 1998.

Lancaster, A.D.; Ayers A.; Belbot, B.; et al. "Preventing Falls and Eliminating Injury at Ascension Health", *Joint Commission Journal on Quality and Patient Safety* 33:7, July 2007, pages 367-375.

Langdale, L.A.; Schaad, D.; Wipf, J.; Marshall, S.; Vontver, L.; and Scott. C.S. "Preparing Graduates for the First Year of Residency: Are Medical Schools Meeting the Need?", *Academic Medicine* 78:1, January 2003, pages 39-41.

Langewiesche, William. "Columbia's Last Flight: The Inside Story of the Investigation – and the Catastrophe is Laid Bare", *Atlantic Monthly* 292, November 2003, Part 5, pages 58-88.

Leachman, Robert C. "Competitive Semiconductor Manufacturing: Final Report on Findings from Benchmarking Eight-Inch, sub-250nm Wafer Fabrication Lines", Competitive Semiconductor Manufacturing Program, March 31, 2002. Disponível no http://www.microlab.berkeley.edu/csm.

Leachman, Robert C.; and Hodges, David A. "Competitive Semiconductor Manufacturing: Program Update". Engineering Systems Research Center, University of California, Berkeley, 2007. Disponível no http://www.microlab.berkeley.edu.csm/.

LeMaster, K.M. "Reducing Incidence and Prevalence of Hospital-Acquired Pressure Ulcers at Genesis Medical Center", *Joint Commission Journal on Quality and Patient Safety* 33;10. October 2007, pages 611-616.

Leonard, Dorothy A.; and Rayport, Jeffrey F. "Spark Information through Empathic Design", *Harvard Business Review* 75:6, November 1997, pages 102-113.

Leonard-Barton, Dorothy; and Swapp, Walter D. Deep *Smarts: How to Cultivate and Transfer Enduring Business Wisdom*, Harvard Business Press, 2005.

Lesar, T.S.; Anderson, E.R.; Fields, J.; et al. "The VHA New England Medication Error", *Journal on Quality and Patient Safety* 33:2, February 2007, pages 73-82.

Lieberman, Marvin B; and Dhawan, Rajeev. "Assessing the Resource Base of Japanese and U.S.Auto Producers: A Stochastic Frontier Production Function Approach", Management Science 51:7, July 2005, pages 1060-1075.

Lieberman, Marvin B; Lau, Lawrence J.; and William, Mark. "Firm-Level Productivity and Management Influence: A Comparison of U.S. and Japanese Automobile Producers", *Management Science* 36:10, October 1990, pages 1193-1215.

Liker, Jeffrey K. *The Toyota Way: 14 Management Principles from the World's Greatest Manufacturer*, MacGraw-Hill, 2004.

Ludmerer, K. *Time to Heal: American Medical Education from the Turn of the Century to the Era of Managed Care*, Oxford University Press, 1999.

MacDuffie, John Paul "The Road to Root Cause: Shop-Floor Problem-Solving at Three Auto Assembly Plants", *Management Science* 43:4, April 1997.

Macher, Jeffrey T.; and Mowery, David C. "Managing Learning by Doing: An Empirical Study in Semiconductor Manufacturing". *Journal of Product Innovation Management* 20:5, 2003, pages 391-410.

Mann, K. "Thinking about Learning: Implications for Principle-Based Professional Education", *Journal of Continuing Education in the Health Professions* 22:2, 2002, pages 69-76.

Mattingly, Jack D. *Elements of Propulsion: Gas Turbines and Rockets*, AIAA, 2006, Chapter 1.

May, Matthew E. The *Elegant Solution: Toyota's Formula for Mastering Innovation*, Free Press, 2007. Prefácio de Kevin Roberts.

Mazza, F.; Kitchens, J.; Kerr, S.; Markovich, A; Best, M.; Sparkman, L.P. "Eliminating Birth Trauma at Ascension Health", *Joint Commission Journal on Quality and Patient Safety* 33:1, January 2007, pages 15-24.

McCannon, C.J.; Hackbarth, A.D.; and Griffin, F.A. "Miles to Go: An Introduction to the 5 Million Lives Campaign", *Joint Commission Journal on Quality and Patient Safety* 33:8, August 2007, pages 477-484.

Meisel, S.; Phelps, P.; and Meisel, M. "Case Study: Reducing Narcotic Oversedation across and Integrated Health System", *Joint Commission Journal on Quality and Patient Safety*, 33:9, September 2007, pages 543-548.

Mintzberg, Henry. *The Nature of Managerial Work*. Harper & Row, 1973.

Nakamoto, Michiyo. "Toyota Fire Hits Japan Output", *Financial Times*, February 7, 1997, page 22.

NASA Glenn Research Center, "Beginner´s Guide to Propulsion" documento disponível *online* no http://www.grc.nasa.gov/WWW/K-12/airplant/bgp.html.

NASA Glenn Research Center, "Types of Gas Turbines" documento disponível *online* no http://www.grc.nasa.gov/WWW/12/airpolane/trbtyp.html

NASA Office of Safety and Mission Assurance, Review and Assessment Division. "Observations and Opportunities: Standards System and Waiver Processes: Alcoa Corporation Corporate Center", October 22, 2004.

NASA Office of Safety and Mission Assurance, Review and Assessment Division. "Observations and Opportunities: Standards System and Waiver Processes: Bath Iron Works, a General Dynamic Company", October 2004

NNBE Benchmarking Team: NASA Office of Safety and Mission Assurance and NAVSEA 92Q Submarine Safety and Quality Assurance Division. NASA/*Navy Benchmarking Exchange (NNBE) Volume I: Navy Submarine Program Safety Assurance*, Interim Report, December 20, 2002.

NNBE Benchmarking Team: NASA Office of Safety and Mission Assurance and NAVSEA 08 Naval Reactors, and NAVSEA 07Q Submarine Safety and Quality Assurance Division. NASA/*Navy Benchmarking Exchange (NNBE) Volume II: Naval Nuclear Submarine Safety Assurance*, Progress Report, July 15, 2003.

NNBE Benchmarking Team: NASA Office of Safety and Mission Assurance and NAVSEA 07Q Submarine Safety and Quality Assurance Division. NASA/*Navy Benchmarking Exchange (NNBE) Volume III: Ongoing NNBE Activities and Software Subgroup Report I*. Progress Report, October 22, 2004.

Nikitin, Aleksandr; Kudrik, Igor; and Nilsen, Thomas. "The Russian Northern Fleet: Sources of Radiactive Contamination", Bellona Foundation, Report 2, 1996.

Nishiguchi, Toshihiro; and Beaudet, Alexandre. "The Toyota Group and the Aisin Fire". *Sloan Management Review* 40:1. Fall 1998, Pages 49-59.

Nutter, D.; e Whitcomb, M. *The AAMC Project on the Clinical Education of Medical Students*, Association of American Medical Colleges, 2002.

Ohno, Taiichi. *Toyota Production System: Beyond Large-Scale Production*, Productivity Press, 1988.

O´Reilly, Charles. "New United Motor Manufacturing Inc.", Stanford Graduate School of Business Case Study HR11, December 2, 1998.

O´Rourke, Ronald. *Navy Nuclear-Powered Surface Ships: Background, Issues, and Options for Congress*. Congressional Research Service Report for Congress, June 13, 2007.

Perrow, Charles. *Normal Accidents: Living with High Risk Technologies*, Basic Books, 1984; Princeton University Press. 1999.

Peterson, L.R.; Hacek, D.M.; and Robicsek, A. "Case Study: An MRSA Intervention at Evanston Northwestern Healthcare". Joint *Commission Journal on Quality and Patient Safety* 33:12, December 2007, pages 732-738.

Peto, Richard; Boreham, Jillian; Clarke, Mike; Davies, Christina; and Beral, Valerie. "UK and USA Breast Cancer Deaths Down 25% in Year 2000 at ages 20-69", *The Lancet*, May 20, 2000, page 1922f.

Pittet, D.; Tarara, D.; and Wenzel, R.P. "Nosocomial Bloodstream Infection in Critically Ill Patients: Excess Length of Stay, Extra Cost and Attributable Mortality", *Journal of the American Medical Association* 271:20, May 25, 1994.

Porter, Michael E. "What is Strategy?" *Harvard Business Review* 74:6, 1996, pages 61-80.

Pratt, D.D.; and Collin, J. B. "Reconsidering 'Good Teaching' across the Continuum of Medical Education", *Journal of Continuing Education in the Health Profession* 21:2, 2001, pages 70-81.

Prestowitz, Clyde V. *Trading Places: How We Allowed Japan to Take Lead*, Basic Books, 1988.

Pryor, D.B.; Tochin, S.F.; Hendrich, A.; et al. "The Clinical Transformation of Ascension Health: Eliminating All Preventable Injuries and Deaths". *Joint Commission Journal on Quality and Patient Safety* 32:6, June 2006, pages 299-308.

Reason, James T. *Human Error*, Cambridge University Press, 1990.

Reason, James T. *Managing the Risks of Organizational Accidents*, Ashgate, UK, 1997.

Reitman, Valerie. "Toyota Factories in Japan Grind to a Halt", *The Wall Street Journal*, February 4, 1997, page A14.

Reitman, Valerie. "Toyota Sees Output Recovery by Friday, but Many Parts Suppliers are Hurting", *The Wall Street Journal*, February 5, 1997.

Reitman, Valerie. "To the Rescue: Toyota´s Fast Rebound after Fire at Supplier Shows Why it is Though – Its Affiliates, Going All Out, Built an Unfamiliar Part within a Matter of Days – Like Amish Barn-Raising", *The Wall Street Journal*, May 8, 1997, page A1.

Revans, Reg. *Action Learning*, Blond & Briggs, 1974.

Reynolds, Craig W. "Flocks, Herds, and Schools: A Distributed Behavioral Model", *Computer Graphics* 21:4, 1987, pages 25-34.

Rockwell, Theodore. *The Rickover Effect: How One Man Made a Difference*, Naval Institute Press, 1992.

Rolls-Royce, *The Jet Engine – A Complete Overview of the Modern Gas Turbine*, Key Publishing, n.d.

Rose, J.S.; Thomas, C.S.; Tersigni, A; et al. "A Leadership Framework for Culture Change in Health Care". *Joint Commission Journal on Quality and Patient Safety* 32:8, August 2006, pages. 433-442.

Saint. S. "Prevention of Intravascular Catheter-Related Infection". I*n Making Health Care Safer: A Critical Analysis of Patient Safety Practices*. AHRQ Evidence Report Number 43, July 20, 2001.

Scott, Gregory K. *IMVP New Product Development Series: The Chrysler Corporation*, Massachusetts Institute of Technology, International Motor Vehicle Program, 1994.

Senge, Peter. *The Fifth Discipline: The Art and Practice of the Learning Organization*, Doubleday, 1990.

Shannon, R.P.; Frndak, D.; Grunden, N,; Lloyd, J.C.; Herbert, C.; Patel, B.; Cummings, D.; Shannon, A.H.; O'Neill, P.H.; Spear, S.J. "Using Real-Time Problem Solving to Eliminate Central Line Infections", *Joint Commission Journal on Quality and Patient Safety* 32:9, September 2006, pages 479-487.

Soufir, L.; Timsit, J,F.; Mahe, C.; Carlet, J,; Regnier, B.; and Chevret, S. "Attributable Morbidity and Mortality of Catheter-Related Septicemia in Critically Ill Patients: A Matched, Risk-Adjusted Cohort Study", *Infection Control and Hospital Epidemiology* 20, 1999, pages 396-401.

Southwest Airlines Annual Report, 2007.

Spear, Steven J. "The Essence of Just in Time", *Productivity, Planning, and Control* 13:8, 2002, pages 754-767.

Spear, Steven J. "Fixing Health Care from the Inside: Teaching Residents to Heal Broken Delivery Processes as They Heal Sick Patients", *Academic Medicine* 81:10, 2006, pages S144-S149.

Spear, Steven J. "Fixing Healthcare from the Inside, Today", *Harvard Business Review* 83:9. September 2005.

Spear, Steven J. "Jack Smith (B): Becoming a Toyota Manager (I)". Harvard Business School Case 604-059, 2004.

Spear, Steven J. "Jack Smith (C): Becoming a Toyota Manager (II)". Harvard Business School Case 604-060, 2004.

Spear, Steven J. "Learning to Lead Toyota ", *Harvard Business Review* 82:5, May 2004.

Spear, Steven J. "Workplace Safety at Alcoa (B)", Harvard Business School Case 600-068, 1999.

Spear, Steven J.; and Berwick, Donald M. "A New Design for Healthcare Delivery", *Boston Globe*, November 23, 2007.

Spear, Steven J.; and Bowen, H. Kent. "Decoding the DNA of the Toyota Production System", *Harvard Business Review* 77:5, September-October 1999, pages 96-108.

Spear, Steven J.; and Purrington, Courtney. "Jack Smith (A): Career Launch at Toyota". Harvard Business School Case 604-057, 2004.

Spear, Steven J.; and Schmidhofer, Mark. "Ambiguity and Workarounds as Contributores to Medical Error", *Annals of Internal Medicine* 142:8, April 19, 2005, pages 627-630.

Statement of Admiral F.L. "Skip" Bowman, U.S. Navy Director, Naval Nuclear Propulsion Program, perante a House Science Committee, October 29, 2003.

Stevenson, Howard H.; Crukshank, Jeffrey L.; Modoveanu, Mihnea. *Do Lunch or Be Lunch: The Power of Predictability in Creating Your Future*, Harvard Business School Press, 1997.

Stewart, Thomas A.; and Raman, Anand P. "Lessons from Toyota's Long Drive: An Interview with Katsuaki Watanabe", *Harvard Business Review* 85:4, July-August 2007.

Sullivan, Rear Admiral Paul E., U.S. Navy Deputy Commander for Ship Design, Integration, and Engineering, Naval Seas Command, Statement before the House Science Committee on the SUBSAFE program, October 29 2003.

Taylor, Frederik Winslow. *The Principles of Scientific Management*, Harper & Row, 1911.

Tolchin, S.; Brush, R; Lange, P.; et al. "Eliminating Preventable Death at Ascension Health", *Joint Commission Journal on Quality and Patient Safety* 33:3, March 2007, pages 145-154.

Tosteson, D.C.; Aldenstein, S.J.; and Carver, S.T. *New Pathways to Medical Education at Harvard Medical School*, Harvard University Press, 1994.

Toyota: United States Operations, catálogo da empresa, disponível *online no* http://www.toyota.com/about/our_business/operations/USOperationsFINAL.pdf.

Tucker, Anita; and Edmondson, Amy. "Why Hospitals Don´t Learn from Failures: Organizational and Psychological Dynamics That Inhibit System Change", *California Management Review* 45:2, Fall 2003, page 55.

Tucker, Anita; and Spear, Steven J. "Operational Failures and Interruptions in Hospital Nursing", Health Services Research 41:3, 2006, pages 643-662.

United States Embassy, Japan. *Fact Sheet on U.S. Nuclear Powered Warship Safety*. Disponível no http://www.tokyo.usembassy.gov/e/p/tp-20060417-72.hyml.

Varian, Hal. "Economic Scene: Rising Productivity is a Good Thing, Right? Tell That to the Newly Unemployed", *New York Times*, October 23, 2003.

Vaughn, Diane. The Challenger Launch Decision. University of Chicago Press, 1996.

Ward, A.; Liker, J.K.; Cristiano, J.J.; and Sobek, D.K. "The Second Toyota Paradox", *Sloan Management Review* 28:4, August 1995, page 129.

Ward, Elizabeth M.; Thun, Michael J.; Hannan, Lindsay M; and Jemal, Ahmedin. "Interpreting Cancer Trends", *Annals of the New York Academy of Sciences* 1076, 2006, pages 29-53.

Weinberger, S.; and Whitcomb, M. "The Clinical Education of Medical Students: Report on Millenium Competencies I & II" Carl J. Shapiro Institute for Education and Research, Harvard Medical School, and Beth Israel Deaconess Medical Center.

Whitcomb, M.E. "From the Editor: The General Professional Education of the Physician: Is Four Years Enough Time?" *Academic Medicine*, 2002.

Womack, J.P; Jones, D.T.; and Roos, D. *The Machine That Changed the World*, Rawson Associates, 1990.

World Bank Group. Pollution Prevention and Abatement Handbook, July 1998.

Índice